R语言
在统计中的应用

薛毅 陈立萍 | 编著

Application of
R Language in Statistics

人民邮电出版社

北　京

图书在版编目（CIP）数据

R语言在统计中的应用 / 薛毅，陈立萍编著. —— 北京 : 人民邮电出版社，2017.4
ISBN 978-7-115-44395-3

Ⅰ. ①R… Ⅱ. ①薛… ②陈… Ⅲ. ①统计分析－统计程序 Ⅳ. ①C819

中国版本图书馆CIP数据核字(2016)第313688号

内 容 提 要

本书按照统计学的结构来编排，在介绍完相关的统计知识后，着重介绍如何用 R 求解统计问题。因此，本书并不是简单的 R 使用手册，而是将统计知识、统计模型及 R 的求解过程融为一体的教科书。

本书共 9 章，分别是：第 1 章绪论，介绍统计学及 R 的基本概念；第 2 章 R 语言入门，介绍 R 软件的下载与安装，以及 R 使用的基本方法；第 3 章数据的描述性分析，介绍描述数据的图形和数值方法；第 4 章概率、随机变量及其分布，介绍概率的基本知识和几个重要的分布；第 5 章参数估计与假设检验，介绍参数估计与检验的基本方法；第 6 章非参数检验，介绍秩检验、分布的检验及列联表检验；第 7 章方差分析，介绍单双因素方差分析的方法；第 8 章回归分析，介绍回归分析中参数的计算与检验、回归方程的诊断，以及回归分析的建模方法；第 9 章时间序列分析与预测，介绍时间序列最基本的建模与预测方法。

本书可作为经济管理、统计等专业的本科生学习统计学、统计计算的教材或教学参考书，也可作为理、工、农、医、生物等专业的本科生或者相关专业的技术人员学习 R 的教材或参考书，还可作为数学建模竞赛培训的辅导书。

♦ 编　　著　薛　毅　陈立萍
　　责任编辑　孙燕燕
　　责任印制　杨林杰

♦ 人民邮电出版社出版发行　　北京市丰台区成寿寺路 11 号
　　邮编　100164　　电子邮件　315@ptpress.com.cn
　　网址　http://www.ptpress.com.cn
　　廊坊市印艺阁数字科技有限公司印刷

♦ 开本：787×1092　1/16
　　印张：22.75　　　　　　　　2017 年 4 月第 1 版
　　字数：572 千字　　　　　　2025 年 8 月河北第 12 次印刷

定价：59.80 元

读者服务热线：(010)81055256　印装质量热线：(010)81055316
反盗版热线：(010)81055315

前　　言

　　R 是现今最受欢迎的数据分析和可视化软件之一, 它的发展经历了 3 个阶段: 由于它的开源代码和免费而在学术界流行; 相关的研究人员将 R 带入他们的工作环境中; 在商业分析中, 非统计专业的分析人员开始广泛使用。因此, 目前越来越多的人员在使用 R 来分析数据, 使 R 成为学习统计的必备工具。

　　本书的目的是将 R 语言 (和 R 软件) 应用到统计中, 解决统计中烦杂的计算问题, 利用 R 在统计计算上的优势, 使数据分析的过程变得简明和清晰。并且, 本书可以使研究者有更多的时间关注研究问题的本质, 或将计算结果应用到实际工作中。

　　为达到这一目的, 本书将按照统计学 (或商务统计学) 的章节或结构编排, 在介绍完相关的统计知识后, 着重介绍如何使用 R 来解决本章中的统计问题, 以及应用 R 来解决本章中的应用案例。因此, 本书并不是简单的 R 使用手册, 而是将统计问题、统计知识、统计模型及 R 的求解过程融为一体的教科书。

　　本书的每章以一个引例作为开始, 提出本章将要讨论的问题, 给出要点。在每章的结束, 会对讨论问题的重点加以概括和总结, 强化本章的知识点。最后, 将应用本章介绍的统计知识, 结合 R 中的相关函数, 对 2~3 个案例进行求解与分析, 将它们作为本章知识点 (统计与 R) 的综合应用。

　　本书的各章配有大量的习题, 其目的是让读者在解决这些问题的过程中, 对所学知识, 特别是 R 中相关函数的使用, 起到巩固和提高的作用。

　　本书所介绍的 R 函数均以 R-3.2.3 版本 [1] 为基准, 所有函数 (包括自编函数) 均通过测试, 读者如果需要书中例题的数据与程序、习题的数据, 可以发送电子邮件向编者索取, 邮件地址: xueyi@bjut.edu.cn　(薛毅); 也可以登录人民邮电出版社教育社区免费下载 (www.ryjiaoyu.com)。

　　由于编者水平有限, 书中内容存在不足, 甚至错误之处, 欢迎读者不吝指正。

编　者

2016 年 10 月

于北京工业大学

---

[1] 每隔一段时间 R 的版本会有一次更新.

目　　录

第1章 绪　论

为什么是相反的结论

张先生是一位从事实验的工作者, 为了研究动物对颜色的喜好, 他将 10 只小白鼠关在一个笼子内, 并在笼子的两侧各安装一个门, 一个门涂成红色, 另一个门染成蓝色. 当他同时打开两个门时, 他发现 10 只小白鼠中有 7 只从蓝色的门逃出, 另外 3 只从红色的门逃出. 因此, 他断定, 小白鼠更喜欢蓝色. 他的同事李先生看了他的报告后, 对他说, 这个结论不正确, 小白鼠从哪个门逃出, 可能是随机的.

张先生又接到一个测试某种药品是否有毒的试验. 他将这种药喂给 10 只小白鼠, 结果有 3 只死了, 他想说, 这种药品有毒. 但他想起李先生的话, 小白鼠的死亡可能是随机的. 他带着这个结果去问李先生, 李先生明确地告诉他, 这种药品确实有毒.

为什么同样的实验结果会得出两个完全相反的结论呢? 张先生有点糊涂了.

这个问题正是本书要回答的问题. 问题的回答应从两方面考虑: 一是如何建立合理的统计模型; 二是如何对数据进行计算与分析, 以及对计算结果做出合理的解释.

本章要点

- 统计、统计学与统计模型的介绍.
- R 语言与 R 软件.

什么是统计学? 根据《兰登书屋大学字典》(The Random House College Dictionary) 的定义, 统计学是 "对用数字表示事实或数据进行收集、分类、分析以及解释的科学". 简而言之, 统计学就是数据的科学.

什么是 R? R 是进行统计分析、绘图以及统计编程的平台, 是进行统计分析的重要工具, 是现今最受欢迎的数据分析和可视化软件. 同时, 它还是一款免费的开源软件, 从这一点来说, 它比其他软件更有意义. 目前, R 已成为学习统计学的必备工具.

§1.1　统计、统计学和统计模型

§1.1.1　什么是统计

什么是统计? 它是数字相加吗? 是图表、人们的平均收入、物价上涨率吗? 总之, 它是不是对社会和自然的数值描述?

统计是一套科学原理和技术, 用于在可能得到的信息既有限又富于变化时, 从中得出关于总体和过程的结论. 也就是说, 统计是关于从数据中学习的科学.

"不确定的知识 + 所含不确定性量度的知识 = 可用的知识."[①]

这就是学习统计的目的.

§1.1.2 统计学

什么是统计学? 它是科学、技术、逻辑, 还是艺术? 它是一门像数学、物理、化学、生物那样有确切定义的独立的科学吗? 统计学中, 我们研究的现象是什么?

统计学是数据的科学. 它包括数据的收集、分类、概括、整理、分析及解释. 统计学通常应用于两种类型的问题: (1) 概括、描述以及探索数据, (2) 利用样本数据推断被选取样本的数据集的性质.

全国人口普查可以看成是描述统计应用的典型例子, 它涉及数据的收集与整理, 包括全国人口的状况、人口的年龄比例及社会经济特征等. 对于计算机软件的工程师来说, 管理巨大的数据库需要使用统计方法描述数据库. 类似地, 一位环境工程师要利用统计学的方法描述过去一年中每天 PM2.5 的含量等.

致力于数据集的整理、概括以及描述的统计分支称为描述性统计.

有时数据集 (称为总体) 刻画的是一种感兴趣的现象, 但这样的数据在自然状态下无法得到, 或者是代价昂贵, 或者是耗时很长才能得到. 在这种情况下, 我们可得到一个子集 (称为样本), 利用这个样本来推断它的性质.

例如, 一个灯泡厂每天大约生产 50 万只灯泡, 质量控制部门必须检验灯泡的次品率. 这个任务可以通过检验每一只灯泡来完成, 但这样做的花费巨大, 而且有时是不可能的. 另一种方法是从每天生产的 50 万只灯泡中选出 1 000 只, 然后检验这 1 000 只灯泡. 如果这 1 000 只灯泡是以正确的方式被选出的, 那么从中检验的次品率, 可被用于估计全天所有产品的次品比例.

简单地说, 你想知道一锅汤的味道如何, 是咸, 还是淡? 你不必将一锅汤全部喝掉, 品尝一勺就足够了, 当然, 品尝的方法要合理.

利用样本数据对一个很大的数据集做出推断的统计学分支称为推断统计学.

§1.1.3 统计学的基本要素

1. 总体与样本

总体是指与所研究的问题有关的全部个体的集合. 例如, 研究某城市大学生的身高状况, 则总体包括该市全体大学生; 研究一批产品的合格率, 则总体包括该批中的全部产品. 在前面的例子中, 需要研究每天生产 50 万只灯泡的次品率, 则这 50 万只灯泡就是总体.

以一定方式从总体中抽取的若干个体称为样本, 人们也将其中的单个个体称为样本. 样本中所含个体的数目称为样本量. 例如, 在灯泡质量控制中, 从 50 万只灯泡中抽取的 1 000 只灯泡就是样本, 这里的 1 000 就是样本量.

2. 参数与统计量

参数是用来描述总体特征的概括性数字度量, 它是研究者想要了解的总体的某种特征. 例如, 总体的平均值、方差、比例等. 在灯泡质量控制中, 50 万只灯泡的次品率就是研究者想要知道的参数.

---

①C. R. Rao 统计与真理 —— 怎样运用偶然性. 北京: 科学出版社, 2004.

统计量是用来描述样本特征的概括性数字度量, 它是根据样本数据计算出来的量. 样本是随机的, 因此, 统计量是样本的函数. 例如, 研究者可以通过样本计算出样本均值、样本方差、样本比例等. 在灯泡质量控制中, 1 000 只灯泡的次品率就是样本统计量.

统计推断的任务是从样本统计量推断出总体参数, 例如, 用 1 000 只灯泡的次品率推断出 50 万只灯泡的次品率.

3. 变量

在研究总体和样本的过程中, 会专注于总体试验中一个或多个人们感兴趣的特征或性质, 统计学称这些特征为变量. 例如, 在饮用水质量的研究中, 感兴趣的两个变量是在 100 ml 的水样本中, 氯的残留量及大肠杆菌的数量.

4. 推断的可靠性

在统计推断中, 还有一个需要关心的要素就是推断的有效程度, 即推断的可靠性. 例如, 我们用 1 000 只灯泡的次品率来估计 50 万只灯泡的次品率, 需要给出一个估计误差的界, 这个界是一个数 (如 5%), 估计误差不大可能超过它 (如估计误差不超过 5%). 可靠性度量是关于统计推断不确定程度的一个陈述, 通常是定量的.

5. 统计学的基本要素

描述性统计问题有 4 个要素: (1) 感兴趣的总体或样本; (2) 被研究的一个或多个变量 (总体或样本中感兴趣的特征); (3) 表格、图形或数字概括工具; (4) 确定数据类型.

推断统计问题有 5 个要素: (1) 感兴趣的总体; (2) 被研究的一个或多个变量 (试验中感兴趣的特征); (3) 试验中的样本; (4) 基于包含在样本中信息对总体的推断; (5) 推断的可靠性度量.

§1.1.4 数据的分类

数据类型可分为两类: 定量数据和定性数据.

1. 定量数据

定量数据表示事物的数量或个数, 用数值标度度量. 定量数据还可以细分为计量数据和计数数据.

计量数据属于连续型变量, 它们的取值可以为某个区间内的任意一个实数, 如人的身高和体重, 产品的长度、直径和重量, 股票的价格和市盈率等. 我们对这类数据可以进行计算, 如求和、计算平均值等.

计数数据属离散型变量, 它们在整数范围内取值, 大部分还仅在非负整数范围内取值, 如企业的职工人数、成交股票的股数、单位时间内通过某个交叉路口的车辆数和每天到医院就诊的人数等. 尽管计数数据是离散的, 但我们可以对它们进行各种运算, 如计算均值, 因为每天平均有 13.5 人到医院看感冒是合理的.

2. 定性数据

定性数据没有量的解释, 它们只能是分类或顺序. 定性数据还可以细分为名义数据和有序数据.

当观察值不是数, 而是事物属性时, 也可以用数值来表示, 但这些数只起一个名义作用, 因此, 称其为名义数据. 它们之间没有大小关系, 也不能进行运算. 例如, 人的性别分为男、女, 可以用数 "1" 和 "2" 来表示, 在这里 "2" 和 "1" 不能比较大小, "1 + 2" 也没有任何意义.

描述事物属性的顺序关系的数据称为有序定性数据, 简称有序数据. 例如, 人的文化程序由低到高可分为文盲、小学、初中、高中、大学和研究生 6 个等级, 分别用 0, 1, 2, 3, 4 和 5 表示. 又如, 对某项服务的评价分为 "很满意" "基本满意" "一般" 和 "不满意" 4 类, 可用 4, 3, 2 和 1 表示. 这些数只起到一个顺序作用, 数字之间不能进行运算. 例如, 对服务的评价, 只知道 "4" 要优于 "3", 但 "4 − 3" 没有意义.

§1.1.5　统计模型

一个量或几个量的取值受到偶然因素的影响时, 无法用确定的数量关系或函数关系描述它们, 在统计学中, 这些量称为随机量或随机序列. 在这些量之间, 或其自身前后之间往往存在着某种统计依赖关系, 也就是说, 在大量的重复观察或丰富的数据资料中, 存在着相对稳定的规律, 它被称为统计规律.

当这种规律能用某一模型方式描述, 或近似描述时, 称这种随机量或随机序列适合此模型. 这种模型可以通过相应量的实测数据的计算分析而获得估计. 所以, 这种模型称为统计模型.

统计模型的具体形式, 在少数情况下能够依靠被考查的各量的实际背景所决定, 在大多数情况下并非都能如此. 因此, 目前所使用的各种统计模型, 在绝大多数情况下都是对真实统计规律的近似描述. 另一方面来讲, 真实模型形式总是比较复杂, 而实际使用的模型又不能太复杂, 因此, 近似描述手段又是十分必要的.

§1.2　R 语言与 R 软件

§1.2.1　R 语言

R 语言是主要用于统计分析、绘图的语言和操作环境. R 最初是由来自新西兰奥克兰大学的 Ross Ihaka 和 Robert Gentleman 开发的, 因此, 称为 R. 其现在由 "R 开发核心团队" 负责开发和维护. R 语言是基于 S 语言的一个 GNU 项目, 所以也可以当作 S 语言的一种实现, 通常用 S 语言编写的代码都可以不做修改地在 R 环境下运行.

S 语言是由 AT&T Bell 实验室的 Rick Becker、John Chambers 和 Allan Wilks 开发的一种用来进行数据探索、统计分析、作图的解释型语言. 最初 S 语言的实现版本主要是 S-Plus. S-Plus 是一个商业软件, 它基于 S 语言, 并由 MathSoft 公司的统计科学部进一步完善.

§1.2.2　R 软件

R 软件是 R 语言的实现环境, 是一套完整的数据处理、计算和制图软件系统, 其功能包括数据存储和处理系统、数组运算工具、完整连贯的统计分析工具、优秀的统计制图功能、简便而强大的编程语言、可操纵数据的输入和输出、可实现分支和循环以及用户可自定义功能.

与其说 R 软件是一种统计软件, 还不如说 R 软件是一种数学计算环境. R 软件提供了有弹性的、互动的环境来分析、可视及展示数据. 它提供了若干统计程序包, 以及一些集成的统计工具和各种数学计算、统计计算的函数, 用户只需根据统计模型, 指定相应的数据库及相关的参数, 便可灵活机动地进行数据分析等工作, 甚至创造出符合需要的新的统计计算方法.

使用 R 软件可以简化数据分析过程, 从数据的存取到计算结果的分享, R 软件提供了更加方便的计算工具, 能帮助用户更好地决策. 通过 R 软件的许多内嵌统计函数, 用户可以很容易地学习和掌握 R 软件的语法, 也可以编制自己的函数来扩展现有的 R 语言, 完成相关的科研工作. 你可以下载其他的扩展程序包, 帮助你完成你的工作或科研所需的计算工作 [1].

本章小结

- 统计、统计学和统计模型.
- 统计学的基本要素: 总体与样本、参数与统计量、变量, 以及推断的可靠性.
- 数据的分类: 定性数据与定量数据.
- R 语言与 R 软件.

习　题

1. 为了调查可乐的消费者是喜欢可口可乐, 还是百事可乐, 在某次的促销活动中, 随机地选择了 1 000 名可乐的消费者进行双盲品味测试. 所有消费者按照品味的喜好程度将品牌 A 和品牌 B 的可乐进行排序. (1) 描述总体与样本; (2) 描述所关注的变量; (3) 描述所需进行的推断.

2. 如果习题 1 中有 56% 的可乐消费者更喜欢可口可乐, 这是否表明在所有可乐的消费者中有 56% 的人喜欢可口可乐, 如何刻画统计推断的可靠程度?

3. 为了提高医院的医疗服务水平, 医院的管理者让康复出院的病人填写一张问卷调查表, 表中包括如下问题, 试分析调查表中数据的类型.

(1) 你住院的时间有多长?

(2) 你是住在哪个病房? 选项有: 内科、外科、心血管科、妇产科、儿科、特护中心.

(3) 你选择看病就医时, 你认为医院的地理位置重要吗? 选项有: 非常重要、很重要、不太重要、根本不重要.

(4) 你住院时, 你的病情是否严重? 选项有: 非常严重、很严重、不大严重、一般.

(5) 你认为你的主治医师的医疗水平如何? 选项有: 医术高明、水平很高、水平高、水平一般.

(6) 你认为医院的护理水平如何? 有 7 个选择: 1, 2, 3, 4, 5, 6, 7, 其中 1 为差, 7 为好.

4. 高速公路桥的检测. 美国联邦公路局 (FHWA) 定期对美国全境内所有的高速公路进行结构检测, 检测数据被录入国家桥况数据库 (NBI). 下面是从库中变量选出的几个, 请判断每个变量是定性的, 还是定量的.

(1) 桥梁的最大跨度的长度; (2) 车道的数量; (3) 是不是收费桥 (是与否); (4) 日平均交通流量; (5) 分道设施的条件 (好、一般和差); (6) 旁道或弯道的长度; (7) 线路的类型 (州际、全美、州、县或市).

---

[1] 截止到 2015 年 8 月 1 日, CRAN 网站共有 6 957 个 R 包, 涵盖了不同领域的应用.

5. 有结构缺陷的高速公路桥, 参考习题 4. NBI 的数据分析结果可在网上查询, 根据 FHWA 的检测结果, 美国的 608 272 座高速公路桥被按照有结构缺陷、功能过时和安全分类. 大约有 13.5% 的桥被认定为有结构缺陷, 3.5% 被认定为功能过时.

(1) 哪个变量是研究者感兴趣的? (2) 变量是定量的, 还是定性的? (3) 数据分析的是总体, 还是样本? 请解释. (4) NBI 是如何获得数据的?

6. 请登录 R 的主页 (https://www.r-project.org/), 了解 R 的最新动态.

7. 请登录 R 的 CRAN 社区 (http://cran.r-project.org/), 下载最新版本的 R 软件.

第2章 R 语言入门

为什么要使用 R

从我首次接触 R 算起来, 已经有 10 年的光景. 那时我还是 DoubleClick 公司一名年轻的产品研发经理. 我们公司出售管理网络广告销售的软件, 而我当时主要负责库存预测, 根据给定的搜索词、网页或者人口特征来估计广告的点击次数. 我想自己独立地分析数据, 但我们买不起 SAS 或者 MATLAB 这样昂贵的软件. 我尝试着寻找一个开源的软件包, 很快 R 进入了我的视野. 相比现在, 那时的 R 还有些稚嫩, 很多的功能 (如统计函数、绚丽的绘图) 都还不具备. 但是, 它很直观, 易用, 我入迷了. 从那时起, 我一直利用 R 来处理各种各样的问题: 估计信贷风险, 分析棒球比赛统计数据, 或者寻找互联网安全威胁的来源. 从数据中我学习到了很多, 并慢慢成长为一名经验丰富的数据分析师.

资料来源: (美) Josepb Adler. R 语言核心技术手册. 刘思, 等译. 北京: 电子工业出版社, 2014.

本章要点

- R 软件的下载、安装, 以及 R 语言的简单入门.
- R 语言的数据表示方法, 以及读写数据文件.
- R 语言的控制流和程序设计.

R 语言是一种为统计计算和图形显示而设计的语言环境, 是贝尔实验室开发的 S 语言的一种实现. R 是一种针对统计分析和数据科学且功能全面的开源软件, 目前在商业、工业、政府部门、医药和科研等涉及数据分析的领域都有广泛的应用.

§2.1 R 软件的下载与安装

对于 R 的初学者来说, 首先要下载 R 软件. R 是免费的, 可在网站

http://cran.r-project.org/

下载, 图 2.1 显示的是 R 的 CRAN 社区网页. 对于 Windows 用户, 单击 Download R for Windows 进入下一个窗口. 然后单击base进入下载窗口[1]. 单击Download R 3.2.3 for Windows (62 megabytes, 32/64 bit) 下载 Windows 系统下的 R 软件[2].

R 软件安装非常容易, 运行刚才下载的程序 (如 R-3.2.3-win), 然后按照 Windows 的提示, 安装即可.

---

[1]http://cran.r-project.org/bin/windows/base/ 直接进入下载窗口.
[2]R 软件每隔一段时间会更新一次, 本书使用的版本是 R 3.2.3.

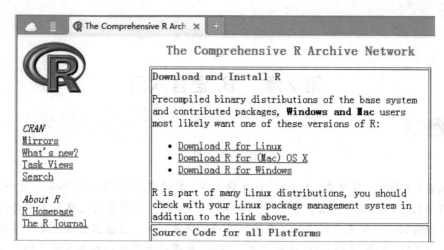

图 2.1   R 的 CRAN 社区

在开始安装后, 选择安装提示的语言, 如中文 (简体), 如图 2.2 所示, 单击"确定"按钮进入安装向导窗口. 单击"下一步"按钮进入"信息"窗口, 你可浏览相关信息, 然后再单击"下一步"按钮进入"选择目标位置"窗口. 你可单击"浏览 (R)"选择安装目录 (默认目录为 C:\Program Files\R\R-3.2.3), 接着单击"下一步"按钮进入"选择组件"窗口 (见图 2.3), 并根据所要安装计算机的性能选择相应的组件. 如果在 Message translations 前面打钩, 则使用中文系统说明. 选择后, 单击"下一步"按钮进入"启动选项"窗口.

在"启动选项"窗口中 (见图 2.4) 选择" Yes (自定义启动)"或" No (接受默认选项)".

图 2.2   选择安装语言窗口

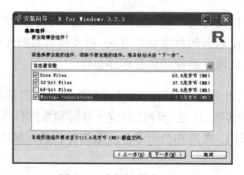

图 2.3   选择组件窗口

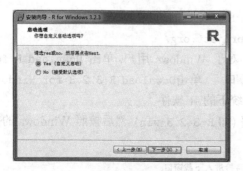

图 2.4   启动选项窗口

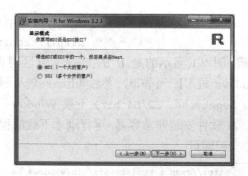

图 2.5   显示模式窗口

如果选择默认选项, 以后的帮助文件将由网页提供. 你可以选择 Yes, 进入"显示模式"界面 (见图 2.5). 在这个窗口中选择" MDI (一个大的窗口)"或" SDI (多个分开的窗口)", 单击 "下一步"按钮进入"帮助风格"窗口. 在这个窗口中, 选择"纯文本", 以后的帮助文件由本地的纯文本形式提供.

单击"下一步"按钮进入"互联网接入"窗口, 选择"标准", 接着单击"下一步"按钮进入"安装"窗口, 再单击"下一步"按钮进入安装状态. 稍候片刻, R 软件就安装成功了.

§2.2 R 软件的界面

安装完成后, 程序会创建 R 软件程序组, 并在桌面上创建 R 主程序的快捷方式 (也可以在安装过程中选择不要创建). 通过快捷方式或"开始 → 所有程序 →R→R i386 3.2.3"启动 R, 进入工作状态, 如图 2.6 所示 [①].

R 软件的界面与 Windows 的其他编程软件类似, 由下拉式菜单、快捷按钮控件和操作窗口组成, 快捷按钮控件的图形及功能如图 2.7 所示.

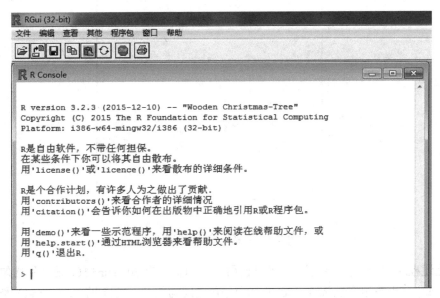

图 2.6 R 软件主界面

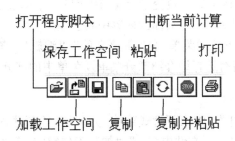

图 2.7 快捷按钮控件及相应的功能

---

①本书只显示中文系统下 R 的运行模式.

§2.2.1　主窗口

主窗口也称为控制台, 或命令窗口, 在提示符 > 下可以直接输入命令得到计算结果. 如:

```
> 2 + 2
[1] 4
> log(2)
[1] 0.6931472
```

显示的 [1] 表示第 1 个数据. 还可以绘图, 例如, 输入一段程序:

```
> n <- 30
> x <- runif(n, 0, 10)
> y <- 5 + 2*x + rnorm(n)
> plot(x, y)
```

这时, 弹出图形窗口 (R Graphics: Device2(ACTIVE)), 给出所绘的图形 (见图 2.8).

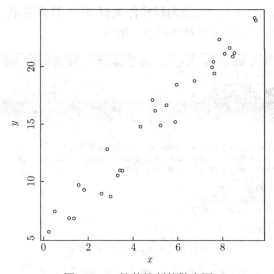

图 2.8　R 软件绘制的散点图

在上述程序中, <- 表示赋值, 也可以使用 "=", 即 n 为 30. runif() 是产生均匀分布随机数的函数, 这里表示产生 n 个 (30 个) 0 至 10 之间均匀分布的随机数. rnorm() 是产生正态分布的随机数, 这里表示产生 n 个 (30 个) 标准正态分布的随机数. 这里产生的 x 和 y 是长度为 10 的向量, plot() 函数绘出自变量为 x、因变量为 y 的散点图.

这些内容也许不能马上理解, 在后面的内容中将会逐步介绍.

在主窗口上面有 7 个下拉式菜单, 分别是 "文件" "编辑" "查看" "其他" "程序包" "窗口" 和 "帮助", 下面将有选择地介绍部分菜单及菜单中的部分内容.

§2.2.2　文件菜单

单击主界面中的 "文件", 弹出下拉式菜单, 分别是: "新建程序脚本" "运行R脚本文件..." "打开程序脚本..." "显示文件内容..." "加载工作空间..." "保存工作空间..." "加载历史..." "保存历史..." "改变工作目录..." "打印..." "保存到文件..." 和 "退出".

1. 新建程序脚本

编写新程序文件. 单击该命令, 打开一个新的 R 程序编辑窗口, 输入要编写的 R 程序, 如:

```
n <- 30
x <- runif(n, 0, 10)
y <- 5 + 2*x + rnorm(n)
plot(x, y)
```

输入完毕后, 单击"文件", 选择"保存"按钮; 或直接单击"保存"的快捷键, 弹出"保存程序脚本为"的对话框, 输入一个文件名, 如 MyFile.R (默认的扩展名为 .R). 这样, 该程序文件就保存在当前的目录中, 以备调用.

2. 运行 R 脚本文件...

运行已有的 R 程序文件. 单击该命令, 打开"选择要运行的程序文件"窗口, 选择要运行的程序 (后缀为 .R), 如 MyFile.R. 选择好要运行的文件后, 按"打开 (o)", R 会运行该文件 (MyFile.R) 中的全部程序, 但在操作窗口并不显示所运行程序后的内容, 而只显示

> `source("D:\\R_in_Statistic\\chap02\\MyFile.R")`.

如果运行程序中包含有绘图命令, 则会弹出图形窗口, 显示所绘图形. 当然, 在当前目录下, 执行 `source("MyFile.R")` 命令, 或执行带有路径的命令

> `source("D:/R_in_Statistic/chap02/MyFile.R")` [①]

具有同样的功能.

3. 打开程序脚本...

打开已有 R 文件. 单击该命令, 打开"打开程序脚本"窗口, 选择一个 R 文件, 如 MyFile.R, 屏幕弹出 MyFile.R 编辑窗口, 用户可以利用该窗口对该文件 (MyFile.R) 进行编辑, 或执行该文件中的部分或全部程序.

4. 显示文件内容...

显示已有的文件. 单击该命令, 打开"Select files"窗口 [②], 选择一个文件 (*.R 或 *.q), 如 MyFile.R. 屏幕上弹出 MyFile.R 窗口, 用户可利用该窗口执行该文件 (MyFile.R) 的部分或全部程序, 但无法对所显示的程序进行编辑.

在当前目录下, 执行命令 `file.show("MyFile.R")`, 或执行带有路径的命令

> `file.show("D:/R_in_Statistic/chap02/MyFile.R")`

具有同样的功能.

5. 改变工作目录...

改变当前的工作目录. 单击该命令, 弹出"浏览文件夹"窗口, 在窗口中找到所需的工作目录, 如 D:\R_in_Statistic\chap02 (见图 2.9), 单击"确定"按钮确认.

执行命令

---

①执行带有路径的命令时不必考虑当前所在位置.
②如果文件或文件所在的目录 (包括子目录) 使用中文命名, 则该命令可能失败.

```
> setwd("D:\\R_in_Statistic\\chap02")
```
或命令
```
> setwd("D:/R_in_Statistic/chap02")
```
具有同样的功能.

用 getwd() 函数, 可以获得当前的工作目录. 例如, 在当前目录下
```
> getwd()
```
```
[1] "D:/R_in_Statistic/chap02"
```
这里的 [1] 表示输出的第 1 个值.

图 2.9　改变工作目录的对话框

6. 退出

退出 R 系统. 如果退出前没有保存工作空间映像, 则系统会提示是否保存工作空间映像, 可选择保存 (是 (Y)) 或不保存 (否 (N)). 在操作窗口执行 q() 或命令 quit(), 具有同样的功能.

如果想直接退出, 不保存工作空间映像, 可直接输入命令
```
> q(save="no")
```

§2.2.3　其他菜单

单击主界面中的"其他", 弹出下拉式菜单, 分别是: "中断当前的计算""中断所有计算""缓冲输出""补全单词""补全文件名""列出对象""删除所有对象"和"列出查找路径".

1. 列出对象

单击该命令, 列出内存中全部对象的名称. 在操作窗口下直接执行命令
```
> ls()
```
可以达到同样的目的.

2. 删除所有对象

单击该命令, 将全部对象从内存中清除. 在操作窗口下直接执行命令

```
> rm(list = ls(all=TRUE))
```

可以达到同样的目的.

3. 列出查找路径

单击该命令, 列出:

```
> search()
[1] ".GlobalEnv"        "package:stats"   "package:graphics"
[4] "package:grDevices" "package:utils"   "package:datasets"
[7] "package:methods"   "Autoloads"       "package:base"
```

即当前使用的程序包. 在操作窗口执行 search() 命令, 可以达到同样的目的.

§2.2.4 程序包菜单

单击主界面中的"程序包", 弹出下拉式菜单, 分别是: "加载程序包…""设定CRAN镜像…""选择软件库…""安装程序包…""更新程序包…"和"用本地的 zip 文件安装程序包…".

1. 加载程序包…

R 软件除上述基本程序包外, 还有许多程序包, 需要在使用前加载. 例如, lda() 函数 (线性判别分析函数) 就需要加载程序包 MASS.

单击该命令, 弹出选择程序窗口, 如图 2.10 所示. 选择 MASS, 单击"确定"按钮, 这样即可使用 lda() 函数. 直接执行命令

```
> library("MASS")
```

具有同样的功能.

2. 设定 CRAN 镜像…

单击该命令, 弹出 CRAN 镜像窗口, 选择一个镜像点, 如 China (Beijing 1), 如图 2.11 所示. 单击"确定"按钮, 链接到指定的镜像点.

3. 选择软件库…

选择软件库. 打开库窗口, 选择一个库, 单击"确定"按钮. 计算机将自动链接到所选的库.

4. 安装程序包…

安装新的程序包. 单击"安装程序包", 弹出 CRAN 镜像窗口, 选择合适的镜像点, 单击"确定"按钮. 此时, 计算机将自动链接到指定的镜像点, 并弹出程序包窗口. 如果已设定 CRAN 镜像, 则直接进入程序包窗口. 选择所需的程序包, 计算机将下载指定的程序包并自动安装.

直接使用命令

```
> install.packages("packgaename")
```

具有同样的功能, 其中 packgaename 为程序包的名称.

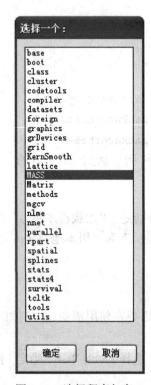

图 2.10　选择程序包窗口

图 2.11　设定 CRAN 镜像窗口

5. 更新程序包...

更新已有的程序包. 单击该命令, 弹出 CRAN 镜像窗口, 选择合适的镜像点, 然后弹出程序包更新窗口. 如果已设定 CRAN 镜像, 则直接进入程序包更新窗口. 选择所需的程序包, 单击"确定"按钮, 计算机将下载指定的程序包并自动更新.

6. 用本地的 zip 文件安装程序包...

单击该命令, 打开"Select files", 选择已在 CRAN 中下载到本机的 zip 文件, 进行安装.

§2.2.5　帮助菜单

单击主界面中的"帮助", 弹出下拉式菜单, 分别是"控制台""R FAQ""Windows 下的 R FAQ""手册 (PDF 文件)""R 函数帮助 (文本)...""Html 帮助""搜索帮助...""search.r-project.org ...""模糊查找对象...""R 主页""CRAN 主页"和"关于". 本小节介绍其中部分内容.

1. R FAQ

R 常见问答 (Frequently Asked Questions, FAQ). 单击该命令, 弹出 R FAQ 网页式窗口. 该窗口解释 R 软件的基本问题, 如 R 软件的介绍、R 软件的基本知识、R 语言与 S 语言以及 R 程序等.

2. Windows 下的 R FAQ

关于 R 软件的进一步的常见问答. 单击该命令, 弹出 R for Windows FAQ 网页式窗口, 其内容有安装与用户、语言与国际化、程序包、Windows 的特点、工作空间、控制台等. 该窗口的问题更加深入.

3. 手册 (PDF 文件)

R 软件使用手册. 它分别包括 An Introduction to R (R 入门介绍)、R Refence Manual (R 参考手册)、R Data Import/Export (R 数据导入/导出)、R Language Definition (R 语言定义)、Writing R Extensions (写 R 扩展程序)、R Internals (R 内部结构)、R Installation and Administration (R 安装与管理) 及 Sweave User (Sweave 用户手册①). 所有手册均是 PDF 格式的文件. 这些手册为学习 R 软件提供了有利的帮助.

以上 3 条文本帮助文件是逐步深入的, 用它们可以帮助使用者快速掌握 R 软件的使用.

4. R 函数帮助 (文本)...

帮助命令. 单击该命令, 出现 "帮助于" 对话窗口, 在窗口中输入需要帮助的函数名, 如 lm (线性模型) 函数, 单击 "确定" 按钮, 则屏幕上会出现新的窗口, 解释 lm 的意义与使用方法.

在操作窗口下, 输入命令

```
> help("Fun_Name")
```
或者
```
> help(Fun_Name)
```
或者
```
> ?Fun_Name
```
具有相同的效果.

5. 搜索帮助...

搜索帮助. 单击该命令, 出现 "搜索帮助" 对话窗口, 在窗口中输入需要帮助的函数名, 如 lm (线性模型) 函数, 单击 "确定" 按钮, 则屏幕上会出现新的对话框, 列出与 lm (线性模型) 有关的全部函数名 (包括广义线性模型函数名).

在操作窗口下, 输入命令

```
> help.search("Fun_Name")
```
或者
```
> ??Fun_Name
```
具有相同的效果.

6. 模糊查找对象...

列出相关的函数与变量. 单击该命令, 出现 "模糊查找对象" 对话窗口, 在窗口中输入需要查找的函数名或变量名, 如 lm, 单击 "确定" 按钮, 在控制窗口中列出含有字符串 lm 的全

---

①介绍 LaTeX 与 R 混合使用的方法.

部函数名与变量名.

在操作窗口下, 输入命令

```
> apropos("Fun_Name")
```

具有相同的效果.

注意: "R 函数帮助 (文本)..."和"模糊查找对象..."是在当前已有的程序包中查找, 而"搜索帮助..."是在整个程序包中查找. 例如, 在 "帮助于" 对话框中输入 "read.spss"(读 SPSS 数据文件函数), 计算机会给出警告, 告知没有 read.spss 这个函数, 并建议使用 ??Fun_Name 命令做进一步的查找. 在 "模糊查找对象" 对话框中输入 "read.spss", 则操作窗口出现 "character(0)", 即无法查到. 而在 "搜索帮助..." 对话框中输入 "read.spss", 则屏幕上会出现新的窗口, 告之 read.spss 属于 foreign 程序包. 在加载 foreign 程序包后, 就可以调用 read.spss 函数了.

§2.3　与数据有关的对象

对象是 R 中的一个重要的概念. R 指令不是直接访问计算机的存储器, 而是构造出能够利用某些特定数据的框结构供 R 访问. 因此, 在 R 中, 这种框结构称为对象.

当 R 运行时, 所有的变量、数据、函数及结果都是以对象的形式保存在计算机的活动内存中的, 并且都具有相应的名称. 你可以使用一些运算符 (如算术、逻辑、比较等) 和函数 (本身也是对象) 来对这些对象进行操作.

这里介绍与数据输入、保存和运算有关的对象, 如向量、矩阵、数组和数据框等.

§2.3.1　纯量

纯量是最简单的输入数据的方法, 如:

```
n <- 30; a <- 59.9; b <- -3.8; c <- 3 + 4i
name <- "XueYi"; L <- TRUE
```

这些数据中有整数、实数和复数, 还有字条串和逻辑变量等.

对于实数 (或复数) 可做四则运算, 运算规则是先乘除, 后加减, 幂运算优先, 如:

```
> 1 + 2*3 + 4/5 + 6^2
[1] 43.8
```

和函数运算, 如:

```
> sqrt(2)
[1] 1.414214
> log(10)
[1] 2.302585
```

也可以做逻辑运算.

```
> 3 == 5
[1] FALSE
```

变量之间的类型可以相互转换, 例如, 将数值型变量转换成字符型变量.

```
> x <- 3
> y <- as.character(x); y
```

```
[1] "3"
```
也可以判别变量是否属于某种类型, 如:
```
> is.numeric(y)
```
```
[1] FALSE
```
表 2.1 给出了各种辨别与转换数据对象的函数, 其使用方法与上面的例子相同.

表 2.1 辨别与转换数据对象的函数

类型	判别函数	转换函数
数值	is.numeric()	as.numeric()
整数	is.integer()	as.integer()
双精度	is.double()	as.double()
复数	is.complex()	as.complex()
字符	is.character()	as.character()
逻辑	is.logical()	as.logical()
空	is.null()	as.null()

§2.3.2 向量

1. 向量的构成

如果一组数据, 如 10.4, 5.6, 3.1, 6.4 和 21.7, 可使用 c() 函数构造成向量.
```
> x <- c(10.4, 5.6, 3.1, 6.4, 21.7)
```
c() 函数不但能对数量进行连接, 也能对向量进行连接, 如:
```
> y <- c(x, 0, x)
```
构成的向量 y 有 11 个分量, 其中两边是向量 x, 中间是零.

也可以使用 ":" 构造向量, 如:
```
> 1:10
```
```
 [1]  1  2  3  4  5  6  7  8  9 10
```
```
> 10:1
```
```
 [1] 10  9  8  7  6  5  4  3  2  1
```
从 ":" 的左端开始, 至右端结束, 如果左端 < 右端, 则逐项加 1, 否则逐项减 1.

对向量做逻辑运算, 构造逻辑向量, 如:
```
> y <- c(8, 3, 5, 7, 6, 2, 8, 9); y > 5
```
```
[1]  TRUE FALSE FALSE  TRUE  TRUE FALSE  TRUE  TRUE
```
与逻辑向量有关的有 3 个函数 all(), any() 和 which(), 用例子说明这 3 个函数的用途.
```
> all(y > 5)
```
```
[1] FALSE
```
```
> any(y > 5)
```
```
[1] TRUE
```
```
> which(y > 5)
```
```
[1]  1 4 5 7 8
```
第 1 个函数判断向量中的所有元素是否均大于 5, 第 2 个函数判断向量中是否存在大于 5 的元素, 第 3 个函数判断向量中哪些元素大于 5.

在 R 中, 可以使用函数构造具有特定格式的向量, 一个是 seq() 函数, 另一个是 rep() 函数.

seq() 函数是产生等距间隔数列的函数, 其使用格式为:

```
seq(from = 1, to = 1, by = ((to - from)/(length.out - 1)),
    length.out = NULL, along.with = NULL, ...)
```

参数的名称、取值及意义如表 2.2 所示.

表 2.2　seq( ) 函数中参数的名称、取值及意义

名称	取值及意义
from	数值, 表示间隔数列开始的位置, 默认值为 1
to	数值, 表示间隔数列结束的位置, 默认值为 1
by	数值, 表示等间隔数列之间的间隔
length.out	数值, 表示等间隔数列的长度
along.with	向量, 表示产生的等间隔数列与向量具有相同的长度

注: by, length.out 和 along.with3 个参数只能输入一项.

请看下面的例子.

```
> seq(0, 1, length.out = 11)
[1] 0.0 0.1 0.2 0.3 0.4 0.5 0.6 0.7 0.8 0.9 1.0
> seq(1, 9, by = 2)
[1] 1 3 5 7 9
> seq(1, 9, by = pi)
[1] 1.000000 4.141593 7.283185
> seq(1, 6, by = 3)
[1] 1 4
> seq(10)
[1]  1  2  3  4  5  6  7  8  9 10
> seq(0, 1, along.with = rnorm(11))
[1] 0.0 0.1 0.2 0.3 0.4 0.5 0.6 0.7 0.8 0.9 1.0
```

命令中的 rnorm(11) 产生 11 个标准正态分布的随机数.

rep() 是重复函数, 它可以将某一变量或向量重复若干次, 其使用格式为:

```
rep(x, ...)
```

参数的名称、取值及意义如表 2.3 所示.

表 2.3　rep( ) 函数中附加参数的名称、取值及意义

名称	取值及意义
x	数量或向量, 或者是数据对象
times	表示向量 x 重复的次数
length.out	表示重复该向量后构成向量的长度
each	表示向量 x 每个分量重复的次数
正整数向量	长度与 x 相同, 其分量表示对应分量重复的次数

请看下面的例子.

```
> rep(1:4, times = 2)
[1] 1 2 3 4 1 2 3 4
> rep(1:4, length.out = 10)
[1] 1 2 3 4 1 2 3 4 1 2
> rep(1:4, each = 2)
[1] 1 1 2 2 3 3 4 4
> rep(1:4, c(1, 2, 2, 3))
[1] 1 2 2 3 3 4 4 4
```

times 为默认参数, rep(1:4, times = 2) 与 rep(1:4, 2) 的意义是相同的.

2. 向量的下标

如果 x 为向量, $x[i]$ 表示向量 x 的第 i 个分量, 如:

```
> x <- c(1, 4, 7); x[2]
[1] 4
```

如果 x 是长度为 n 的向量, v 为取值在 1 至 n 之间的数 (允许重复) 的向量, 则 $x[v]$ 是向量 x 中由 v 所表示的分量构成的向量, 如:

```
> x <- 10:20; x[c(1, 3, 5, 9)]
[1] 10 12 14 18
> x[1:5]
[1] 10 11 12 13 14
> x[c(1, 2, 3, 2, 1)]
[1] 10 11 12 11 10
> c("a", "b", "c")[rep(c(2, 1, 3), times = 3)]
[1] "b" "a" "c" "b" "a" "c" "b" "a" "c"
```

如果 x 是长度为 n 的向量, v 为取值在 $-n$ 至 -1 之间的向量, 则 $x[v]$ 是向量 x 中去掉 v 所表示的分量构成的向量, 如:

```
> x <- 10:20; x[-(1:5)]
[1] 15 16 17 18 19 20
```

如果 x 为一向量, v 为与它等长的逻辑向量, 则 $x[v]$ 表示取出所有 v 为真值的元素, 如:

```
> x <- c(1, 4, 7); x[x < 5]
[1] 1 4
```

在定义向量时, 可以同时给元素加上名字, 这个名字就称为字符下标, 如:

```
> (ages <- c(Li = 33, Zhang = 29, Liu = 18))
   Li Zhang   Liu
   33    29    18
```

在命令中, 对赋值命令加括号是为了显示向量 ages 中的内容.

§2.3.3　因子

统计中的变量有几种重要类别: 区间变量、名义变量和有序变量. 区间变量取连续的数值, 可以进行求和、平均值等运算. 名义变量和有序变量取离散值, 可以用数值代表, 也可以是字符型值, 其具体数值没有加减乘除的意义, 不能用来计算, 只能用来分类或计数. 名义变量, 如性别、省份、职业; 有序变量, 如班级、名次.

在 R 中, 使用因子来表示名义变量或有序变量, 其中 factor() 函数是一种定义因子的方法. 它将一个向量转换成因子, 其使用格式为:

```
factor(x = character(), levels, labels = levels,
       exclude = NA, ordered = is.ordered(x))
```

参数的名称、取值及意义如表 2.4 所示.

表 2.4　factor( ) 函数中参数的名称、取值及意义

名称	取值及意义
x	数据向量, 也就是被转换成因子的向量
levels	可选向量, 表示因子水平, 当此参数默认时, 由 x 元素中的不同值来确定
labels	可选向量, 用来指定各水平的名称, 默认时, 取 levels 的值
exclude	从 x 中剔除的水平值, 默认值为 NA
ordered	逻辑变量, 取值为 TRUE 时, 表示因子水平是有次序的 (按编码次序), 否则 (FALSE) 是无次序的

请看下面的例子.

```
> data <- c(1, 2, 3, 3, 1, 2, 2, 3, 1, 3, 2, 1)
> (fdata <- factor(data))
 [1] 1 2 3 3 1 2 2 3 1 3 2 1
Levels: 1 2 3
> (rdata <- factor(data, labels=c("I", "II", "III")))
 [1] I   II  III III I   II  II  III I   III II  I
Levels: I II III
```

data 为数据向量, factor() 将数据转换成因子 (fdata). 由于其他的可选参数均为默认值, 因而相应的因子与原数据相同, 从 data 中选出不同的值作为因子水平, 共有 3 个水平. 第 2 个命令增加了可选项 labels, 这样就可以将默认因子转换成罗马数字.

另一种定义因子的函数是 gl() 函数, 它定义有规律的因子向量, 其使用格式为:

```
gl(n, k, length = n*k, labels = 1:n, ordered = FALSE)
```

参数的名称、取值及意义如表 2.5 所示.

表 2.5　gl( ) 函数中参数的名称、取值及意义

名称	取值及意义
n	正整数, 表示水平数
k	正整数, 表示重复的次数
length	正整数, 表示生成因子向量的长度, 默认值为 n*k
labels	可选向量, 表示因子水平的名称, 默认值为 1:n
ordered	逻辑变量, 表示因子水平是否是有次序的, 默认值为 FALSE

例如:

```
> gl(3, 5, labels = paste0("A", 1:3))
 [1] A1 A1 A1 A1 A1 A2 A2 A2 A2 A2 A3 A3 A3 A3 A3
```

```
Levels: A1 A2 A3
> gl(5, 1, length = 15, labels = paste0("B", 1:5))
 [1] B1 B2 B3 B4 B5 B1 B2 B3 B4 B5 B1 B2 B3 B4 B5
Levels: B1 B2 B3 B4 B5
```

§2.3.4 矩阵

除向量外, 矩阵是数据输入和计算的最简单形式.

1. 矩阵的生成

生成矩阵最简单的方法是使用 matrix() 函数, 其使用格式为:

```
matrix(data = NA, nrow = 1, ncol = 1, byrow = FALSE,
       dimnames = NULL)
```

参数的名称、取值及意义如表 2.6 所示.

表 2.6　matrix( ) 函数中参数的名称、取值及意义

名称	取值及意义
data	向量, 默认值为 NA, 当不输入该数据时, 可生成一个初始矩阵
nrow	正整数, 表示矩阵的行数, 默认值为 1
ncol	正整数, 表示矩阵的列数, 默认值为 1
byrow	逻辑变量, 表示是否将 data 中的数据按行放置, 默认值为 FALSE
dimnames	列表, 输入矩阵的行和列的名称, 默认值为空

例如:

```
> mdat <- matrix(c(1,2,3, 11,12,13),
            nrow = 2, ncol=3, byrow=TRUE,
            dimnames = list(c("row1", "row2"), c("C.1", "C.2", "C.3")))
> mdat
     C.1 C.2 C.3
row1   1   2   3
row2  11  12  13
> A <- matrix(1:15, nrow = 3, ncol = 5); A
     [,1] [,2] [,3] [,4] [,5]
[1,]    1    4    7   10   13
[2,]    2    5    8   11   14
[3,]    3    6    9   12   15
```

注意, 下面两种格式与前面的格式是等价的.

```
> A <- matrix(1:15, nrow = 3)
> A <- matrix(1:15, ncol = 5)
```

还可以生成一个初始空矩阵, 随后再赋值, 如:

```
> B <- matrix(nr = 2, nc = 3)
> B[1,1] <- 1; B[1,3] <- 0; B[2,2] <- 3; B
     [,1] [,2] [,3]
```

```
[1,]    1   NA    0
[2,]   NA    3   NA
```

这里 nr 是 nrow 的缩写, nc 是 ncol 的缩写. 第一行的命令构成一个 2×3 的空矩阵, 第二行对矩阵相应的位置赋值, 如果没有第一行的命令, 第二行的命令将视为错误.

可用 dim() 函数将向量转换成矩阵, 其使用格式为:

```
dim(x) <- value
```

参数 x 为数据 (向量), value 为表示维数的向量, 如:

```
> X <- 1:12; dim(X) <- c(3, 4); X
     [,1] [,2] [,3] [,4]
[1,]    1    4    7   10
[2,]    2    5    8   11
[3,]    3    6    9   12
```

表示将向量 1:12 转换成 3×4 的矩阵, 其中元素按列排列.

可以使用 rbind() 函数或 cbind() 函数将向量或矩阵合并成一个矩阵. rbind() 函数是按行合并, 每个子矩阵需要有相同的列数. cbind() 函数是按列合并, 每个子矩阵需要有相同的行数, 如:

```
> X1 <- rbind(1:2, 101:102); X1
     [,1] [,2]
[1,]    1    2
[2,]  101  102
> X2 <- cbind(1:2, 101:102); X2
     [,1] [,2]
[1,]    1  101
[2,]    2  102
> cbind(X1, X2)
     [,1] [,2] [,3] [,4]
[1,]    1    2    1  101
[2,]  101  102    2  102
> rbind(X1, X2)
     [,1] [,2]
[1,]    1    2
[2,]  101  102
[3,]    1  101
[4,]    2  102
```

2. 与矩阵运算有关的函数

dim() 函数的另一个功能是获取对象 (如矩阵、数组等) 的维数, 如:

```
> dim(A)
[1] 3 5
```

表示 A 为 3×5 阶的矩阵.

除 dim() 函数外, 还有获取矩阵矩阵行数的函数 —— nrow() 函数, 以及获取矩阵矩阵列数的函数 —— ncol() 函数, 如:

```
> nrow(A)
[1] 3
> ncol(A)
[1] 5
```

上述两个函数对向量运算无效. 如果要对向量做运算, 则只需将函数名称改成大写字母即可.

as.vector() 函数可以将矩阵或数组强行转换成向量, 形象地说, 就是将矩阵按列拉直, 如:

```
> as.vector(A)
 [1]  1  2  3  4  5  6  7  8  9 10 11 12 13 14 15
```

3. 矩阵下标

要访问矩阵的某个元素或为该元素赋值, 只要写出矩阵名和方括号中用逗号分开的两个下标即可, 如:

```
> A[1, 2]
[1] 4
> A[1, 2] <- 102
```

矩阵下标可以取正整数 (不能超过矩阵的维数), 其内容为矩阵下标对应的内容, 如:

```
> A[c(1, 3), 2:4]
     [,1] [,2] [,3]
[1,]  102    7   10
[2,]    6    9   12
```

也可以取负整数 (整数不能超过矩阵的维数), 其意义是去掉矩阵中相应的行和 (或) 列, 如:

```
> A[-3, -2]
     [,1] [,2] [,3] [,4]
[1,]    1    7   10   13
[2,]  201  203  204  205

> A[-1, ]
     [,1] [,2] [,3] [,4] [,5]
[1,]  201  202  203  204  205
[2,]    3    6    9   12   15

> A[, -2]
     [,1] [,2] [,3] [,4]
[1,]    1    7   10   13
[2,]  201  203  204  205
```

```
[3,]   3   9   12   15
```

也可以使用逻辑下标和字符串下标 (如果定义了矩阵维的名称), 关于这两种下标的使用就不列举了.

如果打算访问矩阵的行, 或对矩阵的行赋值, 则标出行的下标, 而列下标默认. 同样, 如果打算访问矩阵的列, 或对矩阵的列赋值, 则标出列的下标, 而行下标默认, 如:

```
> A[c(1, 3),]
     [,1] [,2] [,3] [,4] [,5]
[1,]    1  102    7   10   13
[2,]    3    6    9   12   15

> A[2, ] <- 201:205; A
     [,1] [,2] [,3] [,4] [,5]
[1,]    1  102    7   10   13
[2,]  201  202  203  204  205
[3,]    3    6    9   12   15
```

§2.3.5 数组

大家对数组并不陌生, 实际上, 向量是一维数组, 矩阵是二维数组, 这里所说的数组是指多维数组, 当然所介绍的内容也适用于向量和矩阵.

1. 数组的生成

用 array() 函数生成数组, 其使用格式为:

```
array(data = NA, dim = length(data), dimnames = NULL)
```

参数的名称、取值及意义如表 2.7 所示.

表 2.7 array( ) 函数中参数的名称、取值及意义

名称	取值及意义
data	向量, 默认值为 NA
dim	正整数向量, 表示数组各维的长度, 默认值为 data 的长度
dimnames	列表, 输入数组各维的名称, 默认值为空

例如:

```
> X <- array(1:20, dim = c(4, 5)); X
     [,1] [,2] [,3] [,4] [,5]
[1,]    1    5    9   13   17
[2,]    2    6   10   14   18
[3,]    3    7   11   15   19
[4,]    4    8   12   16   20

> Y <- array(1:24, dim = c(3, 4, 2)); Y
, , 1
```

```
        [,1] [,2] [,3] [,4]
[1,]      1    4    7   10
[2,]      2    5    8   11
[3,]      3    6    9   12


, , 2

        [,1] [,2] [,3] [,4]
[1,]     13   16   19   22
[2,]     14   17   20   23
[3,]     15   18   21   24
```

也可以用 dim() 构造数组, 如:

```
> Y <- 1:24
> dim(Y) <- c(3, 4, 2)
```

与刚才命令的结果是相同的.

2. 数组下标

数组与向量和矩阵一样, 可以对数组中的某些元素进行访问或运算.

要访问数组的某个元素, 只要写出数组名和方括号内的用逗号分开的下标即可, 如 a[2, 1, 2]. 例如:

```
> a <- 1:24
> dim(a) <- c(2, 3, 4)
> a[2, 1, 2]
[1] 8
```

更进一步, 还可以在每一个下标位置写一个下标向量, 表示这一维取出所有指定下标的元素, 如 a[1, 2:3, 2:3] 取出所有第一维的下标为 1, 第二维的下标为 2~3, 第三维的下标为 2~3 的元素, 如:

```
> a[1, 2:3, 2:3]
      [,1] [,2]
[1,]     9   15
[2,]    11   17
```

注意, 因为第一维只有一个下标, 所以数组退化成一个 2×2 的矩阵.

另外, 如果略写某一维的下标, 则表示该维全选, 如:

```
> a[1, , ]
       [,1] [,2] [,3] [,4]
[1,]     1    7   13   19
[2,]     3    9   15   21
[3,]     5   11   17   23
```

取出所有第一维下标为 1 的元素, 得到一个 2 维数组 (3×4 的矩阵).

```
> a[ , 2, ]
```

```
        [,1] [,2] [,3] [,4]
  [1,]    3    9   15   21
  [2,]    4   10   16   22
```

取出所有第二维下标为 2 的元素得到一个 2×4 的矩阵.

```
> a[1, 1, ]
[1]  1  7 13 19
```

则只能得到一个长度为 4 的向量. a[, ,] 或 a[] 都表示整个数组, 如:

```
> a[] <- 0
```

可以在不改变数组维数的条件下把元素都赋成 0.

§2.3.6　列表

1. 列表的构造

列表是一种特别的对象集合, 它的元素也由序号 (下标) 区分, 但是各元素的类型可以是任意对象, 不同元素不必是同一类型. 元素本身允许是其他复杂数据类型, 如列表的一个元素也允许是列表. 下面是如何构造列表的例子.

```
> Lst <- list(name = "Fred", wife = "Mary",
        no.children = 3, child.ages = c(4, 7, 9))
> Lst
$name
[1] "Fred"
$wife
[1] "Mary"
$no.children
[1] 3
$child.ages
[1] 4 7 9
```

列表元素总可以用"列表名 [[下标]]"的格式引用, 如:

```
> Lst[[2]]
[1] "Mary"
> Lst[[4]][2]
[1] 7
```

但是, 列表不同于向量, 每次只能引用一个元素, 如 Lst[[1:2]] 的用法是不允许的.

 注意

"列表名 [下标]"或"列表名 [下标范围]"的用法也是合法的, 但其意义与用两重括号的记法完全不同, 两重括号取出列表的一个元素, 结果与该元素类型相同, 如果使用一重括号, 则结果是列表的一个子列表 (结果类型仍为列表).

在定义列表时, 如果指定了元素的名字 (如 Lst 中的 name, wife, no.children, child.ages), 则引用列表元素还可以用它的名字作为下标, 格式为 "列表名 [[" 元素名 "]]", 如:

```
> Lst[["name"]]
[1] "Fred"
> Lst[["child.age"]]
[1] 4 7 9
```

另一种格式是 "列表名 $ 元素名", 如:

```
> Lst$name
[1] "Fred"
> Lst$wife
[1] "Mary"
> Lst$child.ages
[1] 4 7 9
```

2. 列表的修改

列表的元素可以修改, 只要把元素引用赋值即可, 如将 Fred 改成 John.

```
> Lst$name <- John"
```

如果需要增加一项家庭收入, 夫妻的收入分别为 1980 和 1600, 则输入:

```
> Lst$income <- c(1980, 1600)
```

如果要删除列表的某一项, 则将该项赋空值 (NULL).

几个列表可以用连接函数 c() 连接起来, 结果仍为一个列表, 其元素为各自变量的列表元素, 如:

```
> list.ABC <- c(list.A, list.B, list.C)
```

§2.3.7 数据框

数据框 (Dataframe) 是 R 语言的一种数据结构. 它通常是矩阵形式的数据, 但矩阵各列可以是不同类型的. 数据框每列为一个变量, 每行为一个观测样本.

但是, 数据框有更一般的定义. 它是一种特殊的列表对象, 有一个值为 "data .frame" 的 class 属性, 各列表成员必须是向量 (数值型、字符型、逻辑型)、因子、数值型矩阵、列表或其他数据框. 向量、因子成员为数据框提供一个变量, 非数值型向量会被强制转换为因子, 而矩阵、列表、数据框这样的成员为新数据框提供了和其列数、成员数、变量数相同个数的变量. 作为数据框变量的向量、因子或矩阵必须具有相同的长度 (行数).

尽管如此, 一般还可以把数据框看成是一种推广了的矩阵, 它可以用矩阵形式显示, 可以用对矩阵的下标引用方法来引用其元素或子集.

1. 数据框的生成

数据框可以用 data.frame() 函数生成, 其用法与 list() 函数相同, 各自变量变成数据框的成分, 自变量可以命名, 成为变量名, 如:

```
> df <- data.frame(
    Name = c("Alice", "Becka", "James", "Jeffrey", "John"),
```

```
    Sex = c("F", "F", "M", "M", "M"),
    Age = c(13, 13, 12, 13, 12),
    Height = c(56.5, 65.3, 57.3, 62.5, 59.0),
    Weight = c(84.0, 98.0, 83.0, 84.0, 99.5)
  ); df


    Name Sex Age Height Weight
1   Alice  F  13   56.5   84.0
2   Becka  F  13   65.3   98.0
3   James  M  12   57.3   83.0
4 Jeffrey  M  13   62.5   84.0
5    John  M  12   59.0   99.5
```

2. 数据框的引用

引用数据框元素的方法与引用矩阵元素的方法相同, 可以使用下标或下标向量, 也可以使用列名或列名构成的向量, 如:

```
> df[1:2, 3:5]
  Age Height Weight
1  13   56.5     84
2  13   65.3     98
```

数据框的各变量也可以按列表引用, 即用双括号 [[ ]] 或 $ 符号引用, 如:

```
> df[["Height"]]
[1] 56.5 65.3 57.3 62.5 59.0
> df$Weight
[1] 84.0 98.0 83.0 84.0 99.5
```

3. 与数据框或列表有关的函数

数据框的主要用途是保存统计建模的数据. R 语言的统计建模功能都需要以数据框为输入数据, 也可以把数据框当成一种矩阵来处理. 在使用数据框的变量时, 可以用 "数据框名 $ 变量名" 的记法, 但是这样使用比较麻烦.

R 语言提供了 attach() 函数, 可以把数据框中的变量 "连接" 到内存中, 这样便于数据框数据的调用, 如:

```
> attach(df)
> r <- Height/Weight; r
[1] 0.6726190 0.6663265 0.6903614 0.7440476 0.5929648
```

后一语句将在当前工作空间建立一个新变量 r, 它不会自动进入数据框 df 中, 要把新变量赋值到数据框中, 可以用:

```
> df$r <- Height/Weight
```

这样的格式.

为了取消连接, 只要调用 detach()(无参数即可).

 **注意**

R 语言中名字空间的管理是比较独特的. 它在运行时保持一个变量搜索路径表, 在读取某个变量时, 到这个变量搜索路径表中由前向后查找, 找到最前的一个; 在赋值时, 总是在位置 1 赋值 (除非特别指定在其他位置赋值). attach() 的默认位置是在变量搜索路径表的位置 2, detach() 默认也是去掉位置 2, 所以 R 编程的一个常见问题是当误用了一个自己并没有赋值的变量时有可能不出错, 因为这个变量已在搜索路径中某个位置有定义, 这样不利于程序的调试, 需要留心这样的问题.

attach() 除了可以连接数据框, 也可以连接列表.

如果对数据框中的变量只做少量的运算, 也可以不使用 attach() 函数, 而使用 with() 函数, 其使用格式为:

```
with(data, expr, ...)
```

参数 data 为数据框, expr 为计算表达式. 例如, 上一句可改为:

```
> df$r <- with(df, Height/Weight)
```

§2.4 读、写数据文件

在应用统计学中, 数据量一般都比较大, 变量也很多, 用上述方法来建立数据集并不可取. 上述方法适用于少量数据、变量的分析. 对于大量数据和变量, 一般应在其他软件中输入 (或数据来源是其他软件的输出结果), 再读到 R 中处理. R 语言有多种读数据文件的方法.

另外, 所有的计算结果也不应只在屏幕上输出, 而应当保存在文件中, 以备使用. 这里介绍一些 R 软件读、写数据文件的方法.

§2.4.1 读纯文本文件

读纯文本文件有两个函数: 一个是 read.table() 函数; 另一个是 scan() 函数.

1. read.table() 函数

read.table() 函数读取表格形式的文件. 例如, "houses.data" 存入某处的住宅数据, 它是一个纯文本文件, 并具有表格形式:

```
    Price   Floor   Area   Rooms   Age   Cent.heat
  1 52.00   111.0    830     5      6.2      no
  2 54.75   128.0    710     5      7.5      no
  3 57.50   101.0   1000     5      4.2      no
  4 57.50   131.0    690     6      8.8      no
  5 59.75    93.0    900     5      1.9      yes
```

其中第一行为变量名称, 也就是表头, 后面的各行记录了每个房屋的数据. 第一列为记录序号, 后面的各列为房屋的各项指标.

read.table() 函数可读取数据的格式和结果如下:

```
> rt <- read.table("houses.data"); rt
```

```
     Price Floor Area Rooms Age Cent.heat
  1 52.00   111   830     5 6.2        no
  2 54.75   128   710     5 7.5        no
  3 57.50   101  1000     5 4.2        no
  4 57.50   131   690     6 8.8        no
  5 59.75    93   900     5 1.9       yes
```

它的形式与文件 "houses.data" 相同. read.table() 函数的返回值为数据框, 也就是说, 变量 rt 为数据框. 可通过测试函数 is.data.frame() 或 class 属性来确认这一点.

如果数据文件中没有记录序号的列, 如 "houses.data" 文件具有以下形式:

```
   Price   Floor   Area   Rooms    Age    Cent.heat
   52.00   111.0    830      5      6.2        no
   54.75   128.0    710      5      7.5        no
   57.50   101.0   1000      5      4.2        no
   57.50   131.0    690      6      8.8        no
   59.75    93.0    900      5      1.9       yes
```

则读取数据的命令需要改为:

```
> rt <- read.table("houses.data", header = TRUE)
```

也就是说明数据文件的第一行是表头, 得到的结果与前一个命令相同.

read.table() 函数的使用格式为:

```
read.table(file, header = FALSE, sep = "",
    quote = "\"'", dec = ".", row.names, col.names,
    as.is = !stringsAsFactors,
    na.strings = "NA", colClasses = NA, nrows = -1,
    skip = 0, check.names = TRUE,
    fill = !blank.lines.skip,
    strip.white = FALSE, blank.lines.skip = TRUE,
    comment.char = "#",
    allowEscapes = FALSE, flush = FALSE,
    stringsAsFactors = default.stringsAsFactors(),
    fileEncoding = "", encoding = "unknown", text)
```

部分参数的名称、取值及意义如表 2.8 所示.

2. scan() 函数

scan() 函数直接读纯文本文件数据. 例如, "weight.data" 文件保存了 15 名学生的体重, 它是一个纯文本文件, 其格式如下:

```
   75.0  64.0  47.4  66.9  62.2  62.2  58.7  63.5
   66.6  64.0  57.0  69.0  56.9  50.0  72.0
```

表 2.8 read.table( ) 函数中部分参数的名称、取值及意义

名称	取值及意义
file	字符串, 表示文件名, 数据是以表格形式保存的
header	逻辑变量, 表示当数据文件的第一行为表头时, 取值为 TRUE; 当数据包含表头且第一列的数据为记录序列号时, 取值为 FALSE (默认值)
sep	数据的分隔字符, 通常用空格作为分隔符
row.names	向量, 表示行名 (也就是样本名)
col.names	向量, 表示列名 (也就是变量名). 如果数据文件中无表头, 则变量名为 "V1" "V2" 的形式
skip	非负整数, 表示读数据时跳过的行数

命令 w <- scan("weight.data") 是将文件中的 15 个数据读出, 并为 w 赋值, 此时, 函数的返回值为一向量, 即 w 为向量, 大家可用 is.vector() 函数来验证这一点.

假设数据有有不同的属性, 例如, 纯文本数据文件 "h_w.data" 中的数据如下:

```
172.4  75.0  169.3  54.8  169.3  64.0  171.4  64.8  166.5  47.4
171.4  62.2  168.2  66.9  165.1  52.0  168.8  62.2  167.8  65.0
165.8  62.2  167.8  65.0  164.4  58.7  169.9  57.5  164.9  63.5
...   ...   ...    ...    ...    ...   ...    ...    ...    ...
```

为 100 名学生的身高和体重, 其中第 1、3、5、7、9 列为身高 (单位: cm), 第 2、4、6、8、10 列为体重 (单位: kg), 命令

```
> inp <- scan("h_w.data", list(height = 0, weight = 0))
```

将数据读出, 并以列表的方式赋给变量 inp, 其中 height 和 weight 为列表 inp 的元素名称.

如果不输入文件名, 则 scan() 函数会直接从屏幕上读数据, 如:

```
> x <- scan()
1: 1 3 5 7 9
6:
Read 5 items
> x
[1] 1 3 5 7 9
> names <- scan(what = "")
1: ZhangSan LiSi WangWu
4:
Read 3 items
> names
[1] "ZhangSan" "LiSi"      "WangWu"
```

scan() 函数读文件的一般格式为:

```
scan(file = "", what = double(), nmax = -1, n = -1, sep = "",
    quote = if(identical(sep, "\n")) "" else "'\"", dec = ".",
    skip = 0, nlines = 0, na.strings = "NA",
    flush = FALSE, fill = FALSE, strip.white = FALSE,
    quiet = FALSE, blank.lines.skip = TRUE, multi.line = TRUE,
    comment.char = "", allowEscapes = FALSE,
```

```
fileEncoding = "", encoding = "unknown", text)
```
部分参数的名称、取值及意义如表 2.9 所示.

表 2.9　scan( ) 函数中部分参数的名称、取值及意义

名称	取值及意义
file	字符串, 表示所读文件的文件名
what	函数返回值的类型, 有 numeric (数值型)、logical (逻辑型)、character (字符型) 和 list (列表) 等, 其中数值型的初始值为 0, 字符型的初始值为 ""
sep	数据的分隔字符
skip	非负整数, 表示读数据时跳过的行数

§2.4.2　读取 Excel 表格数据

已知数据 (见表 2.10), 将表中的数据保存成 Excel 表格 ("educ_scores.xls"). 但 R 无法直接读 Excel 表格, 需要将 Excel 表格转化成其他格式, 然后才能被 R 软件读出.

表 2.10　某学院学生数据

学生	语言 天赋	类比 推理	几何 推理	学生性别 (男 = 1)
A	2	3	15	1
B	6	8	9	1
C	5	2	7	0
D	9	4	3	1
E	11	10	2	0
F	12	15	1	0
G	1	4	12	1
H	7	3	4	0

1. 转换成文本文件

第一种转化格式是将 Excel 表转换成 "文本 (制表符分隔)" 文件, 其保存过程如图 2.12 所示. 然后调用 read.delim() 函数读该文本文件, 其命令为:

```
> read.delim("educ_scores.txt")
```
函数的返回值为数据框.

read.delim() 函数的一般使用格式为:

```
read.delim(file, header = TRUE,
           sep = "\t", quote="\"", dec=".",
           fill = TRUE, comment.char="", ...)
```
部分参数的名称、取值及意义如表 2.11 所示.

表 2.11　read.delim( ) 函数中部分参数的名称、取值及意义

名称	取值及意义
file	字符串, 表示文件名
header	逻辑变量, 当数据文件的第一行为表头时, 选择 TRUE (默认值); 当数据文件无表头时, 选择 FALSE, 此时, 返回值将自动增加 V1, V2, ... 作为数据的表头

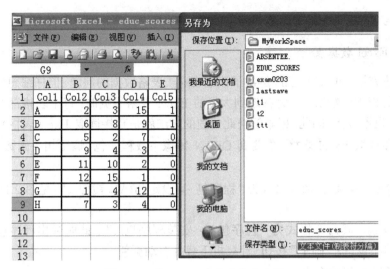

图 2.12 将 Excel 表存为文本文件

2. 转换成 CSV 文件

第二种转化格式是将 Excel 表转换成"CSV(逗号分隔)"文件, 其保存过程如图 2.13 所示. 然后调用 read.csv() 函数读该文本文件, 其命令为:

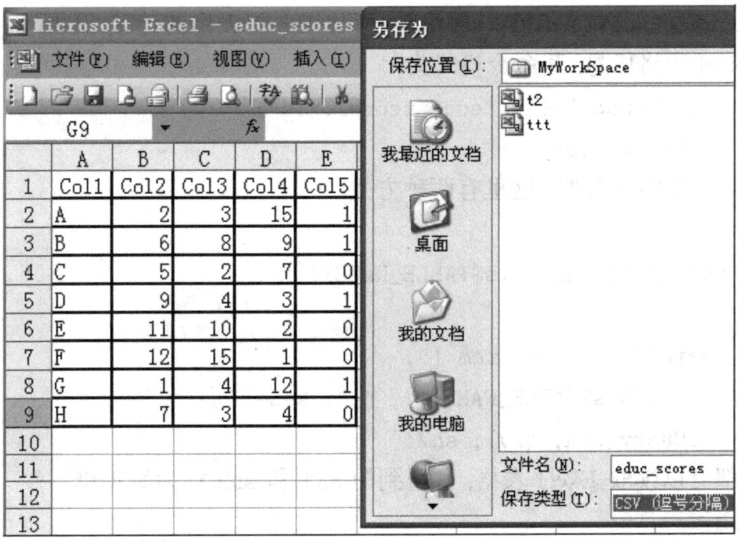

图 2.13 将 Excel 表存为 CSV 文件

```
> read.csv("educ_scores.csv")
```
函数的返回值为数据框.

read.csv() 函数的一般使用格式为:

```
read.csv(file, header = TRUE,
        sep = ",", quote="\"", dec=".",
        fill = TRUE, comment.char="", ...)
```

参数的意义与 read.delim() 函数相同 (见表 2.11).

3. 直接读取 Excel 数据表

应用上述方法, 可以说, 已经解决了读取 Excel 表格数据的问题, 但仔细想想, 这个问题还是没有得到根本的解决. 因为在遇到大量的 Excel 表格数据时, 每个表格都要做转换, 这样既不经济, 也不方便. 因此, 根本解决此问题的方法就是直接读取 Excel 表格数据.

打算直接读取 Excel 表格, 需要到 CRAN 镜像下载程序包, 调用相关函数来读取数据, 其过程如下。

(1) 设定 CRAN 镜像. 其命令格式为 "程序包 -> 设定 CRAN 镜像..." (见图 2.11), 选择一个镜像.

(2) 安装程序包. 其命令格式为 "程序包 -> 安装程序包...", 此时弹出程序包窗口, 选择 RODBC 程序包, 按 "确定" 按钮, 计算机下载并自动更新.

　　上述两个步骤可由命令

```
> install.packages("RODBC")
```

　　完成.

(3) 加载程序包. 其命令格式为 "程序包 -> 加载程序包...-> RODBC". 也可由命令

```
> library(RODBC)
```

　　完成.

(4) 用 odbcConnectExcel() 函数完成 ODBC 库与 Excel 表格的连接, 再用 sqlTables() 函数得到 Excel 表格信息. 其命令格式为:

```
> con <- odbcConnectExcel("educ_scores.xls")
> tbls <- sqlTables(con)
```

(5) 读取 Excel 表格中的数据. 这里有两种方式.

　　方式一

```
> sh1 <- sqlFetch(con, tbls$TABLE_NAME[1])
```

　　方式二

```
> qry <- paste("select * from [",
               tbls$TABLE_NAME[1], "]", sep="")
> sh2 <- sqlQuery(con, qry); sh2
```

　　两种方法都可以读取 Excel 表格, 且得到的 sh1 和 sh2 均为数据框.

(6) 最后关闭连接.

```
> close(con)
```

4. 数据集的读取

统计计算中, 有一些典型的数据案例, 如 Fisher Iris 数据、二氧化碳数据、Anscombe 数据等. 为便于大家使用, R 提供了 100 多个这样的数据集 (Datasets), 可通过 data() 函数查看或加载这些数据集, 如命令为:

```
> data()
```

列出在基本程序包 (Base) 中所有可利用的数据集. 如果要加载某个数据集, 只需在括号中加

入数据集的名称 [①], 如:

> data(infert)

如果想查看或加载其他程序包的数据集, 其格式为:

data(package = "pkname")

data(dataname, package = "pkname")

pkname 为程序包的名称, dataname 为数据集的名称. 例如, 如果要显示 cluster 程序包中的数据集, 其命令为:

> data(package = "cluster")

要加载 cluster 程序包中的 agriculture 数据集, 其命令为:

> data(agriculture, package = "cluster")

查看或加载其他程序包数据集的方法还有另一组命令, 其格式为:

library("pkname")   ## 加载程序包

data()   ## 查看数据集

data(dataname)   ## 加载数据集

§2.4.3 写数据文件

1. write 函数

write() 函数将数据写入纯文本文件, 其使用格式为:

```
write(x, file = "data",
      ncolumns = if(is.character(x)) 1 else 5,
      append = FALSE)
```

参数的名称、取值及意义如表 2.12 所示.

表 2.12　write( ) 函数中参数的名称、取值及意义

名称	取值及意义
x	需要写入文件的数据, 通常为矩阵或向量
file	字符串, 表示文件名 (默认值为 "data")
ncolumns	正整数, 表示数据文件的列数. 如果是字符型数据, 默认值为 1, 如果为数值型数据, 默认值为 5, 可以根据需要更改这些数值
append	逻辑变量, 表示是否在原有文件上添加数据, 默认值为 FALSE

例如:

```
> X <- matrix(1:12, ncol = 6); X
     [,1] [,2] [,3] [,4] [,5] [,6]
[1,]    1    3    5    7    9   11
[2,]    2    4    6    8   10   12
> write(X, file = "Xdata.txt")
```

打开 Xdata.txt 文件, 文件中的内容为:

1 2 3 4 5

6 7 8 9 10

①在新的版本中, 数据集已自动加载, 不需要此命令.

```
11 12
```
这表明在写数据的过程中, 是将数据按列写的, 在默认值的情况下, 每行 5 个数据.

2. write.table 函数和 write.csv 函数

write.table() 函数将数据写成表格形式的文本文件, write.csv() 函数将数据写成 CSV 格式的 Excel 表格, 其使用格式为:

```
write.table(x, file = "", append = FALSE, quote = TRUE,
        sep = " ", eol = "\n", na = "NA", dec = ".",
        row.names = TRUE, col.names = TRUE,
        qmethod = c("escape", "double"),
        fileEncoding = "")
write.csv(...)
write.csv2(...)
```
部分参数的名称、取值及意义如表 2.13 所示.

表 2.13　write.table( ) 等函数中部分参数的名称、取值及意义

名称	取值及意义
x	需要写入文件的数据, 通常是矩阵或数据框
file	字符串, 表示为文件名
append	逻辑变量, 表示是否在原有文件上添加数据, 默认值为 FALSE
sep	数据的分隔字符, 默认值为空格

例如:
```
> df <- data.frame(
    Name = c("Alice", "Becka", "James", "Jeffrey", "John"),
    Sex = c("F", "F", "M", "M", "M"),
    Age = c(13, 13, 12, 13, 12),
    Height = c(56.5, 65.3, 57.3, 62.5, 59.0),
    Weight = c(84.0, 98.0, 83.0, 84.0, 99.5)
  )
> write.table(df, file = "foo.txt")
> write.csv(df, file = "foo.csv")
```

§2.5　控　制　流

前面介绍的各种命令都是在 R 操作窗口上完成的, 这样做对少量的命令还可以, 但对于大量的命令既不方便, 也不便于重复使用已操作过的命令. 事实上, R 语言也是一种计算机语言, 它可以进行编程和编写自己需要的函数, 将操作过的命令编写成程序, 这既便于保存, 又便于以后使用.

在 R 语言中, 每个命令可以看成一个语句 (或表达式), 语句之间由分号或换行分隔. 语句可以续行, 只要前一行不是完整表达式 (如末尾是加减乘除等运算符, 或有未配对的括号),

则下一行就是上一行的续行.

将若干个语句放在一起组成复合语句, 复合语句的构造方法是将若干个语句放在花括号 "{ }"中.

R 语言与其他高级语言一样, 有分支、循环等程序控制结构, 这些命令虽然不是 R 语言特有的, 但了解这些控制语句, 对以后的程序编写很有帮助.

§2.5.1 分支函数

分支函数有 if / else 和 switch.

1. if / else 函数

if / else 函数多用于两分支, 其使用格式为:

```
if(cond) expr
if(cond) cons.expr  else  alt.expr
```

第一种格式表示: 如果条件 cond 成立, 则执行表达式 expr, 否则跳过. 第二种格式表示: 如果条件 cond 成立, 则执行表达式 cons.expr; 否则, 执行表达式 alt.expr.

例如, 如下命令

```
if( any(x <= 0) ) y <- log(1+x) else y <- log(x)
```

表明: 如果 x 的某个分量 ⩽ 0 时, 对 1+x 取对数并对 y 赋值, 否则直接对 x 取对数, 再对 y 赋值. 该命令与下面的命令:

```
y <- if( any(x <= 0) ) log(1+x) else log(x)
```

等价.

if / else 函数可以嵌套使用, 下面的做法:

```
if ( cond_1 )
    expr_1
else if ( cond_2 )
    expr_2
else if ( cond_3 )
    expr_3
else
    expr_4
```

是合法的.

2. switch 函数

switch 函数多用于多分支情况, 其使用方法为:

```
switch (expr, list)
```

参数 expr 为表达式. list 为列表. 如果 expr 的取值在 1~length(list) 之间, 则函数返回列表相应位置的值. 如果 expr 的值超出范围, 则无返回值[①], 如:

```
> switch(1, 2+3, 2*3, 2/3)
[1] 5
```

---

①旧版本返回NULL.

```
> switch(2, 2+3, 2*3, 2/3)
[1] 6
> switch(3, 2+3, 2*3, 2/3)
[1] 0.6666667
> switch(6, 2+3, 2*3, 2/3)
>
```

如果 list 有元素名, 则当 expr 等于元素名时, 返回变量名对应的值, 否则无返回值, 如:

```
> y <- "fruit"
> switch(y, fruit = "banana", vegetable = "broccoli", meat = "beef")
[1] "banana"
```

§2.5.2　中止语句与空语句

中止语句是 break, 它的作用是强行中止循环, 使程序跳到循环以外. 空语句是 next, 它表示继续执行, 而不执行任何有实质性的内容. 关于 break 和 next 的用法, 将结合循环语句来说明.

§2.5.3　循环函数

循环函数有 for, while 和 repeat.

1. for 函数

for 函数的使用格式为:

```
for(var in seq) expr
```

参数 var 为循环变量, seq 为向量表达式 (通常是个序列, 如 1:20), expr 通常为一组表达式.

例如, 构造一个 4 阶的 Hilbert 矩阵.

```
> n <- 4; x <- array(0, dim = c(n, n))
> for (i in 1:n){
+     for (j in 1:n){
+         x[i,j] <- 1/(i+j-1)
+     }
+ }
> x
          [,1]      [,2]      [,3]      [,4]
[1,] 1.0000000 0.5000000 0.3333333 0.2500000
[2,] 0.5000000 0.3333333 0.2500000 0.2000000
[3,] 0.3333333 0.2500000 0.2000000 0.1666667
[4,] 0.2500000 0.2000000 0.1666667 0.1428571
```

注意: 第一列中的 + 是计算机自动添加的, 表示本行语句为上一行的续行.

2. while 函数

while 函数的使用格式为:

```
while (cond) expr
```

当条件 cond 成立, 则执行表达式 expr. 例如, 编写一个计算 1000 以内的 Fibonacci 数.

```
> f <- c(1,1); i <- 1
> while (f[i] + f[i+1] < 1000) {
+       f[i+2] <- f[i] + f[i+1]
+       i <- i + 1;
+ }
> f
 [1]   1   1   2   3   5   8  13  21  34  55  89 144
[13] 233 377 610 987
```

3. repeat 函数

repeat 函数的使用格式为:

repeat expr

repeat 函数依赖中止语句 (break) 跳出循环. 例如, 使用 repeat 编写一个计算 1 000 以内的 Fibonacci 数的程序.

```
> f <- c(1,1); i <- 1
> repeat {
+     f[i+2] <- f[i] + f[i+1]
+     i <- i + 1
+     if (f[i] + f[i+1] >= 1000) break
+ }
```

或将条件语句改为

```
if (f[i] + f[i+1] < 1000) next else break
```

也有同样的计算结果.

§2.6 R 语言的程序设计

R 允许用户根据需要解决的问题编写自己的函数, 这一点是 R 与其他统计软件的最大差别, 也是 R 语言的优势. 为了便于用户使用, R 语言已存储了大量的内置函数, 这些函数都是针对相关的统计问题编写的, 并在解决问题时可以调用. 学习编写自己的函数是学习 R 语言的主要任务之一.

事实上, R 语言提供的绝大多数函数 (如 mean(), var(), postscript()) 是由专业人员编写的, 与自己编写的函数没有本质上的差别.

§2.6.1 函数定义

1. 函数定义

函数定义的格式如下:

funname <- function(arg_1, arg_2, ...) expression

其中 funname 为函数名, function 为定义函数的关键词, arg_1, arg_2, ... 表示函数的参数, expression 为表达式 (通常是复合表达式). 放在表达式中最后的对象 (数值、向量、矩阵、数组、列表或数据框等) 为函数的返回值.

调用函数的格式为 funname(expr_1, expr_2, ...)，并且在任何时候调用都是合法的. 函数的编写和调用需要注意以下两个方面.

(1) 不必在操作窗口下编写函数. 在主界面单击"文件 -> 新建程序脚本"，打开"R 编辑器"，在窗口下编写程序. 当程序编写完成后，单击"文件 -> 保存" (或对应的快捷键)，打开"保存程序脚本为"窗口，在"文件名 (N)"窗口输入函数的文件名 (扩展名为 .R), 如 funname.R, 按"保存 (S)"，这样就可以将编写好的函数保存在当前目录中.

(2) 在使用时，需要将函数调到 R 中. 虽然已将写好的函数保存在当前目录中，但在调用时，还需要将函数调到 R 的系统中才能运行 (在操作窗口编写的函数除外). 单击"文件 -> 运行R脚本文件"，选择需要运行的函数，如 funname.R, 或者执行 source(funname.R)，这样就可以使用 funname 函数了.

2. 无参数函数

R 允许编写无参数函数, 在执行时不需要输入参数, 每次执行时, 返回值都相同. 例如, 编写 welcome 函数如下:

welcome <- function()

print("welcome to use R")

程序中的 print() 显示函数中的内容. 单击保存命令, 将函数保存 (文件名: welcome.R).

调用该函数:

> source("welcome.R")

> welcome()

[1] "welcome to use R"

命令 source("welcome.R") 只需要执行一次, 如果不执行, 系统会显示"错误: 没有 "welcome" 这个函数".

3. 带有参数的函数

带有参数的函数是 R 中最基本的函数, 下面举一个简单的例子说明 R 中自编函数的编写与使用.

如果 X 和 Y 分别是来自两个总体的样本, 总体的方差相同且未知, 编写一个计算两样本 t 统计量的函数. 由统计知识知, t 统计量的计算公式为:

$$T = \frac{(\overline{X} - \overline{Y})}{S\sqrt{\frac{1}{n_1} + \frac{1}{n_2}}}, \tag{2.1}$$

其中

$$S^2 = \frac{(n_1 - 1)S_1^2 + (n_2 - 1)S_2^2}{n_1 + n_2 - 2}, \tag{2.2}$$

$\overline{X}$ 和 $\overline{Y}$ 分别为两组数据的样本均值, S_1^2 和 S_2^2 分别为两组数据的样本方差, n_1 和 n_2 分别为两组数据样本的个数.

按照式 (2.1) 和式 (2.2) 编写相应的程序 (程序名: t.stat.R):

```
t.stat <- function(x, y) {
    n1 <- length(x); n2 <- length(y)
    xb <- mean(x); yb <- mean(y)
    Sx2 <- var(x); Sy2 <- var(y)
    S <- ((n1-1)*Sx2 + (n2-1)*Sy2)/(n1+n2-2)
    (xb - yb)/sqrt(S*(1/n1 + 1/n2))
}
```

参数 x、y 为来自两个总体的样本, 函数的返回值为 t 统计量.

例 2.1 已知两个样本 (A 和 B) 如表 2.14 所示 (数据存放在 sample.data 文件中, 其中前 2 行是样本 A 的数据, 第 3 行是样本 B 的数据), 计算两样本的 t 统计量.

表 2.14 样本 A 和样本 B 的数据

样本 A	79.98	80.04	80.02	80.04	80.03	80.03	80.04	79.97
	80.05	80.03	80.02	80.00	80.02			
样本 B	80.02	79.94	79.98	79.97	79.97	80.03	79.95	79.97

解: 输入数据, 并调用函数 t.stat() 计算 t 统计量 (程序名: exa_0201.R).

```
X <- scan("sample.data", nlines = 2)
Y <- scan("sample.data", skip = 2)
source("t.stat.R"); t.stat(X,Y)
```

计算结果: t 统计量为 3.472 245.

§2.6.2 有名参数与默认参数

如果使用"name = object"的形式给出被调用函数中的参数, 则这些参数可以按照任何顺序给出. 例如, 定义如下函数:

```
> fun1 <- function(data, data.frame, graph, limit) {
    [function body omitted]
}
```

则下面的 3 种调用方法:

```
> fun1(d, df, TRUE, 20)
> fun1(d, df, graph = TRUE, limit = 20)
> fun1(data = d, limit = 20, graph = TRUE, data.frame = df)
```

都是合法的, 其计算结果相同.

例如, 计算例 2.1 的 t 统计量, 以下 3 种方法的计算结果均相同.

```
> t.stat(X, Y)
[1] 3.472245
> t.stat(x = X, y = Y)
[1] 3.472245
> t.stat(y = Y, x = X)
[1] 3.472245
```

　　在编写 R 函数时, 可以采用默认参数, 这样在调用时, 如果不输入该参数, 则函数自动选择默认参数.

　　编写一个计算样本原点矩和中心矩的函数 (程序名: moment.R).

```
moment <- function(x, k, mean = 0)
    sum((x - mean)^k)/length(x)
```

参数 x 为向量, 由样本构成. k 为正整数, 表示矩的阶数. mean 为样本均值, 默认值为 0, 即采用默认值时, 计算样本原点矩.

```
> moment(X, k = 2)
[1] 6403.324
> moment(X, k = 2, mean = mean(X))
[1] 0.0005301775
```

上述两个命令分别计算样本的 2 阶原点矩和 2 阶中心矩.

§2.6.3　递归函数

　　R 函数是可以递归的, 可以在函数自身内定义函数本身. 使用递归函数, 可以大大降低编写程序的工作量. 下面以计算 $n!$ 为例介绍递归函数的使用.

　　如果按照 $n!$ 的定义编写计算函数, 则其结果如下:

```
fac = function(n) {
    f <- 1
    if (n > 0){
        for(i in 1:n)
            f <- f * i
    }
    f
}
```

由于 $n! = n \times (n-1)!$, 这样就可以用递归的方法编写计算函数, 其结果如下:

```
fac = function(n)
    if (n <= 1) 1 else n * fac(n - 1)
```

可以看到: 用递归的方法编写函数, 可以使程序更简洁.

　　事实上, 不必编写计算 $n!$ 的函数, 因为 R 中有许多函数可以计算 $n!$, 如:

```
prod(seq(n))
gamma(n+1)
factorial(n)
```

其中 prod() 为连乘积函数, gamma() 为 Γ 函数, factorial() 为阶乘函数.

本章小结

- R 软件的下载与安装, CRAN 社区网页 http://cran.r-project.org/.
- R 软件界面: 主窗口、文件菜单、其他菜单、程序包菜单、帮助菜单.
- 与数据有关的对象: 向量、因子、矩阵、数组、列表和数据框, 以及数据对象相关的函数 —— c() 函数、seq() 函数、rep() 函数、factor() 函数、gl() 函数、matrix() 函数、array() 函数、list() 函数、data.frame() 函数和 attach() 函数.

- 数据文件与读与写: read.table() 函数、scan() 函数、read.delim() 函数、read.csv() 函数、write() 函数和 write.table() 函数.
- 控制流函数: if/else() 函数、switch() 函数、for() 函数、while() 函数和 repeat() 函数.
- 自编函数.

习　题

1. 到 CRAN 社区下载最新版 R 软件, 并尝试安装、启动和退出.

2. 尝试建立程序脚本. 打开 R 程序编辑窗口, 将 2.2.1 节的绘图命令写入程序脚本, 并保存该程序, 起名为 myfile.R.

3. 在 Windows 下建立子目录 R_in_statistics, 然后使用改变工作目录的方法, 将该子目录变为当前工作目录.

4. 加载 foreign 程序包.

5. 设定 CRAN 镜像, 下载 RODBC 程序包, 并加载.

6. 用帮助窗口 (或命令) 查看 t.test() (T 检验) 函数的使用方法.

7. 运行命令 seq(0, 10, by = 3) 和 seq(0, 10, length.out = 4) 来体会两参数 by 和 length.out 的差别.

8. 构造一个向量 x, 向量由 5 个 1、3 个 2、4 个 3 和 2 个 4 构成, 注意用到 rep() 函数.

9. 构造 4×5 矩阵 A 和 B, 其中 A 将 $1, 2, \cdots, 20$ 按列输入, B 按行输入. 矩阵 C 是由 A 的前 3 行和前 3 列构成的矩阵, 矩阵 D 是由矩阵 B 的各列构成的矩阵, 但不含 B 的第 3 列.

10. 设 $x = (1, 3, 5, 7, 9)^{\mathrm{T}}$, 构造 5×3 矩阵 X, 其中第 1 列全为 1, 第 2 列为向量 x, 第 3 列的元素为 x^2, 并给矩阵的 3 列命名, 分别是 const、x 和 x^2.

11. n 阶 Hilbert 矩阵定义如下:

$$H = (h_{ij})_{n \times n}, \quad h_{ij} = \frac{1}{i + j - 1}, \quad i, j = 1, 2, \cdots, n$$

用循环函数生成一个 5 阶的 Hilbert 矩阵.

12. 已知有 5 名学生的数据, 如表 2.15 所示. 用数据框的形式读入数据.

表 2.15　学生数据

	姓名	性别	年龄	身高 (cm)	体重 (kg)
1	张三	女	14	156	42.0
2	李四	男	15	165	49.0
3	王五	女	16	157	41.5
4	赵六	男	14	162	52.0
5	丁一	女	15	159	45.5

13. 将习题 12 中的数据表 2.15 的数据写成一个纯文本文件, 用函数 read.table() 读该文件, 然后再用函数 write.csv() 将其写成一个能用 Excel 表打开的文件, 并用 Excel 表

打开.

14. 用 scan() 函数读下列数据, 并将它们放在列表中.

```
1  dog   3
2  cat   5
3  duck  7
```

15. 将习题 12 中的数据表 2.15 的数据保存成 Excel 文件, 使用直接读取 Excel 数据表格的方法读取相关的数据.

16. 编写一个 R 程序 (函数). 输入一个整数 n, 如果 $n \leqslant 0$, 则中止运算, 并输出一句话: "要求输入一个正整数"; 否则, 如果 n 是偶数, 则将 n 除 2, 并赋给 n; 否则, 将 $3n+1$ 赋给 n. 不断循环, 直到 $n=1$, 才停止计算, 并输出一句话: "运算成功". 这个例子的目的是检验数论中的一个简单定理.

第3章　数据的描述性分析

 导入案例

把数据画图之后要用用脑袋

Wald（沃德）和许多统计学家一样，在第二次世界大战时也处理了与战争相关的问题. 他发明有一些统计方法在战时被视为军事机密. 以下是他提出的概念中较为简单的一种. Wald被咨询飞机上什么部位应该加强钢板时，开始研究从战役中返航的军机上受敌军创伤的弹孔位置. 他画了飞机的轮廓，并且标出弹孔的位置. 资料累积一段时间后，几乎把机身的各部位都填满了. 于是 Wald 提议，把剩下少数几个没有弹孔的部位补强，因为这些部位被击中的飞机都没有返航.

资料来源：(美) David S. Moore. 统计学的世界. 郑惟厚，译. 北京：中信出版社，2003.

本章要点

- 给出探索、概括以及描述数据的图形法和数值法.

统计分析分为统计描述和统计推断两个部分. 统计描述是通过绘制统计图、编制统计表、计算统计量等方法来表述数据的分布特征. 它是数据分析的基本步骤，也是进行统计推断的基础.

§3.1　描述定性数据的数值法和图形法

假定已收集了感兴趣的数据集，如何弄清楚它的意义？也就是说，如何去整理、总结这个数据集，使它比较容易理解且有意义？本节将介绍几种描述数据的基本方法，给出数据直观形象的图表和描述数据某种性质的数值量度.

§3.1.1　描述定性数据的数值法

定性数据描述的数值方法常用频数或相对频率来刻画. 而定量数据，也可以通过分组等方法将其转换成定性数据.

1. 频数与相对频率

在描述定性观测值时，通常是定义类：每个观测值能落入也只能落入一类. 然后，给出落入每一类观测值个数或相对于观测值总数的比例，用这种方法来描述数据集合.

对于给定的类，落入该类中观测值的个数称为该类的频数. 落入该类中观测值个数相对于观测值总数的比例称为该类的相对频率.

2. 计算频数或相对频率的函数

在 R 中, 可以使用 table() 函数计算频数, 其使用格式为:

```
table(..., exclude = if (useNA == "no") c(NA, NaN),
      useNA = c("no", "ifany", "always"),
      dnn = list.names(...), deparse.level = 1)
```

参数 ... 为一个或多个对象, 如因子、列表或数据框等.

例 3.1　某超市为研究不同类型饮料的市场销售情况, 随机地调取了 50 名顾客购买饮料的数据, 其性别以及购买饮料的类型如表 3.1 所示. 试计算购买人群 (男、女) 以及不同种类饮料的频数.

表 3.1　顾客性别及购买的饮料类型

	性别	饮料类型		性别	饮料类型		性别	饮料类型
1	女	碳酸饮料	18	女	碳酸饮料	35	女	其他
2	男	绿茶	19	男	绿茶	36	女	碳酸饮料
3	男	矿泉水	20	男	其他	37	女	其他
4	女	矿泉水	21	女	碳酸饮料	38	女	果汁
5	男	碳酸饮料	22	男	绿茶	39	男	绿茶
6	男	矿泉水	23	男	绿茶	40	女	果汁
7	女	碳酸饮料	24	女	碳酸饮料	41	女	碳酸饮料
8	女	绿茶	25	男	碳酸饮料	42	女	果汁
9	男	果汁	26	女	绿茶	43	男	矿泉水
10	男	碳酸饮料	27	男	矿泉水	44	女	碳酸饮料
11	女	矿泉水	28	女	绿茶	45	女	绿茶
12	女	其他	29	女	碳酸饮料	46	女	其他
13	男	碳酸饮料	30	女	矿泉水	47	女	果汁
14	男	绿茶	31	男	其他	48	男	绿茶
15	男	碳酸饮料	32	男	碳酸饮料	49	女	其他
16	女	其他	33	男	果汁	50	女	矿泉水
17	男	矿泉水	34	男	矿泉水			

解: 首先将数据存放在纯文本文件 (文件名: drink.data) 中, 数据的形式如下:
女 碳酸饮料 女 碳酸饮料 女 其他 男 绿茶 男 绿茶 女 碳酸饮料 男 矿泉水 男 其他 女 其他 女 矿泉水 女 碳酸饮料 …

然后用 scan() 函数将数据读出, 再使用 table() 计算出频数, 其程序 (程序名: exa_0301.R) 如下:

```
Lst <- scan("drink.data", what = list(sex = "", type = ""))
Ta <- table(Lst)
```

scan() 函数的返回值为列表, 即 Lst 是一个列表. table() 函数的返回值为矩阵, 即 Ta 是一个矩阵, 表示不同人群 (男、女) 喝不同饮料的频数, 其结果如下:

```
        type
sex    果汁   矿泉水   绿茶   其他   碳酸饮料
  男     2       6       7      2        6
  女     4       4       4      6        9
```

下面需要计算不同人群 (男、女) 喝饮料的频数, 或者喝不同种类饮料的频数, 其称为边缘频数.

在 R 中, margin.table() 函数计算边缘频数, 其使用格式为:

```
margin.table(x, margin = NULL)
```

参数的名称、取值及意义如表 3.2 所示.

表 3.2   margin.table( ) 函数中参数的名称、取值及意义

名称	取值及意义
x	矩阵
margin	1, 2 或 NULL, 1 表示计算行边缘频数, 2 表示计算列边缘频数, NULL(默认值) 表示计算表中的频数总和

例如:

```
> (sex <- margin.table(Ta, 1))
sex
男   女
23   27
> (drink <- margin.table(Ta, 2))
type
    果汁   矿泉水    绿茶     其他  碳酸饮料
      6      10      11        8       15
```

可以用 prop.table() 函数计算相对频率, 其使用格式为:

```
prop.table(x, margin = NULL)
```

参数的名称、取值及意义如表 3.3 所示.

表 3.3   prop.table( ) 函数中参数的名称、取值及意义

名称	取值及意义
x	矩阵
margin	NULL, 1 或 2, NULL(默认值) 表示计算元素的相对频率, 1 表示计算元素关于行的相对频率, 2 表示计算元素关于列的相对频率

例如:

```
> prop.table(Ta)
       type
  sex    果汁    矿泉水   绿茶     其他    碳酸饮料
   男    0.04    0.12    0.14    0.04     0.12
   女    0.08    0.08    0.08    0.12     0.18
> prop.table(drink)
       type
  果汁   矿泉水    绿茶     其他   碳酸饮料
  0.12    0.20    0.22    0.16     0.30
```

3. 分组数据

对于定量数据, 特别是连续型数据, 直接考虑原始数据的频数意义不大, 因为连续型数据取相同值的情况本身就不会很多. 因此, 有必要将原始数据按照某种标准分成不同的组别, 分组后的数据称为分组数据. 数据分组的本质是将定量数据转换成定性数据.

在 R 中, 可以使用 cut() 函数将数据分组, 其使用格式为:

```
cut(x, breaks, labels = NULL,
    include.lowest = FALSE, right = TRUE, dig.lab = 3,
    ordered_result = FALSE, ...)
```

部分参数的名称、取值及意义如表 3.4 所示.

表 3.4 cut( ) 函数中部分参数的名称、取值及意义

名称	取值及意义
x	数值向量, 表示数据
breaks	向量或整数, 表示分割小区间的位置或个数
include.lowest	逻辑变量, 表示是否包括区间的左端点, 默认值为 FALSE
right	逻辑变量, 表示是否包括区间的右端点, 默认值为 TRUE

在得到分组数据后, 可结合使用 table() 函数, 得到分组数据在各小区间中的频数.

例 3.2 为研究新生儿出生时的体重, 在某妇产医院随机地选取了 100 个新生儿, 其重量如表 3.5 所示 (数据存放在 birth.data 文件中). 试对数据进行分组, 并计算每组的频数.

表 3.5 某妇产医院 100 名新生儿的重量 (单位: g)

1 740	3 540	2 760	3 240	3 960	960	4 200	4 140	2 880	4 830
3 600	2 580	3 450	3 540	2 850	2 490	3 360	3 840	3 810	3 720
3 690	4 020	2 820	2 010	3 720	4 650	3 150	3 000	3 360	4 230
3 120	3 960	2 940	4 380	3 960	2 790	2 550	2 820	3 480	3 390
3 630	2 040	3 210	3 660	3 780	2 640	2 670	3 240	3 450	2 550
3 330	3 630	3 720	3 120	3 750	3 060	3 660	4 110	3 300	3 030
2 730	3 660	4 140	2 970	3 450	3 120	2 940	2 670	3 570	3 270
3 120	3 450	4 140	3 150	4 320	2 610	2 640	3 090	3 240	3 270
3 840	3 180	3 750	3 240	2 940	3 990	3 120	3 660	3 720	3 300
3 990	3 450	3 810	4 050	2 670	3 630	3 360	4 050	3 450	1 920

解: scan() 函数读数据, cut() 和 table() 函数计算频数, 其程序 (程序名: exa_0302.R) 如下:

```
X <- scan("birth.data")/1000
table(cut(X, breaks = 10))
b <- c(-Inf, 1, 1.5, 2, 2.5, 3, 3.5, 4, 4.5, 5, Inf)
table(cut(X, breaks = b))
```

程序的第 1 行是读取数据, 并将重量的单位由 g 转换成 kg.

这里有两种分组的方法, 一种是将数据分成 10 组, 其结果如下:

(0.956,1.35]	(1.35,1.73]	(1.73,2.12]	(2.12,2.51]	(2.51,2.9]
1	0	4	1	16

(2.9,3.28]	(3.28,3.67]	(3.67,4.06]	(4.06,4.44]	(4.44,4.83]
23	25	20	8	2

另一种是按照我们生活的常识, 每 0.5 kg 一组, 其结果如下:

(-Inf,1]	(1,1.5]	(1.5,2]	(2,2.5]	(2.5,3]	(3,3.5]	(3.5,4]
1	0	2	3	21	32	28

(4,4.5]	(4.5,5]	(5, Inf]
11	2	0

4. 交叉分组列表

对于两个变量的数据, 可以通过交叉分组列表的方法帮助人们理解两个变量之间的关系和意义.

实际上, table() 函数的主要功能就是计算定性数据的分组交叉列表. 例如, 在例 3.1 中, 由 table() 函数得到的第 1 张表就是交叉分组列表.

对于含有定量变量的数据, 需要将定量数据分组, 然后再计算相应的交叉列表.

例 3.3 "Zagat 饭店评论"是一个提供世界各地饭店数据的服务机构, 它报告饭店的各种数据, 如饭店的质量等级、典型食品的价格等. 质量等级是定性数据, 等级类型有好、很好和优异. 典型食品价格是定量变量, 通常的变化范围为 10$~49$. 一个样本包括洛杉矶地区的 300 家饭店, 收集了它们的质量等级和食品价格数据, 所有数据保存在 Restaurant.csv 文件中. 图 3.1 展示出了文件的格式, 并列出前 10 家饭店的数据.

1	质量等级	食品价格
2	好	18
3	很好	22
4	好	28
5	优异	38
6	很好	33
7	好	28
8	很好	19
9	很好	11
10	很好	23
11	好	13

图 3.1 数据文件的格式及前 10 家饭店的数据

解: 编写程序 (程序名:exa_0303.R).

```
rc <- read.csv("Restaurant.csv")
rc$食品价格 <- cut(rc$食品价格,breaks = c(9,19,29,39,49))
(Ta <- table(rc))
```

程序的第 1 行从 CSV 文件中读取数据, 第 2 行将定量数据转换成分组数据, 第 3 行计算交叉列表. 计算结果如下:

食品价格

质量等级	(9,19]	(19,29]	(29,39]	(39,49]
好	42	40	2	0

很好	34	64	46	6
优异	2	14	28	22

也还可以用 prop.table() 计算食品价格关于各种质量等级的频率, 如:

```
> round(prop.table(Ta, 1)*10000)/100
```

食品价格

质量等级	(9,19]	(19,29]	(29,39]	(39,49]
好	50.00	47.62	2.38	0.00
很好	22.67	42.67	30.67	4.00
优异	3.03	21.21	42.42	33.33

在程序中, round() 函数的功能是四舍五入, 该行的命令保证输出的结果是百分比, 并保留小数点后两位.

交叉分组列表被广泛地用于显示两个变量关系的公式. 在实践中, 许多统计调查报告中都包含大量的交叉分组列表.

§3.1.2   描述定性数据的图形法

定性数据的图形描述常用条形图描述频数, 用饼图描述相对频率.

1. 条形图

条形图给出相应每一类的频数, 长方形的高度 (或宽度) 与频数成比例. 在 R 中, 绘制条形图的函数是 barplot() 函数, 其使用格式为:

```
barplot(height, width = 1, space = NULL,
    names.arg = NULL, legend.text = NULL, beside = FALSE,
    horiz = FALSE, density = NULL, angle = 45,
    col = NULL, border = par("fg"),
    main = NULL, sub = NULL, xlab = NULL, ylab = NULL,
    xlim = NULL, ylim = NULL, xpd = TRUE, log = "",
    axes = TRUE, axisnames = TRUE,
    cex.axis = par("cex.axis"), cex.names = par("cex.axis"),
    inside = TRUE, plot = TRUE, axis.lty = 0, offset = 0,
    add = FALSE, args.legend = NULL, ...)
```

部分参数的名称、取值及意义如表 3.6 所示.

表 3.6   barplot() 函数中部分参数的名称、取值及意义

名称	取值及意义
height	向量或矩阵, 描述条形的高度或长度
width	数值或向量, 描述条形的宽度, 默认值为 1
space	数值, 描述条形之间的空白的宽度, 默认值为 NULL
legend.text	字符串, 图例说明. 当 height 为矩阵时, 较为有用
beside	逻辑变量, FALSE (默认值) 为重叠, TRUE 为平行排列
horiz	逻辑变量, FALSE (默认值) 为竖条, TRUE 为横条

下面以饮料数据 (见例 3.1) 为例, 介绍 barplot() 函数的使用方法.

例 3.4　绘出饮料数据 (见例 3.1) 的条形图.

解: 编写相应的 R 程序 (程序名: exa_0304.R).

```
source("exa_0301.R")
r <- barplot(drink,
      col = c("lightblue", "mistyrose",
            "lightcyan", "lavender", "cornsilk"),
         xlab = "饮料类型", ylab = "频数")
text(r, drink/2, format(drink))
r <- barplot(sex, col = c("lightblue", "mistyrose"),
      xlab = "顾客性别", ylab = "频数")
text(r, sex/2, format(sex))
```

程序的第 1 行执行例 3.1 中的程序 (读取例 3.1 中的数据和计算结果). 第 2~5 行程序绘出关于饮料类型与频数的条形图, 第 6 行将频数标在条形图上. 第 7~8 行程序绘出关于顾客性别与频数的条形图, 第 9 行将频数标在条形图上. 所绘图形如图 3.2 所示.

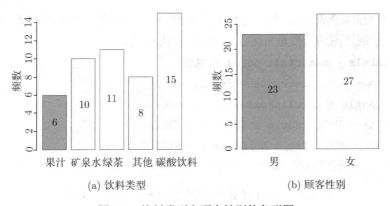

图 3.2　饮料类型和顾客性别的条形图

如果在绘制频数条形图时, 既要考虑性别, 又要考虑饮料的类型, 则可以绘出两种形式的条形图: 一种是堆砌形式; 另一种是分组条形式. 下面是绘制两种图形的程序.

```
barplot(Ta, col = c("lightblue", "mistyrose"),
      legend.text = c("男","女"),
      args.legend = list(x = "topleft"),
      xlab = "饮料类型", ylab ="频数")

r <- barplot(Ta, beside = T,
      col = c("lightblue", "mistyrose"),
      legend.text= c("男","女"),
      args.legend = list(x = 3, y = 8),
      xlab = "饮料类型", ylab ="频数")
text(r, Ta/2, Ta)
```

在程序中, `legend.text` 表示图例的内容, `args.legend` 表示图例的位置, 所绘图形如图 3.3 所示.

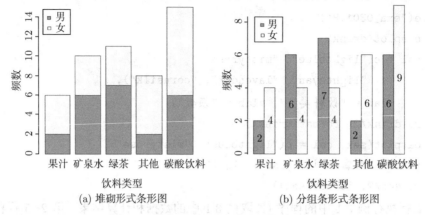

(a) 堆砌形式条形图   (b) 分组条形式条形图

图 3.3 堆砌形式和分组条形式的条形图

2. 饼图

饼图将一个整圆分成几份, 每一份代表一个类, 每份中心角与类的相对频率成比例.

在 R 中, 绘制饼图的函数是 `pie()` 函数, 其使用格式为:

```
pie(x, labels = names(x), edges = 200,
    radius = 0.8, clockwise = FALSE,
    init.angle = if(clockwise) 90 else 0,
    density = NULL, angle = 45, col = NULL,
    border = NULL, lty = NULL, main = NULL, ...)
```

部分参数的名称、取值及意义, 如表 3.7 所示.

表 3.7 pie() 函数中部分参数的名称、取值及意义

名称	取值及意义
x	非负向量, 表示饼图中的扇形面积或者是扇形面积的比例
labels	表达式或字符串, 表示图中扇形的名称, 默认值为横轴的名称
edges	正整数, 表示近似圆的多边形的边数
radius	数值, 饼图的半径, 默认值为 0.8
clockwise	逻辑变量, FALSE (默认值) 表示逆时针, TRUE 表示顺时针
density	正整数, 表示每英寸的线条的个数, 即阴影线条的密度
angle	数值或向量, 描述扇形阴影线条倾斜的角度

仍然以例 3.1 的数据为例 (饮料数据), 介绍 `pie()` 函数的使用方法.

例 3.5 绘出饮料数据 (见例 3.1) 的饼图.

解: 编写相应的 R 程序 (程序名: exa_0305.R).

```
source("exa_0301.R")
pie(drink, radius = 0.9)
Name <- paste0(names(drink), ' ', prop.table(drink)*100, '%')
pie(drink, radius = 0.9, labels = Name,
    col = rainbow(length(drink)), font = 2, cex = 1.2)
```

程序的第 2 行绘出普通的饼图 (见图 3.4 (a)). 如果希望将百分比的结果也标注在饼图中, 则需要先计算出每种类型数据的百分比 (prop.table()*100). 在 pie() 中增加了参数 font = 2, 表示使用黑体, 参数 cex = 1.2 表示字体的大小是原来的 1.2 倍, 所绘图形如图 3.4 (b) 所示.

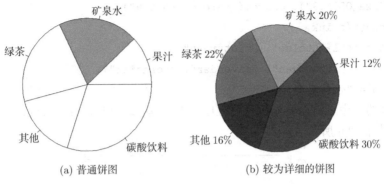

(a) 普通饼图　　　　　　　　　(b) 较为详细的饼图

图 3.4　不同类型的饼图

3. Pareto 图

Pareto (帕雷托) 图是由意大利经济学家 Vilfredo Pareto 提出来的一种条形图, 按条形的高度顺序排列, 最高的在最左边. Pareto 图通常会在过程和质量控制中使用, 条形图是按顺序排列的, 因此容易辨别哪些因素最重要.

在 R 的基本库中, 没有绘制 Pareto 图的函数, 不过, 没关系, 用户可以很容易地利用 barplot() 函数编写出绘制 Pareto 图的函数 (函数名: pareto_chart.R).

```
pareto_chart <- function(height, col = NULL, xlab = NULL){
    height <- sort(height, decreasing = TRUE)
    s <- sum(height)
    par(mai = c(0.9,0.9, 0.9, 0.9))
    r <- barplot(height, col = col, xlab = xlab,
                ylab = "数量",ylim = c(0,s+s/20))
    text(r, height/2, format(height))
    cum <- cumsum(height)
    lines(r, cum, type = "o", lwd = 2, col = 'red')
    box()
    axis(1, at = r, labels = FALSE)
    at <- seq(0, s, by = s/5)
    label <- paste0(seq(0, 100, by=20), '%')
    axis(4, at = at, label = label)
    abline(h = at, lty = 2)
    mtext("累积百分比", 4, 2.5)
}
```

此函数的细节可能还不清楚, 暂时先不用管它, 下面使用编写好的函数绘出数据的 Pareto 图 (还是以例 3.1 的饮料数据为例).

例 3.6   *绘出饮料数据 (见例 3.1) 的 Pareto 图.*

解: 编写相应的 R 程序 (程序名: exa_0306.R).

```
source("exa_0301.R"); source("pareto_chart.R")
pareto_chart(drink,
      col = c("lightblue", "mistyrose",
              "lightcyan", "lavender", "cornsilk"),
      xlab = "饮料类型")
```

在调用编写好的程序之前需要先运行该程序的 R 脚本, 或者使用 source() 函数运行 R 脚本, 所绘图形如图 3.5 所示.

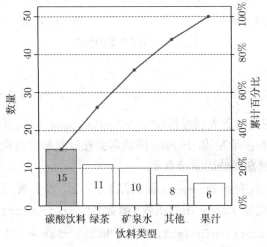

图 3.5   不同饮料的 Pareto 图

§3.2   描述定量数据的图形方法

上面介绍的定性数据的描述方法, 如条形图、饼图和 Pareto 图, 也可用于定量数据的描述, 但定量数据的一些描述方法并不适用于定性数据.

§3.2.1   直方图

直方图又称柱状图, 或质量分布图, 是一种统计报告图, 由一系列高度不等的纵条纹或线段表示数据的分布情况. 直方图是展示连续数据分布的常用工具, 用来估计数据的概率分布.

在 R 中, hist() 函数绘制数据的直方图, 其使用格式为:

```
hist(x, breaks = "Sturges",
     freq = NULL, probability = !freq,
     include.lowest = TRUE, right = TRUE,
     density = NULL, angle = 45, col = NULL, border = NULL,
```

```
        main = paste("Histogram of" , xname),
        xlim = range(breaks), ylim = NULL,
        xlab = xname, ylab,
        axes = TRUE, plot = TRUE, labels = FALSE,
        nclass = NULL, warn.unused = TRUE, ...)
```

部分参数的名称、取值及意义如表 3.8 所示.

表 3.8 hist() 函数中部分参数的名称、取值及意义

名称	取值及意义
x	向量, 表示直方图的数据
breaks	向量或字符串, 表示直方图的断点
freq	逻辑变量, TRUE(默认值) 表示频数, FALSE 表示密度
border	数字或字符串, 表示直方外框的颜色
labels	逻辑变量, 表示是否标出频数或密度, 默认值为 FALSE

例 3.7 绘出例 3.2 中新生儿体重数据 (见表 3.5) 的直方图.

解: 编写程序 (程序名: exa_0307.R).

```
X <- scan("birth.data")/1000
hist(X, col = "lightblue", border = "red",
      labels = TRUE, ylim = c(0, 34))

hist(X, freq = FALSE)
lines(density(X), col = "blue", lwd=2)
x <- seq(from = .5, to = 5, by = .1)
lines(x, dnorm(x, mean(X), sd(X)), col = "red", lwd = 2)
```

这里使用两种方法绘制直方图. 第一张是频数直方图, 增加了直方图和外框的颜色, 以及相应的频数. 第二张是密度直方图, 并用 lines() 函数绘出数据的密度曲线和正态分布密度曲线, 所绘图形如图 3.6 所示.

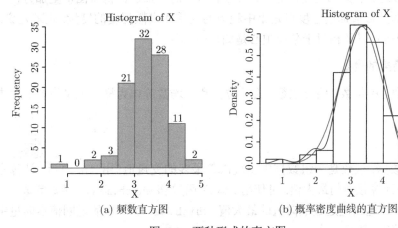

(a) 频数直方图 (b) 概率密度曲线的直方图

图 3.6 两种形式的直方图

§3.2.2 茎叶图

茎叶图是反映原始数据分布的图形, 它由茎和叶两部分构成, 其图形由数字组成. 例如, 对于新生儿体重数据, 第 1 个新生儿的体重是 1740 g, 则茎为 1, 叶为 7, 中间用 "|" 分开.

在 R 中, stem() 函数绘出数据的茎叶图, 其使用格式为:

```
stem(x, scale = 1, width = 80, atom = 1e-08)
```

参数 x 为数值向量.

例 3.8 绘出例 3.2 中新生儿体重数据 (见表 3.5) 茎叶图.

解: 编写程序 (程序名: exa_0308.R).

```
X <- scan("birth.data")

stem(X)
```

所绘茎叶图如下:

```
The decimal point is 3 digit(s) to the right of the |

0 |
1 | 0
1 | 79
2 | 00
2 | 56666667777888899999
3 | 00011111111222222223333334444
3 | 5555555555666666777777777788888888
4 | 0000001111112234
4 | 78
```

§3.3 描述定量数据的数值方法

数值方法常用来传达对图形、物体以及其他现象的理性反映. 这主要有两个原因: 第一是图形方法对于统计推断不太恰当, 因为它很难描述样本频数的直方图与相应总体频数的直方图之间的相似之处; 第二是使用方便, 因为恰当的语言描述比携带图形更加方便.

最常用的两类数值描述性度量是集中趋势的度量和离散程度的度量, 也就是说, 希望描述数据分布的中心, 以及相对于分布中心是如何变化的.

§3.3.1 集中趋势的度量

通常用众数、中位数、四分位数、百分位数和平均数等作为描述定量资料的集中趋势的统计量.

1. 众数

对于分组数据, 众数是一组数据中出现次数最多的变量值, 用 M_0 表示. 计算众数的方法很简单, 就是计算频数的最大值, 可使用 max() 函数和 which.max() 函数完成.

max() 函数的返回值是数值向量的最大值. which.max() 函数的返回值是向量中哪一个分量取到最大值.

例 3.9 计算例 3.1 中饮料数据的众数.

解: 编写程序 (程序名: exa_0309.R).

```
source("exa_0301.R"); max(drink); which.max(drink)
```

计算结果如下:

```
[1] 15
碳酸饮料
        5
```

即第 5 个分量 (碳酸饮料) 的频数最大 (众数), 达到 15.

2. 中位数

中位数是将数据按大小顺序排列起来, 形成一个数列, 居于数列中间位置的那个变量称为中位数, 用 m_e 表示.

简单来说, 如果奇数个数列, 中间位置的数就是中位数; 如果偶数个数列, 中间两个位置数的平均值就是中位数. 也就是说, 如果数列排列结果如下:

$$X_1 \leqslant X_2 \leqslant \cdots \leqslant X_n,$$

则

$$m_e = \begin{cases} X_{\frac{n+1}{2}}, & \text{当 } n \text{ 为奇数时} \\ \frac{1}{2}\left(X_{\frac{n}{2}} + X_{\frac{n}{2}+1}\right), & \text{当 } n \text{ 为偶数时} \end{cases} \tag{3.1}$$

在 R 中, 使用 median() 函数计算中位数, 其使用格式为:

```
median(x, na.rm = FALSE)
```

参数 x 为表示数据的向量.

例 3.10 计算例 3.2 中新生儿体重数据 (见表 3.5) 的中位数.

解: 编写程序 (程序名: exa_0310.R).

```
X <- scan("birth.data");  median(X)
```

计算结果为 3 360, 即 100 个新生儿体重的中位数是 3 360 g.

3. 算术平均数

算术平均数, 也称为算术平均值, 简称均值, 是指将一组数据相加后除以数据的总数得到的数值. 如果一组数据为 $X_1, X_2, \cdots, X_n$, 则均值定义为:

$$\overline{X} = \frac{1}{n}\sum_{i=1}^{n} X_i \tag{3.2}$$

在 R 中, 使用 mean() 函数计算均值, 其使用格式为:

```
mean(x, trim = 0, na.rm = FALSE, ...)
```

参数 x 为表示数据的向量.

例 3.11 计算例 3.2 中新生儿体重数据 (见表 3.5) 的均值.

解: 编写程序 (程序名: exa_0311.R).

```
X <- scan("birth.data"); mean(X)
```

计算结果为 3 337.8, 即 100 个新生儿的平均重量是 3 337.8 g.

4. 加权平均数

对分组数据计算平均数是不合适的, 需要计算加权平均数 (也称为加权平均值). 在计算时, 需要先将每组变量分别乘以各自的频数, 然后再除以总次数 (或总频数), 其计算公式为:

$$\overline{X} = \sum_{i=1}^{n} X_i f_i \bigg/ \sum_{i=1}^{n} f_i \tag{3.3}$$

其中 n 为分组数, X_i 为第 i 组的变量, f_i 为第 i 组变量出现的频数 (或频率).

在 R 中, 使用 weighted.mean() 函数计算加权平均数, 其使用格式为:

```
weighted.mean(x, w, ..., na.rm = FALSE)
```

参数 x 为表示数据的向量. w 为向量, 表示对应于 x 各分量的权重.

例 3.12 某幼儿园共有儿童 458 名, 其中 3 至 6 岁儿童分别是 90、130、120、118 名, 试计算该幼儿园儿童的平均年龄.

解: 编写程序 (程序名: exa_0312.R).

```
x <- 3:6; f <- c(90, 130, 120, 118)
weighted.mean(x, w = f)
```

计算结果为 4.580 786, 即该幼儿园儿童的平均年龄为 4.58 岁.

5. 几何平均数

几何平均数是 n 个变量的乘积再开 n 次方, 其计算公式为:

$$\overline{X}_G = \sqrt[n]{X_1 \cdot X_2 \cdot \cdots \cdot X_n} \tag{3.4}$$

对于分组数据, 几何平均数定义为:

$$\overline{X}_G = \sqrt[\sum f_i]{X_1^{f_1} \cdot X_2^{f_2} \cdot \cdots \cdot X_n^{f_n}} \tag{3.5}$$

其中 n 为分组数, X_i 为第 i 组的变量, f_i 为第 i 组变量出现的频数.

在 R 的基本函数中, 虽然没有计算几何平均数的函数, 但通过对算术平均数和加权平均数取对数, 可以得到相应的计算结果.

例 3.13 已知某市 2010—2014 年国内生产总值的增长率 (以上 1 年为 1) 分别为 12%、8%、14%、16% 和 13%, 试计算该市 5 年的平均增长率.

解: 计算增长率, 使用几何平均数更合理. 编写程序 (程序名: exa_0313.R).

```
x <- c(12, 8, 14, 16, 13)/100
m <- mean(log(1+x))
x_bar <- exp(m); x_bar
```

计算结果为 1.125 684, 即该市 5 年的平均增长率为 12.57%.

例 3.14 某商业银行的某笔投资是按复利计算的, 在 11 年中环比增长率分别为: 增长 2% 的有 3 年; 增长 4% 的有 5 年; 增长 −2% 的有 1 年; 增长 3% 的有 2 年, 试计算该项投资的平均增长率.

解: 这里需要按分组数据计算增长率. 编写程序 (程序名: exa_0314.R).

```
x <- c(2, 4, -2, 3)/100; f <- c(3, 5, 1, 2)
m <- weighted.mean(log(1+x), w = f)
x_bar <- exp(m); x_bar
```

计算结果为 1.027 127, 即该项投资的平均增长率为 2.71%.

6. 调和平均数

调和平均数是各观测数据倒数的算术平均数的倒数, 其计算公式为:

$$\overline{X}_H = \frac{1}{\frac{1}{n}\sum_{i=1}^{n}\frac{1}{X_i}} = \frac{n}{\sum_{i=1}^{n}\frac{1}{X_i}} \tag{3.6}$$

对于分组数据, 调和平均数是各分组数据倒数的加权平均数的倒数, 其计算公式为:

$$\overline{X}_H = \frac{1}{\sum_{i=1}^{n}\frac{f_i}{X_i}/\sum_{i=1}^{n}f_i} = \frac{\sum_{i=1}^{n}f_i}{\sum_{i=1}^{n}\frac{f_i}{X_i}} \tag{3.7}$$

其中 n 为分组数, X_i 为第 i 组的变量, f_i 为第 i 组变量出现的频数.

与计算几何平均数一样, 可借助于算术平均数或加权平均数的函数, 计算调和平均数.

例 3.15 某菜市场 3 种蔬菜的价格分别是 5 元/500g、4 元/500g 和 4.5 元/500g, 如果某消费者每种蔬菜各买 3 元, 试计算该消费者购买蔬菜的平均价格.

解: 计算平均价格的本质, 实际上是计算这 3 组数据的调和平均数 (推导过程略). 编写程序 (程序名: exa_0315.R).

```
x <- c(5, 4, 4.5); (x_bar <- 1/mean(1/x))
```

计算结果为 4.462 81, 即该消费者购买蔬菜的平均价格为 4.46 元.

例 3.16 某水果批发, 市场某日的苹果、梨和橘子的价格分别是 3.6 元/500g、4.2 元/500g 和 2.8 元/500g, 成交金额分别是 2.88 万元、5.04 万元和 4.20 万元, 试计算这 3 种水果的平均批发价格.

解: 这实际上是计算分组数据的调和平均值 (推导过程略). 编写程序 (程序名: exa_0316.R).

```
x <- c(3.6, 4.2, 2.8)
f <- c(2.88, 5.04, 4.20)*10000
(x_bar <- 1/weighted.mean(1/x, w = f))
```

计算结果为 3.462 857, 即这 3 种水果的平均批发价格为 3.46 元/500g.

§3.3.2 离散程度的度量

数据的离散程度是数据分布的另一个重要特征, 它反映了各变量值远离中心值的程度. 数据的离散程度越大, 集中趋势的测度值对该组数据的代表性就越差; 离散程度越小, 其代表性就越好. 常用极差、半极差、方差和标准差来描述数据的离散程度.

1. 极差

极差也称为全距, 是指数据的最大值与最小值之差, 用 R 表示, 即

$$R = \max(X_i) - \min(X_i) \tag{3.8}$$

在 R 中, 可使用 max() 函数和 min() 函数计算极差; 也可以使用 range() 函数计算极差, 该函数的返回值是一个二维向量, 向量的两个分量分别是最小值和最大值, 使用格式为:

```
range(..., na.rm = FALSE)
```

... 为数值向量.

例 3.17　计算例 3.2 中新生儿体重数据 (见表 3.5) 的极差.

解: 可用两种方法计算极差 (程序名: exa_0317.R).

```
X <- scan("birth.data")
max(X) - min(X)
R <- range(X); R[2] - R[1]
```

其结果均是 3 870.

2. 分位数与四分位差

分位数是中位数的推广. 将数据从小到大按顺序排列 $X_1 \leqslant X_2 \leqslant \cdots \leqslant X_n$, 对于 $0 \leqslant p < 1$, 它的 p 分位点定义为:

$$m_p = \begin{cases} X_{[np]+1}, & \text{当 } np \text{ 不是整数时} \\ \dfrac{1}{2}\left(X_{np} + X_{np+1}\right), & \text{当 } np \text{ 是整数时} \end{cases} \tag{3.9}$$

其中 $[np]$ 表示 np 的整数部分.

p 分位数又称为第 $100p$ 百分位数. 大体上整个样本的 $100p$ 的观测值不超过 p 分位数, 如 0.5 分位数 $m_{0.5}$(第 50 百分位数) 就是中位数 m_e. 在实际计算中, 0.75 分位数与 0.25 分位数 (第 75 百分位数与第 25 百分位数) 比较重要, 它们分别称为上四分位数 (记为 Q_U) 和下四分位数 (记为 Q_L), 即 $Q_U = m_{0.75}$、$Q_L = m_{0.25}$.

在 R 中, 使用 quantile() 函数计算分位数 (或百分位数), 其使用格式为:

```
quantile(x, probs = seq(0, 1, 0.25), na.rm = FALSE,
         names = TRUE, type = 7, ...)
```

部分参数的名称、取值及意义如表 3.9 所示.

表 3.9　quantile( ) 函数中部分参数的名称、取值及意义

名称	取值及意义
x	数据向量
probs	向量, 表示计算相应位置的分位数 (或百分位数), 默认值为 0、0.25、0.5、0.75 和 1

上、下四分位数之差称为四分位差, 或内距或四分位数间距, 记为 IQR, 即

$$\text{IQR} = Q_U - Q_L \tag{3.10}$$

四分位差也是度量样本分散性的重要数字特征, 特别是对于具有异常值的数据, 它作为分散性度量具有稳健性. 因此, 它在稳健性数据分析中具有重要作用.

例 3.18　计算例 3.2 中新生儿体重数据 (见表 3.5) 的四分位差, 以及 0%、20%、40%、60%、80% 和 100% 的百分位数.

解: 编写程序 (程序名: exa_0318.R).

```
X <- scan("birth.data")
Q <- quantile(X, p = c(0.25, 0.75), names = F)
IQR <- Q[2] - Q[1]; IQR
quantile(X, p = seq(0, 1, by = 0.2))
```

计算结果为:

```
[1] 765
    0%   20%   40%   60%   80%  100%
   960  2844  3240  3540  3816  4830
```

3. 方差与标准差

方差是描述数据取值分散性的一个度量. 样本方差是样本相对于均值的偏差平方和的平均, 记为 S^2, 即

$$S^2 = \frac{1}{n-1}\sum_{i=1}^{n}\left(X_i - \overline{X}\right)^2 \tag{3.11}$$

其中 $\overline{X}$ 为样本的均值.

样本方差的开方称为样本标准差, 记为 S, 即

$$S = \sqrt{\frac{1}{n-1}\sum_{i=1}^{n}\left(X_i - \overline{X}\right)^2} \tag{3.12}$$

在 R 中, 使用 var() 函数计算方差, 使用 sd() 函数计算标准差, 其使用格式为:

var(x, y = NULL, na.rm = FALSE, use)

sd(x, na.rm = FALSE)

参数 x 为表示数据的向量.

例 3.19 计算例 3.2 中新生儿体重数据 (见表 3.5) 的方差和标准差.

解: 编写程序 (程序名: exa_0319.R).

X <- scan("birth.data")

var(X); sd(X)

计算结果分别为 395 065.8 和 628.542 6.

§3.3.3 分布形态的度量

集中趋势和离散程度是数据分布的两个重要特征, 但要全面了解数据分布的特点, 还应掌握数据分布的形态. 描述数据分布形态的度量有偏度系数和峰度系数, 其中偏度系数描述数据的对称性, 峰度系数描述与正态分布的偏离程度.

1. 偏度系数

偏度系数是刻画数据的对称性指标. 关于均值对称的数据其偏度系数为 0, 右侧更分散的数据偏度系数为正, 左侧更分散的数据偏度系数为负. 图 3.7 给出了偏度系数为正、零和负的情况.

关于样本 (或数据) 偏度系数的定义有多种, 一种简单的定义是:

$$C_s = \frac{M_3}{M_2^{\frac{3}{2}}} \tag{3.13}$$

其中 M_k 为样本的 k 阶中心矩, 它的定义是:

$$M_k = \frac{1}{n}\sum_{i=1}^{n}\left(X_i - \overline{X}\right)^k \tag{3.14}$$

其中 $\overline{X}$ 为样本均值.

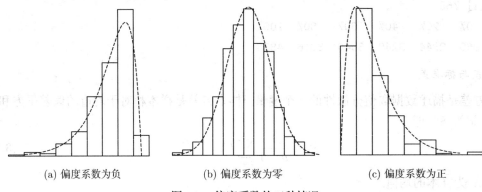

(a) 偏度系数为负　　　(b) 偏度系数为零　　　(c) 偏度系数为正

图 3.7　偏度系数的三种情况

在 R 的基本函数中, 没有样本偏度系数的计算函数, 可用式 (3.13) 编写计算样本偏度系数的函数, 其函数 (程序名: skew.R) 如下:

```
skew <- function(x){
    mu <- mean(x); n <- length(x)
    m2 <- sum((x - mu)^2)/n
    m3 <- sum((x - mu)^3)/n
    m3/sqrt(m2^3)
}
```

例 3.20　计算例 3.2 中新生儿体重数据 (见表 3.5) 的偏度系数.

解: 编写程序 (程序名: exa_0320.R).

```
X <- scan("birth.data"); source("skew.R"); skew(X)
```

计算结果分别为 -0.646 220 3, 说明数据左侧更分散, 这与直方图 3.6 是一致的.

2. 峰度系数

峰度系数是反映分布峰的尖峭程度的重要指标. 当峰度系数大于 0 时, 两侧极端数据较多; 当峰度系数小于 0 时, 两侧极端数据较少. 图 3.8 给出了峰度系数的 3 种情况.

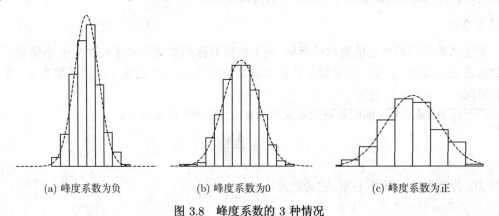

(a) 峰度系数为负　　　(b) 峰度系数为0　　　(c) 峰度系数为正

图 3.8　峰度系数的 3 种情况

关于样本 (或数据) 峰度系数的定义有多种, 一种简单的定义是:

$$C_k = \frac{M_4}{M_2^2} - 3 \tag{3.15}$$

在 R 的基本函数中没有样本偏度系数的计算函数, 可用式 (3.15) 编写计算样本峰度系数的函数, 其函数 (程序名: kurt.R) 如下:

```
kurt <- function(x){
    mu <- mean(x); n <- length(x)
    m2 <- sum((x - mu)^2)/n;   m4 <- sum((x - mu)^4)/n
    m4/m2^2 - 3
}
```

例 3.21   计算例 3.2 中新生儿体重数据 (见表 3.5) 的峰度系数.

解: 编写程序 (程序名: exa_0321.R).

```
X <- scan("birth.data"); source("kurt.R"); kurt(X)
```

计算结果均为 1.381351, 与直方图 3.6(b) 做比较, 来理解峰度系数的意义.

在 R 的 CRAN (Comprehensive R Archive Network) 社区 (https://cran.r- project. org/) 的Task View / Multivariate / e1071 窗口下载 e1071 程序包, 安装并加载.

该程序包中提供了计算偏度系数的函数 —— skewness() 函数和计算峰度系数的函数 —— kurtosis() 函数, 这两个函数提供了更为详细的计算偏度系数或峰度系数的方法.

§3.4   检测异常值的方法

一个数据集中有时会包含不一致的观测值. 例如, 如果需要研究教师的教学水平, 就需要研究该教师所授课程的考试成绩. 如果某个学生因病没有参加考试, 他的成绩就是 0 分, 但这个成绩不是该学生的真实成绩, 而是另有原因. 因此, 在使用学生的平均成绩来衡量教师的教学水平时, 不应当将未参加考试的学生成绩列在其中. 这类数据可以看成异常值.

有时数据集中含有一个或多个异常大或者是异常小的观测值, 像这种极端的值被称为异常值. 通常将异常值归咎于以下原因之一: (1) 观测、记录或录入计算机时不正确; (2) 测量值来自不同的总体; (3) 测量值是正确的, 但代表一个稀有 (或偶然) 的事件.

这里介绍两种检测异常值的方法 —— 标准分数法和图形法.

§3.4.1   标准分数法

变量值与其平均数的差除以标准差的值称为标准分数, 或称为 z 得分, 即

$$Z_i = \frac{X_i - \overline{X}}{S}, \quad i = 1, 2, \cdots, n \tag{3.16}$$

当 Z_i 的绝对值大于某个数值时, 可以将第 i 个样本看成异常值.

这里介绍关于数据分布的两个判别法则 —— 经验法则和 Chebyshev (切比雪夫) 法则.

经验法则: 若数据集近似于丘形对称分布, 则 (1) 大约有 68% 的测量值位于平均值的 1 个标准差的范围内; (2) 大约有 95% 的测量值位于平均值的 2 个标准差的范围内; (3) 几乎所有的测量值位于平均值的 3 个标准差的范围内.

Chebyshev 法则: 对于任意的数据集, 无论数据的频数分布是什么形状的, 则 (1) 可能有很少的测量值落在平均值的 1 个标准差的范围内; (2) 至少有 3/4 的测量值落在平均值的两个标准差的范围内; (3) 至少有 8/9 的测量值落在平均值的 3 个标准差的范围内; (4) 对于任意大于 1 的数 k, 至少有 $1 - \dfrac{1}{k^2}$ 的测量值落在平均值的 k 个标准差的范围内.

通过 z 得分和这两个法则, 可以判断哪些样本是异常的.

例 3.22　考虑新生儿体重数据 (见例 3.2 中的表 3.5) 中的哪些新生儿的体重属于异常值.

解: 编写程序 (程序名: exa_0322.R).

```
X <- scan("birth.data"); names(X) <- 1:length(X)
Xbar <- mean(X); S <- sd(X); Z <- (X - Xbar)/S
X[abs(Z) > 3]
```

计算结果为第 6 号新生儿, 体重只有 960 g.

由经验法则知, 几乎所有的观测值的 z 得分的绝对值均小于 3. 按照 Chebyshev 法则, 至多 1/9 (约 11%) 的 z 得分的绝对值大于 3, 因此, 可以说明第 6 号新生儿的体重是异常值.

§3.4.2　箱线图法

箱线图又称为箱形图或盒须图, 主要是从四分位数的角度来描述数据的分布, 它由上边缘线、上四分位数 (Q_U)、中位数 (m_e)、下四分位数 (Q_L) 和下边缘线组成. 箱线图中盒子的上、下线分别是上、下四分位数, 盒子中间的线是中位数. 由 "触须" 延长的上、下边缘线的值分别为:

$$上边缘线的值 = Q_U + 1.5\,\text{IQR}$$
$$下边缘线的值 = Q_L - 1.5\,\text{IQR}$$

因此, 超过上、下边缘线以外的值, 可以看成是异常值.

在 R 中, 用 boxplot() 函数来绘制箱线图, 其使用格式为:

```
boxplot(x, ..., range = 1.5, width = NULL, varwidth = FALSE,
    notch = FALSE, outline = TRUE, names, plot = TRUE,
    border = par("fg"), col = NULL, log = "",
    pars = list(boxwex = 0.8, staplewex = 0.5, outwex = 0.5),
    horizontal = FALSE, add = FALSE, at = NULL)
```

部分参数的名称、取值及意义如表 3.10 所示.

表 3.10　boxplot() 函数中部分参数的名称、取值及意义

名称	取值及意义
x	向量、列表或数据框, 由数据构成
range	数值, 表示 "触须" 的范围, 默认值为 1.5
notch	逻辑变量, 表示是否画出箱线图的凹槽, 默认值为 FALSE
outline	逻辑变量, 表示是否标明异常值点, 默认值为 TRUE
col	数值或字符串, 表示箱线图的颜色
horizontal	逻辑变量, 表示是否将箱线图绘成水平状, 默认值为 FALSE

例 3.23　使用箱线图的方法来考查新生儿体重数据 (见例 3.2 中的表 3.5) 的异常值.

解: 编写程序 (程序名: exa_0323.R):

```
X <- scan("birth.data"); boxplot(X)
```

所绘图形如图 3.9 所示. 从图形看出, 这里有两个异常值点, 其中一个就是第 6 号新生儿.

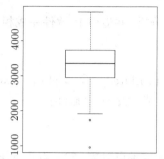

图 3.9　新生儿体重数据的箱线图

还可以用 boxplot() 函数画出多组数据的箱线图, 请看下面的例子.

例 3.24　已知由两种方法得到的数据如表 3.11 所示, 试画出两组数据的箱线图.

表 3.11　由两种方法得到的试验数据

方法	数据							
A	79.98	80.04	80.02	80.04	80.03	80.03	80.04	79.97
	80.05	80.03	80.02	80.00	80.02			
B	80.02	79.94	79.98	79.97	79.97	80.03	79.95	79.97

解: 输入数据, 调用 boxplot() 函数画出数据的箱线图 (程序名: exam0324.R).

```
A <- c(79.98, 80.04, 80.02, 80.04, 80.03, 80.03, 80.04,
       79.97, 80.05, 80.03, 80.02, 80.00, 80.02)
B <- c(80.02, 79.94, 79.98, 79.97, 79.97, 80.03, 79.95,
       79.97)
boxplot(A, B, names = c('A', 'B'), col = c(2, 3))
```

程序中的参数 names = c('A', 'B') 表示数据集的名称, col= c(2,3) 表示箱线图的颜色, 其中 2 表示红色, 3 表示绿色. 也可以将参数改写成 col = c('red', 'green'). 得到箱线图如图 3.10 所示.

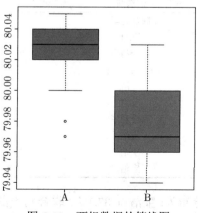

图 3.10　两组数据的箱线图

§3.5 案 例 分 析

本节选取两个实际案例进行分析, 并借用 R 软件完成相关的计算.

§3.5.1 肥皂公司之间的竞争

本例摘自 Ken Black, David L. Eldredge 所著的《以 Excel 为决策工具的商务与经济统计》(张久琴, 等, 译. 北京: 机械工业出版社, 2003.9).

1. 背景介绍

自 1879 年宝洁公司推出象牙牌香皂以来, 它一直是美国首屈一指的香皂制造商. 但是, 在 1991 年末, 它的竞争者联合利华取代了宝洁行业老大的位置, 抢占 16 亿个人香皂市场 31.5% 的市场份额, 而宝洁的市场份额为 30.5%. 自联合利华在 1895 年推出 Lifebuoy 香皂进入香皂市场以来, 它一直在关注宝洁的动向. 在 1990 年, 联合利华推出了它的新产品 Lever 2000, 适合整个家庭使用. 由于香皂市场被细分为儿童用香皂、男士香皂及女士香皂, 这就为该产品的推出创造了条件. 联合利华认为开发家庭中每一个成员都能使用的香皂产品会有市场. 消费者对此反应非常强烈. 在 1991 年, Lever 2000 的销售额就达到了 1.13 亿美元, 在个人香皂的销售立足商战中, 联合利华第一次走在宝洁的前面. 虽然宝洁公司的销售量还是位居第一, 但联合利华的产品定价更高, 因此它的总销售额最大.

不用说, 宝洁公司很快就对 Lever 2000 的成功做出了反应. 宝洁公司选择了几个可能的战略, 包括被视为男用香皂的舒肤佳重新定位.

最终, 宝洁公司面对挑战, 推出了玉兰油滋润沐浴香皂. 在该产品推向全国销售的第一年, 用于媒体宣传的资金为 2 400 万美元. 新的沐浴香皂极其成功, 帮助宝洁重新夺回了失去的市场份额.

1999 年美国前 10 大日用香皂的销售额如表 3.12 所示, 这些香皂都是由 4 大厂商所生产的: 联合利华、宝洁、Dial 及高露洁 – 棕榄.

表 3.12   1999 年美国前 10 大日用香皂、制造商及相应的销售额

香皂品牌	制造商	销售额 (百万美元)
多芬	联合利华	271
Dial	Dial	193
Lever 2000	联合利华	138
爱尔兰春天	高露洁 – 棕榄	121
激爽	宝洁	115
象牙	宝洁	94
Caress	联合利华	93
玉兰油	宝洁	69
舒肤佳	宝洁	48
Coast	宝洁	44

1983 年, 香皂市场份额分布为: 宝洁占 37.1%、联合利华占 24%、Dial 占 15%、高露洁 – 棕榄占 6.5%、其他厂商占 17.4%. 到了 1991 年, 香皂市场份额分布为: 联合利华占 31.5%、宝洁占 30.5%、Dial 占 19%、高露洁 – 棕榄占 8%、其他厂商占 11%.

2. 问题讨论

(1) 假设你正在为宝洁公司写一份宝洁公司及其他公司 1983 年、1991 年及 1999 年的市场份额报告. 利用 R, 画出每一年的个人香皂市场的市场份额图. 假设 1999 年所有其他厂商的销售额为 1.19 亿美元, 研究图形中关于不同公司的市场份额, 你能观察到什么? 特别是与以前年度相比, 宝洁公司的表现如何?

(2) 假设宝洁公司每周大约卖出 2 000 万块香皂, 但需求并不稳定, 该生产经理想更好地掌握该年度香皂销售的分布情况. 假设表 3.13 给出一年中每周香皂的销售数量用图形表示这些数据, 或对这组数据做相关的计算, 如均值、中位数、极差、四分位极差和标准差等, 从图形或计算结果来看, 你能得到什么有助于生产 (及销售) 人员的信息?

表 3.13　一年 52 周的香皂的销售数量 (单位: 百万块)

17.1	19.6	15.4	17.4	15.0	18.5	20.6	18.4	20.0
20.9	19.3	18.2	14.7	17.1	12.2	19.9	18.7	20.4
20.3	15.5	16.8	19.1	20.4	15.4	20.3	17.5	17.0
18.3	13.6	39.8	20.7	21.3	22.5	21.4	23.4	23.1
22.8	21.4	24.0	25.2	26.3	23.9	30.6	25.2	26.2
26.9	32.8	26.3	26.6	24.3	26.2	23.8		

3. 问题求解及结果分析 [①]

(1) 为了研究宝洁公司与其他公司所占市场份额的对比, 将各公司在 1983 年、1991 年和 1999 年的市场份额的百分比绘制在一张图上, 在图形中, 使用分组条形图, 所绘图形如图 3.11 所示. 从图形可以看出, 宝洁公司这 3 年的市场份额在逐渐下降, 由 1983 年的 37.1%, 下降到 1999 年的 28.4%. 而联合利华的市场份额在逐渐上升, 由 1983 年的 24.0%, 上升到

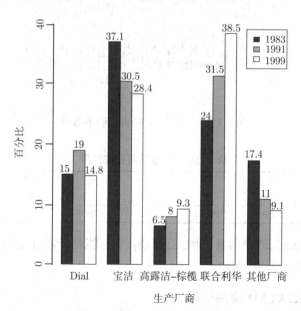

图 3.11　每个公司 3 年所占市场份额百分比的条形图

---
①求解过程保存在 soap.R 的程序文件中, 数据由 soap-1.data 和 soap-2.data 读取.

1999 年的 38.5%. Dial 公司 3 年的市场份额占 15% 左右, 高露洁–棕榄的市场份额较小, 占 8% 左右, 其他厂商的市场份额在下降, 由 17.4% 下降到 9.1%. 因此, 宝洁公司的最大竞争对手还是联合利华公司.

(2) 首先画出全年 52 周销售量的条形图 (见图 3.12), 图中的实线是 52 周销售量的平均值, 两条虚线是均值上下各一个标准差的间距. 从图 3.12 中可以看出, 前半年 (事实上是 29 周以前) 的销售量低于平均值, 而 30 周以后, 销售量超过平均值, 有的还超过的较多 (如第 30 周的销售量).

计算 52 周销售量的平均值、中位数和标准差等指标如表 3.14 所示. 从计算结果来看, 平均值和中位数相差不大, 说明数据没有太大的偏差. 虽然数据的极差较大, 但四分位差并不大, 与数据的标准差相差不多, 由经验公式说明, 大多数销售量位于下四分位数和上四分位数之间. 因此, 没有理由说明香皂的销售量不是每周 2 000 万块. 只是图 3.12 说明, 前半年销售量低, 后半年销售量高, 这可能说明, 香皂的销售量可能与季节有关, 也许是夏季、秋季洗澡的频数要高于冬季、春季的原因吧.

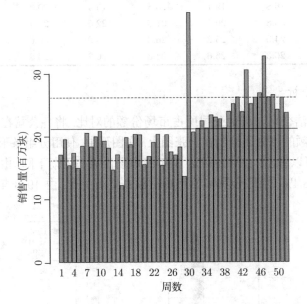

图 3.12　全年 52 周销售量的条形图

表 3.14　香皂销售量统计量

平均值	最小值	下四分位数	中位数	上四分位数	最大值	标准差	极差	四分位差
21.2	12.2	18.0	20.4	23.9	39.8	5.0	27.6	5.9

进一步计算, 第 30 周的销售量 (39.8 百万块), 它可能是异常值, 因为其标准得分超过 3, 利用箱线图也能得到同样的结果.

§3.5.2　CONSOLIDATED 食品公司

本例摘自 David R. Anderson, Dennis J. Sweeney & Thomas A.Willaims 所著的《商务与经济统计 (第 8 版)》(王峰, 等, 译. 北京: 中信出版社, 2003.9).

1. 背景介绍

Consolidated 食品公司在新墨西哥州、亚利桑那州和加利福尼亚州经营连锁超市. 它举办了一个促销活动, 宣传本公司新的信用卡政策, 以及顾客在购物付款时除了使用现金和个人支票外, 还能够选择使用诸如 VISA (维萨) 卡和 Master (万事达) 卡这样的信用卡. 新政策正在试验的基础上实行, 公司希望信用卡支付方式能够鼓励顾客多消费.

在新政策实行一个月以后, 工作人员选择一周时间内的 100 位顾客作为随机样本, 搜集了每位顾客的支付方式和消费金额数据. 全部数据放在 Consolid.csv 文件中, 图 3.13 显示了其中的部分数据及数据形式.

2. 问题讨论

使用描述统计的表格和图形方法来汇总 100 位顾客的样本数据, 你的讨论应包括下列形式的数据汇总.

(1) 支付方式的频数和相对频率的分布, 并画出频数的条形图和相对频率的饼图.

(2) 每种支付方式下消费金额的频数和相对频率的分布, 并给出支付方式和消费金额变量的交叉分组列表.

(3) 每种支付方式下消费金额的直方图和/或茎叶图.

(4) 计算每种支付方式数据的均值、中位数、最小值、最大值、下四分位数和上四分位数, 计算每种支付方式数据的极差、四分位差、标准差, 并对上述计算结果做比较, 理解它们的意义.

(5) 画出每种支付方式数据的箱线图.

	A	B
1	消费金额	支付方式
2	28.58	支票
3	52.04	支票
4	7.41	现金
5	11.17	现金
6	43.79	信用卡
7	48.95	支票
8	57.59	支票
9	27.6	支票
10	26.91	信用卡
11	9	现金

图 3.13 前 10 位顾客的支付方式和消费金额

3. 问题求解及结果分析 [①]

(1) 计算支付方式的频数和相对频率. 现金支付为 38 笔, 占 38%; 信用卡支付为 22 笔, 占 22%; 支票支付为 40 笔, 占 40%. 画出支付方式的相对频率的饼图 (见图 3.14).

---

①求解过程保存在 Consolid.R 程序文件中.

(2) 计算每种支付方式下消费金额的频数和相对频率的分布. 现金支付的总金额为 335.92 美元, 占 11.41%; 信用卡支付的总金额为 899.29 美元, 占 30.54%; 支票支付的总金额为 1 709.28 美元, 占 58.05%. 画出支付方式的相对频率的饼图 (见图 3.15).

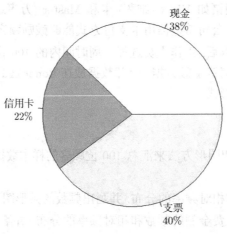

图 3.14　支付方式的饼图

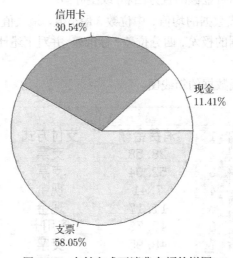

图 3.15　支付方式下消费金额的饼图

从消费金额来看, 现金和支票的笔数相差不大, 而消费总金额相差很大. 这说明, 小额消费通常使用现金, 大额消费通常使用支票.

计算交叉分组列表. 先将消费金额分成 8 组, 每 10 美元一组. 在此分组的情况下, 交叉分组列表如表 3.15 所示. 从表中数据可以看出, 现金消费是小额消费, 稍大一点金额的消费, 使用信用卡或支票.

(3) 画出每种支付方式下消费金额的直方图 (见图 3.16), 从直方图也可以看出前面的结论, 现金消费均是小额的, 最大额也不超过 22 美元. 频数最高的区域是 4 美元 ~10 美元. 支票消费的额度较大, 大多数在 30 美元 ~60 美元. 信用卡消费的特点并不明显, 低端有 (如 25 美元 ~30 美元), 高端也有 (50 美元 ~55 美元), 也就是说, 信用卡取代了一部分现金消费, 也取代了一部分支票消费. 因此, 推广信用卡消费还是有必要的.

(4) 计算每种支付方式数据的集中趋势和离散程度, 计算结果如表 3.16 所示. 计算结果反映的情况与图形相同. 现金消费的平均值为 8.84 美元, 中位数为 7.41 美元, 标准差为 5.28 美元, 四分位差为 8 美元. 这说明现金消费集中在小额消费方面. 信用卡和支票的消费的平均值和中位数均在 42 美元左右, 标准差在 15 美元左右, 说明这两种支付方式多用于大额消费. 而且, 信用卡的四分位差要大于支票的四分位差, 说明使用信用卡的顾客的范围更广. 这种数据也说明推广信用卡的作用.

表 3.15   支付方式和消费金额的交叉分组列表

消费金额	支付方式		
	现金	信用卡	支票
(0, 10]	24	0	1
(10, 20]	13	2	2
(20, 30]	1	6	4
(30, 40]	0	1	11
(40, 50]	0	5	8
(50, 60]	0	7	11
(60, 70]	0	1	1
(70, 80]	0	0	2

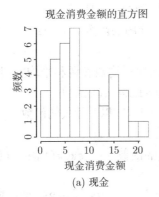 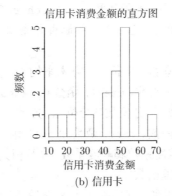 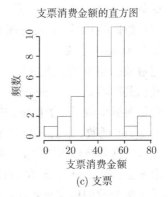

(a) 现金   (b) 信用卡   (c) 支票

图 3.16   每种支付方式下消费金额的直方图

表 3.16   每种支付方式数据的统计量

支付方式	平均值	最小值	下四分位数	中位数	上四分位数	最大值	标准差	极差	四分位差
现金	8.84	1.09	4.83	7.41	12.84	20.48	5.28	19.39	8.00
信用卡	40.88	14.44	27.10	45.33	52.56	69.77	14.87	55.33	25.46
支票	42.73	2.67	33.94	41.34	53.36	78.16	15.62	75.49	19.43

(5) 画出每种支付方式数据的箱线图 (见图 3.17). 箱线图明确地反映出 3 种支付方式的消费情况.

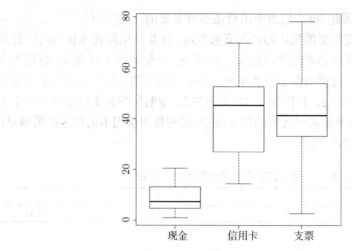

图 3.17   三种支付方式消费的箱线图

本章小结

- 定性数据的数值法: 频数和相对频率, 以及如何计算频数与相对频率的函数 —— `table()` 函数、`margin.table()` 函数和 `prop.table()` 函数.
- 分组数据: 定量数据的分组, 以及计算数据分组的 `cut()` 函数.
- 定性数据的图形法: 条形图、饼图和 Pareto 图, 以及绘制条形图、饼图和 Pareto 图的函数 —— `barplot()` 函数、`pie()` 函数和 `pareto_chart()` 函数 (自编函数).
- 定量数据的图形法: 直方图和茎叶图, 以及绘制直方图和茎叶图的函数 —— `hist()` 函数和 `stem()` 函数.
- 定量数据集中趋势的度量: 众数、中位数、算术平均数、几何平均数和调和平均数, 以及相关的函数 —— `median()` 函数、`mean()` 函数和 `weighted.mean()` 函数.
- 定量数据离散程序的度量: 极差、分位数与分位差、方差与标准差, 以及相关的函数 —— `range()` 函数、`quantile()` 函数、`var()` 函数和 `sd()` 函数.
- 定量数据分布形态的度量: 偏度系数和峰度系数, 以及相关的函数 —— `skew()` 函数 (自编函数) 和 `kurt()` 函数 (自编函数).
- 异常值检测的标准分数法: 经验法则 (约有 95% 测量值落在 $[\overline{X} - 2S, \overline{X} + 2S]$ 的区间内) 和 Chebshev 法则 (至少有 75% 测量值落在 $[\overline{X} - 2S, \overline{X} + 2S]$ 的区间内).
- 异常值检测的图形法: 箱线图及绘制箱线图的函数 —— `boxplot()` 函数.

习   题

1. 一项研究资料表明, 在美国市场, 销售量在前 5 名的软饮料分别是可口可乐、健怡可乐、百事可乐、雪碧和澎泉 (Dr. Pepper, 美国的一种软饮料). 假设表 3.17 中的数据 (存放在 `SoftDrink.data` 文件中) 表示在只选择这 5 种软件饮料的情况下, 抽取 50 次软饮料的购买样本. 试计算每种饮料的频数和相对频率.

2. 表 3.18 中的数据 (存放在 `Crosstab.data` 文件中) 是对两个定性变量 x 和 y 的 30 次观察值, x 的分类是 A、B 和 C, y 的分类是 1 和 2. (1) 做出数据交叉分组列表, 以 x 为行, y 为列; (2) 分别计算行百分比和列百分比.

表 3.17　来自 50 次软饮料购买样本的数据

可口可乐	健怡可乐	百事可乐	健怡可乐	可口可乐	可口可乐
澎泉	健怡可乐	百事可乐	百事可乐	可口可乐	澎泉
雪碧	可口可乐	健怡可乐	可口可乐	可口可乐	雪碧
可口可乐	健怡可乐	可口可乐	健怡可乐	可口可乐	雪碧
百事可乐	可口可乐	可口可乐	可口可乐	百事可乐	可口可乐
雪碧	澎泉	百事可乐	健怡可乐	百事可乐	可口可乐
可口可乐	可口可乐	百事可乐	澎泉	可口可乐	健怡可乐
百事可乐	百事可乐	百事可乐	百事可乐	可口可乐	澎泉
百事可乐	雪碧				

表 3.18　定性变量 x 和 y 的 30 次观察值

	x	y		x	y		x	y		x	y
1	A	1	9	A	1	17	C	1	25	B	1
2	B	1	10	B	1	18	B	1	26	C	2
3	B	1	11	A	1	19	C	1	27	C	2
4	C	2	12	B	1	20	B	1	28	A	1
5	B	1	13	C	2	21	C	2	29	B	1
6	C	2	14	C	2	22	B	1	30	B	2
7	B	1	15	C	2	23	C	2			
8	C	2	16	B	2	24	A	1			

3. 一名动物学家正在做一项试验, 调查在鸡食中加入抗生素后比没有抗生素的标准食物是否更能提高鸡的生长速度. 从以前的研究中知道, 通过 8 周用标准饮料的喂养, 一只鸡平均增重 3.9 g. 动物学家选择了 100 只小鸡, 为清除其他影响鸡增重的因素, 将这些小鸡放在同一环境下饲养. 表 3.19 (数据存放在 cock.data 文件中) 记录了 100 只鸡的增重. 将小鸡增重数据分组, 共分 14 组, 每组的区间宽度为 0.1g, 从 3.55g 开始, 至 4.95g 结束, 并计算各组的频数和相对频率.

表 3.19　100 只小鸡的增重 (单位: g)

3.7	4.2	4.4	4.4	4.3	4.2	4.4	4.8	4.9	4.4
4.2	3.8	4.2	4.4	4.6	3.9	4.3	4.5	4.8	3.9
4.7	4.2	4.2	4.8	4.5	3.6	4.1	4.3	3.9	4.2
4.0	4.2	4.0	4.5	4.4	4.1	4.0	4.0	3.8	4.6
4.9	3.8	4.3	4.3	3.9	3.8	4.7	3.9	4.0	4.2
4.3	4.7	4.1	4.0	4.6	4.4	4.6	4.4	4.9	4.4
4.0	3.9	4.5	4.3	3.8	4.1	4.3	4.2	4.5	4.4
4.2	4.7	3.8	4.5	4.0	4.2	4.1	4.0	4.7	4.1
4.7	4.1	4.8	4.1	4.3	4.7	4.2	4.1	4.4	4.8
4.1	4.9	4.3	4.4	4.4	4.3	4.6	4.5	4.6	4.0

4. 表 3.20 (数据存放在 OccupSat.csv 文件中) 给出对 4 种职业进行了工作满意度研究的得分情况. 工作满意度是通过一个包括 18 个问题的问卷调查表来测量的, 每个问题对应着 1 至 5 分. 18 个问题的得分总和就是样本中每个人的工作满意度分数, 更高分数代表更

大的满意度. (1) 将满意度分数分组, 从 30 分至 90 分, 每 10 分一组; (2) 做出职业与满意度分数 (按分组数据) 的交叉分组列表; (3) 关于这些职业的满意度水平, 你能得出什么观察结果?

表 3.20　4 种职业的满意度数据

职业	满意度分数	职业	满意度分数	职业	满意度分数
律师	42	理疗师	78	系统分析师	60
理疗师	86	系统分析师	44	理疗师	59
律师	42	系统分析师	71	木工	78
系统分析师	55	律师	50	理疗师	60
律师	38	律师	48	理疗师	50
木工	79	木工	69	木工	79
律师	44	理疗师	80	系统分析师	62
系统分析师	41	系统分析师	64	律师	45
理疗师	55	理疗师	55	木工	84
系统分析师	66	木工	64	理疗师	62
律师	53	木工	59	系统分析师	73
木工	65	木工	54	木工	60
律师	74	系统分析师	76	律师	64
理疗师	52				

5. 画出习题 1 中每种饮料频数的条形图、相对频率的饼图, 以及 Pareto 图.

6. Benford (本福德) 数字法则: 在随机选取数字时, $1 \sim 9$ 中某些数字作为第一个有效数字比其他数字更可能出现, 例如, 法则预测数字 1 可以作为第一个数字出现占 30%. 在关于 Benford 法则的一项研究中, 要求 743 名大学生随机地写出 6 位数, 表 3.21 记录了每个数的第一个有效数字及其分布汇总. (1) 试画出第一个数字频数的条形图和相对频率的饼图; (2) 用 Pareto 图描述 "随机猜测" 数据的第一个数字, 并说明这个图能否支持 Benford 法则的观点.

表 3.21　第一个数字及相应的次数

第一个数字	出现的次数	第一个数字	出现的次数	第一个数字	出现的次数
1	109	4	99	7	89
2	75	5	72	8	62
3	77	6	117	9	43

7. 画出习题 3 中小鸡增重的直方图. (1) 小区间的宽度为 0.1g, 起点为 3.55g, 终点为 4.95g. 纵坐标是频数, 并将频数标在直方图的上方 (类似图 3.6(a)); (2) 直方图的纵坐标是频率, 并将数据的概率密度曲线和正态分布密度曲线同时画在直方图上 (类似图 3.6(b)).

8. 统计学专业教学指导委员会为考查某校的教学水平, 检验学生是否掌握足够的统计学知识, 从该校统计学专业的学生中随机选取 40 名, 让学生回答一份共有 46 题的试卷, 表 3.22 (数据存放在 `student.data` 文件中) 给出了正确回答问题数的样本数据. (1) 画出数据的茎叶图; (2) 计算频数分布和相对频数分布; (3) 在这些数据的基础上, 你同意学生们没有足够掌握统计学知识的结论吗? 请解释.

表 3.22　40 名学生回答 46 个问题的正确数

12	10	16	24	12	14	18	23	31	14
15	19	17	9	19	28	24	16	21	13
20	12	22	18	22	18	30	16	26	18
16	14	8	25	22	15	33	24	17	19

9. 计算习题 1 中饮料数据的众数.

10. 空气中的 PM2.5 指数在 $0 \sim 50$ 之间属于优, $51 \sim 100$ 之间属于良, $101 \sim 200$ 之间属于轻度污染, $201 \sim 275$ 之间属于重度污染, 超过 275 则属于严重污染. 某地区空气中的 PM2.5 指数是

　　　28　42　58　48　45　55　60　49　50

(1) 计算数据的均值、中位数, 以及空气质量为优和良的频数, 你认为该地区的空气质量应该被认为是优吗? (2) 计算该地区空气质量数据的第 25 和第 75 百分位数.

11. 计算习题 3 中小鸡增重数据的中位数、算术平均数, 以及上分位数和下分位数.

12. 某项研究表明: 平均每人每天花费 45 分钟来欣赏录音音乐 (如 CD、MP3 等), 表 3.23 给出的数据 (存放在 music.data 文件中) 是随机抽查 30 人花费在欣赏录音音乐上的时间. (1) 计算均值、中位数和众数; (2) 计算并解释第 40 百分位数.

表 3.23　欣赏录音音乐所花时间 (单位: 分钟)

88.3	0.0	85.4	29.1	4.4	52.9	4.3	99.2	0.0	28.8
67.9	145.6	4.6	34.9	17.5	0.0	94.2	70.4	7.0	81.7
45.0	98.9	7.6	65.1	9.2	0.0	53.3	64.5	56.6	63.6

13. 2015 年某大学经济管理学院共有学生 500 名, 其中 18 岁的学生 110 名, 19 岁的学生 110 名, 20 岁的学生 100 名, 21 岁的学生 90 名, 22 岁的学生 90 名. 计算该学院学生的平均年龄.

14. 有一项为期 10 年的抵押贷款, 其中第 1 年的利率为 5%, 第 2 年为 7%, 第 3 年为 9%, 第 4 年为 11%, 第 5 年为 13%, 第 6 年 ~ 第 10 年均为 15%, 试计算此贷款的年均利率.

15. 假设在过去的 3 个月, 猪肉价格在 16.8 元/500g ~ 20.4 元/500g 之间变化. 某学校食堂在这 3 个月中共购买了 5 次猪肉, 其价格与购买金额如表 3.24 所示. 计算该食堂购买猪肉的平均价格.

表 3.24　三个月内的猪肉价格和购买金额

购买批次	价格 (元/500g)	购买金额 (元)	购买批次	价格 (元/500g)	购买金额 (元)
1	18.0	21 600	4	17.4	17 400
2	20.4	10 200	5	19.5	15 600
3	16.8	46 200			

16. 计算习题 3 中小鸡增重数据的极差、四分位差、方差和标准差.

17. 计算习题 12 中欣赏录音音乐数据的极差、四分位差、方差和标准差. 这些数据 (包括习题 12 的计算结果) 能否显示与研究结果的平均数相一致?

18. 计算习题 3 中小鸡增重数据的偏度系数和峰度系数. 结合习题 7 中的直方图, 理解

偏度系数和峰度系数的意义.

19. 假设表 3.25 中数据 (存放在 net.data 文件中) 是从网络用户年龄总体中抽取的样本, 计算这些数据的偏度系数, 这个系数的含义是什么? 画出数据的直方图帮助理解.

表 3.25 网络用户年龄的样本数据

41	15	31	25	24	23	21	22	22	18	30	20	19
19	16	23	27	38	34	24	19	20	29	17	23	

20. 在 R 的 CRAN 社区下载 e1071 程序包, 安装并加载. 调用程序中计算偏度系数的函数 —— skewness() 函数和计算峰度系数的函数 —— kurtosis() 函数, 使用这两个函数重新计算习题 18 的偏度系数和峰度系数, 看看两者有多大的差别.

21. 为了估计一片林地木材的数据, 需要随机地选择 15×15 m^2 的面积, 数出直径超过 300 mm 树木的数量. 现选择了 70 个这样的面积, 直径超过 300 mm 树木的数量如表 3.26 所示 (数据存放在 tree.data 文件中). (1) 计算样本均值 $\overline{X}$, 用它估计该林地成材木材的数据; (2) 计算样本标准差 S, 分别计算其树木落在区间 $[\overline{X} - S, \overline{X} + S]$, $[\overline{X} - 2S, \overline{X} + 2S]$, $[\overline{X} - 3S, \overline{X} + 3S]$ 上的百分比, 并与经验准则给出的对应区间的百分比做比较.

表 3.26 70 个 15×15m^2 中直径超过 300 mm 树木的数量

7	8	6	4	9	11	9	9	9	10	9	8	11	5
8	5	8	8	7	8	3	5	8	7	10	7	8	9
8	11	10	8	8	9	9	9	7	8	13	8	9	6
7	9	9	7	9	5	6	5	9	9	8	8	4	4
7	7	8	9	10	2	7	10	8	10	6	7	7	8

22. 在汽车的汽油时数和汽车油耗的测试中, 13 辆汽车分别在城市和乡村行驶 500km 的路况下接受了检测, 表 3.27 中的数据 (存放在 car.data 文件中) 记录了它们每百千米的耗油量. (1) 运用均值、中位数和百分位数来评价在城市和乡村路况下汽车性能的差别; (2) 画出两组数据的箱线图, 比较不同路况下汽车性能是否有差别.

表 3.27 两种道路状况百公里耗油量 (单位: L)

	城市道路	乡村道路		城市道路	乡村道路
1	14.52	12.12	8	14.70	12.65
2	14.08	11.42	9	14.61	12.38
3	14.79	12.85	10	15.37	11.15
4	16.33	12.65	11	15.47	12.12
5	17.82	12.25	12	15.37	12.71
6	15.37	13.52	13	14.52	12.58
7	14.00	13.67			

23. 超市数据分析. 超市是在无人售货基础上经营的大型零售商店, 出售杂货、食品等货物. 在中国的超市大致可分为两类: 一类是大型购物中心; 另一类是位于居民小区附近的便民超市. 表 3.28 所示的数据 (存放在 supermarket.data 文件中) 采自某居民小区附近的便民超市, 共有 137 位顾客.

表 3.28　某便民超市 137 个顾客的购买记录 (单位: 元)

162.55	24.75	74.30	152.75	42.30	35.95	60.32	42.47	73.32	10.98
24.50	214.90	56.25	92.98	80.78	21.00	87.58	104.25	15.20	12.25
15.70	51.00	4.50	19.75	6.25	37.62	73.18	27.75	27.70	65.25
43.75	57.62	57.80	7.50	32.20	32.95	22.50	110.22	10.00	113.62
84.22	54.80	42.50	8.50	40.75	16.50	28.40	105.75	20.00	18.50
37.45	15.12	112.35	100.35	150.12	3.75	73.95	45.75	15.00	77.75
12.00	40.85	8.00	61.32	16.68	19.30	123.50	25.08	40.75	59.00
31.75	12.50	63.38	19.80	162.00	3.47	7.50	34.00	2.25	50.50
68.00	54.82	33.20	2.25	25.22	12.50	68.62	89.00	10.55	5.00
52.25	5.00	27.68	22.42	10.38	21.75	8.75	43.10	150.85	8.25
68.70	80.00	138.70	37.80	12.90	31.00	2.38	29.50	46.50	93.35
5.00	85.18	22.75	28.98	1.75	70.00	33.00	5.00	11.25	9.93
9.15	15.62	9.75	49.00	42.20	5.00	7.00	62.90	7.15	14.25
25.62	10.12	22.50	10.50	8.75	4.75	6.90			

(1) 将数据分组, 从 0 至 220 元, 每 20 元一组, 计算各组的频数和相对频率, 画出频数的条形图和饼图.

(2) 画出数据的直方图和茎叶图.

(3) 计算平均值、中位数、下分位数、上分位数和第 40 百分位数.

(4) 计算极差、四分位差和标准差.

(5) 计算数据的偏度系数和峰度系数.

(6) 计算标准得分, 计算数据落在一个标准差、两个标准差和三个标准差的百分比, 并与经验准则相比较.

(7) 使用 Z 得分方法和画出数据箱线图的方法判断哪些数据可能是异常值.

(8) 根据上述计算和作图情况, 分析该超市的特点. 如果打算提高服务质量, 吸引回头客, 应从哪方面加强服务?

第4章 概率、随机变量及其分布

"八月十五云遮月，正月十五雪打灯"是否有科学道理？

"八月十五云遮月，正月十五雪打灯"是流传中国广大地区的一句农谚，它是中国劳动人民在长期生产实践中总结出来的天气预报经验。所谓"八月十五云遮月，正月十五雪打灯"，意思是说当年农历八月十五中秋节这天，如果天空被云幕遮蔽（阴天或下雨），看不到中秋圆月，来年正月十五这天就会阴天或下雪。

有网友统计[1]，在 1951 年中秋节至 2012 年元宵节的 61 年中，北京地区共出现 19 次"八月十五云遮月"，次年正月十五共出现 4 次"雪打灯"，吻合比例为 21%。在这 61 年中，共出现 9 次"正月十五雪打灯"，而前一年的八月十五共出现 4 次"云遮月"，吻合比例为 44%。

请问这两者之间是否真的有联系？

本章要点

- 简单介绍概率理论，以及计算概率的方法。
- 离散型随机变量，二项分布、Poisson 分布和超几何分布。
- 连续型随机变量，均匀分布、正态分布和指数分布。
- 抽样分布，χ^2 分布、t 分布和 F 分布。

第 3 章介绍了数据的描述性分析，即用图表和数值方法描述数据，为统计推断做准备。但仅有这些是不够的，因为统计推断是一个从样本中获取总体信息的过程，推断的关键因素是概率，以及相应的分布，通过这些内容将总体与样本联系起来。

§4.1 概　　率

明天下雨或刮风的可能性有多大？购买一只股票上涨的可能性有多大？概率是对一个事件发生可能性的数值度量。因此，概率可以用来测量上述事件不确定的程度。例如，如果计算出明天的降水概率是 80%，这个降水概率指的是明天下雨的可能性为 80%。

本节简单介绍概率理论，以及计算概率的方法。

§4.1.1 随机事件

在一定条件下，所得的结果不能预先完全确定，而只能确定是多种可能结果中的一种，这种现象称为随机现象。例如，抛掷一枚硬币，其结果有可能是出现正面，也有可能是出现反面；电话交换台在 1 分钟内接到的呼叫次数，可能是 0 次、1 次、2 次 ⋯⋯ 在同一工艺条件下

---

[1]http://www.guokr.com/question/94124.

生产出的灯泡, 其使用寿命有长有短; 测量同一物体的长度时, 由于仪器及观察受到环境的影响, 多次测量的结果往往有差异等. 这些现象都是随机现象.

使随机现象得以实现和观察它的全过程称为随机试验. 随机试验满足以下条件: (1) 可以在相同条件下重复进行; (2) 结果有多种可能性, 并且所有可能结果事先已知; (3) 做一次试验究竟哪个结果出现, 事先不能确定.

随机试验的所有可能结果组成的集合称为样本空间, 试验的每一个可能结果称为样本点, 表示它是样本空间的一个元素. 例如, 抛掷硬币是随机试验, 其结果可能出现正面或者是反面, 正面或反面就是样本点, 样本点的集合 { 正面, 反面 } 构成样本空间. 再如, 随意地抛掷一枚骰子是随机试验, 出现的点数为 1, 2, ···, 6 为样本点, 其集合 {1,2,···,6} 为样本空间.

样本空间中满足一定条件的子集称为随机事件. 在抛掷骰子的试验中, 出现 1 点、2 点, 或 6 点是随机事件, 出现奇数点或偶数点也是随机事件, 大于 3 的点数也是随机事件.

§4.1.2　计数法则

能够鉴别或数出试验结果是分配概率的必要步骤, 这里讨论 3 种计数法则.

1. 多步骤试验

第一种计数法则是针对多步骤试验设计的, 也称为乘法法则. 例如, 考虑投掷两枚硬币的试验, 有多少可能试验的结果? 掷两枚硬币的试验可能看成一个两步试验; 第一步, 投掷一枚硬币, 第二步, 再投掷第二枚硬币. 每次投掷硬币的结果有正面和反面, 因此投掷两枚硬币的所有结果, 也就是样本空间为:

$$\{(正面, 正面), (正面, 反面), (反面, 正面), (反面, 反面)\}$$

因此, 可以看到 4 个试验结果.

对于 k 步骤试验, 也有类似的计算法则. 如果依次进行 k 次试验, 且第 i 次试验可能有 n_i 个结果, 则试验结果的总数为:

$$n_1 \times n_2 \times \cdots \times n_k = \prod_{i=1}^{k} n_i$$

在 R 中, 可以用 expand.grid() 函数计算多步骤试验的全部结果, 其使用格式为:

```
expand.grid(..., KEEP.OUT.ATTRS = TRUE,
            stringsAsFactors = TRUE)
```

参数 ... 为向量或因子.

例如, 用 expand.grid() 函数模拟投掷两枚硬币的全部结果.

```
> expand.grid(step1 = c("H", "T"), step2 = c("H", "T"))
  step1 step2
1   H     H
2   T     H
3   H     T
4   T     T
```

expand.grid() 函数的返回值是数据框, 其中 H 表示正面, T 表示反面.

在 R 中, prod() 是连乘积计算函数, 其使用格式为:

```
prod(..., na.rm = FALSE)
```

参数 ... 为需要计算连乘的各向量. 例如, 计算 5! 的计算公式为 prod(1:5).

例 4.1　某个项目被分割为两个阶段: 阶段 1 是设计工作, 阶段 2 是建设工作. 根据对以往的项目分析, 完成设计工作可能需要 2 个月、3 个月或 4 个月, 完成建设阶段可能需要 6 个月、7 个月或 8 个月. 试分析: 完成整个项目共有多少种情况, 每种情况各需要多少个月?

解: 按照乘法法则, 完成整个项目共有 $3 \times 3 = 9$ 种情况. 使用 expand.grid() 函数计算具体情况和每种情况所花的时间 (程序名: exa_0401.R).

```
D <- expand.grid(设计 = c(2, 3, 4),施工 = c(6, 7, 8))
D$完成时间 <- apply(D, 1, sum)
```

最后一行计算 D 中每一行的和, 并将结果放在数据 D 的 "完成时间" 中. 显示计算结果:

```
   设计 施工 完成时间
1   2    6      8
2   3    6      9
3   4    6      10
4   2    7      9
5   3    7      10
6   4    7      11
7   2    8      10
8   3    8      11
9   4    8      12
```

2. 组合

第二种计数法则是组合法则. 当试验涉及从 n 个项目中的集合选择其中的 k 个 $(k < n)$ 时, 运用组合计数法则计算试验结果的数目. 在同一时间从 n 个项目抽取其中 k 个的组合数是:

$$C_n^k = \binom{n}{k} = \frac{n!}{k!(n-k)!} \tag{4.1}$$

例如, 从 5 个中任意选取 3 个有多少种选择?

$$\binom{5}{3} = \frac{5!}{3! \times 2!} = \frac{5 \times 4}{2} = 10$$

在 R 中, choose() 函数计算组合数目, 其使用格式为:

```
choose(n, k)
```

参数 n 为正整数, 表示总集合的数目. k 为正整数, 表示抽取子集合的数目.

例如, 从 5 个中任意选取 3 个有多少种选择的计算程序为:

```
> choose(5, 3)
[1] 10
```

与组合有关的另一个函数是 combn() 函数, 该函数的功能是生成全部的组合方案, 其使用格式为:

```
combn(x, m, FUN = NULL, simplify = TRUE, ...)
```

参数的名称、取值及意义如表 4.1 所示.

表 4.1　combn( ) 函数中参数的名称、取值及意义

名称	取值及意义
x	向量或正整数, 表示抽样的总体
m	正整数, 表示从 x 中选出元素的个数
FUN	函数, 它是产生组合方案后的运算函数
simplify	逻辑变量, 当取值为 TRUE (默认值) 时, 函数的返回值为矩阵 (或数组); 当取值为 FALSE 时, 函数的返回值为列表

例如, 从 1~5 个数中, 随机取 3 个的全部组合.

```
> combn(1:5, 3)
      [,1] [,2] [,3] [,4] [,5] [,6] [,7] [,8] [,9] [,10]
[1,]    1    1    1    1    1    1    2    2    2    3
[2,]    2    2    2    3    3    4    3    3    4    4
[3,]    3    4    5    4    5    5    4    5    5    5
```

如果需要对全部组合情况做运算, 例如, 求均值, 则其命令和结果如下:

```
> combn(1:5, 3, FUN = mean)
 [1] 2.000000 2.333333 2.666667 2.666667 3.000000 3.333333
 [7] 3.000000 3.333333 3.666667 4.000000
```

3. 排列

第三种计数法则是排列法则. 在抽取的顺序也很重要的情况下, 从 n 个项目的集合中任意抽取 k 个时, 还需考虑 k 个子项目的顺序, 这种方法称为排列. 排列的计算规则是:

$$P_n^k = k!\binom{n}{k} = \frac{n!}{(n-k)!} \tag{4.2}$$

从 5 个中任意选取 3 个的排列的个数有:

$$P_5^3 = 3!\binom{5}{3} = \frac{5!}{2!} = 60$$

可利用 prod() 函数, 或者是 prod() 和 choose() 函数完成排列数目的计算.

§4.1.3　分配概率的方法

分配给每个试验结果的概率必须介于 0~1 之间. 如果用 E_i 表示第 i 次试验的结果, 用 $P(E_i)$ 表示它的概率, 则

$$0 \leqslant P(E_i) \leqslant 1, \quad \forall\, i \tag{4.3}$$

所有试验结果的概率之和必定等于 1, 即

$$\sum_i P(E_i) = 1 \tag{4.4}$$

分配概率的方法主要有 3 种: 古典概型法、事件发生的相对频数法和主观概率法.

1. 古典概型法

设随机事件的样本空间中只有有限个样本点, 每个样本点出现是等可能的, 并且每次试验有且仅有一个样本点发生, 则这类现象称为古典概型. 如果 A 是随机事件, 则事件 A 的概率定义为:

$$P(A) = \frac{\text{事件 } A \text{ 包含的基本事件数}}{\text{基本事件总数}} \tag{4.5}$$

2. 事件发生的相对频数法

用事件发生的相对频数来分配概率以累积的历史数据为基础, 称为相对频数法. 用这种方法, 则某事件 A 发生的概率定义为:

$$P(A) = \frac{\text{事件发生的次数}}{\text{事件可能发生的总次数}} \tag{4.6}$$

相对频数法不是用规则或定理确定概率, 而是用过去发生的事件来确定的. 例如, 甲乙两个队要进行冠亚军决赛, 现要预测甲队获胜的概率. 根据以往的历史记录, 在过去的 7 场比赛中, 甲队胜 4 场, 负 3 场. 用事件发生的相对频数法, 可以认为本次竞赛甲队获胜的概率为 4/7.

3. 主观概率法

主观概率法根据人的主观感觉或见解来判定概率. 主观概率来自人的直觉或推断, 尽管这不是一种科学的判定概率的方法, 但主观概率也需要人对知识的积累、理解和经验, 它有时甚至仅仅是一种猜测. 例如, 甲乙两个队要进行冠亚军决赛, 但在历史上, 两队从未有过比赛, 可以猜想, 本次竞赛甲队获胜的概率为 1/2.

§4.1.4　概率的计算

例 4.2　从一副完全打乱的 52 张扑克中任取 4 张, 计算下列事件的概率. (1) 抽取 4 张依次为红心 A、方块 A、黑桃 A 和梅花 A 的概率; (2) 抽取 4 张为红心 A、方块 A、黑桃 A 和梅花 A 的概率.

解: (1) 抽取 4 张是有次序的, 因此使用排列来求解. 所求事件 (记为 A) 的概率为:

$$P(A) = \frac{1}{52 \times 51 \times 50 \times 49} = 1.539 \times 10^{-7}$$

R 的计算程序为 `1/prod(49:52)`.

(2) 抽取 4 张是没有次序的, 因此使用组合来求解. 所求事件 (记为 B) 的概率为:

$$P(B) = \frac{1}{\binom{52}{4}} = 3.694 \times 10^{-6}$$

R 的计算程序为 `1/choose(52,4)`.

例 4.3　在例 4.1 中, 完成项目的时间在 8 至 12 个月之间, 计算恰好用 8 个月、9 个月、$\cdots$、12 个月完成项目的概率.

解: 使用 `table()` 函数和 `prop.table()` 函数计算频数和相对频率.

```
> source("exa_0401.R"); Ta <- table(D$完成时间)
> prop.table(Ta)
        8         9        10        11        12
0.1111111 0.2222222 0.3333333 0.2222222 0.1111111
```
即恰好用 8、9、⋯、12 个月完成项目的概率分别为 1/9、2/9、1/3、2/9 和 1/9.

§4.2　离散型随机变量

本节通过随机变量及其分布的概念来学习概率的知识, 重点是离散型随机变量, 以及重要的离散分布 —— 二项分布、Poisson 分布和超几何分布.

§4.2.1　随机变量及其分布

1. 随机变量

前面研究了随机事件及其概率, 为进一步研究随机现象, 需要引进随机变量的概念.

例如, 假设 100 件产品中, 有 5 件次品, 95 件正品. 现从中随机地抽取 20 件, 问"抽得的次品数"是多少?

次品数可能是 1, 也可能是 2、3、4、5, 甚至可能是 0, 即所抽的 20 件产品中无次品. 它随着抽样的批次不同而不同, 也就是说, "次品数"的值在抽样前是无法给出确定答案的. 然而, 从 100 件产品中随机地抽取 20 件, 在这 20 件产品中, "次品数"又是完全确定的. 因此, "次品数"是一个变量, 是随着抽样的结果而改变的变量, 称为随机变量.

一般来讲, 随机变量是随机试验结果的数值描述, 通常用 X、Y、Z 来表示随机变量, 而使用 x、y、z 表示随机变量的取值.

2. 随机变量的分布

描述一个随机变量, 不仅要说明它能够取哪些值, 而且要关心它取这些值的概率. 因此, 引入随机变量的分布函数的概念.

如果 X 是一个随机变量, 对任意的实数 x, 有:

$$F(x) = P\{X \leqslant x\}, \quad x \in (-\infty, +\infty) \tag{4.7}$$

则称 $F(x)$ 为随机变量 X 的分布函数, 也称为累积分布函数.

§4.2.2　离散型随机变量

1. 离散型随机变量

如果随机变量 X 的全部可能取值只有有限多个或可列无穷多个, 则称 X 为离散型随机变量.

对于离散型随机变量 X 可能取值为 x_k 的概率为:

$$P\{X = x_k\} = p_k, \quad k = 1, 2, \cdots \tag{4.8}$$

则称式 (4.8) 为离散型随机变量 X 的分布律. 离散型随机变量的分布律 p_k 具有以下性质:
(1) $p_k \geqslant 0, k = 1, 2, \cdots$; (2) $\sum_{k=1}^{\infty} p_k = 1$.

离散型随机变量的分布函数为:

$$F(x) = P\{X \leqslant x\} = \sum_{x_k \leqslant x} P\{X = x_k\} = \sum_{x_k \leqslant x} p_k \tag{4.9}$$

例 4.4　假设 100 件产品中, 有 5 件次品, 现从中随机地抽取 20 件, 求"次品数"的分布律.

解: 设 X 为次品数的随机变量, k 为它的取值, 则

$$p_k = P\{X = k\} = \frac{\binom{5}{k}\binom{95}{20-k}}{\binom{100}{20}}, \quad k = 0, 1, \cdots, 5$$

R 的计算程序 (程序名: exa_0404.R) 如下:

```
P <- numeric(6)
for(k in 0:5){
    P[k+1] <- choose(5, k)*choose(95, 20-k)/choose(100, 20)
}
```

计算结果为:

```
[1] 0.3193094420 0.4201440026 0.2073437935 0.0478485677
[5] 0.0051482636 0.0002059305
```

2. 数学期望

随机变量的数学期望也称为均值, 是对随机变量中心位置的度量. 离散型随机变量的数学期望定义为:

$$E(X) = \sum_k x_k p_k \tag{4.10}$$

因此, 数学期望可以看成随机变量取值的加权平均值, 其权重就是概率.

例 4.5　计算例 4.4 中"次品数"的数学期望.

解: 调用例 4.4 的计算结果, 再做加权平均值计算.

```
source("exa_0404.R")
mu <- weighted.mean(x = 0:5, w = P); mu
```

计算结果为 1, 即平均每次抽取一件次品.

3. 方差

数学期望提供了随机变量的平均值, 但还需要度量它的变异程度或分散程度, 这就是方差. 离散型随机变量方差的定义为:

$$\text{var}(X) = \sum_k (x_k - \mu)^2 p_k \tag{4.11}$$

因此, 方差可以看成随机变量与均值的离差平方的加权平均值, 概率就是权重.

方差的开方称为标准差, 记为 $\text{sd}(X)$, 即

$$\text{sd}(X) = \sqrt{\sum_k (x_k - \mu)^2 p_k} \tag{4.12}$$

例 4.6 计算例 4.4 中"次品数"的方差.

解: 调用例 4.5 的计算结果, 再做加权平均值计算.

```
source("exa_0405.R")
weighted.mean((0:5 - mu)^2, w = P)
```

计算结果为 0.767 676 8.

§4.2.3 二项分布

二项分布是离散随机变量中最常见的分布, 它有很多重要的应用.

1. 二项试验

二项分布与二项试验有关, 二项试验应具备如下条件:

(1) 试验由一个包括 n 个相同试验的序列组成;

(2) 每次试验有两种可能的结果, 一种称为成功, 一种称为失败;

(3) 每次试验是相互独立的;

(4) 每次试验的概率都相同, 试验成功的概率为 p, 试验失败的概率为 $1 - p$.

2. 二项分布

在一个二项试验中, 通常关心在 n 次试验中出现成功的次数. 设 X 表示二项试验中成功次数的随机变量, $\{X = k\}$ 表示事件 —— n 次试验中恰好有 k 次成功, 则

$$P\{X = k\} = \binom{n}{k} p^k (1-p)^{n-k}, \quad k = 0, 1, \cdots, n \tag{4.13}$$

这就是著名的二项分布, 记为 $X \sim B(n, p)$. 相应的分布函数为:

$$F(x) = \sum_{k=0}^{\lfloor x \rfloor} \binom{n}{k} p^k (1-p)^{n-k} \tag{4.14}$$

其中 $\lfloor x \rfloor$ 表示下取整, 即不超过 x 的最大整数.

图 4.1 给出二项分布的分布律, 其参数分别为 $n = 10$、$p = 0.3$ 和 $p = 0.7$.

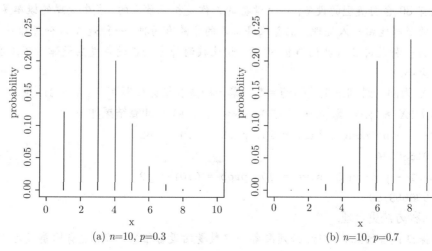

(a) $n=10$, $p=0.3$　　　　　　　　(b) $n=10$, $p=0.7$

图 4.1　二项分布的分布律

二项分布的数学期望与方差为:

$$E(X) = np \tag{4.15}$$

$$\text{var}(X) = np(1 - p) \tag{4.16}$$

通过二项分布的均值的计算可以对某结果发生的可能性做大概的估计. 例如, 有关研究表明: 大约有 10% 的人是左撇子. 某学者为了验证该结论的正确性, 随机地抽取了 100 名 20 至 35 岁产妇所生的新生儿, 其中有 20 名是左撇子. 这里 $p = 0.1$、$n = 100$, 按照二项分布的数学期望, $E(X) = np = 100 \times 0.1 = 10$. 这说明这位学者的实验结果可能是偶然的.

二项分布的标准差用 $sd(X)$ 表示, 即 $sd(X) = \sqrt{npq}$. 在左撇子的例子中, $sd(X) = \sqrt{100 \times 0.1 \times 0.9} = 3$.

3. R 中的相关函数

在 R 中, binom 表示二项分布, 加上不同的前缀表示不同的函数, 如 dbinom 表示概率密度函数, pbinom 表示分布函数, qbinom 表示分位函数. 这些函数的使用格式为:

```
dbinom(x, size, prob, log = FALSE)
pbinom(q, size, prob, lower.tail = TRUE, log.p = FALSE)
qbinom(p, size, prob, lower.tail = TRUE, log.p = FALSE)
```

参数的名称、取值及意义如表 4.2 所示.

表 4.2　binom( ) 类函数中的参数名称、取值及意义

名称	取值及意义
x 或 q	数值或向量, 表示试验中成功的次数
p	数值或向量, 表示分位点的概率
size	数值或向量, 表示实验次数, 即二项分布 $B(n, p)$ 中的参数 n
prob	数值, 表示实验成功的概率, 即二项分布 $B(n, p)$ 中的参数 p
log, log.p	逻辑变量, 当取值为 TRUE 时, 函数的返回值不是概率 p, 而是 $\log(p)$, 默认值为 FALSE
lower.tail	逻辑变量, 当取值为 TRUE(默认值) 时, 分布函数为概率 $P\{X \leqslant x\}$, 对应的分位数为下分位数; 当取值为 FALSE 时, 分布函数为概率 $P\{X > x\}$, 对应的分位数为上分位数

例 4.7　现有 80 台同类型的设备, 各台设备的工作是相互独立的, 发生故障的概率是 0.01, 且一台设备的故障能由一人处理. 配备维修工人的方法有两种, 一种是 4 人分开维护, 每人负责 20 台, 另一种是由 3 人共同维护 80 台. 试比较两种方法在设备发生故障时不能及时维修的概率的大小.

解: 设 X 为同一时刻发生故障的台数. 第一种情况是计算概率 $P\{X \geqslant 2\}$, 第二种情况是计算概率 $P\{X \geqslant 4\}$. 计算程序 (程序名: exa_0407.R) 与计算结果如下:

```
> p1 <- 1 - pbinom(1, size = 20, prob = 0.01); p1
[1] 0.01685934
> p2 <- 1 - pbinom(3, size = 80, prob = 0.01); p2
[1] 0.008659189
```

$p_2 < p_1$, 第二种方法更合理.

例 4.8　为保证设备的正常运行, 必须配备一定数量的设备维修人员. 现有同类设备 180 台, 且各台工作相互独立, 每台设备任一时刻发生故障的概率都是 0.01. 假设一台设备的故障由一人进行修理, 问至少配备多少名修理人员, 才能保证设备发生故障后能得到及时修理的概率不小于 0.95?

解: 设随机变量 X 为发生故障的设备数, k 为配备修理工的个数, 由题意 $X \sim B(n, p)$, 其中 $n = 180, p = 0.01$, 并且 X 和 k 应满足 $P\{X \leqslant k\} \geqslant 0.95$. 程序 (程序名: exa_0408.R) 与计算结果如下:

```
> n <- 180; p <- 0.01; k <- qbinom(.95, n, p); k
[1] 4
```

即至少需要 4 名修理人员.

§4.2.4 Poisson 分布

这一小节讨论在某一特定时间段或某空间段内事件发生次数十分有用的随机变量. 例如, 有关的随机变量可能是 30 分钟内到达某修理厂的车辆数、50 千米长的公路上需要修理汽车的数量, 或者是 100 千米长的管道上泄露点的个数等.

1. Poisson (泊松) 分布

如果事件满足以下两条性质:

(1) 事件在任意两个等长度的区间内发生一次的概率相等;

(2) 事件在任意区间内是否发生与其他地区的发生情况相互独立.

则事件发生次数就是一个可用 Poisson 分布来描述的随机变量.

Poisson 分布的分布律为:

$$P\{X = k\} = \frac{\lambda^k e^{-\lambda}}{k!}, \quad k = 0, 1, 2, \cdots \tag{4.17}$$

$P\{X = k\}$ 表示事件在一个区间内发生 k 次的概率, 参数 λ 表示在一个区间内事件发生次数的平均值或数学期望. Poisson 分布简记为 $X \sim P(\lambda)$, 其分布函数为:

$$F(x) = \sum_{k=0}^{\lfloor x \rfloor} \frac{\lambda^k e^{-\lambda}}{k!} \tag{4.18}$$

图 4.2 给出 Poisson 分布的分布律, 其参数为 $\lambda = 4$.

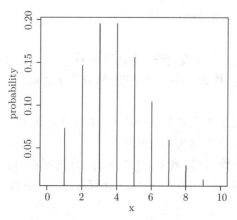

图 4.2 Poisson 分布的分布律

Poisson 分布的数学期望与方差为:

$$E(X) = \lambda \tag{4.19}$$
$$\text{var}(X) = \lambda \tag{4.20}$$

Poisson 分布常用来描述不经常发生的事件, 也称为 "不经常事件定律". 例如, 某化工厂发生严重事故的概率很小, 可以用 Poisson 分布来描述.

Poisson 分布还常用来描述某时间段的到达数, 如果某段时间的到达数目太大, 可缩短时间, 使这个时间段内的事件发生的数目减少. 例如, 可以考虑在 5 分钟内到达某花店的人数.

2. R 中的相关函数

在 R 中, pois 表示 Poisson 分布, 加上不同的前缀表示不同的函数, 加 d 表示概率密度函数, 加 p 表示分布函数, 加 q 表示分位函数. 函数的使用格式为:

```
dpois(x, lambda, log = FALSE)
ppois(q, lambda, lower.tail = TRUE, log.p = FALSE)
qpois(p, lambda, lower.tail = TRUE, log.p = FALSE)
```

参数 lambda 为 Poisson 分布中的参数 λ, 即 Poisson 分布的数学期望或方差. 其他参数的意义与二项分布相同 (见表 4.2).

例 4.9　假定顾客到达某银行的平均值是每 4 分钟 3.2 名, 计算: (1) 在 4 分钟内有 7 名以上顾客的概率; (2) 在 8 分钟内到达 10 名顾客的概率.

解: (1) 设 X 为 4 分钟内到达银行的顾客数, 题意是计算 $P\{X > 7\}$, 即计算 $1 - P\{X \leqslant 7\}$. R 程序及计算结果如下:

```
> 1 - ppois(7, lambda = 3.2)
[1] 0.01682984
```

从这个计算结果来看, 在 4 分钟内不大可能有 7 名以上顾客到达银行.

(2) 这里需要调整参数 λ, 其值由 3.2 调整为 6.4, 也就是说, 8 分钟内平均有 6.4 名顾客到达银行. 而不调整随机变量 X, 即不能将问题改成计算 4 分钟内到达 5 名顾客的概率. R 程序及计算结果如下:

```
> dpois(10, lambda = 3.2*2)
[1] 0.05279004
```

对于 Poisson 分布, 有一个重要定理, 就是当 p 较小、n 较大时, 可以用 Poisson 分布近似二项分布, 其中 $\lambda = np_n$. 作为一条经验法则, 只有当 $p \leqslant 0.05$、$n \geqslant 20$, 使用 Poisson 分布近似的效果才好.

例 4.10　计算机硬件公司制造某种型号的芯片, 其次品率为 0.1%, 各芯片成为次品相互独立. 求 1 000 只芯片中至少有 2 只次品的概率.

解: 设 X 为次品的个数, 计算概率 $P\{X \geqslant 2\}$. 现选择两种计算方法, 第一种用二项分布精确计算, 第二种用 Poisson 分布近似计算. 计算程序 (程序名: exa_0410.R) 与计算结果如下:

```
> 1 - pbinom(1, size = 1000, prob = 0.001)
[1] 0.2642411
```

```
> 1 - ppois(1, lambda = 1000*0.001)
  [1] 0.2642411
```
两种方法的计算结果是相同的.

§4.2.5 超几何分布

超几何分布实际上与二项分布有关, 它实际上是二项分布的补充. 二项分布适用于有放回的抽样, 而超几何分布适用于无放回的抽样.

1. 超几何分布

在超几何分布中, 通常令 r 表示容量为 N 的总体中表示成功的元素个数, 令 $N-r$ 表示在总体中失败的元素个数. 超几何分布考虑在 n 次无放回的试验中, 成功 k 次失败 $n-k$ 次的概率. 因此, 超几何分布的分布律为:

$$P\{X = k\} = \frac{\binom{r}{k}\binom{N-r}{n-k}}{\binom{N}{n}}, \quad k = 0, 1, \cdots, r \tag{4.21}$$

$P\{X = k\}$ 表示 n 次试验中获得 k 次成功的概率, n 表示试验次数, N 表示总体元素的个数, r 表示总体内成功元素的个数. 相应的分布函数为:

$$F(x) = \sum_{k=0}^{\lfloor x \rfloor} \frac{\binom{r}{k}\binom{N-r}{n-k}}{\binom{N}{n}} \tag{4.22}$$

其中 $\lfloor x \rfloor$ 表示下取整, 即不超过 x 的最大整数.

超几何分布的数学期望为:

$$E(X) = \frac{nr}{N} \tag{4.23}$$

式 (4.23) 可大致地理解为: N 个总体中有 r 个成功的元素, 成功的概率为 r/N, 共进行了 n 次试验, 所以, 数学期望为 nr/N.

2. R 中的相关函数

在 R 中, hyper 表示超几何分布, 加上不同的前缀表示不同的函数, 函数的使用格式为:
```
dhyper(x, m, n, k, log = FALSE)
phyper(q, m, n, k, lower.tail = TRUE, log.p = FALSE)
qhyper(p, m, n, k, lower.tail = TRUE, log.p = FALSE)
```
部分参数的名称、取值及意义如表 4.3 所示.

表 4.3　hyper( ) 类函数中的部分参数名称、取值及意义

名称	取值及意义
x(或 q)	整数 (或实数), 表示试验成功的次数, 即式 (4.21) 中的 k, 或式 (4.22) 中的 x
m	整数, 表示试验中成功的总次数, 即式 (4.21) 中的 r
n	整数, 表示试验中失败的总次数, 即式 (4.21) 中的 $N-r$
k	整数, 表示试验总次数, 即式 (4.21) 中的 n

例 4.11　假定在 10 位喜欢喝可乐的人中, 有 6 位喜欢可口可乐, 4 位喜欢百事可乐. 现从 10 人中任取 3 人, 计算: (1) 3 人中恰有 2 人喜欢可口可乐的概率; (2) 3 人中多数人 (2 人或 3 人) 喜欢百事可乐的概率.

　　解: 这是一个超几何分布的题目. 设喜欢可口可乐为成功, 喜欢百事可乐为失败, 成功的总次数为 6, 失败的总次数为 4, 试验总次数为 3. 问题 (1) 是计算恰好 2 次成功的概率. 问题 (2) 是计算成功的次数小于等于 1 的概率. 程序 (程序名: exa_0411.R) 与计算结果如下:

```
> dhyper(x = 2, m = 6, n = 4, k = 3)
[1] 0.5
> phyper(q = 1, m = 6, n = 4, k = 3)
[1] 0.3333333
```

即问题 (1) 的概率为 50%, 问题 (2) 的概率为 1/3.

　　事实上, 例 4.4 中的 "次品数" 就服从超几何分布, 因此, 计算它的分布律只需简单的命令

```
dhyper(x = 0:5, m = 5, n = 95, k = 20)
```

计算结果是相同的.

§4.3　连续型随机变量

　　前一节讨论了离散型随机变量及其分布, 本节讨论连续型随机变量及其分布. 连续型随机变量的取值可以是某一给定的区域内的任意值, 通常是可计量而不可数的. 分布是连续的, 因此, 计算特定两点之间的事件要发生的概率要通过曲线上两点之间的面积得到.

§4.3.1　连续型随机变量

　　对于随机变量 X, 如果存在一个定义在 $(-\infty, +\infty)$ 上的非负函数 $f(x)$, 使得对于任意实数 x, 总有:

$$F(x) = P\{X \leqslant x\} = \int_{-\infty}^{x} f(t)\,\mathrm{d}t, \quad -\infty < x < +\infty \tag{4.24}$$

则称 X 为连续型随机变量, $f(x)$ 为 X 的概率密度函数, 简称概率密度.

　　概率密度函数有如下性质:

(1) $\displaystyle\int_{-\infty}^{+\infty} f(x)\mathrm{d}x = 1$;

(2) 对于任意的实数 $a, b\ (a < b)$, 都有 $P\{a < X \leqslant b\} = \displaystyle\int_{a}^{b} f(x)\mathrm{d}x$;

(3) 若 $f(x)$ 在点 x 处连续, 则 $f(x) = F'(x)$;

(4) 对任意实数 a, 总有 $P\{X = a\} = 0$.

　　连续型随机变量的数学期望和方差分别定义为:

$$E(X) = \int_{-\infty}^{\infty} x f(x)\mathrm{d}x \tag{4.25}$$

$$\mathrm{var}(X) = \int_{-\infty}^{\infty} (x - \mu)^2 f(x)\mathrm{d}x \tag{4.26}$$

§4.3.2 均匀分布

均匀分布, 也称为矩形分布, 是最简单的一种连续型分布.

1. 均匀分布

若随机变量 X 的概率密度函数为:

$$f(x) = \begin{cases} \dfrac{1}{b-a}, & a \leqslant x \leqslant b \\ 0, & \text{其他} \end{cases} \tag{4.27}$$

则称 X 服从区间 $[a,b]$ 上的均匀分布, 记为 $X \sim U[a,b]$, 其分布函数为:

$$F(x) = \begin{cases} 0, & x < a \\ \dfrac{x-a}{b-a}, & a \leqslant x < b \\ 1, & x \geqslant b \end{cases} \tag{4.28}$$

均匀分布的数学期望与方差分别为:

$$E(X) = \frac{a+b}{2} \tag{4.29}$$

$$\text{var}(X) = \frac{(b-a)^2}{12} \tag{4.30}$$

2. R 中的相关函数

在 R 中, unif 表示均匀分布, 加上不同的前缀表示不同的函数, 其使用格式为:

```
dunif(x, min = 0, max = 1, log = FALSE)
punif(q, min = 0, max = 1, lower.tail = TRUE, log.p = FALSE)
qunif(p, min = 0, max = 1, lower.tail = TRUE, log.p = FALSE)
```

部分参数的名称、取值及意义如表 4.4 所示.

表 4.4　unif( ) 类函数中的参数名称、取值及意义

名称	取值及意义
x 或 q	数量或向量, 表示概率密度函数或分布函数的自变量
p	数量或向量 (在 0~1 之间), 表示分位点的概率
min	数值, 表示区间的左端点, 默认值为 0
max	数值, 表示区间的右端点, 默认值为 1

例 4.12 某设备生产出的钢板厚度在 150mm 至 200mm 之间, 且服从均匀分布, 钢板厚度在 160mm 以下为次品, 求次品的概率.

解: 用 punif() 函数计算, 程序 (程序名: exa_0412.R) 和计算结果如下:

```
> p <- punif(160, min = 150, max = 200); p
[1] 0.2
```

即次品的概率为 0.2.

§4.3.3   正态分布

最重要的连续分布当属正态分布, 它有着广泛的实际应用, 如人体的身高、体重、考试成绩、科学测量值、降水量等, 都服从正态分布. 在统计推断中, 正态分布也是非常重要的内容.

1. 正态分布

若随机变量 X 的概率密度函数为:

$$f(x) = \frac{1}{\sqrt{2\pi}\sigma} \exp\left\{-\frac{(x-\mu)^2}{2\sigma^2}\right\}, \quad -\infty < x < +\infty \tag{4.31}$$

其中 μ 和 $\sigma(\sigma > 0)$ 为两个常数, 则称 X 服从参数为 μ 和 σ^2 的正态分布, 也称为 Gauss (高斯) 分布, 记作 $X \sim N(\mu, \sigma^2)$.

若 $X \sim N(\mu, \sigma^2)$, 则

$$F(x) = \int_{-\infty}^{x} \frac{1}{\sqrt{2\pi}\sigma} e^{-\frac{(t-\mu)^2}{2\sigma^2}} \, dt, \quad -\infty < x < +\infty \tag{4.32}$$

当 $\mu = 0$, $\sigma = 1$ 时, $X \sim N(0,1)$, 则称 X 服从标准正态分布. 若 $X \sim N(\mu, \sigma^2)$, 则

$$Z = \frac{X - \mu}{\sigma} \sim N(0, 1) \tag{4.33}$$

正态分布的数学期望与方差分别为:

$$E(X) = \mu \tag{4.34}$$

$$\mathrm{var}(X) = \sigma^2 \tag{4.35}$$

也就是说, 正态分布的两个参数, 一个代表均值, 一个代表方差. 图 4.3 描绘的是不同参数的正态分布的概率密度函数图, 分别是 $\mu = 0$、$\sigma = 0.5$; $\mu = 2$、$\sigma = 0.5$ 和 $\mu = 0$、$\sigma = 1$. 从图中可以更好地理解两个参数的意义.

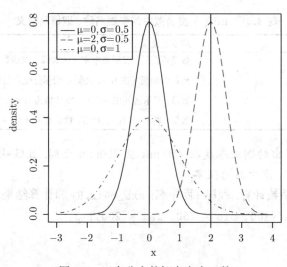

图 4.3   正态分布的概率密度函数

2. R 中的相关函数

在 R 中, 正态分布基本名称为 norm, 加上不同的前缀表示不同的函数, 其使用格式为:

```
dnorm(x, mean = 0, sd = 1, log = FALSE)
pnorm(q, mean = 0, sd = 1, lower.tail = TRUE, log.p = FALSE)
qnorm(p, mean = 0, sd = 1, lower.tail = TRUE, log.p = FALSE)
```

部分参数的名称、取值及意义如表 4.5 所示.

表 4.5 norm( ) 类函数中的参数名称、取值及意义

名称	取值及意义
mean	数值, 表示均值, 即参数 μ, 默认值为 0
sd	数值, 表示标准差, 即参数 σ, 默认值为 1

例 4.13 设 $X \sim N(\mu, \sigma^2)$, 分别计算 $P\{|X-\mu| \leqslant \sigma\}$, $P\{|X-\mu| \leqslant 2\sigma\}$ 和 $P\{|X-\mu| \leqslant 3\sigma\}$.

解: 当 $X \sim N(\mu, \sigma^2)$ 时, $Z = \dfrac{X-\mu}{\sigma} \sim N(0,1)$, 所以用标准正态分布计算即可. 调用 pnorm( ) 函数, 其程序 (程序名: exa_0413.R) 和计算结果如下:

```
> x <- 1:3; p <- pnorm(x) - pnorm(-x); p
[1] 0.6826895 0.9544997 0.9973002
```

这就是通常所说的 3σ 原则, 即在 1σ, 2σ 和 3σ 区间内的概率分别为 68.3%、95.5% 和 99.7%. 第 3 章中的 Z 得分法 (见 3.4 节) 就是按照 3σ 原则设计的.

例 4.14 某项研究表明: 居住在城市的居民每天平均产生 1.6kg 的生活垃圾. 假定居民每天产生垃圾的数量服从正态分布, 标准差为 0.47kg, 试计算 67.72% 的居民产生的生活垃圾大于多少 kg.

解: 本题本质上是计算正态分布 $X \sim N(1.6, 0.47^2)$ 在 0.677 2 处的上分位数, 这里有两种计算方法 (程序名: exa_0414.R).

```
qnorm(1 - 0.6772, mean = 1.6, sd = 0.47)
qnorm(0.6772, mean = 1.6, sd = 0.47, lower.tail = F)
```

计算结果均是 1.38kg.

3. 二项分布的正态近似

二项分布是离散分布, 当 n 较大时, 有时会遇到计算困难, 常常使用正态分布近似二项分布. 设 n 为试验次数, p 为试验成功的概率, 当 n 和 p 满足: $np \geqslant 5$、$nq \geqslant 5$ $(q = 1-p)$ 时, 二项分布的随机变量 X 近似服从正态分布, 即

$$X \sim N(np, npq) \tag{4.36}$$

例 4.15 设 $X \sim B(n, p)$, 且 $n = 10$, $p = 0.5$. (1) 试用二项分布精确计算 $P\{X \leqslant 4\}$; (2) 试用正态分布近似计算 $P\{X \leqslant 4\}$.

解: 写出计算程序 (程序名: exa_0415.R).

```
n <- 10; p <- 0.5; q <- 1 - p
p1 <- pbinom(4, size = n, prob = p); p1
p2 <- pnorm(4, mean = n*p, sd = sqrt(n*p*q)); p2
```

计算得到: p1 = 0.3769531，p2 = 0.2635446, 两者还相差挺大的.

　　这是什么原因呢? 画出二项分布的分布律和正态分布的分布函数后会发现, 这是离散分布到连续分布的转换不一致造成的, 需要根据情况增加或减少 0.5 的修正, 这一修正被称为连续性修正. 经过修正后, 基本上能保证二项分布的绝大部分信息正确地转换成正态分布的信息. 例如, 在例 4.15 中, 将正态分布的近似计算改为:

```
p3 <- pnorm(4.5, mean = n*p, sd = sqrt(n*p*q)); p3
```

计算得到: p3 = 0.3759148, 修正后, 与精确二项分布的计算结果相差就不大了.

§4.3.4　指数分布

　　指数分布也是连续分布中十分重要的分布, 它在描述完成任务所花时间方面非常有用. 例如, 指数分布的随机变量能够描述车辆到达修理厂的时间间隔, 装运一辆卡车所需要的时间等.

1. 指数分布

　　若随机变量 X 的概率密度函数为:

$$f(x) = \begin{cases} \lambda e^{-\lambda x}, & x \geqslant 0 \\ 0, & x < 0 \end{cases} \tag{4.37}$$

其中 $\lambda > 0$ 为常数, 则称 X 服从参数为 λ 的指数分布, 其分布函数为:

$$F(x) = \begin{cases} 1 - e^{-\lambda x}, & x \geqslant 0 \\ 0, & x < 0 \end{cases} \tag{4.38}$$

　　指数分布的数学期望与方差分别为:

$$E(X) = \lambda^{-1} \tag{4.39}$$

$$\text{var}(X) = \lambda^{-2} \tag{4.40}$$

　　在这里, 特别需要提到的是指数分布与 Poisson 分布的关系. Poisson 分布是确定在一个特定的时间段内事件发生的次数, 而指数分布则是描述两个事件的间隔长度. 例如, 假设在 1 小时内到达洗车店的汽车数服从 Poisson 分布, 其均值为每小时 10 辆汽车, 则车辆的间隔时间服从指数分布, 且平均间隔时间为 1/10 小时.

2. R 中的相关函数

　　在 R 中, exp 表示指数分布, 加上不同的前缀表示不同的函数, 其使用格式为:

```
dexp(x, rate = 1, log = FALSE)
pexp(q, rate = 1, lower.tail = TRUE, log.p = FALSE)
qexp(p, rate = 1, lower.tail = TRUE, log.p = FALSE)
```

参数 rate 为指数分布的参数 λ, 默认值为 1.

例 4.16　研究了英格兰在 1875—1951 年期间, 矿山发生导致不少于 10 人死亡的事故的频繁程度, 得知相继两次事故之间的时间 T(天数) 服从指数分布, 其平均值为 241 天, 求概率 $P\{50 < T \leqslant 100\}$.

解: 用 pexp() 函数计算, 其程序 (程序名: exa_0416.R) 如下.

```
p <- pexp(c(50, 100), rate = 1/241)
p[2] - p[1]
```

计算结果为 0.1522571, 即 $P\{50 < T \leqslant 100\} = 0.152$.

§4.4 统计量与抽样分布

统计量和抽样分布是统计推断中十分重要的概念. 简单地说, 统计量是样本的函数, 也是随机变量, 统计量的概率分布称为抽样分布.

§4.4.1 简单随机抽样

从总体中抽取样本的方法很多, 其中最常用的方法是简单随机抽样. 从容量 N 的总体中进行抽样, 如果容量为 n, 每一个可能的样本被抽到的可能性相等, 则抽到的样本为一个容量为 n 的简单样本.

如果一次抽 n 个, 或者每次抽 1 个, 样本不放回, 一直抽满 n 个为止, 这种抽样称为无放回抽样. 如果每次抽 1 个, 抽完后记录样本, 再将样本放回总体, 重复这个过程 n 次, 这种抽样称为有放回抽样.

在 R 中, 可以用 sample() 函数模拟抽样, 其使用格式为:

```
sample(x, size, replace = FALSE, prob = NULL)
```

参数的名称、取值及意义如表 4.6 所示.

表 4.6 sample() 函数中的参数名称、取值及意义

名称	取值及意义
x	为向量, 表示抽样的总体, 或者是正整数 n, 表示样本总体为 1:n
size	非负整数, 表示抽样的个数
replace	为逻辑变量, 表示是否为有放回抽样, 默认值为 FALSE
prob	数值向量 (在 0 ~ 1 之间), 长度与参数 x 相同, 其元素表示 x 中元素出现的概率

例如, 从 1 ~ 10 个数中间随机地抽取 3 个, 其程序和结果如下:

```
> sample(1:10, 3)
[1] 1 2 5
```

程序 sample(10, 3) 具有相同的效果.

在历史上, 有人 [如 Buffon (蒲丰)、Pearson (皮尔逊) 等人] 做过抛硬币试验, 这里用 smaple() 函数做模拟, 会使试验变得非常简单. 例如, 做 10 次抛硬币试验的程序和结果为:

```
> sample(c("H", "T"), 10, replace = TRUE)
[1] "T" "T" "H" "T" "T" "T" "T" "T" "H" "T"
```

还可以用 sample() 模拟 n 重伯努利试验, 例如:

```
> sample(c("S", "F"), 10, re = T, prob = c(0.7, 0.3))
[1] "S" "F" "S" "S" "S" "S" "S" "S" "S" "F"
```

§4.4.2 常用统计量

设 $X_1, X_2, \cdots, X_n$ 是来自总体 X 的一个容量为 n 的简单随机样本, $T(X_1, X_2, \cdots, X_n)$ 是由该样本构造的函数, 且不依赖于总体的任何参数, 则称函数 $T(X_1, X_2, \cdots, X_n)$ 为统计量.

统计量是样本的函数, 体现了样本的综合信息, 因此也称统计量为样本统计量. 因样本的随机性, 样本统计量也是随机变量.

1. 样本均值

设 $X_1, X_2, \cdots, X_n$ 是总体 X 的一个简单随机样本, 称

$$\overline{X} = \frac{1}{n} \sum_{i=1}^{n} X_i \tag{4.41}$$

为样本均值. 通常用样本均值来估计总体分布的均值和对有关总体分布均值的假设做检验.

2. 样本方差

设 $X_1, X_2, \cdots, X_n$ 是总体 X 的一个简单随机样本, $\overline{X}$ 为样本均值, 称

$$S^2 = \frac{1}{n-1} \sum_{i=1}^{n} \left(X_i - \overline{X} \right)^2 \tag{4.42}$$

为样本方差. 通常用样本方差来估计总体分布的方差和对有关总体分布均值或方差的假设做检验.

3. 样本比率

在样本的研究过程中, 有时需要知道样本比率, 而不是样本均值. 如果研究对象是一些可测量的数据, 如重量、距离、时间、收入等, 通常会选择均值作为统计量. 而研究对象是一些可计数的数据, 如有多少人喜欢某种饮料, 有多少人参与某种活动等, 则样本比率就成了重要的统计量.

样本比率由特定事件发生的频数除以样本中元素的个数, 即

$$\hat{p} = \frac{m}{n} \tag{4.43}$$

其中, m 是样本中具有给定特征元素的数量; n 是样本中元素的数量.

比率 $\hat{p}$ 有如下性质:

$$E(\hat{p}) = p \tag{4.44}$$

$$\text{var}(\hat{p}) = \frac{p(1-p)}{n} \tag{4.45}$$

其中, p 是具有给定特征的总体比率.

§4.4.3 χ^2 分布

χ^2 分布是由 Hermert (海尔墨特) 和 Pearson 分别于 1875 年和 1900 年提出来的, 它是抽样分布中的重要分布, 是正态分布的导出分布.

1. χ^2 分布

如果 $Z_i \sim N(0,1)$ $(i=1,2,\cdots,n)$, 且 Z_i 相互独立, 则称:

$$X = Z_1^2 + Z_2^2 + \cdots + Z_n^2 \tag{4.46}$$

为自由度为 n 的 χ^2 分布, 记为 $X \sim \chi^2(n)$. 如果 $Z_i \sim N(\delta,1)$, 则称 X 为非中心化的 χ^2 分布, 记 $X \sim \chi^2(n,\delta)$, 称 δ 为非中心化参数.

χ^2 分布的数学期望与方差分别为:

$$E(X) = n \tag{4.47}$$

$$\mathrm{var}(X) = 2n \tag{4.48}$$

图 4.4 描绘的是 χ^2 分布的概率密度函数在不同参数下的图形.

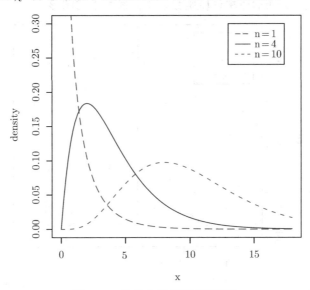

图 4.4 χ^2 分布的概率密度函数

2. R 中的相关函数

在 R 中, 用 chisq 表示 χ^2 分布, 加上不同的前缀表示不同的函数, 其使用格式如下:

```
dchisq(x, df, ncp = 0, log = FALSE)
pchisq(q, df, ncp = 0, lower.tail = TRUE, log.p = FALSE)
qchisq(p, df, ncp = 0, lower.tail = TRUE, log.p = FALSE)
```

参数 df 为自由度, ncp 为非中心化参数, 默认值为 0.

§4.4.4 t 分布

t 分布, 也称为学生氏 t 分布, 是 W. S. Gosset (高塞特) 于 1908 年在一篇以"Student"(学生) 为笔名的论文中首次提出来的, 它也是重要的抽样分布, 也可以看成正态分布的导出分布.

1. t 分布

如果随机变量 $Z \sim N(0,1)$, $X \sim \chi^2(n)$ 且 X 与 Z 相互独立, 则称

$$T = \frac{Z}{\sqrt{X/n}} \tag{4.49}$$

为自由度为 n 的 t 分布, 记为 $T \sim t(n)$. 如果 $Z \sim N(\delta,1)$, 则称 T 为非中心化 t 分布, 记为 $T \sim t(n,\delta)$, 称 δ 为非中心化参数.

t 分布的数学期望与方差分别为:

$$E(X) = 0, \qquad n \geqslant 2 \tag{4.50}$$

$$\mathrm{var}(X) = \frac{n}{n-2}, \qquad n \geqslant 3 \tag{4.51}$$

图 4.5 描绘的是 t 分布的概率密度函数在不同参数下的图形.

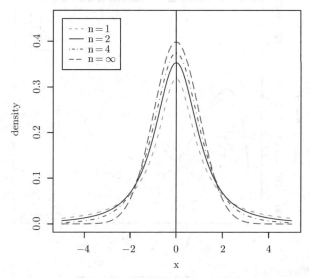

图 4.5　t 分布的概率密度函数

2. R 中的相关函数

在 R 中, 用 t 表示 t 分布, 加上不同的前缀表示不同的函数, 其使用格式如下:

```
dt(x, df, ncp = 0, log = FALSE)
pt(q, df, ncp = 0, lower.tail = TRUE, log.p = FALSE)
qt(p, df, ncp = 0, lower.tail = TRUE, log.p = FALSE)
```

参数 df 为自由度, ncp 为非中心化参数, 默认值为 0.

§4.4.5　F 分布

F 分布是统计学家 Fisher (费希尔) 首先提出来的, 它在统计分析中有广泛的应用, 如在方差分析、回归方程的显著性检验中有着重要的地位. F 分布是由 χ^2 分布导出的, 因此, 也可以看成正态分布的导出分布.

1. F 分布

如果随机变量 $X \sim \chi^2(n_1)$, $Y \sim \chi^2(n_2)$ 且相互独立, 则称

$$F = \frac{X/n_1}{Y/n_2} \tag{4.52}$$

为第一个自由度为 n_1 和第二个自由度为 n_2 的 F 分布, 记为 $F \sim F(n_1, n_2)$. 如果 $X \sim \chi^2(n_1, \delta)$, 则称 F 为非中心化 F 分布, 记为 $F \sim F(n_1, n_2; \delta)$, 称 δ 为非中心化参数.

图 4.6 描绘的是 F 分布的概率密度函数在不同参数下的图形.

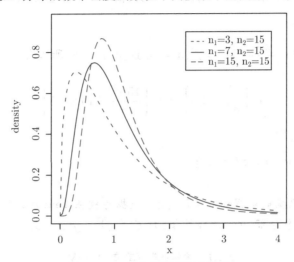

图 4.6 F 分布的概率密度函数

2. R 中的相关函数

在 R 中, 用 f 表示 F 分布, 加上不同的前缀表示不同的函数, 其使用格式如下:

```
df(x, df1, df2, ncp = 0, log = FALSE)
pf(q, df1, df2, ncp = 0, lower.tail = TRUE, log.p = FALSE)
qf(p, df1, df2, ncp = 0, lower.tail = TRUE, log.p = FALSE)
```

参数 df1 为第 1 自由度, df2 为第 2 自由度.

§4.4.6 统计量的分布

1. 单个正态总体样本均值与方差的分布

设 $X_1, X_2, \cdots, X_n$ 是来自于正态总体 $N(\mu, \sigma^2)$ 的样本, $\overline{X}$ 和 S^2 分别为样本均值和样本方差, 则有:

$$\overline{X} \sim N\left(\mu, \frac{\sigma^2}{n}\right) \tag{4.53}$$

$$\frac{(n-1)S^2}{\sigma^2} \sim \chi^2(n-1) \tag{4.54}$$

且 $\overline{X}$ 与 S^2 相互独立. 由 t 分布的性质, 得到:

$$\frac{\overline{X} - \mu}{S/\sqrt{n}} \sim t(n-1) \tag{4.55}$$

例 4.17　在总体 $N(80, 20^2)$ 中随机抽取一个容量为 100 的样本, 求样本均值与总体均值的差的绝对值大于 3 的概率.

解: 对于样本均值有 $\overline{X} \sim N\left(\mu, \dfrac{\sigma^2}{n}\right)$ 得到 $\overline{X} - \mu \sim N\left(0, \dfrac{\sigma^2}{n}\right)$. 这里 $\sigma^2 = 400$, $n = 100$, $\sigma^2/n = 4$. 使用 R 计算:

```
> p <- 1 - pnorm(3, 0, 2) + pnorm(-3, 0, 2); p
[1] 0.1336144
```

例 4.18　在总体 $N(\mu, \sigma^2)$(μ 和 σ^2 未知) 中随机抽取一个容量为 16 的样本, S^2 为样本方差, 求 $P\left\{\dfrac{S^2}{\sigma^2} \leqslant 1.5\right\}$.

解: 由式 (4.54) 知, $\dfrac{(n-1)S^2}{\sigma^2} \sim \chi^2(n-1)$, 这里 $n = 16$, 所以有:

$$P\left\{\frac{S^2}{\sigma^2} \leqslant 1.5\right\} = P\left\{\frac{15S^2}{\sigma^2} \leqslant 15 \times 1.5\right\}$$

使用 R 计算

```
> pchisq(q = 15*1.5, df = 15)
[1] 0.9046518
```

例 4.19　某台仪器测量的数据如表 4.7 所示 (数据存放在 measure.data 数据文件中). 假设数据的总体服从正态分布, μ 为总体均值, 计算 $P\{|\overline{X} - \mu| > 0.5\}$.

表 4.7　测量数据 (单位: 10mV)

0.2	0.0	−1.1	−0.1	−1.5	−0.5	−1.9	−1.3	−0.4	2.0
−2.3	0.5	0.7	−2.1	−0.6	−0.4	2.4	1.5	1.6	0.6
−2.4	−0.8	1.2	−0.3	2.5	1.1	0.5	−0.1	0.7	

解: 由式 (4.55) 知, $T = \dfrac{\overline{X} - \mu}{S/\sqrt{n}} \sim t(n-1)$, 令 $t = \dfrac{0.5}{S/\sqrt{n}}$, 所以:

$$P\left\{|\overline{X} - \mu| > 0.5\right\} = P\left\{|T| > t\right\}$$
$$= P\{T \leqslant -t\} + 1 - P\{T \leqslant t\}$$

读取数据, 使用 t 分布计算, 程序 (程序名: exa_0419.R) 如下:

```
X <- scan("measure.data")
n <- length(X); S <- sd(X); t <- 0.5/(S/sqrt(n))
pt(-t, df = n-1) + 1 - pt(t, df = n-1)
```

计算结果为 0.0564038.

2. 样本比率的分布

如果选择 $\hat{p} = \dfrac{m}{n}$ 作为样本中具有给定特征元素的比率, 当样本量较大时, 即满足 $np \geqslant 5$ 和 $nq \geqslant 5$($q = 1 - p$), $\hat{p}$ 近似服从均值为 p, 方差为 pq/n 正态分布, 即

$$\hat{p} \sim N\left(p, \frac{pq}{n}\right) \tag{4.56}$$

例 4.20   假定某统计人员在其填写的报表中至少会有一处错误的概率为 0.02, 如果抽查了 600 份报表, 其中至少有一处错误报表所在比例在 0.025 ∼ 0.70 之间的概率有多大?

解: 在这里 $p = 0.02$、$n = 600$, 满足 $np \geqslant 5$ 和 $nq \geqslant 5$. 因此, 用正态分布近似计算.

```
n <- 600; p <- 0.02; q <- 1 - p; phat <- c(0.025, 0.07)
pr <- pnorm(phat, mean = p, sd = sqrt(p*q/n))
pr[2] - pr[1]
```

概率为 0.190 8.

§4.5 R 中内置的分布函数

表 4.8 列出了 R 中的内置函数, 用于计算各种标准分布的分布函数、概率密度函数, 以及分位数等.

表 4.8   分布函数

分布名称	R 中的名称	附加参数
β 分布	beta	shape1, shape2, ncp
二项分布	binom	size, prob
Cauchy 分布	cauchy	location, scale
χ^2 分布	chisq	df, ncp
指数分布	exp	rate
F 分布	f	df1, df2, ncp
Γ 分布	gamma	shape, scale
几何分布	geom	prob
超几何分布	hyper	m, n, k
对数正态分布	lnorm	meanlog, sdlog
logistic 分布	logis	location, scale
负二项分布	nbinom	size, prob
正态分布	norm	mean, sd
Poisson 分布	pois	lambda
t 分布	t	df, ncp
均匀分布	unif	min, max
Weibull 分布	weibull	shape, scale
Wilcoxon 分布	wilcox	m, n

在这些函数中, 加上不同的前缀表示不同的函数. 加 d 表示概率密度函数, 加 p 表示分布函数, 加 q 表示分位函数. 函数使用方法与前面介绍的函数类似.

§4.6 案 例 分 析

本节选取 3 个实际案例进行分析, 并借用 R 软件完成相关的计算.

§4.6.1 HAMILTON 县的法官

本例摘自 David R. Anderson, Dennis J. Sweeney & Thomas A.Willaims 所著的《商务与经济统计 (第 8 版)》(王峰, 等, 译. 北京: 中信出版社, 2003.9).

1. 背景介绍

Hamilton 县的法官每年要处理几千个案件. 对于绝大多数案件, 其裁决不会改动. 但也有一些案件提出上述, 并且确实有一些上诉的裁决被推翻.《辛辛那提调查》(The Cincinnati Enquirer) 的 Kristen DelGuzzi 对 Hamilton 县的法官在 1994—1996 年中处理的案件进行了研究 (The Cincinnati Enquirer, January 11, 1998). 表 4.9 显示由普通诉讼、民事庭和地方庭的 38 位法官处理过的 182 908 个案件的部分结果 [①]. 有两位法官 (Dinkelacker 和 Hogen) 3 年从未在同一法庭共过事.

表 4.9 1994—1996 年处理的案件和被上诉、推翻的案件数

法官	处理案件的总数	被上诉的案件数	被推翻的案件数	法庭类型
Fred Cartolano	3 037	137	12	普通庭
Thomas Crush	3 372	119	10	普通庭
⋮	⋮	⋮	⋮	
Penelope Cunningham	2 729	7	1	民事庭
Patrick Dinkelacker	6 001	19	4	民事庭
⋮	⋮	⋮	⋮	
Mike Allen	6 149	43	4	地方庭
Nadine Allen	7 812	34	6	地方庭
⋮	⋮	⋮	⋮	

该报纸研究的目的是评估法官们的表现. 上诉往往是法官错误判决的结果, 而该报想要知道的是哪些法官工作得更好, 哪些法官常犯错误. 在该案例中, 要求你帮助分析数据, 并利用你掌握的概率知识帮助对法官进行评定. 你还需要分析在不同法庭处理过的案件被上诉和推翻原判的可能性.

2. 问题讨论

准备一份评定法官的报告, 包括对在 3 个法庭处理过的案件被上诉和推翻原判可能性的分析. 你的报告至少应包括以下内容:

(1) 3 个法庭处理过的案件被上诉和推翻原判的概率;

(2) 每个法官处理过的案件被上诉和被推翻的概率;

(3) 排列每个法官的名次, 写出你使用的标准并说明你选择该标准的理由.

3. 问题求解及结果分析 [①]

(1) 3 个法庭处理过的案件被上诉和推翻原判的概率. 按照相对频率法计算概率, 即案件被上诉或推翻原判的次数除以总的案件数计算概率, 其计算结果如下:

---

①全部数据存放在Judge.csv文件中.
①求解过程保存在Judge.R的程序文件中.

	被上诉案件的概率(‰)	被推翻案件的概率(‰)
民事庭	3.48	0.56
地方庭	4.61	0.96
普通诉讼庭	40.10	4.53

(2) 在考虑每个法官处理过的案件被上诉和被推翻的概率时, 仍然按相对频率计算概率, 并按照被推翻案件的概率和被上诉案件的概率 (由低到高) 排序.

	被上诉案件的概率(‰)	被推翻案件的概率(‰)
Karla Grady	1.14	0.00
Deidra Hair	1.97	0.00
Ronald Panioto	2.47	0.23
Beth Mattingly	4.38	0.34
James Patrick Kenney	2.14	0.36
Penelope Cunningham	2.57	0.37
Dennis Helmick	3.67	0.63
David Davis	5.56	0.65
Mike Allen	6.99	0.65
John A. West	1.43	0.72
David Stockdale	4.10	0.74
Timothy Black	5.15	0.75
Nadine Allen	4.35	0.77
Melba Marsh	4.14	0.85
Deborah Gaines	5.46	1.02
William Mallory	4.59	1.09
Mark Schweikert	6.11	1.11
Mark Painter	3.13	1.34
Patrick Dinkelacker	8.68	1.65
Jack Rosen	5.26	1.67
Joseph Luebbers	5.32	1.70
Albert Mestemaker	5.63	1.81
Ralph Winkler	28.49	1.94
Thomas Nurre	40.33	2.00
Timothy Hogan	17.13	2.11
Robert Kraft	40.47	2.23
Leslie Isaiah Gaines	6.63	2.46
Thomas Crush	35.29	2.97
Fred Cartolano	45.11	3.95
John O'Connor	43.45	4.04
Ann Marie Tracey	40.43	4.14
Arthur Ney Jr.	38.83	4.35

Richard Niehaus	40.86	4.77
Robert Ruehlman	45.24	5.62
Norbert Nadel	44.27	6.76
William Morrissey	39.91	7.26
William Mathews	40.19	7.95
J. Howard Sundermann Jr	62.83	10.47

(3) 排列每名法官名次的标准, 是按照被推翻案件的概率排序. 因为被推翻案件说明原判决可能有错, 所以这项指标更重要. 在同等条件下, 再考虑被上诉案件的概率, 因为上述案件不一定是判错, 但至少有争议.

上面的结果就是按此方法排序的, 因此, 上面的结果也就是法官们的排名 (由好到差).

§4.6.2   富士胶片引入 APS

本例摘自 Ken Black, David L. Eldredge 所著的《以 Excel 为决策工具的商务与经济统计》(张久琴, 等, 译. 北京: 机械工业出版社, 2003.9).

1. 背景介绍

在 20 世纪 90 年代早期, 富士 (美国) 相片胶片公司与它的 4 个竞争者共同创建了先进的照相系统 (APS), 这个被视为自 35mm 的技术被研制出后, 在胶片工业上的又一重大发展. 在 1996 年 2 月, 24mm 的新系统又被研制出来, 该系统可以使相片更加清晰, 图像更加逼真. 但在该年末, 由于缺少沟通, 加之该产品供应有限, 惹怒了零售商, 阻碍了消费者的扩大, 广告几乎消失. 由于该产品由 5 个行业竞争者共同开发, 这些公司签订了一项秘密协议, 除公司的管理层外, 外界甚至包括公司的销售团队, 都不会知道有关该产品的细节, 直到每一个公司都在同一天推出 APS 产品为止. 当该产品真正被推出时, 这些公司对该产品没有向零售商做出任何说明, 实际上, 该产品的销售代表都没有经过培训, 以至于他们不能演示并解释该产品的特点, 对该产品的需求被大大低估了. 幸好, 富士公司采取了"诚实是最好的政策"的姿态, 并向零售商及其他顾客解释了发生的事情, 请求大家耐心等待. 另外, 富士公司加大了研究力度, 以更好地进行市场定位并了解市场需求. 到了 1997 年, 富士公司增加了产量以满足市场需求, 并加大了市场推广活动, APS 产品正向成功迈进. 到 1998 年, APS 相机已占领了傻瓜相机 20% 的市场份额, 估计到 2000 年该数字会超过 40%.

2. 问题讨论

假设你是富士工作小组的一员, 你的任务是调查市场份额、客户认可度、顾客投诉及新产品成功的原因.

(1) 如上所述, 到 1998 年, APS 相机占领傻瓜相机 20% 的市场份额, 估计到 2000 年该数字会超过 40%. 假设从傻瓜相机市场随机抽取 30 位顾客, 如果市场份额确实为 0.4, 拥有傻瓜的顾客购买 APS 相机的数字估计会有多少? 有 6 人或少于 6 人购买 APS 相机的概率是多少? 假设在 30 个样本中你得出购买 APS 相机的顾客实际上为 6 人或更少. 根据刚刚计算出的概率, 是否有足够的证据使你相信该市场份额不是 40%, 为什么?

(2) 假设顾客对 24mm 胶片的投诉服从 Poisson 分布, 在出售的 10 万个胶卷中平均投诉率为 2.4. 进一步假设, 富士公司还遇到了发货延迟的问题, 在一批 10 万个胶卷中有 7 名顾客投诉. 假设对管理层来说, 平均投诉率的增加是不可接受的, 是否有足够的证据使管理层相信平均投诉率在增加, 或者将这视为经常发生的随机事件? 对本题使用 Poisson 分布进行分析, 并讨论对本题的意义.

(3) 对 52 个新上市产品的研究发现, 将收益增加作为主要目标比那些以提高顾客满意度或开发新市场如 APS 系统为主要目标的公司更有可能失败. 假设在 52 个投入市场的产品中, 有 34 个以收益为主要目标, 其他的以顾客满意度及开发新市场为主要目标. 假设这些产品中有 10 个是成功的 (其余的都失败了), 7 个产品是以增加顾客满意度或开发新市场为目标而推向市场的. 该情况随机发生的概率是多少? 关于主要目标重要性的基本假定的概率说明了什么?

3. 问题求解及结果分析 [①]

(1) 关于市场占有率的问题, 需要按照二项分布计算. 如果某位顾客拥有 APS 相机, 则看作成功. 因此, APS 相机占领傻瓜相机的市场占有率作为成功的概率 p, 从傻瓜相机市场随机抽取的顾客数为试验的次数 n. 二项分布的数学期望为 np. 因此, 如果 2000 年 APS 傻瓜相机的市场占有率是 40% 的话, 随机抽取 30 位顾客, 平均有 12 名顾客拥有 APS 相机.

在这种情况下, 有 6 人或少于 6 人购买 APS 相机的概率实际上是计算随机变量 $X \sim B(n,p)$ 中的 $P\{X \leqslant 6\}$, 其中 $n = 30$、$p = 0.4$, 这个值是 0.017 18, 可以认为这是一个小概率事件. 因此, 从这种观点来看, 我们无法相信 APS 相机的市场份额超过或达到 40%.

(2) 顾客投诉问题可以看作稀有事件, 可以用 Poisson 分布计算. 将平均投诉率看成参数 λ, 这里 $\lambda = 2.4$. 在一批 10 万个胶卷中有 7 名顾客投诉的概率, 本质上是计算大于等于 7 名顾客投诉的概率, 即

$$P\{X \geqslant 7\} = 1 - P\{X \leqslant 6\} = 0.011\ 594\ 08$$

这也是小概率事件, 因此, 也是不经常发生的. 因此, "10 万个胶卷中的平均投诉率为 2.4" 这一断言是不可取的, 其实际平均投诉率可能远远高于 2.4/10 万.

(3) 新产品上市问题可以使用超几何分布. 将新上市产品数看成容量 N, 这里 $N = 52$. 以收益增加作为主要目标的产品数看成成功的元素个数 r, 这里 $r = 10 - 7 = 3$. 以收益为主要目标的产品看成 n 次无放回试验, 这里 $n = 34$. 该问题是计算以收益增加作为主要目标成功的产品小于等于 3 的概率, 即计算 $P\{X \leqslant 3\}$, 这个概率值是 0.013 70. 它说明, 以收益增加作为主要目标比那些以提高顾客满意度或开发新市场为主要目标的公司更有可能失败的结论是可靠的.

§4.6.3 奔驰追求年轻客户

本例摘自 Ken Black, David L. Eldredge 所著的《以 Excel 为决策工具的商务与经济统计》(张久琴, 等, 译. 北京: 机械工业出版社, 2003.9).

1. 背景介绍

奔驰和宝马 30 多年来一直在豪华车市场上就市场份额进行着激烈的竞争. 1959 年, 宝马公司几乎倒闭, 差点将其卖给奔驰汽车生产商戴姆斯勒——奔驰. 之后宝马复兴, 在 1992 年, 它的全世界销量超过了奔驰. 宝马成功的原因是在它进行比前期更豪华车型销售的同时,

①求解过程保存在APS.R的程序文件中.

它也关注消费者对质量的要求和对环境应负的责任, 尤其是因为宝马将它的销售市场定位于年轻人, 而奔驰则有一个更成年化的客户群.

为应对宝马的成功, 奔驰公司一直致力于将产品推向市场, 努力改变他们的形象以此来吸引那些关注汽车外观和性能的年轻人. 奔驰有几款车是专门设计以将消费者从宝马吸引过来的. 奔驰尤其希望他们的 CLK 将购买宝马 328is 的消费者吸引过来. 然而最近的一位汽车专家说, 奔驰仍关注汽车的豪华性和舒适性, 而宝马仍关注其性能和驱动力. 1998 年年中, CLK 的价格是 39 850 美元, 与之相对应的 328is 的价格是 34 745 美元. CLK 在城市里程油耗量是每加仑 20 英里 (1 英里 =1.609 344 千米, 1 加仑 =4.546 092 升), 在公路上是每加仑 27 英里; 与之对应的 328is, 在城市是每加仑 18 英里, 在公路上是每加仑 26 英里.

2. 问题讨论

(1) 假定奔驰认为 CLK 的经销商的价格是连续的, 并且平均价格是 39 850 美元时, 价格实际上是服从正态分布的, 其标准差是 2 005 美元. 同时假定奔驰认为在价格为 42 000 美元时, CLK 的价格就会偏离宝马 328is 的市场价格. 问: 多少比例的经销商的价格高于 42 000 美元? 假定这里价格是服从正态分布的, 标准差是 1 780 美元. 问: 有多少比例的宝马经销商在给 328is 定价时高于 CLK 的平均价格? 有多少奔驰的经销商在给 CLK 定价时会低于 328is 的平均价格? 假定一个经销商以 37 059 美元的价格销售 328is 车, 则有多少比例的奔驰经销商在给 CLK 定价时会低于这个价位? 价位上 CLK 与 328is 构成竞争, 从 CLK 角度看, 这些数据告诉你了什么?

(2) 假定各种 CLK 车的公路里程油耗 (司机在驾车经验方面也有差异) 在 20~34 英里/加仑范围内服从均匀分布. 有多少比例的车在 25~30 英里/加仑的里程油耗之内? 假定各种 328is 车的里程油耗在 21~31 英里/加仑范围内服从均匀分布, 则有多少比例的 328is 车在 25~30 英里/加仑的范围内? 这一数据与 CLK 相比如何? 意味着什么? 假定这些数据是真实的, 奔驰想要在节约燃料的基础上吸引那些关注环境问题的顾客, 根据这些数据, 计算一下里程油耗为 30 或大于 30 英里/加仑的车的比例, 并比较其结果.

(3) 假定一个经销商每 3 个小时 (在每天样品陈列的 12 小时之内) 平均卖出 1.37 辆 CLK, 这一销售服从 Poisson 分布. 以这一信息为基础, 研究不同的销售至少需要间隔 1 小时的概率是多少? 一辆车销售后, 在下一次销售前所需时间多于 1 天 (每天 12 小时) 的概率是多少? 有这样的信息, 销售经理可以做些什么? 在人员配备方面, 它有何帮助?

3. 问题求解及结果分析 [①]

(1) 销售价格看成是连续的, 且服从正态分布, 其中均值为 39 850 美元, 标准差为 2 005 美元, 计算价格高于 42 000 美元的概率. 这个概率值是 0.141 8, 即大约 14% 的经销商的价格高于 42 000 美元.

如果 328is 的价格服从正态分布, 且均值为 34 745 美元, 标准差是 1 780 美元. 仅有 0.209 9% 的宝马经销商在给 328is 定价时高于 CLK 的平均价格. 仅有 0.551 7% 的奔驰的经销商在给 CLK 定价时会低于 328is 的平均价格.

假定一个经销商以 37 059 美元的价格销售 328is 车, 仅有 8.20% 的奔驰经销商在给 CLK 定价时会低于这个价位.

---

① 求解过程保存在 Benz.R 的程序文件中.

在价位上, CLK 与 328is 不构成竞争, 因为从上述数据来看, 在价格方面, CLK 的定价明显高于 328is.

(2) 假定各种 CLK 车的公路里程油耗在 20~34 英里/加仑范围内服从均匀分布, 那么有 35.71% 的车在 25~30 英里/加仑的里程油耗之内.

假定各种 328is 车的里程油耗在 21~31 英里/加仑范围内服从均匀分布, 则有 50% 的 328is 车在 25~30 英里/加仑的范围内. 这一数据比 CLK 多出 14.29%, 这意味着 328is 的耗油量比 CLK 低. 进一步说明这一点, 计算油耗为 30 或大于 30 英里/加仑的车的比例, 328is 车占 10%, CLK 车占 28.57%, 两者相差 18.57%.

(3) 假定一个经销商每 3 个小时平均卖出 1.37 辆 CLK, 这一销售服从 Poisson 分布. 因此, 可以计算不同销售至少需要一段时间的概率. 例如, 两次销售至少需要 1 小时的概率为 0.633 4, 至少需要一天 (12 小时) 的概率是 0.004 169. 表 4.10 列出了两次销售至少需要时间的概率.

表 4.10　不同销售至少需要一段时间的概率

时间 (h)	概率	时间 (h)	概率
0.5	0.795 9	6.0	0.064 6
1.0	0.633 4	9.0	0.016 4
2.0	0.401 2	12.0	0.004 2
3.0	0.254 1		

有这样的信息, 销售经理可以在人员配备方面做一些调整, 例如, 上午可多安排一些销售人员, 因为 3 个小时之内可售出一辆车的概率大约是 3/4. 下午 (尤其是快下班的时间) 可少安排一些, 因为 1 个小时之内的有车销售的概率是 0.366 3.

本章小结

- 计数法则: 多步骤试验与 expand.grid() 和 prod() 函数, 组合与 choose() 和 combn() 函数.
- 分配概率的方法: 古典概型法、事件发生的相对频数法和主观概率法, 以及使用 prod() 函数、choose() 函数、table() 函数和 prop.table() 函数计算概率.
- 离散型随机变量及其分布: 二项分布 —— dbinom()、pbinom() 和 qbinom() 函数. Poisson 分布 —— dpois()、ppois() 和 qpois() 函数. 超几何分布 —— dhyper()、phyper() 和 qhyper() 函数.
- 连续型随机变量及其分布: 均匀分布 —— dunif()、punif() 和 qunif() 函数. 正态分布 —— dnorm()、pnorm() 和 qnorm() 函数. 指数分布 —— dexp()、pexp() 和 qexp() 函数.
- 样本统计量: 样本均值 —— mean() 函数, 样本方差 —— var() 函数.
- 重要的统计量及分布: χ^2 分布 —— dchisq()、qchisq() 和 qchisq() 函数. t 分布 —— dt()、pt() 和 qt() 函数. F 分布 —— df()、pf() 和 qf() 函数.

习 题

1. 如果有 6 个零件, 分别标记为 A、B、C、D、E 和 F, 从 6 个零件中任意地选取 3 个, 试列出全部的试验结果.

2. 中国体育彩票超级大乐透的玩法是 "35 选 5 加 12 选 2", 即在 01~35 的号码中, 选取 5 个号码为前区号码, 再从 01 ~ 12 的号码中选取 2 个号码为后区号码, 组合为一注进行单式投注. 这种玩法的组合共有多少个?

如果前区号码中的 5 个数中猜对 m 个, 后区号码中的 2 个数中猜对 n 个, 简记为 "$m+n$". 设 "$5+2$" 为一等奖, "$5+1$" 为二等奖, "$5+0$" 或 "$4+2$" 为三等奖, "$4+1$" 或 "$3+2$" 为四等奖, "$4+0$" "$3+1$" 或 "$2+2$" 为五等奖, "$3+0$" "$1+2$" "$2+1$" 或 "$0+2$" 为六等奖, 试计算获奖各等级的概率.

3. 一次投掷 3 个骰子, 出现点数的和在 3~18 之间, 试计算出现各点数的概率.

4. 某咨询机构每小时接到的咨询电话的电话数在 0~5 之间, 相应的概率分布如表 4.11 所示. 计算咨询电话数的数学期望与方差.

表 4.11　接到咨询电话的分布律

服务电话数	概率	服务电话数	概率
0	0.10	3	0.20
1	0.15	4	0.15
2	0.30	5	0.10

5. 通过对学生成绩的统计, 高等数学课程的不及格率为 20%. 现随机地抽查了学习该课程的 20 名学生, 试计算: (1) 有 2 名或 2 名以下学生不及格的概率是多少? (2) 恰好有 4 名学生不及格的概率是多少? (3) 超过 3 名学生不及格的概率是多少? (4) 不及格人数的数学期望和方差是多少?

6. 设某机场每天有 200 架飞机在此降落, 任意一飞机在某时刻降落的概率为 0.02, 且设各飞机降落是相互独立的. 试问该机场需配备多少条跑道, 才能保证某一时刻飞机需立即降落而没有空闲跑道的概率小于 0.01 (每条跑道只能允许一架飞机降落)?

7. 一次投掷两枚硬币, 若同时出现正面朝上, 则赢 1.00 元, 否则输 0.25 元. 某人玩此游戏 100 回, 求他恰好不输不赢的概率.

8. 某航空公司机票预订处平均每小时打进 48 个电话, 假设打进电话数服从 Poisson 分布. (1) 计算在 5 分钟内接到 3 个以下 (含 3 个) 电话的概率; (2) 计算在 15 分钟内恰好接到 10 个电话的概率; (3) 假设目前电话在线, 且接听时间需要 5 分钟, 在这段时间内你期望有多少个电话处于等待中? 无人等待的概率是多少? (4) 如果目前没有电话需要处理, 话务员能够休息 3 分钟而不被电话打扰的概率是多少?

9. 某饭店经理希望用统计的方法预测顾客数. 他首先收集数据, 指定一名服务员连续三周统计每周六晚 7 时至 8 时每 5 分钟内到达饭店的顾客数, 如表 4.12 所示 (数据存放在 `restaurant.data` 文件中). 经理用连续 3 周的数据作为统计分析参数 λ 的基础, 此时 λ 的值应是多少? 如果顾客到达饭店的人数服从 Poisson 分布, 用经理得到的 λ 值预测周六晚 7 时至 8 时的下列问题: (1) 5 分钟内没有顾客到达的概率; (2) 5 分钟内有 6 名或 6 名以上顾客到达的概率; (3) 10 分钟内有 4 名以下 (含 4 名) 顾客到达的概率; (4) 10 分钟内有 3 ~ 6

名 (包括 3 和 6) 顾客到达的概率; (5) 15 分钟内恰好有 8 名顾客到达的概率.

10. 在一批 10 件货物中有 2 件次品, 8 件正品. 在检查货物时, 选择样本对其测试, 如果在样本中发现次品, 则这批货物全部退回. (1) 如果选择 3 件货物作为样本, 那么这批货物被拒收的概率是多少? (2) 如果选择 4 件货物作为样本, 那么这批货物被拒收的概率是多少? (3) 如果选择 5 件货物作为样本, 那么这批货物被拒收的概率是多少? (4) 如果管理者需要以 0.9 的概率拒收这批货物, 你建议应选择多大的样本?

表 4.12　周六晚 7 时至 8 时每 5 分钟内到达饭店的顾客数

第一周		第二周		第三周	
3	1	1	5	5	7
6	5	2	4	3	3
4	1	4	2	5	4
6	0	0	5	3	8
2	3	2	3	5	1
3	3	6	4	4	3

11. 某袋内有 20 颗珠子, 其中 4 颗红色, 16 颗白色. 若从袋子中随机地选取 5 颗, 试计算: (1) 恰好取到 4 颗白色珠子的概率; (2) 恰好取到 4 颗红色珠子的概率.

12. 某航空公司宣称, 某两地的飞行时间为 2 小时 5 分. 假设实际飞行时间服从 2 小时 0 分至 2 小时 20 分的均匀分布. 计算 (1) 飞行时间晚点不超过 5 分钟的概率; (2) 飞行时间晚点不超过 10 分钟的概率; (3) 飞行时间的期望值是多少?

13. 学校评估测验是一种用于测试个人为上大学所做准备的考试. 已知测试得分服从均值为 500 分, 标准差为 100 的正态分布. 试计算: (1) 参加评估测验的人得分低于 350 分的比例; (2) 确定所有分数中最低的 10%.

14. 设某城市男子的身高服从均值为 168 cm, 标准差为 6 cm 的正态分布. 求: (1) 该市男子身高在 170 cm 以上的概率; (2) 为了使 99% 以上的男子上公共汽车不至于在车门上沿碰头, 当地的公共汽车门框应设计多高?

15. 某单位招聘 2 500 人, 按考试成绩从高分到低分依次录用, 共有 10 000 人报名, 假设报名者的成绩服从正态分布, 已知 90 分以上有 359 人, 60 分以下有 1 151 人, 问被录用者中最低分为多少?

16. 假设随机变量 X 服从二项分布 $X \sim B(n, p)$, 其中 $n = 20$、$p = 0.5$. (1) 使用二项分布精确计算 $P\{4 \leqslant X \leqslant 6\}$; (2) 使用正态分布近似计算 $P\{4 \leqslant X \leqslant 6\}$, 且在计算中使用连续修正.

17. 某品牌洗衣机在出现大故障前的平均寿命为 6 年, 且服从指数分布. 计算该品牌洗衣机使用 3 年还未出现大故障的概率. 洗衣机厂商希望在保修期内出现大故障的概率不超 80%, 问保修期最长设置为多少年?

18. 设顾客在某银行的窗口等待的时间服从指数分布, 且平均等待时间为 5 分钟. 某顾客在窗口等待服务, 若超过 10 分钟, 他就离开. 他一个月要到银行 5 次, 求他至少一次没有得到服务的概率.

19. 使用 sample() 函数模拟一次投掷一枚骰子的情况, 共投掷 100 次, 计算各点数出现的频数.

20. 模拟一次投掷 3 枚骰子的情况, 共投掷 100 次, 计算 3 枚骰子的点数和 (3 ~ 18 之间) 频数.

21. 某位病人因为担心她的血压而去看医生. 如果收缩压超过 150mm 汞柱, 则认为该病人患有高血压. 问题是人的血压在一天内是变化的. (1) 如果某人的收缩压服从均值为 160mm, 标准差为 20mm 汞柱的正态分布, 该病人每天测量一次血压, 没能检测出她患有高血压的概率是多少? (2) 如果在一天的不同时间测量 5 次血压, 且平均值小于 150, 因此没能显示出该病人有高血压的概率是多少? (3) 要使这位病人没有检测出患有高血压的概率小于 1%, 需要做多少次测量?

22. 设 $X_1, X_2, \cdots, X_{10}$ 是来自总体 $N(0, 0.3^2)$ 的样本, 求 $P\left\{\sum\limits_{i=1}^{10} X_i^2 > 1.44\right\}$.

23. 设在总体 $N(\mu, \sigma^2)$ 中抽取一容量为 n 的样本, 这里 μ 和 σ^2 均为未知. 当 $n = 16$ 时, 求 $P\left\{S^2/\sigma^2 \leqslant 2.04\right\}$.

24. 已知以下 10 个数据来自正态总体.

| 12.8372 | 6.6721 | 15.6267 | 16.4384 | 9.2676 |
| 20.9546 | 20.9458 | 14.8118 | 16.6365 | 15.8732 |

设 $\overline{X}$ 为样本均值, μ 为总体均值, 求 $P\{|\overline{X} - \mu| > 2.85\}$.

25. 某公司经理认为: 在公司收到的订单中有 30% 的订单来自新客户. 目前收到了 100 份订单, 如果经理的看法是正确的, 那么新客户订单的比例在 0.25 ~ 0.35 之间的概率是多少?

第5章 参数估计与假设检验

航空乘客是否更偏爱靠窗户的座位?

对于乘坐飞机的人们来说, 有人喜欢靠窗户的座位, 因为便于观看外面的风景; 有人喜欢靠过道的座位, 因为便于活动. 某航空公司打算研究经常乘坐该公司的旅客的座位情况, 以便更好地为旅客提供服务.

记录表明, 某位旅客在 2015 年度共乘坐了 10 次飞机, 他选择靠窗户的座位共有 4 次, 请问该乘客是否更偏爱靠窗户的座位?

如果航空公司有大量的此类记录, 那么他们如何通过这些记录研究旅客对于座位的偏好?

这个问题正好是推断总体的两个方面: 估计未知参数值, 或者是对参数进行某种判断, 这也正是本章涉及的内容.

本章要点

- 参数估计的基本概念与方法 —— 点估计与区间估计.
- 正态总体的参数检验 ——Z 检验、T 检验和 F 检验.
- 非正态总体的参数检验 —— 精确二项检验和近似二项检验.

统计推断利用样本信息对总体的参数或总体的性态进行估计. 参数估计与假设检验利用样本对总体的参数做出估计和检验, 是一个问题的两个方面.

§5.1 参数估计的基本原理

参数估计是统计推断的重要内容之一, 它在抽样及抽样分布的基础上根据样本统计量来推断所关心的总体参数.

在很多时候, 人们只知道某个随机变量属于什么分布, 但并不知道分布的确切参数. 例如, 可以假设某城市人均年收入服从正态分布 $N(\mu, \sigma^2)$, 但并不知道均值 μ 和方差 σ^2 的两个参数. 又如, 假定某城市在单位时间 (譬如一个月) 内交通事故发生次数服从 Poisson 分布 $P(\lambda)$, 其中的参数 λ 也是未知的.

参数估计是用样本统计量去估计总体的参数值. 例如, 用样本均值 $\overline{X}$ 估计总体均值 μ, 用样本方差 S^2 估计总体的方差 σ^2. 如果将总体的参数用 θ 来表示, 而用于估计总体的统计量用 $\hat{\theta}$ 表示, 参数估计也就是如何用 $\hat{\theta}$ 来估计 θ.

关于参数估计的方法有两类: 一类是点估计; 另一类是区间估计.

根据总体参数 θ 与样本统计量 $\hat{\theta}$ 之间的内在联系, 直接用样本统计量 $\hat{\theta}$ 的某个值作为总体参数 θ 的估计值的估计方法, 称为点估计方法. 因此, 上述用样本均值估计总体均值, 用样本方差估计总体方差的方法就属于点估计方法.

点估计不考虑估计误差的大小, 故不需要确定估计量的概率分布, 其主要作用是寻找参数的最佳估计量. 点估计的方法有很多, 有矩估计法、极大似然估计法和最小二乘方法等.

点估计的优点是方便、直观, 能够明确地告诉人们"未知参数大致是多少". 其缺点是没有提供关于估计精度的信息, 不能反映出估计的可信程度.

区间估计用两个统计量所构成的区间来估计一个未知的参数, 同时指明此区间可以覆盖住这个参数的可靠程度. 例如, 如果存在 $\widehat{\theta}_1$ 和 $\widehat{\theta}_2$ 满足:

$$P\left\{\widehat{\theta}_1 \leqslant \theta \leqslant \widehat{\theta}_2\right\} = 1 - \alpha \tag{5.1}$$

其中 $\alpha \in (0,1)$, 则 $[\widehat{\theta}_1, \widehat{\theta}_2]$ 就是参数 θ 的一个区间估计, 式中的 $1 - \alpha$ 是覆盖参数 θ 的可靠程度.

由式 (5.1) 可以看出, 区间估计虽然给出了覆盖参数的可靠程度, 但不能直接地告诉人们"未知参数具体是多少"这一明确的概念.

§5.2   点估计方法

下面介绍最经典的点估计方法 —— 矩估计法和极大似然估计法.

§5.2.1   矩估计法

矩估计法是由英国统计学家 K. 皮尔逊在 20 世纪初提出来的, 它的中心思想就是用样本矩去估计总体矩.

1. 总体矩与样本矩

设随机变量 X 有分布函数 $F(x;\theta)$, 其中 $\theta = (\theta_1, \theta_2, \cdots, \theta_m)^T$ 为未知参数. 对任意给定的正整数 k, 若 $E(|X|^k)$ 存在, 则称

$$\alpha_k(\theta) = E(X^k) = \int_{-\infty}^{\infty} x^k \mathrm{d}F(x;\theta) \tag{5.2}$$

为总体的 k 阶原点矩.

设 $X_1, X_2, \cdots, X_n$ 是来自总体 X 的样本, 称

$$A_k = \frac{1}{n}\sum_{i=1}^{n} X_i^k \tag{5.3}$$

为样本的 k 阶原点矩.

2. 矩估计法

所谓矩估计法, 就是令总体的原点矩等于样本的原点矩, 求出未知参数 $(\theta_1, \theta_2, \cdots, \theta_m)$, 即求解如下方程组:

$$\begin{cases} \alpha_1(\theta_1, \theta_2, \cdots, \theta_m) = A_1 \\ \alpha_2(\theta_1, \theta_2, \cdots, \theta_m) = A_2 \\ \quad\vdots \\ \alpha_m(\theta_1, \theta_2, \cdots, \theta_m) = A_m \end{cases} \tag{5.4}$$

得到的一组解 $(\widehat{\theta}_1, \widehat{\theta}_2, \cdots, \widehat{\theta}_m)$ 作为 $(\theta_1, \theta_2, \cdots, \theta_m)$ 的矩估计值.

例 5.1 设总体 X 的均值为 μ, 方差为 σ^2, $X_1, X_2, \cdots, X_n$ 是来自总体 X 的一个样本, 试用矩估计方法估计均值 μ 和方差 σ^2.

解: 计算总体 X 的一阶、二阶原点矩.

$$\alpha_1 = E(X) = \mu$$
$$\alpha_2 = E(X^2) = \mathrm{var}(X) + [E(X)]^2 = \sigma^2 + \mu^2$$

和样本的一阶、二阶原点矩.

$$A_1 = \frac{1}{n}\sum_{i=1}^{n} X_i = \overline{X}, \quad A_2 = \frac{1}{n}\sum_{i=1}^{n} X_i^2$$

因此, 得到方程组:

$$\begin{cases} \mu = \overline{X} \\ \sigma^2 + \mu^2 = \dfrac{1}{n}\sum_{i=1}^{n} X_i^2 \end{cases}$$

解上述方程组得到均值 μ 和方差 σ^2 的矩估计.

$$\widehat{\mu} = \overline{X} \tag{5.5}$$

$$\widehat{\sigma}^2 = \frac{1}{n}\sum_{i=1}^{n} X_i^2 - \overline{X}^2 = \frac{1}{n}\sum_{i=1}^{n}(X_i - \overline{X})^2 \tag{5.6}$$

3. 矩估计的数值方法 *

矩估计方法就是求解非线性方程组 (5.4), 因此, 给出求解非线性方程组的数值方法就得到矩估计的数值方法.

很遗憾, 在 R 软件的基本函数库中, 没有求解非线性方程组的函数. 这里给出自编的求解函数, 使用的方法是 Newton 法. 由于篇幅的关系, 略去算法介绍, 直接给出相应的 R 程序 (程序名: Newtons.R) 如下:

```
Newtons <- function (funs, x, ep = 1e-5, it_max = 100){
    index <- 0; k <- 1
    while (k <= it_max){
        x1 <- x; obj <- funs(x);
        x  <- x - solve(obj$J, obj$f);
        norm <- sqrt((x-x1) %*% (x-x1))
        if (norm < ep){
            index <- 1; break
        }
        k <- k+1
    }
    obj <- funs(x);
    list(root = x, it = k, index = index, FunVal = obj$f)
}
```

在程序中, 参数 funs 为非线性函数, 需要提供函数和相应的 Jacobi 矩阵. x 为初始向量. ep 是精度要求, 默认值为 10^{-5}. it_max 是最大迭代次数, 默认值为 100.

函数的返回值为列表, 有方程组解的近似值 (root)、迭代次数 (it)、求根是否成功的指标 (index, 1 为成功, 0 为失败) 和在解处的函数值 (FunVal).

例 5.2 已知以下数据

3.23 3.90 4.75 13.41 15.94 18.65 18.99 5.66 2.80 9.05

是来自均匀分布总体的样本, 其概率密度函数为:

$$f(x; a, b) = \begin{cases} \dfrac{1}{b-a}, & a \leqslant x \leqslant b \\ 0, & 其他 \end{cases}.$$

用矩估计方法估计参数 a、b.

解: 计算均匀分布的总体原点矩 $\alpha_1 = \dfrac{1}{2}(a+b)$、$\alpha_2 = \dfrac{1}{3}(a^2+ab+b^2)$. 令总体的原点矩等于样本的原点矩, 得到非线性方程组.

$$\frac{1}{2}(a+b) = \frac{1}{n}\sum_{i=1}^n X_i \tag{5.7}$$

$$\frac{1}{3}\left(a^2+ab+b^2\right) = \frac{1}{n}\sum_{i=1}^n X_i^2 \tag{5.8}$$

用 Newton 法求解式 (5.7)~(5.8), 其程序 (程序名:exa_0502_1.R) 如下:

```
z <- c( 3.23, 3.90, 4.75, 13.41, 15.94, 18.65,
       18.99, 5.66, 2.80,  9.05)
m1 <- mean(z); m2 <- mean(z^2)
fun <- function(x){
    a <- x[1]; b <- x[2]
    f <- c(a + b - 2*m1, a^2 + a*b + b^2 - 3*m2)
    J <- matrix(c(1, 1, 2*a + b, a+2*b), 2, 2, byrow = T)
    list(f = f, J = J)
}
source("Newtons.R"); Newtons(fun, c(1, 2))
```

计算结果为:

```
$root
[1] -1.08712 20.36312
```

即估计值 $\hat{a} = -1.087$、$\hat{b} = 20.36$.

式 (5.7)~(5.8) 是一个二元二次方程组, 可以得到方程的解析表达式, 这里仅以它为例子说明求解非线性方程组在矩估计中的应用.

另一种办法是在 CRAN 社区下载 nleqslv 程序包 [1] (安装并加载), 来扩展 R 软件的功能.

---

[1] Task View / NumericalMathematics / nleqslv窗口下载.

在 nleqslv 程序包中, nleqslv() 函数是用于求解非线性方程组的函数, 它是基于 Dennis – Schnabel(1996) 的方法编写的, 其使用格式为:

```
nleqslv(x, fn, jac=NULL,...,
    method = c("Broyden", "Newton"),
    global = c("dbldog", "pwldog", "cline", "qline",
               "gline", "hook", "none"),
    xscalm = c("fixed", "auto"),
    jacobian = FALSE, control = list() )
```

部分参数的名称、取值及意义如表 5.1 所示.

表 5.1   nleqslv( ) 函数中部分参数的名称、取值及意义

名称	取值及意义
x	列表或数值向量, 表示变量的初始值
fn	函数, 表示方程组的函数部分
jca	函数, 表示 'fn' 的 Jacobi 矩阵, 默认值为 NULL

编写非线性函数, 用 nleqslv() 函数求解, 程序 (程序名:exa_0502_2.R) 如下:

```
fun <- function(x, m){
    a <- x[1]; b <- x[2]
    c(a + b - 2*m[1], a^2 + a*b + b^2 - 3*m[2])
}
z <- c( 3.23, 3.90, 4.75, 13.41, 15.94, 18.65,
        18.99, 5.66, 2.80,  9.05)
nleqslv(x = c(1, 2), fn = fun, m = c(mean(z), mean(z^2)))
```

计算结果是相同的.

§5.2.2 极大似然估计法

极大似然法是 Fisher 在 1912 年提出的一种参数估计方法, 它是先利用总体分布信息构造出似然函数, 再对似然函数求极大值, 从而估计出参数的一种方法.

极大似然法的思路很符合人们日常生活中的直观想象, 如有两位射手同时向一目标射击, 结果仅有一枪命中, 到底是谁打中的呢? 通常人们会认为射击技术较好的那位命中了目标.

1. 极大似然估计法

设总体 X 的概率密度函数或分布律为 $f(x; \theta_1, \theta_2, \cdots, \theta_m)$, $(\theta_1, \theta_2, \cdots, \theta_m) \in \Theta$ 是未知参数, $X_1, X_2, \cdots, X_n$ 是来自总体 X 的样本, 样本的联合概率密度函数定义为似然函数, 即

$$L(\theta_1, \theta_2, \cdots, \theta_m; x_1, x_2, \cdots, x_n) = \prod_{i=1}^{n} f(x_i; \theta_1, \theta_2, \cdots, \theta_m) \tag{5.9}$$

若 $(\widehat{\theta}_1, \widehat{\theta}_2, \cdots, \widehat{\theta}_m)$ 是一个统计量且满足

$$L(\widehat{\theta}_1, \widehat{\theta}_2, \cdots, \widehat{\theta}_m; x_1, x_2, \cdots, x_n) = \max_{(\theta_1, \theta_2, \cdots, \theta_m) \in \Theta} L(\theta_1, \theta_2, \cdots, \theta_m; x_1, x_2, \cdots, x_n),$$

则称 $(\widehat{\theta}_1, \widehat{\theta}_2, \cdots, \widehat{\theta}_m)$ 为 $(\theta_1, \theta_2, \cdots, \theta_m)$ 的极大似然估计, 用极大似然估计来估计参数的方法称为极大似然法.

式 (5.9) 是联乘积的形式, 求极值可能会出现困难, 通常的方法是取对数, 即

$$\ln L(\theta_1, \theta_2, \cdots, \theta_m; x_1, x_2, \cdots, x_n) = \sum_{i=1}^{n} \ln f(x_i; \theta_1, \theta_2, \cdots, \theta_m) \tag{5.10}$$

这称为对数似然函数, 然后求对数似然函数的极值.

例 5.3   设总体 X 服从正态分布 $N(\mu, \sigma^2)$, 其中 μ 和 σ^2 为未知参数, $X_1, X_2, \cdots, X_n$ 是来自总体 X 的一个样本, 试用极大似然法估计参数 (μ, σ^2).

解: 正态分布的似然函数为:

$$L(\mu, \sigma^2; x) = \prod_{i=1}^{n} f(x_i; \mu, \sigma^2) = (2\pi\sigma^2)^{-\frac{n}{2}} \exp\left[-\frac{1}{2\sigma^2}\sum_{i=1}^{n}(x_i - \mu)^2\right]$$

相应的对数似然函数为:

$$\ln L(\mu, \sigma^2; x) = -\frac{n}{2}\ln(2\pi\sigma^2) - \frac{1}{2\sigma^2}\sum_{i=1}^{n}(x_i - \mu)^2$$

令

$$\begin{cases} \dfrac{\partial \ln L(\mu, \sigma^2; x)}{\partial \mu} = \dfrac{1}{\sigma^2}\sum_{i=1}^{n}(x_i - \mu) = 0 \\ \dfrac{\partial \ln L(\mu, \sigma^2; x)}{\partial \sigma^2} = -\dfrac{n}{2\sigma^2} + \dfrac{1}{2\sigma^4}\sum_{i=1}^{n}(x_i - \mu)^2 = 0 \end{cases}$$

解此似然方程组得到:

$$\mu = \frac{1}{n}\sum_{i=1}^{n}x_i = \overline{x}, \qquad \sigma^2 = \frac{1}{n}\sum_{i=1}^{n}(x_i - \overline{x})^2$$

可以进一步验证, $\left(\overline{x}, \frac{1}{n}\sum_{i=1}^{n}(x_i - \overline{x})^2\right)$ 是 $L(\mu, \sigma^2; x)$ 的极大值点, 故 (μ, σ^2) 的极大似然估计是:

$$\widehat{\mu} = \frac{1}{n}\sum_{i=1}^{n}X_i = \overline{X}, \qquad \widehat{\sigma}^2 = \frac{1}{n}\sum_{i=1}^{n}\left(X_i - \overline{X}\right)^2$$

2. 极大似然估计的数值方法 *

极大似然估计本质上就是求函数极值, 因此, 只要给出求极值数值方法就可得到极大似然估计的数值方法.

例 5.4   表 5.2 中的数据来自 Cauchy (柯西) 分布总体的样本, 其概率密度函数为:

$$f(x; \theta) = \frac{1}{\pi[1 + (x - \theta)^2]}, \qquad -\infty < x < \infty$$

其中 θ 为未知参数. 试求 θ 的极大似然估计.

表 5.2   来自 Cauchy 分布总体的数据

0.16	0.56	1.59	0.84	−1.73	0.65
2.96	1.04	2.41	0.94	192.40	−2.89

解: Cauchy 分布的似然函数为:

$$L(\theta; x_1, x_2, \cdots, x_n) = \prod_{i=1}^{n} f(x_i; \theta) = \frac{1}{\pi^n} \prod_{i=1}^{n} \frac{1}{1 + (x_i - \theta)^2}$$

相应的对数似然函数为:

$$\ln L(\theta; x_1, x_2, \cdots, x_n) = -n \ln(\pi) - \sum_{i=1}^{n} \ln \left(1 + (x_i - \theta)^2 \right) \tag{5.11}$$

这是一个一元函数求极值的问题, 可使用 optimize() 函数, 该函数的使用格式为:

```
optimize(f = , interval = ,  ..., lower = min(interval),
         upper = max(interval), maximum = FALSE,
         tol = .Machine$double.eps^0.25)
```

部分参数的名称、取值及意义如表 5.3 所示.

表 5.3 optimize( ) 函数中部分参数的名称、取值及意义

名称	取值及意义
f	函数, 表示需要求极值的函数
interval	二维向量, 表示包含极值点的初始区间
maximum	逻辑变量, 表示是否求函数的极大值, 默认值为 FALSE

编写负对数似然函数, 并去掉个常数, 调用 optimize() 函数求解, 数据放在数据文件 Cauchy.data 中, 编写程序 (程序名: exa_0504.R) 如下:

```
x <- scan("Cauchy.data")
loglike <- function(p) sum(log(1 + (x-p)^2))
optimize(loglike, interval = c(0, 2))
```

计算结果为:

```
$minimum
[1] 0.8660923
$objective
[1] 19.17123
```

如果遇到多元函数求极值, 可使用 nlm() 函数, 该函数的名称是 Non-Linear Minimization 的缩写, 即非线性函数求极小的意思, 其使用格式为:

```
nlm(f, p, ..., hessian = FALSE, typsize = rep(1, length(p)),
    fscale = 1, print.level = 0, ndigit = 12, gradtol = 1e-6,
    stepmax = max(1000 * sqrt(sum((p/typsize)^2)), 1000),
    steptol = 1e-6, iterlim = 100, check.analyticals = TRUE)
```

部分参数的名称、取值及意义如表 5.4 所示.

表 5.4 nlm( ) 函数中部分参数的名称、取值及意义

名称	取值及意义
f	函数, 表示求极值的目标函数
p	数值向量, 表示初始参数
hessian	逻辑变量, 表示是否使用 Hesse 矩阵, 默认值为 FALSE

这里直接给出求极值的例子.

例 5.5   用 nlm() 函数求无约束优化问题

$$\min \quad f(x) = 100(x_2 - x_1^2)^2 + (1 - x_1)^2 \tag{5.12}$$

的极小点, 取初始点 $x^{(0)} = (-1.2, 1)^T$. 称函数 (5.12) 为 Rosenbrock 函数, 或香蕉函数.

解: 编写目标函数, 并在目标函数中添加梯度 (程序名:Rosenbrock.R).

```
obj <- function(x){
    F <- c(10*(x[2] - x[1]^2), 1 - x[1])
    f <- t(F) %*% F
    g <- function(x, F){
        J <- matrix(c(-20*x[1], 10, -1, 0), 2, 2, byrow = T)
        2*t(J)%*% F
    }
    attr(f, "gradient") <- g(x, F)
    f
}
```

再调用 nlm() 函数求解, 其程序 (程序名:exa_0505.R) 如下:

```
source("Rosenbrock.R"); nlm(obj, c(-1.2, 1))
```

计算结果为:

```
$minimum
[1] 1.182096e-20
$estimate
[1] 1 1
$gradient
[1]  2.583521e-09 -1.201128e-09
$code
[1] 1
$iterations
[1] 24
```

§5.3   区 间 估 计

设总体 X 的分布函数 $F(x; \theta)$ 含未知参数 θ, 对于给定值 α $(0 < \alpha < 1)$, 若由样本 X_1, $X_2, \cdots, X_n$ 确定的两个统计量 $\widehat{\theta}_1$ 和 $\widehat{\theta}_2$ 满足:

$$P\left\{\widehat{\theta}_1 \leqslant \theta \leqslant \widehat{\theta}_2\right\} = 1 - \alpha \tag{5.13}$$

则称随机区间 $[\widehat{\theta}_1, \widehat{\theta}_2]$ 为 θ 的 $1 - \alpha$ 置信区间, 而 $1 - \alpha$ 称为置信区间 $[\widehat{\theta}_1, \widehat{\theta}_2]$ 的置信水平或置信度. $\widehat{\theta}_1$ 和 $\widehat{\theta}_2$ 称为置信限, 其中 $\widehat{\theta}_1$ 为置信下限, $\widehat{\theta}_2$ 为置信上限.

如果用不同的方法计算出不同的置信区间, 那么如何评价置信区间的好坏呢? 由式 (5.13) 的意义可知, 对于同样长度的置信区间, 谁的置信水平越高, 谁的方法越好. 反过来说, 在相同的置信水平下, 哪个置信区间的长度越短, 哪个置信区间就越好.

如果统计量 $\underline{\theta}$ 满足:

$$P\{\underline{\theta} \leqslant \theta\} = 1 - \alpha \tag{5.14}$$

则称随机区间 $[\underline{\theta}, \infty)$ 是 θ 置信水平为 $1-\alpha$ 的单侧置信区间, 称 $\underline{\theta}$ 为置信水平为 $1-\alpha$ 的单侧置信下限.

如果统计量 $\overline{\theta}$ 满足:

$$P\{\theta \leqslant \overline{\theta}\} = 1 - \alpha \tag{5.15}$$

则称随机区间 $(-\infty, \overline{\theta}]$ 是 θ 置信水平为 $1-\alpha$ 的单侧置信区间, 称 $\overline{\theta}$ 为置信水平为 $1-\alpha$ 的单侧置信上限.

如果使用不同方法计算出不同的置信下限或置信上限, 则与双侧置信区间的分析相同, 置信下限越高越好, 置信上限越低越好.

§5.3.1 单个总体均值的区间估计

这里讨论单个总体均值的区间估计问题或总体比例的区间估计问题.

1. 大样本数据的区间估计

设 $X_1, X_2, \cdots, X_n$ 为来自总体 $X \sim N(\mu, \sigma^2)$ 的一个样本, $\overline{X}$ 为样本均值, 则有:

$$Z = \frac{\overline{X} - \mu}{\sigma/\sqrt{n}} \sim N(0,1) \tag{5.16}$$

对于大样本数据 (通常指 $n \geqslant 30$), 可以去掉总体服从正态分布这一假设. 因为对于大样本数据, 式 (5.16) 近似成立. 因此得到:

$$P\left\{\left|\frac{\overline{X} - \mu}{\sigma/\sqrt{n}}\right| \leqslant z_{\alpha/2}\right\} = 1 - \alpha \tag{5.17}$$

其中 z_α 为标准正态分布的上 α 分位点. 由式 (5.17) 得到关于均值 μ 的置信水平为 $1-\alpha$ 的双侧置信区间.

$$\left[\overline{X} - \frac{\sigma}{\sqrt{n}}z_{\alpha/2}, \ \ \overline{X} + \frac{\sigma}{\sqrt{n}}z_{\alpha/2}\right] \tag{5.18}$$

关于单侧置信区间, 由

$$P\left\{\frac{\overline{X} - \mu}{\sigma/\sqrt{n}} \leqslant z_\alpha\right\} = 1 - \alpha \tag{5.19}$$

得到均值 μ 的置信水平为 $1-\alpha$ 的单侧置信区间 $[\underline{\theta}, +\infty)$, 其中 $\underline{\theta}$ 是置信下限, 计算公式为:

$$\underline{\theta} = \overline{X} - \frac{\sigma}{\sqrt{n}}z_\alpha \tag{5.20}$$

以及由

$$P\left\{-z_\alpha \leqslant \frac{\overline{X} - \mu}{\sigma/\sqrt{n}}\right\} = 1 - \alpha \tag{5.21}$$

得到均值 μ 的置信水平为 $1-\alpha$ 的单侧置信区间 $(-\infty, \overline{\theta}]$, 其中 $\overline{\theta}$ 是置信上限, 计算公式为:

$$\overline{\theta} = \overline{X} + \frac{\sigma}{\sqrt{n}}z_\alpha \tag{5.22}$$

如果在计算时, 式 (5.18)、式 (5.20) 和式 (5.22) 中标准差 σ 未知, 可用样本标准差 S 替代.

例 5.6 审计署对某公司往来的一批账单进行抽查, 以估计这批账单的平均账面金额. 审计人员随机地抽取了 100 份账单, 样本均值为 331.90 元, 样本标准差为 344.80 元, 试计算这批账单的账面金额均值为 95% 的置信区间.

解: 使用式 (5.18) 计算, 式中的 σ 用 S 代替. 计算程序 (程序名: exa_0506.R) 如下:

```
x_bar <- 331.90; S <- 344.80; n <- 100
alpha <- 0.05; z <- qnorm(1 - alpha/2)
c(x_bar - S/sqrt(n)*z, x_bar + S/sqrt(n)*z)
```

计算结果是:

```
[1] 264.3204 399.4796
```

即这批账单的账面金额均值为 95% 的置信区间是 $[264.32, 399.48]$.

例 5.7 某市为了研究人们在上班路上所花的时间, 研究员随机地抽取了 45 位通勤者, 他们上下班花在路上的时间如表 5.5 所示 (*存放在* take_time.data *数据文件中*). 试计算该市平均上班所花时间为 95% 的置信区间.

表 5.5 45 位通勤者在上下班路上所花的时间 (单位: min)

27	25	19	21	24	27	29	34	18	29	26	28	20	32	27
28	22	20	14	15	29	28	29	33	16	29	28	28	27	23
27	20	27	25	21	18	26	14	23	27	27	21	25	28	30

解: 类似于例 5.6 的计算, 这里只需先计算出样本均值与样本的标准差. 写出计算程序 (程序名: exa_0507.R).

```
X <- scan("take_time.data")
x_bar <- mean(X); S <- sd(X); n <- length(X)
alpha <- 0.05; z <- qnorm(1 - alpha/2)
c(x_bar - S/sqrt(n)*z, x_bar + S/sqrt(n)*z)
```

计算结果是:

```
[1] 23.30648 26.20463
```

即该市平均上班所花时间为 95% 的置信区间是 $[23.3, 26.2]$.

2. 小样本数据的区间估计

对于小样本数据, 总体 X 服从正态分布的条件不能去掉, 因为这样才能推导出关于小样本数据区间估计的计算公式.

设 $X_1, X_2, \cdots, X_n$ 为来自正态总体 X 的一个样本, $\overline{X}$ 为样本均值, S^2 为样本方差, 如果 $\overline{X}$ 与 S^2 相互独立, 则有:

$$T = \frac{\overline{X} - \mu}{S/\sqrt{n}} \ \sim \ t(n-1) \tag{5.23}$$

这里, 用式 (5.23) 推导出 σ 未知情况下的区间估计公式, 因为在实际应用中, σ 通常是未知的.

对于小样本数据, 如果在式 (5.16) 中, 用样本标准差 S 来替代 σ 计算时, 会产生较大的误差, 这就是式 (5.23) 的意义所在.

由于统计量 T 服从 t 分布, 由式 (5.23) 得到:

$$P\left\{\left|\frac{\overline{X}-\mu}{S/\sqrt{n}}\right| \leqslant t_{\alpha/2}(n-1)\right\} = 1-\alpha \tag{5.24}$$

其中 $t_\alpha(n-1)$ 表示自由度为 $n-1$ 的 t 分布的上 α 分位点. 因此, 得到关于均值 μ 置信水平为 $1-\alpha$ 的双侧置信区间:

$$\left[\overline{X}-\frac{S}{\sqrt{n}}t_{\alpha/2}(n-1), \ \ \overline{X}+\frac{S}{\sqrt{n}}t_{\alpha/2}(n-1)\right] \tag{5.25}$$

类似于大样本数据中的推导, 可以得到均值 μ 的置信水平为 $1-\alpha$ 的单侧置信区间 $[\underline{\theta},+\infty)$, 其中置信下限 $\underline{\theta}$ 的计算公式为:

$$\underline{\theta} = \overline{X}-\frac{S}{\sqrt{n}}t_\alpha(n-1) \tag{5.26}$$

和单侧置信区间 $(-\infty,\overline{\theta}]$, 其中置信上限 $\overline{\theta}$ 的计算公式为:

$$\overline{\theta} = \overline{X}+\frac{S}{\sqrt{n}}t_\alpha(n-1) \tag{5.27}$$

例 5.8 某品牌服装专卖店的管理人员打算估计购买该品牌服装顾客的平均年龄, 随机抽取了 16 位顾客进行调查, 这 16 位顾客的样本均值为 32 岁, 样本的标准差为 8 岁, 假设购买该品牌的顾客年龄服从正态分布, 试计算全部顾客年龄置信水平为 95% 的置信区间.

解: 按式 (5.25) 计算置信区间, 这里 $\overline{X}=32, S=8$, 写出 R 程序 (程序名: exa_0508.R).

```
x_bar <- 32; S <- 8; n <- 16
alpha <- 0.05; t <- qt(1 - alpha/2, df = n-1)
c(x_bar - S/sqrt(n)*t, x_bar + S/sqrt(n)*t)
```

计算结果是:

```
[1] 27.7371 36.2629
```

即全部顾客的平均年龄有 95% 在 $[27.7, 36.3]$ 岁之间.

例 5.9 为检测灯泡质量, 从某批次生产的灯泡中随机抽取了 10 只灯泡, 灯泡的样本均值为 997.1 小时, 样本标准差为 131.5 小时, 试求这批灯泡平均使用 1 000 小时以上的概率.

解: 这是一个单侧区间估计问题, 已知单侧区间估计的置信下限 $\underline{\theta}$, 计算出相应的概率, 也就是 α 的值.

由式 (5.26) 得到:

$$t_\alpha(n-1) = \frac{\sqrt{n}}{S}\left(\overline{X}-\underline{\theta}\right)$$

即计算 $P\left\{X \leqslant \frac{\sqrt{n}}{S}\left(\overline{X}-\underline{\theta}\right)\right\}$, 计算程序 (程序名: exa_0509.R) 如下:

```
x_bar <- 997.1; S <- 131.5; a <- 1000; n <- 10
pt(sqrt(n)/S*(x_bar - a), df = n-1)
```

计算结果是:

```
[1] 0.4729634
```

也就是说, 在这批灯泡中, 平均使用 1 000 小时以上的灯泡只有 47.3%.

例 5.10 某公司为提高员工维护设备的技术水平, 计划对全体员工进行培训, 为确定培训的时间, 公司管理层随机地选取了 15 名员工, 他们的培训时间 (单位: 小时, 数据放在 train_time.data 文件中) 为:

52 44 55 44 45 59 50 54 62 46 54 58 60 62 63

试计算全体员工平均培训时间为 95% 的置信区间.

解: 类似于例 5.8 的计算过程, 只是需要先计算出样本均值和样本标准差, 计算程序 (程序名: exa_0510.R) 如下:

```
X <- scan("train_time.data")
x_bar <- mean(X); S <- sd(X); n <- length(X)
alpha <- 0.05; t <- qt(1 - alpha/2, df = n-1)
c(x_bar - S/sqrt(n)*t, x_bar + S/sqrt(n)*t)
```

计算结果是:

```
[1] 50.08825 57.64508
```

即 95% 的员工的平均培训时间在 $50 \sim 58$ 天之间.

事实上, 可利用 R 中的 t.test() (T 检验) 函数完成置信区间的计算. 关于 T 检验的内容将在下节介绍, 这里仅介绍如何使用 t.test() 函数计算均值 μ 的置信区间.

如果用 t.test() 函数计算单个正态总体均值的双侧置信区间, 则仅需要输入参数 x, 它是由样本构成的数值向量, 和参数 conf.level, 它表示置信水平, 默认值为 0.95. 也就是说, 当置信水平为 95% 时, 该参数不需要输入.

例如, 对于例 5.10, 只需一个命令

```
> t.test(X)
```

就得到相应的计算结果 (只列出置信区间部分).

```
95 percent confidence interval:
 50.08825 57.64508
```

与例 5.10 的计算是相同的.

如果用 t.test() 函数计算单侧置信区间, 还需要输入参数 alternative (备择假设, 关于备择假设的概念将在下节介绍) 的值. 计算带有置信下限的单侧置信区间, 取 alternative = "greater"; 计算带有置信上限的单侧置信区间, 取 alternative = "less".

例 5.11 从一批灯泡中随机地取 5 只做寿命试验, 测得寿命 (单位: 小时) 为

1050 1100 1120 1250 1280

假设灯泡寿命服从正态分布, 求灯泡寿命平均值的置信水平为 0.95 的单侧置信下限.

解: 输入命令

```
X <- c(1050, 1100, 1120, 1250, 1280)
t.test(X, alternative = "greater")
```

计算结果 (只列出区间估计部分) 是:

```
95 percent confidence interval:
 1064.900     Inf
```

也就是说, 这批灯泡中, 平均寿命的 95% 在 1 064.9 小时以上.

3. 总体比例的区间估计

由 4.4 节 (统计量与抽样的分布) 的知识可知, 如果用样本比率 $\hat{p} = \frac{m}{n}$ 作为总体比例 p 的估计, 其中 m 是成功的次数, n 是试验总次数. 当 $np \geqslant 5$ 和 $nq \geqslant 5$ $(q = 1 - p)$, $\hat{p}$ 近似服

从正态分布, 即

$$\hat{p} \sim N\left(p, \frac{pq}{n}\right) \tag{5.28}$$

可用正态分布的推导过程给出 p 置信区间, 但方差中的 p 与 q 值未知, 只能用 $\hat{p}$ 和 $\hat{q}$ $(\hat{q} = 1 - \hat{p})$ 替代. 因此, 得到比例 p 置信水平为 $1 - \alpha$ 的双侧置信区间:

$$\left[\hat{p} - z_{\alpha/2}\sqrt{\frac{\hat{p}\hat{q}}{n}}, \quad \hat{p} + z_{\alpha/2}\sqrt{\frac{\hat{p}\hat{q}}{n}}\right] \tag{5.29}$$

也可以得到单侧置信区间 $[\underline{\theta}, 1]$, 其中置信下限:

$$\underline{\theta} = \hat{p} - z_{\alpha}\sqrt{\frac{\hat{p}\hat{q}}{n}} \tag{5.30}$$

和单侧置信区间 $[0, \overline{\theta}]$, 其中置信上限:

$$\overline{\theta} = \hat{p} + z_{\alpha}\sqrt{\frac{\hat{p}\hat{q}}{n}} \tag{5.31}$$

例 5.12 为了解商家网上直销的情况, 研究者随机地抽取了 87 家销售公司, 发现有 34 家采用了网上直销. 在销售公司中, 采用网上直销总体比例的置信区间是多少? 这里取置信水平为 0.95.

解: 利用式 (5.29) 计算, 写出计算程序 (程序名: exa_0512.R).

```
m <- 34; n <- 87; p <- m/n; q <- 1 - p
alpha <- 0.05; z <- qnorm(1 - alpha/2)
c(p - z*sqrt(p*q/n), p + z*sqrt(p*q/n))
```

计算结果是:

```
[1] 0.2882756 0.4933336
```

即在销售公司中, 采用网上直销的总体比例在 $0.288 \sim 0.493$ 的概率是 95%.

与正态分布的区间估计一样, 二项分布的检验函数 (将在下一节介绍) 也提供了总体比例置信区间的计算功能.

在 R 中, 与二项分布有关的检验函数有两个: 一个是 binom.test() 函数, 它是基于二项分布的分布函数编写的, 因此, 它是精确检验函数, 通常用于小样本数据.

另一个是 prop.test() 函数, 它是基于 χ^2 分布的分布函数编写的, 其原理是若 $Z \sim N(0,1)$, 则 $Z^2 \sim \chi^2(1)$. 因此, 它是近似检验函数, 通常用于大样本数据, 样本的个数仍然需要满足 $np \geqslant 5$ 和 $n(1-p) \geqslant 5$.

用 binom.test() 函数或 prop.test() 函数计算总体比例的置信区间非常简单, 只需输入参数 x, 正整数, 表示试验成功的次数; 参数 n, 正整数, 表示试验总次数.

例如, 对于例 5.12, 做精确检验, 输入

```
> binom.test(x = 34, n = 87)
```

就得到相应的计算结果 (只列出置信区间部分)

```
95 percent confidence interval:
 0.2879207 0.5013447
```

作近似检验, 输入

```
> prop.test(x = 34, n = 87)
```

就得到相应的计算结果 (只列出置信区间部分)

```
95 percent confidence interval:
  0.2897342 0.5016163
```

两者相差并不大, 而与例 5.12 中正态分布的近似计算还是有点误差, 这是由于在默认状态下 prop.test() 函数使用了连续型修正, 它会改善由正态分布近似所产生的误差, 这一点已在 4.3.3 节中介绍过了.

§5.3.2　单个总体样本容量的确定

这里讨论大样本数据关于总体均值或总体比例的样本容量问题.

1. 大样本数据的样本容量

大样本数据, 由式 (5.16) 得到:

$$P\left\{|\overline{X} - \mu| \leqslant \frac{\sigma}{\sqrt{n}} z_{\alpha/2}\right\} = 1 - \alpha \tag{5.32}$$

因此, 称

$$E = \frac{\sigma}{\sqrt{n}} z_{\alpha/2} \tag{5.33}$$

为边际误差. 一旦给定误差 E, 就可以得到关于样本容量 n 的表达式:

$$n = \frac{(z_{\alpha/2})^2 \sigma^2}{E^2} \tag{5.34}$$

如果总体方差 σ^2 未知, 可用样本方差 S^2 替代.

例 5.13 (续例 5.6)　如果审计署希望样本均值与这批账单总体均值的误差不超过 50 元, 审计人员应随机地抽查多少份账单? 仍取置信水平为 0.95.

解: 使用式 (5.34) 计算, 式中 σ^2 用 S^2 替代. 计算程序 (程序名: exa_0513.R) 如下:

```
S <- 344.80; E <- 50; alpha <- 0.05
z <- qnorm(1 - alpha/2); (n <- z^2*S^2/E^2)
```

计算结果是:

```
[1] 182.6799
```

这说明, 抽取 100 份账单是不够的, 需要再补抽 83 份账单.

2. 总体比例数据的样本容量

对于总体比例数据, 边际误差定义为:

$$E = z_{\alpha/2}\sqrt{\frac{pq}{n}} \tag{5.35}$$

样本容量 n 的表达式为:

$$n = \frac{(z_{\alpha/2})^2 pq}{E^2} \tag{5.36}$$

由于总体比例 p 和 q 是未知的, 一种简单的方法是可以用 $\hat{p}$ 和 $\hat{q}$ 替代.

令 $f(p) = pq = p(1-p)$, 函数 $f(p)$ 的最大值在 $p = 0.5$ 处取到. 因此, 比较保守的方法是取 $p = q = 0.5$.

例 5.14 (续例 5.12)   如果希望样本比例与总体比例的误差不超过 10%, 应随机的抽取多少家销售公司? 这里取置信水平为 0.95.

解: 利用式 (5.35) 计算, 这里取 $p = 0.5$. 写出计算程序 (程序名: exa_0514.R).

```
p <- 0.5; E <- 0.1; alpha <- 0.05
z <- qnorm(1 - alpha/2); (n <- z^2*p*(1-p)/E^2)
```

计算结果是:

```
[1] 96.03647
```

应随机地抽取 97 家公司, 也就是说, 还需要再补抽 10 家公司.

§5.3.3   两个总体均值差的区间估计

这里讨论两个总体均值差的区间估计问题或总体比例差的区间估计问题.

1. 大样本数据的区间估计

若 $X_1, X_2, \cdots, X_{n_1}$ 是来自总体 $X \sim N(\mu_1, \sigma_1^2)$ 的样本, $\overline{X}$ 为样本均值. $Y_1, Y_2, \cdots, Y_{n_2}$ 是来自总体 $Y \sim N(\mu_2, \sigma_2^2)$ 的样本, $\overline{Y}$ 为样本均值. 利用正态分布的性质, 得到:

$$\overline{X} - \overline{Y} \sim N\left(\mu_1 - \mu_2, \frac{\sigma_1^2}{n_1} + \frac{\sigma_2^2}{n_2}\right) \tag{5.37}$$

对于大样本数据 ($n_1 \geqslant 30$ 且 $n_2 \geqslant 30$), 可以去掉总体 X 和 Y 服从正态分布的假设, 因为对于大样本数据, 式 (5.37) 近似成立.

类似于单个总体区间均值估计的推导, 可以得到 $\mu_1 - \mu_2$ 的置信水平为 $1 - \alpha$ 的双侧置信区间:

$$\left[\overline{X} - \overline{Y} - z_{\alpha/2}\sqrt{\frac{\sigma_1^2}{n_1} + \frac{\sigma_2^2}{n_2}}, \ \ \overline{X} - \overline{Y} + z_{\alpha/2}\sqrt{\frac{\sigma_1^2}{n_1} + \frac{\sigma_2^2}{n_2}}\right] \tag{5.38}$$

以及单侧置信区间 $[\underline{\theta}, +\infty)$, 其中置信下限:

$$\underline{\theta} = \overline{X} - \overline{Y} - z_\alpha\sqrt{\frac{\sigma_1^2}{n_1} + \frac{\sigma_2^2}{n_2}} \tag{5.39}$$

和单侧置信区间 $(-\infty, \overline{\theta}]$, 其中置信上限:

$$\overline{\theta} = \overline{X} - \overline{Y} + z_\alpha\sqrt{\frac{\sigma_1^2}{n_1} + \frac{\sigma_2^2}{n_2}} \tag{5.40}$$

如果总体方差 σ_1^2 和 σ_2^2 未知时, 可用两个样本的方差 S_1^2 和 S_2^2 替代.

例 5.15   某工厂的人力资源经理怀疑该厂的蓝领工人与白领工人因病损失的工作时间有着显著差异, 他随机地抽查了 45 名蓝领工人和 38 名白领工人在去年一年中的请假记录, 请假天数的样本均值分别是 11.5 天和 9.0 天, 样本标准差分别是 10.2 天和 5.58 天. 试计算两类工人平均请假天数之差 $(\mu_1 - \mu_2)$ 的置信水平为 95% 的置信区间.

解: 利用式 (5.38) 计算, $\alpha = 0.05$. 写出计算程序 (程序名: exa_0515.R).

```
Xbar <- 11.5; S1 <- 10.2; n1 <- 45
Ybar <- 9.0;  S2 <- 5.58; n2 <- 38
```

```
alpha <- 0.05; z <- qnorm(1 - alpha/2)
S <- sqrt(S1^2/n1 + S2^2/n2)
c(Xbar - Ybar - z*S, Xbar - Ybar + z*S)
```

计算结果是:

```
[1] -0.968294  5.968294
```

即 $\mu_1 - \mu_2 \in [-0.97, 5.97]$, 也就是说, 可能是 $\mu_1 - \mu_2 > 0$, 也可能是 $\mu_1 - \mu_2 < 0$, 还有可能是 $\mu_1 - \mu_2 = 0$, 这说明蓝领工人的平均请假天数与白领工人无显著差异.

例 5.16　航空协会对国内机场进行抽样调查, 以确定各机场服务质量方面的好坏. 调查人员从甲、乙两机场分别随机地抽取 50 名乘客, 对机场设施、服务质量等进行打分, 最低是 1 分, 满分为 10 分. 甲、乙两机场的得分情况如表 5.6 所示 (数据保存在 Airport.csv 文件中). 试计算甲、乙两机场平均得分之差的 95% 的置信区间.

表 5.6　甲、乙两机场的得分情况

甲机场														
6	4	6	8	7	7	6	3	3	8	10	4	8	7	8	7	5
9	5	8	4	3	8	5	5	4	4	4	8	4	5	6	2	5
9	9	8	4	9	9	5	9	7	8	3	10	8	9	6

乙机场														
10	9	6	7	8	7	9	8	10	7	6	5	7	3	5	6	8
7	10	8	4	7	8	6	9	9	3	1	8	9	6	8	5
4	6	10	8	3	2	7	9	5	3	10	3	10	8

解: 计算过程与例 5.15 相同, 只是需要从 Airport.csv 文件中读取数据, 再计算出数据的样本均值与标准差. 写出计算程序 (程序名: exa_0516.R).

```
rc <- read.csv("Airport.csv"); X <- rc$A; Y <- rc$B
Xbar <- mean(X); S1 <- sd(X); n1 <- length(X)
Ybar <- mean(Y); S2 <- sd(Y); n2 <- length(Y)
alpha <- 0.05; z <- qnorm(1-alpha/2)
S <- sqrt(S1^2/n1 + S2^2/n2)
c(Xbar - Ybar - z*S, Xbar - Ybar + z*S)
```

计算结果是:

```
[1] -1.2701018  0.5101018
```

也就是说, 甲、乙两机场的平均得分没有显著差异.

2. 小样本数据的区间估计

对于小样本数据, 不能去掉正态性假设, 即 $X_1, X_2, \cdots, X_{n_1}$ 是来自总体 $X \sim N(\mu_1, \sigma_1^2)$ 的样本, $Y_1, Y_2, \cdots, Y_{n_2}$ 是来自总体 $Y \sim N(\mu_2, \sigma_2^2)$ 的样本, 并且两样本独立. 令 $\overline{X}$ 和 $\overline{Y}$ 分别为两组样本的均值, S_1^2 和 S_2^2 分别为两组样本的方差.

当两总体的方差相同 ($\sigma_1^2 = \sigma_2^2$) 时, 类似于单个正态总体的推导过程, 有:

$$T = \frac{\overline{X} - \overline{Y} - (\mu_1 - \mu_2)}{S_w\sqrt{\dfrac{1}{n_1} + \dfrac{1}{n_2}}} \sim t(n_1 + n_2 - 2) \tag{5.41}$$

其中

$$S_w = \sqrt{\frac{(n_1-1)S_1^2 + (n_2-1)S_2^2}{n_1+n_2-2}} \qquad (5.42)$$

因此, 均值差 $\mu_1 - \mu_2$ 的置信水平为 $1-\alpha$ 的双侧的置信区间为:

$$\left[\overline{X} - \overline{Y} \mp t_{\alpha/2}(n_1+n_2-2)S_w\sqrt{\frac{1}{n_1}+\frac{1}{n_2}}\right] \qquad (5.43)$$

以及单侧置信区间 $[\underline{\theta}, +\infty)$, 其中置信下限:

$$\underline{\theta} = \overline{X} - \overline{Y} - t_\alpha(n_1+n_2-2)S_w\sqrt{\frac{1}{n_1}+\frac{1}{n_2}} \qquad (5.44)$$

和单侧置信区间 $(-\infty, \underline{\theta}]$, 其中置信上限:

$$\overline{\theta} = \overline{X} - \overline{Y} + t_\alpha(n_1+n_2-2)S_w\sqrt{\frac{1}{n_1}+\frac{1}{n_2}} \qquad (5.45)$$

当两总体的方差不同 $(\sigma_1^2 \neq \sigma_2^2)$ 时, 有:

$$T = \frac{\overline{X} - \overline{Y} - (\mu_1 - \mu_2)}{\sqrt{\dfrac{S_1^2}{n_1}+\dfrac{S_2^2}{n_2}}} \sim t(\widehat{\nu}) \qquad (5.46)$$

近似成立, 其中:

$$\widehat{\nu} = \left(\frac{S_1^2}{n_1}+\frac{S_2^2}{n_2}\right)^2 \Big/ \left(\frac{(S_1^2)^2}{n_1^2(n_1-1)}+\frac{(S_2^2)^2}{n_2^2(n_2-1)}\right) \qquad (5.47)$$

因此, 均值差 $\mu_1 - \mu_2$ 的置信水平为 $1-\alpha$ 的双侧的置信区间为:

$$\left[\overline{X} - \overline{Y} - t_{\alpha/2}(\widehat{\nu})\sqrt{\frac{S_1^2}{n_1}+\frac{S_2^2}{n_2}}, \ \ \overline{Y} - \overline{X} + t_{\alpha/2}(\widehat{\nu})\sqrt{\frac{S_1^2}{n_1}+\frac{S_2^2}{n_2}}\right] \qquad (5.48)$$

以及单侧置信区间 $[\underline{\theta}, +\infty)$, 其中置信下限:

$$\underline{\theta} = \overline{X} - \overline{Y} - t_\alpha(\widehat{\nu})\sqrt{\frac{S_1^2}{n_1}+\frac{S_2^2}{n_2}} \qquad (5.49)$$

和单侧置信区间 $(-\infty, \underline{\theta}]$, 其中置信上限:

$$\overline{\theta} = \overline{Y} - \overline{X} + t_\alpha(\widehat{\nu})\sqrt{\frac{S_1^2}{n_1}+\frac{S_2^2}{n_2}} \qquad (5.50)$$

例 5.17 某公司为了考查全体员工中男女员工的收入是否有显著差异, 公司人力资源部门分别抽查了 12 名男员工和 10 名女员工的月工资收入, 其中男员工的样本均值为 6 000 元, 样本标准差为 900 元, 女员工的样本均值为 5 520 元, 样本标准差为 720 元. 假设职工的月收入服从正态分布, 试计算男女员工月平均收入之差 $(\mu_1 - \mu_2)$ 的置信水平为 95% 的置信区间.

解: 这是一个小样本数据的估计问题, 需要使用 t 分布计算.

在计算时, 需要考虑两总体方差相同和方差不同的情况. 如果两总体方差相同, 则用式 (5.42) 和式 (5.43) 计算置信区间. 计算程序 (程序名: exa_0517.R) 如下.

```
Xbar <- 6000; S1 <- 900; n1 <- 12
Ybar <-  5520; S2 <- 720; n2 <- 10
Sw2 <- ((n1-1)*S1^2+(n2-1)*S2^2)/(n1+n2-2)
S <- sqrt(Sw2*(1/n1+1/n2))
alpha <- 0.1; t <- qt(1-alpha/2, n1+n2-2)
c(Xbar - Ybar - t*S, Xbar - Ybar + t*S)
```

计算结果是:

```
[1] -128.4199 1088.4199
```

如果两总体方差不同, 则用式 (5.47) 和式 (5.48) 计算置信区间, 计算程序如下:

```
nu <- (S1^2/n1+S2^2/n2)^2/(S1^4/n1^2/(n1-1)+S2^4/n2^2/(n2-1))
S <- sqrt(S1^2/n1+S2^2/n2); t <- qt(1-alpha/2, nu)
c(Xbar - Ybar - t*S, Xbar - Ybar + t*S)
```

计算结果是:

```
-115.8431 1075.8431
```

无论是总体方差相同模型, 还是总体方差不同模型, 计算出的置信区间都包含有 0, 也就是说, 该公司全体员工的男女员工月平均收入没有显著差异.

虽然两种方法得到的结论是相同的, 但哪个方法得到的置信区间更好一些呢? 这里应该是两总体方差不同的假设下的计算结果会好一些, 因为它的区间长度稍小一些.

例 5.18 已知由两种方法得到的数据如表 5.7 所示 (数据存放在 method_AB.data 文件中), 如果假设两种方法得到的数据服从正态分布, 试计算两种方法均值差的置信水平为 95% 的置信区间.

表 5.7   由两种方法得到的试验数据

方法 A					方法 B			
79.98	80.04	80.02	80.04	80.03	80.02	79.94	79.98	79.97
80.03	80.04	79.97	80.05	80.03	79.97	80.03	79.95	79.97
80.02	80.00	80.02						

解: 按例 5.17 的方法计算置信区间, 只需事先计算出样本均值与样本方差, 计算程序 (程序名: exa_0518.R) 如下:

```
X <- scan("method_AB.data")
F <- factor(rep(c(1, 2, 1, 2, 1), c(5, 4, 5, 4, 3)))
A <- X[F==1]; B <- X[F==2]
##% 方差相同模型
Xbar <- mean(A); S1 <- sd(A); n1 <- length(A)
Ybar <- mean(B); S2 <- sd(B); n2 <- length(B)
Sw2 <- ((n1-1)*S1^2+(n2-1)*S2^2)/(n1+n2-2)
S <- sqrt(Sw2*(1/n1+1/n2))
```

```
alpha <- 0.1; t <- qt(1-alpha/2, n1+n2-2)
c(Xbar - Ybar - t*S, Xbar - Ybar + t*S)
##% 方差不同模型
nu <- (S1^2/n1+S2^2/n2)^2/(S1^4/n1^2/(n1-1)+S2^4/n2^2/(n2-1))
S <- sqrt(S1^2/n1+S2^2/n2); t <- qt(1-alpha/2, nu)
c(Xbar - Ybar - t*S, Xbar - Ybar + t*S)
```

在两个总体方差相同的假设下, $\mu_1 - \mu_2$ 的置信区间为 $[0.016\,69, 0.067\,35]$. 在方差不同的假设下, $\mu_1 - \mu_2$ 的置信区间为 $[0.013\,86, 0.070\,18]$. 无论在哪种情况下, 得到的置信区间均大于 0, 这说明方法 A 得到的均值要大于方法 B 得到的均值.

也可以计算单侧区间的置信下限. 在两个总体方差相同的假设下, 利用式 (5.44) 计算置信下限, 其结果为 $0.021\,09$. 在方差不同的假设下, 利用式 (5.49) 计算置信下限, 其结果为 $0.018\,98$. 这两个结果也能说明 $\mu_1 - \mu_2 > 0$.

无论是计算双侧置信区间, 还是计算单侧置信区间, 都是在两总体方差相同的假设下, 计算的结果更好一些, 这是因为两总体的方差本身就是相同的[①].

与单个总体的计算相同, t.test() 函数也可以完成两个正态总体均值差的置信区间的计算. 在计算时, 需要输入参数 x 和参数 y, 它们分别是来自两个总体的样本构成的数值向量, 和参数 var.equal, 它是逻辑变量, 表示两个总体的方差是否相同, 相同时取 TRUE, 否则取 FALSE (默认值).

例如, 对于例 5.18, 在两总体方差相同的假设下, 输入

```
> t.test(A, B, var.equal = TRUE)
```

得到 (只列出置信区间部分)

```
95 percent confidence interval:
 0.01669058 0.06734788
```

在两总体方差不同的假设下, 输入

```
> t.test(A, B)
```

得到 (只列出置信区间部分)

```
95 percent confidence interval:
 0.01385526 0.07018320
```

得到的计算结果与例 5.18 是相同的.

如果用 t.test() 函数计算单侧置信区间, 还需要输入参数 alternative 的值. 计算单侧置信下限, 取 alternative = "greater"; 计算单侧置信上限, 取 alternative = "less".

对于例 5.18, 两种假设的计算程序为:

```
t.test(A, B, var.equal = T, al = "g")
t.test(A, B, al = "g")
```

在上述程序中, T 是 TRUE 缩写, al 是 alternative 缩写, g 是 greater 缩写. 计算结果略.

3. 成对数据的区间估计

如果数据是成对出现的, 即 (X_i, Y_i) $(i = 1, 2, \cdots, n)$, 则可以做成对数据均值差的区间估

---

① 该结论的证明将在后面给出.

计, 其估计方法就是令 $Z_i = X_i - Y_i \ (i = 1, 2, \cdots, n)$, 然后对 Z 做单个总体均值的区间估计.

例 5.19 为研究两种工艺 (传统工艺和新工艺) 完成某项任务的时间有无显著差异, 现请 6 名熟练工人做试验, 他们分别使用两种工艺完成一项指定的任务, 所花时间如表 5.8 所示 (以表格形式存放在 Matched.data 文件中). 如果数据服从正态分布, 试计算两种工艺平均用时差的置信水平为 95% 的双侧置信区间和带有下限的单侧置信区间.

表 5.8　两种工艺完成某项任务的时间 (单位: 分钟)

工人	传统工艺	新工艺
1	6.0	5.4
2	5.0	5.2
3	7.0	6.5
4	6.2	5.9
5	6.0	6.0
6	6.4	5.8

解: 这是成对数据, 先计算两组数据的差, 再按照单个总体小样本数据的方法做计算. (1) 计算双侧置信区间 (程序名: exa_0519.R).

```
rt <- read.table("Matched.data")
Z <- rt$Method1 - rt$Method2
Z_bar <- mean(Z); S <- sd(Z); n <- length(Z)
alpha <- 0.05; t <- qt(1 - alpha/2, df = n-1)
c(Z_bar - S/sqrt(n)*t, Z_bar + S/sqrt(n)*t)
```

计算结果是:

```
[1] -0.05120834  0.65120834
```

从计算结果看到, 置信区间包含零, 不能说明新工艺优于传统工艺.

(2) 计算单侧置信区间的置信下限.

```
Z_bar - S/sqrt(n)*qt(1 - alpha, df = n-1)
```

计算结果是:

```
[1] 0.02469198
```

这说明, $\mu_1 - \mu_2 \in [0.024\,7, \infty) > 0$, 即 $\mu_1 > \mu_2$, 也就是说, 新工艺的平均用时较传统工艺少.

不同的方法得到不同的结论, 哪一个结论更可靠, 关于这一点将在假设检验一节做进一步的讨论.

使用 t.test() 函数的命令.

```
##% 计算双侧置信区间
t.test(rt$Method1, rt$Method2, paired = TRUE)
##% 计算带有置信下限的单侧置信区间
t.test(rt$Method1, rt$Method2, paired = TRUE, al="g")
```

得到的计算结果与前面公式的计算结果是相同的, 函数中的参数 paired 为逻辑变量, 当数据为成对数据时, 取 TRUE, 否则取 FALSE (默认值).

4. 总体比例差的区间估计

如果用比率 $\hat{p}_1 = \dfrac{m_1}{n_1}$ 和 $\hat{p}_2 = \dfrac{m_2}{n_2}$ 分别作为两个总体比例 p_1 和 p_2 的估计值, 其中 m_1 和 m_2 分别是两个总体中试验成功的次数, n_1 和 n_2 分别是两个总体中试验的总次数. 如果 n_1p_1、n_1q_1、n_2p_2 和 n_2q_2 $(q_i = 1 - p_i, i = 1, 2)$ 均大于等 5, 则

$$\hat{p}_1 - \hat{p}_2 \sim N\left(p_1 - p_2, \frac{p_1 q_1}{n_1} + \frac{p_2 q_2}{n_2}\right) \tag{5.51}$$

近似成立, 所以总体比例差 $p_1 - p_2$ 的置信水平为 $1 - \alpha$ 的双侧置信区间为:

$$\left[\hat{p}_1 - \hat{p}_2 \mp z_{\alpha/2}\sqrt{\frac{p_1 q_1}{n_1} + \frac{p_2 q_2}{n_2}}\right] \tag{5.52}$$

以及单侧置信区间 $[\underline{\theta}, 1]$, 其中置信下限:

$$\underline{\theta} = \hat{p}_1 - \hat{p}_2 - z_\alpha\sqrt{\frac{p_1 q_1}{n_1} + \frac{p_2 q_2}{n_2}} \tag{5.53}$$

和单侧置信区间 $[-1, \overline{\theta}]$, 其中置信上限:

$$\overline{\theta} = \hat{p}_1 - \hat{p}_2 + z_\alpha\sqrt{\frac{p_1 q_1}{n_1} + \frac{p_2 q_2}{n_2}} \tag{5.54}$$

由于式中的 p_1、p_2、q_1 和 q_2 未知, 在计算时可用样本比例 $\hat{p}_1$、$\hat{p}_2$、$\hat{q}_1$ 和 $\hat{q}_2$ 代替, 其中 $\hat{q}_i = 1 - \hat{p}_i$、$i = 1, 2$.

例 5.20 为了考查基层办事处的工作情况, 现抽查了两个办事处. 共抽查了办事处 1 的 250 份单据, 发现有 35 笔错误, 抽查了办事处 2 的 300 份单据, 发现有 27 笔错误. 试计算两个办事处出错比率差的置信水平为 90% 的置信区间.

解: 利用式 (5.52) 计算置信区间, 编写程序 (程序名: exa_0520.R).

```
m <- c(35, 27); n <- c(250, 300); alpha <- 0.1
z <- qnorm(1 - alpha/2); p <- m/n; q <- 1 - p
S <- sqrt(p[1]*q[1]/n[1]+p[2]*q[2]/n[2])
c(p[1] - p[2] - z*S, p[1] - p[2] + z*S)
```

计算结果是:

```
[1] 0.004815898 0.095184102
```

置信区间大于零, 这说明在 90% 置信水平下, 办事处 1 的出错率明显高于办事处 2.

在 R 中, 可以使用 prop.test() 函数计算总体比例差的置信区间. 对于例 5.20, 只需要输入

```
prop.test(x = m, n = n, conf.level = 0.90)
```

得到 (只列出置信区间部分)

```
90 percent confidence interval:
 0.001149231 0.098850769
```

这个结果与前一个结果还是有差别的, 这是因为在默认状态下, prop.test() 函数使用了连续型修正, 实际上, 这个结果更准确.

如果增加参数 correct = FALSE, 则两者的计算结果就相同了. 函数中的参数 correct 为逻辑变量, 取 TRUE (默认值) 表示在计算时使用连续型修正.

§5.4　假 设 检 验

假设检验是统计推断中的一个重要内容, 它利用样本数据对某个事先做出的统计假设按照某种设计好的方法进行检验, 判断此假设是否正确. 假设检验的应用范围很广, 例如, 确定一条生产线是否正常, 一种新药是否比其他药物的疗效更好等.

§5.4.1　假设检验的基本过程

为了解假设检验的基本过程, 先看一个例子.

例 5.21　设某工厂生产的一批产品, 其*次品率* p 是未知的. 按规定, 如果 $p \leqslant 0.01$, 则这批产品是合格的, 否则为不合格. 如果从这批产品中随机地抽取 100 件样品, 发现其中有 3 件次品, 那么这批产品是合格的呢, 还是不合格的?

1. 原假设与备择假设

在假设检验中, 首先要提出一个作为检验对象的假设, 常称为原假设或零假设, 记为 H_0. 与之相应, 为使问题表述得更明确, 还常提出一个与之对立的假设, 称为备择假设或对立假设, 记为 H_1.

下面讨论如何提出原假设或备择假设?

对于例 5.21, 在抽取的 100 件样品中就有 3 件次品, 样本的次品率为 3%, 明显高于产品次品率小于 1% 的要求, 所以我们可能更希望证明, 这批产品是不合格的. 也许, 更多的人希望这样列出原假设与备择假设:

$$H_0:　p \geqslant 0.01, \quad H_1:　p < 0.01$$

这种假设的提法是否合适, 需要从假设检验工作的基本原理说起.

(1) 假设检验使用了反证法的思想. 为了检验一个"假设"是否成立, 就先假定这个"假设"是成立的, 然后看由此会产生的后果. 如果导致一个不合理的现象出现, 那么就表明原先的假定不正确, 也就是说, "假设"不成立. 因此, 就拒绝这个"假设". 如果由此没有导出不合理的现象发生, 则不能拒绝原来的这个"假设", 称原假设是相容的.

(2) 假设检验又区别于纯数学中的反证法. 因为这里所谓的"不合理", 并不是形式逻辑中的绝对矛盾, 而是基于人们实践中广泛采用的一个原则: 小概率事件在一次观察中可以认为基本上不会发生.

从上述的工作原理可以看出, 拒绝是肯定的, 会有充分的理由说明提出的"假设"不成立. 但接受不是肯定的, 并没有充分的理由说明提出的"假设"成立, 而只是没有充分理由拒绝罢了.

因此, 从这种角度出发, 如果我们希望证明这批产品不合格, 应该做如下假设:

$$H_0:　p \leqslant 0.01, \quad H_1:　p > 0.01$$

这个例子说明, 我们希望成立的"假设"一般应与备择假设相一致. 如果拒绝原假设, 就有充分的理由得到我们希望得到的结论.

下面讨论如何对某一声明进行有效的检验. 例如, 某种品牌灯泡的说明书上标称该灯泡的平均使用寿命在 8 000 小时以上, 那么原假设与备择假设为:

$$H_0:　\mu \geqslant 8\,000, \quad H_1:　\mu < 8\,000$$

如果抽样检验的结果不能拒绝 H_0, 则不能对厂家的声称表示异议. 如果抽样检验的结果拒绝 H_0, 则可以推断备择假设 H_1 成立, 这批产品达不到厂家规定的要求.

因此, 生产商的声明一般被怀疑, 将其作为原假设, 如果拒绝原假设, 则该声明不成立.

还有一种情况, 无论是否拒绝 H_0, 都要采取相应的措施. 例如, 对收到的一批零件做检验, 决定是否接收这批货物, 达到质量标准就接收, 否则就退回给供应商. 假设有一批零件的平均直径为 50mm, 无论平均直径大于或者是小于 50mm, 都会出现装配的质量问题. 因此, 在这个例子中, 原假设与备择假设建立如下:

$$H_0: \quad \mu = 50, \quad H_1: \quad \mu \neq 50$$

在假设检验中, 可以作双侧检验 (也称为双边检验), 也可以作单侧检验 (也称为单边检验). 例如, 在上述例子中, $\mu = \mu_0 (= 50)$ 是双侧检验, 而 $\mu \geqslant \mu_0 (= 8000)$ 和 $p \leqslant p_0 (= 0.01)$ 就属于单侧检验.

2. 拒绝与接受

假设检验的依据是样本. 样本的某些取值可能对原假设 H_0 有利, 而另一些取值可能对 H_0 不利, 因此可以根据某种公认的合理准则将样本空间分成两部分. 一部分称为拒绝域, 当样本落入拒绝域时, 便拒绝 H_0; 另一部分可称为接受域, 当样本落入它时不拒绝 H_0.

对于例 5.21, 由于 X 分布为 $B(n,p)$, 当 $p = 0.01$、$n = 100$ 时, 容易计算出

$$P_{p=0.01}\{X \geqslant 3\} = 0.07937 < 0.10 \tag{5.55}$$

显然, 对于 $p < 0.01$, 这概率值还要小.

当假设 $H_0(p \leqslant 0.01)$ 成立时, 100 个样品中有 3 个或 3 个以上次品的概率不超过 0.08. 这可以看作是一个 "小概率" 事件. 而在一次试验中就发生了一个小概率事件是不大可能的. 因此, 事先做出的假设 "$p \leqslant 0.01$" 是非常可疑的. 在需要做出最终判决时, 就应该否定这个假设, 而认定这批产品是不合格的, 即认为 $p > 0.01$.

式 (5.55) 中有几项指标: (1) 式中的 0.10, 通常记为 α, 称为显著性水平, 常用的取值有 $\alpha = 0.10$、0.05 和 0.01; (2) 式中的 $X \geqslant 3$ 为拒绝域, 也就是说, 在 100 个样品中, 次品数大于等于 3 件, 则拒绝, 即认为这批产品不合格.

对于一般的假设检验问题, 如果 X 为样本构成的统计量, W 为一个子区间, 对于给定的 $\alpha \in (0,1)$, 若 W 满足:

$$P_{\theta=\theta_0}\{X \in W\} \leqslant \alpha \tag{5.56}$$

则称 W 为拒绝域, 称 α 为显著性水平, 即统计量 $X \in W$, 则拒绝原假设.

例如, 使用正态分布做均值的双侧检验 $H_0: \mu = \mu_0$, 设 Z 是由样本构成的统计量, 且服从标准正态分布, 由于

$$P_{\mu=\mu_0}\{|Z| > z_{\alpha/2}\} \leqslant \alpha \tag{5.57}$$

则定义 $(-\infty, -z_{\alpha/2})$ 和 $(z_{\alpha/2}, \infty)$ 为拒绝域, 也就是说, 当 Z 落入 $(-\infty, -z_{\alpha/2})$ 或者 $(z_{\alpha/2}, \infty)$, 则认为 H_0 不成立, 其中 $z_{\alpha/2}$ 定义为拒绝域的临界值.

对于单侧检验 $H_0: \mu \leqslant \mu_0$, 由于

$$P_{\mu=\mu_0}\{Z > z_\alpha\} \leqslant \alpha \tag{5.58}$$

则拒绝域定义为 (z_α, ∞), 即当统计量 Z 落入 (z_α, ∞) 时, 拒绝原假设 H_0, 其中 z_α 为临界值.
对于单侧检验 $H_0 : \mu \geqslant \mu_0$, 由于

$$P_{\mu=\mu_0}\{Z < -z_\alpha\} \leqslant \alpha \tag{5.59}$$

则拒绝域定义为 $(-\infty, -z_\alpha)$, 即当统计量 Z 落入 $(-\infty, z_\alpha)$ 时, 拒绝原假设 H_0, 其中 $-z_\alpha$ 为
临界值.

　　在统计教科书中, 一般是使用查表得到临界值 z_α 或 $z_{\alpha/2}$, 然后再通过统计量 Z 的值来
判断是拒绝, 还是接受. 当然, 使用计算机软件也能计算出拒绝域的临界值, 与统计量做比较,
再做判断, 但更方便的方法是计算统计量的 P 值.

　　关于 P 值的严格定义, 说起来较为复杂, 这里仅用正态分布来举例说明.

　　假设 Z 是在 $\mu = \mu_0$ 情况下计算出的样本统计量, 且服从标准正态分布, 则单侧检验
$H_0 : \mu \leqslant \mu_0$ 的 P 值定义为:

$$P\text{ 值} = P\{X > Z\} \tag{5.60}$$

其中 X 为标准正态分布的随机变量. 由式 (5.58) 和式 (5.60) 得到: P 值 $\leqslant \alpha$, 等价为
$Z \in (z_\alpha, \infty)$(见图 5.1).

　　单侧检验 $H_0 : \mu \geqslant \mu_0$ 的 P 值定义为:

$$P\text{ 值} = P\{X < Z\} \tag{5.61}$$

其中 X 为标准正态分布的随机变量. 由式 (5.59) 和式 (5.61) 得到: P 值 $\leqslant \alpha$, 等价为
$Z \in (-\infty, -z_\alpha)$(见图 5.2).

　　图 5.1 和图 5.2 说明了它们的等价情况.

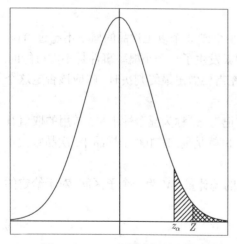

图 5.1　$Z \in (z_\alpha, \infty)$ 的情况

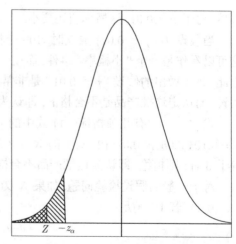

图 5.2　$Z \in (-\infty, -z_\alpha)$ 的情况

　　对于双侧检验, P 值的定义为:

$$P\text{ 值} = P\{X < -|Z|\} + P\{X > |Z|\} \tag{5.62}$$

其中 X 为标准正态分布的随机变量. 因此, 双侧检验的 P 值是单侧检验的 P 值 2 倍. 当 P
值 $< \alpha$, 等价于 $Z \in (-\infty, -z_{\alpha/2})$ 或者 $Z \in (z_{\alpha/2}, \infty)$.

　　从理论上讲, 显著性水平 α 可以取 $(0,1)$ 中的任何值, 但通常在做假设时, 往往对原假
设 H_0 事先有一定的信任度, 也就是说, 一旦拒绝 H_0, 就意味着做出一个重大的决策, 需谨
慎从事. 因此, 显著性水平 α 的取值为 0.1、0.05 和 0.01, 体现了 "保护原假设" 的思想.

例如, 对于例 5.21, 一旦拒绝, 是拒绝这批产品, 而不只是拒绝这 100 个样品, 因此要慎重. 如果取显著性水平 α 取为 0.05, 则还不能拒绝 H_0, 只有次品数大于等于 4, 才能拒绝.

3. 两类错误

假设检验使用了"小概率事件在一次观察中可以认为基本上不会发生"的原则, 因此, 不可避免会出现两类错误.

如果拒绝 H_0, 而 H_0 为真, 则称为第一类错误. 犯第一类错误的概率控制在显著性水平 α 之内, 即

$$P\{拒绝H_0 \mid H_0为真\} \leqslant \alpha$$

α 的取值为 0.1、0.05 和 0.01, 可以通过控制显著性水平 α 来控制犯第一类错误的概率. 从上述定义可以看出, 犯第一类错误的概率就是前面提到的 P 值.

如果接受 H_0, 而 H_0 为假, 则称为第二类错误. 犯第二类错误的概率常用 β 表示, 即:

$$\beta = P\{接受H_0 \mid H_0为假\}$$

通常来讲, 在给定样本容量的情况下, 如果减少犯第一类错误的概率, 就会增加犯第二类错误的概率. 而减少犯第二类错误的概率, 也会增加犯第一类错误的概率. 如果希望同时减少犯第一类和第二类错误的概率, 就需要增加样本容量, 但样本容量的增加, 需要增加抽样成本, 这有时是不可行的.

在统计检验中, 评价一个假设检验好坏的标准是统计检验功效, 所谓功效就是正确地否定了错误的原假设的概率, 常用 π 表示, 即

$$\pi = 1 - \beta = P\{拒绝H_0 \mid H_0为假\}$$

表 5.9 给出了检验中错误与正确之间的关系.

表 5.9 假设检验中错误和正确的结论

		总体情况	
		H_0 为真	H_0 为假
结论	接受 H_0	正确决策	第二类错误
	拒绝 H_0	第一类错误	正确决策 (功效)

§5.4.2 单个总体均值的检验

这里讨论单个总体均值的检验问题或总体比例的检验问题.

1. 大样本数据的检验

设 $X_1, X_2, \cdots, X_n$ 为来自总体 X 的一个样本, 其中 μ 为总体的均值, σ 为总体的标准差, $\overline{X}$ 为样本均值. 对于大样本数据 (通常指 $n \geqslant 30$), 式 (5.16) 近似成立.

对于双侧检验:

$$H_0: \mu = \mu_0, \qquad H_1: \mu \neq \mu_0$$

当 H_0 为真时, 统计量:

$$Z = \frac{\overline{X} - \mu_0}{\sigma/\sqrt{n}} \sim N(0,1) \tag{5.63}$$

近似成立. 因此, 拒绝域为 $|Z| > z_{\alpha/2}$, 其中 α 为显著性水平.

对于单侧检验:

$$H_0: \mu \leqslant \mu_0, \qquad H_1: \mu > \mu_0$$

其拒绝域为 $Z > z_\alpha$. 对于单侧检验:

$$H_0: \mu \geqslant \mu_0, \qquad H_1: \mu < \mu_0$$

其拒绝域为 $Z < -z_\alpha$. 上述方法称为正态检验法.

在上述计算中, 如果总体标准差 σ 未知, 则可用样本标准差 S 近似.

前面提到, 检查统计量 Z 是否属于拒绝域, 等价于检查 P 值是否小于 α, 这里给出关于正态分布 P 值的计算.

按照 P 值的定义式 (5.60)、式 (5.61) 和式 (5.62), 写出 P 值的计算程序 (程序名: P_value.R).

```
P_value <- function(Z, side = 0){
    p <- pnorm(Z)
    if (side < 0 ) p
    else if (side > 0 ) 1 - p
    else
        if (p<1/2) 2*p
        else      2*(1-p)
}
```

在程序中, 参数 Z 为样本统计量, 且近似服从标准正态分布. 参数取 side = 0 (默认值), 表示计算双侧检验的 P 值, 取 side = -1, 表示计算单侧检验 (H_1 为 "<") 的 P 值, 取 side = 1, 表示计算单侧检验 (H_1 为 ">") 的 P 值.

例 5.22 某部门抽检标称为 500g 的某品牌食品 36 份, 样本的均值为 495g, 样本标准差为 30g, 是否有理由说明该批食品的重量低于 500g? 取 $\alpha = 0.05$.

解: 这里做单侧检验.

$$H_0: \mu \geqslant 500, \quad H_1: \mu < 500$$

因为如果拒绝了原假设, 才有充分的理由说明该批食品在重量上不合格.

利用式 (5.63) 计算统计量 Z, 再利用函数 P_value() 计算 P 值, 编写程序 (程序名: exa_0522.R).

```
source("P_value.R")
x_bar <- 495; S <- 30; n <- 36; mu <- 500
Z <- (x_bar-mu)/(S/sqrt(n))
P_value(Z, side=-1)
```

计算出的 P 值是:

    [1] 0.1586553

P 值 > 0.05, 所以没有理由说明这批食品在重量上不合格.

例 5.23 餐饮业的研究者认为: 顾客评价, 对于餐饮业来讲是至关重要的. 研究者对某餐饮公司进行抽样调查, 请顾客按照由 1 至 5 进行评分, 其中 1 表示最低, 5 表示最高. 研究者认为, 该餐饮公司的平均得分不会超过 4.3 分, 32 位顾客的评分数据如表 5.10 所示 (数据存放在 score.data 文件中). 试分析, 该项调查能否支持研究者的结论? 取 $\alpha = 0.05$.

表 5.10 32 位顾客的评分数据

| 3 | 4 | 5 | 5 | 4 | 5 | 5 | 4 | 4 | 4 | 4 | 4 | 4 | 5 |
| 4 | 4 | 4 | 3 | 4 | 4 | 4 | 3 | 5 | 4 | 4 | 5 | 4 | 5 |

解: 这里做单侧检验.

$$H_0 : \mu \geqslant 4.3, \quad H_1 : \mu < 4.3$$

再计算统计量 Z 之前, 需要计算样本均值与样本标准差. 编写程序 (程序名: exa_0523.R).

```
X <- scan("score.data")
x_bar <- mean(X); S <- sd(X); n <- length(X); mu <- 4.3
Z <- (x_bar-mu)/(S/sqrt(n))
source("P_value.R"); P_value(Z, side = -1)
```

计算出的 P 值是:

```
[1] 0.07833929
```

在显著性水平为 0.05 的情况下, 还不能支持研究者的结论.

2. 小样本数据的检验

设 $X_1, X_2, \cdots, X_n$ 为来自正态总体 $X \sim N(\mu, \sigma^2)$ 的一个样本, $\overline{X}$ 为样本均值, S 为样本标准差. 如果 $\overline{X}$ 与 S^2 相互独立, 则式 (5.23) 成立. 也就是说, 对于双侧检验, H_0 为真时 $(\mu = \mu_0)$, 统计量:

$$T = \frac{\overline{X} - \mu_0}{S/\sqrt{n}} \sim t(n-1) \tag{5.64}$$

成立. 因此, 拒绝域为 $|T| > t_{\alpha/2}(n-1)$, 其中 α 为显著性水平.

对于单侧检验 $(H_0 : \mu \leqslant \mu_0)$, 其拒绝域为 $T > t_\alpha(n-1)$. 单侧检验 $(H_0 : \mu \geqslant \mu_0)$, 其拒绝域为 $T < -t_\alpha(n-1)$. 上述方法称为 T 检验法.

对于小样本数据, 也可以按照大样本数据的方法编写程序. 但这项工作, 大家就不必做了, 因为 R 提供了 T 检验的函数.

在 R 中, t.test() 函数可完成单个总体均值的 T 检验的工作, 并给出相应的置信区间, 其使用格式为:

```
t.test(x, y = NULL,
    alternative = c("two.sided", "less", "greater"),
    mu = 0, paired = FALSE, var.equal = FALSE,
    conf.level = 0.95, ...)
```

部分参数的名称、取值及意义如表 5.11 所示.

表 5.11 t.test( ) 函数中部分参数的名称、取值及意义 (1)

名称	取值及意义
x	数值向量, 由来自总体的样本构成
alternative	字符串, 表示备择假设选项. 取 "two.sided" (默认值) 表示双侧检验; 取 "less" 表示"<" 的单侧检验; 取 "greater" 表示">"的单侧检验
mu	数值, 表示原假设 μ_0, 默认值为 0
conf.level	$0 \sim 1$ 之间的数值, 表示置信水平, 默认值为 0.95

例 5.24 某种元件的寿命 X 服从正态分布 $N(\mu, \sigma^2)$, 其中 μ 和 σ^2 均未知. 现测得 16 只元件的寿命如表 5.12 所示 (数据存放在 survival.data 文件中). 问是否有理由认为元件的平均寿命大于 225(小时)? 取 $\alpha = 0.05$.

表 5.12   16 只元件的寿命 (单位: 小时)

159	280	101	212	224	379	179	264
222	362	168	250	149	260	485	170

解: 按照前面提到的方法, 在假设检验中, 希望得到的结论应与备择假设相一致, 即检验:

$$H_0 : \mu \leqslant 225, \qquad H_1 : \mu > 225$$

输入数据, 调用 t.test() 函数做检验 (程序名: exa_0524.R).

```
X <- scan("survival.data")
t.test(X, alternative = "greater", mu = 225)
```

计算结果如下:

```
        One Sample t-test
  data:  X
  t = 0.6685, df = 15, p-value = 0.257
  alternative hypothesis: true mean is greater than 225
  95 percent confidence interval:
   198.2321      Inf
  sample estimates:
  mean of x
      241.5
```

在函数的输出中, t 为 T 统计量, 也就是式 (5.64) 中的 T, 这里是 0.6685. df 为自由度, 也就是 $n-1$, 这里是 15. p-value 为 P 值, 这里是 0.257. alternative hypothesis 为备择假设 ($\mu > 225$), 以及均值 μ 的 95% 置信区间和 μ 的估计值. 由于这里做的是单侧检验, 因而给出的也是单侧置信区间.

由于 P 值 $(= 0.257) > 0.05$, 不能拒绝原假设, 接受 H_0, 即认为平均寿命不大于 225 小时.

实际上, 对于大样本数据, 也可以直接使用 t.test() 函数做均值的检验, 当 n 较大时, $X \sim t(n)$ 与 $X \sim N(0, 1)$ 非常接近, 因此, 正态检验和 T 检验的结果相差不大. 例如, 对于例 5.23, T 检验的结果如下:

```
> t.test(X, mu = 4.3, al = "l")


        One Sample t-test
  data:  X
  t = -1.4163, df = 31, p-value = 0.08332
  alternative hypothesis: true mean is less than 4.3
  95 percent confidence interval:
```

```
      -Inf 4.328336
sample estimates:
mean of x
   4.15625
```

P 值为 0.08332, 也不能支持研究者的结论.

3. 总体比例的检验

如果用样本比率 $\hat{p} = \dfrac{m}{n}$ 作为总体比例 p 的估计, 其中 m 是成功的次数, n 是试验总次数. 当 $np \geqslant 5$ 和 $nq \geqslant 5$ $(q = 1 - p)$ 时, 式 (5.28) 近似成立.

对于双侧检验:
$$H_0: \quad p = p_0, \qquad H_1: \quad p \neq p_0$$

当 H_0 为真时, 统计量:
$$Z = \frac{\hat{p} - p_0}{\sqrt{\dfrac{p_0\, q_0}{n}}} \sim N(0,1) \tag{5.65}$$

近似成立, 其中 $q_0 = 1 - p_0$. 因此, 拒绝域为 $|Z| > z_{\alpha/2}$, 其中 α 为显著性水平.

对于单侧检验:
$$H_0: \quad p \leqslant p_0, \qquad H_1: \quad p > p_0$$

其拒绝域为 $Z > z_\alpha$. 对于单侧检验:
$$H_0: \quad p \geqslant p_0, \qquad H_1: \quad p < p_0$$

其拒绝域为 $Z < -z_\alpha$. 上述方法称为正态检验法.

对于小样本数据不能用正态分布做近似检验, 需要直接用二项分布做精确检验. 这里不给出二项分布的统计量和 P 值的计算公式, 直接介绍 R 中相关函数的使用.

在 R 中, binom.test() 函数用作二项分布的精确检验, 其使用格式为:

```
binom.test(x, n, p = 0.5,
        alternative = c("two.sided", "less", "greater"),
        conf.level = 0.95)
```

部分参数的名称、取值及意义如表 5.13 所示.

表 5.13   binom.test( ) 函数中部分参数的名称、取值及意义

名称	取值及意义
x	正整数或二维向量, 表示试验成功的次数, 或表示成功与失败的次数
n	正整数, 表示试验次数, 当 x 为向量时, 此值无效
p	假设中试验成功的概率, 即 p_0, 默认值 0.5

例 5.25　用 binom.test() 函数完成例 5.21 的检验, 取 $\alpha = 0.10$.

解: 在前面已分析过, 需要检验:
$$H_0: p \leqslant 0.01, \qquad H_1: p > 0.01$$

这里的数据不满足 $np \geqslant 5$ 的条件, 不能用近似检验. 下面是程序和计算结果.

```
> binom.test(x = 3, n = 100, p = 0.01, al = "g", conf.level = 0.90)
        Exact binomial test
data:  3 and 100
number of successes = 3, number of trials = 100, p-value = 0.07937
alternative hypothesis: true probability of success is greater than 0.01
90 percent confidence interval:
 0.01107072 1.00000000
sample estimates:
probability of success
                0.03
```

这里的显著性水平 $\alpha = 0.10$, 因此, 取置信水平 conf.level = 0.90.

在输出中, 有试验成功的次数、总的试验次数、P 值、备择假设、比率的置信区间, 以及比率的估计值.

这里的 P 值 $(= 0.07937) < 0.10$, 拒绝原假设, 认为这批产品不合格. 从置信区间来看, 它大于 0.01, 也说明同样的结论. 如果取显著性水平 $\alpha = 0.05$, 则得不到上述结论.

对于大样本数据, 可以使用正态分布方法做近似计算. 这里也不用编写程序, R 已提供了近似计算的函数, 但它使用的不是正态分布, 而是 χ^2 分布, 因为标准正态随机变量的平方服从 χ^2 分布.

在 R 中, prop.test() 函数用作二项分布的近似检验, 其使用格式为:

```
prop.test(x, n, p = NULL,
        alternative = c("two.sided", "less", "greater"),
        conf.level = 0.95, correct = TRUE)
```

对于单个总体比率的检验, 参数 x、n、p 的取值及意义与 binom.test() 函数相同 (见表 5.13). 由于是做近似检验, 对于 n 和 p, 需要满足 $np \geqslant 5$ 和 $nq \geqslant 5$ $(q = 1 - p)$.

例 5.26   某医院研究乳腺癌家族史对于乳腺癌发病率的影响. 假设调查了 10 000 名 50~54 岁的妇女, 她们的母亲曾有乳腺癌. 发现她们在那个生存期的某个时刻有 400 例乳腺癌, 而全国在该年龄段的妇女乳腺癌的患病率为 2%, 这组数据能否说明乳腺癌的患病率与家族遗传有关?

解: $p_0 = 0.02$, 即检验:

$$H_0: p = 0.02, \qquad H_1: p \neq 0.02$$

这是大样本数据, 可以用近似检验.

```
> prop.test(400, 10000, p = 0.02)
    1-sample proportions test with continuity correction
data:  400 out of 10000, null probability 0.02
X-squared = 203.06, df = 1, p-value < 2.2e-16
alternative hypothesis: true p is not equal to 0.02
95 percent confidence interval:
 0.03628490 0.04407297
sample estimates:
```

```
          p
       0.04
```

在输出中, 有 χ^2 统计量 (X-squared)、自由度 (df)、P 值 (p-value) 和比率 p 的置信区间, 以及比率 p 的估计值.

由于 P 值 $(= 2.2 \times 10^{-16}) \ll 0.05$, 拒绝原假设, 即乳腺癌的患病率不等于 2%. 置信区间 $[0.036\ 3,\ 0.044\ 1] > 0.02$, 说明 $p > 0.02$, 即乳腺癌的患病率与家族遗传有关, 而且是正相关的.

也可以做单侧检验:
$$H_0 : p \leqslant 0.02, \qquad H_1 : p > 0.02$$

(留给读者完成) 其结论是拒绝原假设, 即有乳腺癌家族史的人群会增加乳腺癌的患病率.

当然, 对于大样本数据, 也可以做精确检验, 例如, 对于例 5.26, 使用

```
> binom.test(400, 10000, p = 0.02)
```

得到的结论是相同的, 而且两者只有很小的误差, 这也说明, 近似计算是合理的.

§5.4.3 两个总体均值差的检验

这里讨论两个总体均值差的检验问题或总体比例差的检验问题.

1. 大样本数据的检验

若 $X_1, X_2, \cdots, X_{n_1}$ 是来自总体 X 的样本, 其中 μ_1 为总体 X 的均值, σ_1 为总体 X 的标准差, $\overline{X}$ 为样本均值. $Y_1, Y_2, \cdots, Y_{n_2}$ 是来自总体 Y 的样本, 其中 μ_2 为总体 Y 的均值, σ_2 为总体 Y 的标准差, $\overline{Y}$ 为样本均值. 对于大样本数据 $(n_1 \geqslant 30$ 且 $n_2 \geqslant 30)$, 式 (5.37) 近似成立.

对于双侧检验:
$$H_0 : \mu_1 = \mu_2, \qquad H_1 : \mu_1 \neq \mu_2$$

当 H_0 为真时, 统计量:

$$Z = \frac{\overline{X} - \overline{Y}}{\sqrt{\dfrac{\sigma_1^2}{n_1} + \dfrac{\sigma_2^2}{n_2}}} \ \sim \ N(0,1) \tag{5.66}$$

近似成立. 因此, 拒绝域为 $|Z| > z_{\alpha/2}$, 其中 α 为显著性水平.

对于单侧检验:
$$H_0 : \mu_1 \leqslant \mu_2, \qquad H_1 : \mu_1 > \mu_2$$

其拒绝域为 $Z > z_\alpha$. 单侧检验:
$$H_0 : \mu_1 \geqslant \mu_2, \qquad H_1 : \mu_1 < \mu_2$$

其拒绝域为 $Z < -z_\alpha$. 上述方法仍称为正态检验法.

例 5.27 (续例 5.15) 使用假设检验的方法说明, 该厂的蓝领工人与白领工人因病损失的工作时间是否存在着显著差异? 取 $\alpha = 0.05$.

解: 做双侧检验.
$$H_0 : \mu_1 = \mu_2, \qquad H_1 : \mu_1 \neq \mu_2$$

按式 (5.66) 计算统计量, 再计算 P 值. 写出程序 (程序名: exa_0527.R).

```
source("P_value.R")
Xbar <- 11.5; S1 <- 10.2; n1 <- 45
Ybar <- 9.0; S2 <- 5.58; n2 <- 38
Z <- (Xbar - Ybar) / sqrt(S1^2/n1 + S2^2/n2); P_value(Z)
```

计算出的 P 值是:

```
[1] 0.1577227
```

因此, 与区间估计计算的结论相同, 两类蓝领工人因病损失的工作时间不存在显著差异.

例 5.28(续例 5.16)　使用假设检验的方法说明, 甲、乙两机场的得分情况是否存在显著的差异? 取 $\alpha = 0.05$.

解: 计算过程与例 5.27 相同, 但需要计算样本均值和样本方差 (已在 exa_0516.R 中计算, 直接调用该程序), 然后计算统计量和 P 值. 写出计算程序 (程序名: exa_0528.R).

```
source("P_value.R"); source("exa_0516.R")
Z <- (Xbar - Ybar) / sqrt(S1^2/n1 + S2^2/n2); P_value(Z)
```

计算出的 P 值是:

```
[1] 0.4027371
```

与区间估计得到的结论相同, 甲、乙两机场的平均得分没有显著差异.

2. 小样本数据的检验

若 $X_1, X_2, \cdots, X_{n_1}$ 是来自总体 $X \sim N(\mu_1, \sigma_1^2)$ 的样本, $Y_1, Y_2, \cdots, Y_{n_2}$ 是来自总体 $Y \sim N(\mu_2, \sigma_2^2)$ 的样本, 并且两样本独立. 令 $\overline{X}$ 和 $\overline{Y}$ 分别为两组样本的均值, S_1^2 和 S_2^2 分别为两组样本的方差.

当两总体的方差相同 ($\sigma_1^2 = \sigma_2^2$) 时, 式 (5.41) 成立. 也就是说, 对于双侧检验, H_0 为真时 ($\mu_1 = \mu_2$), 统计量满足:

$$T = \frac{\overline{X} - \overline{Y}}{S_w \sqrt{\dfrac{1}{n_1} + \dfrac{1}{n_2}}} \sim t(n_1 + n_2 - 2) \tag{5.67}$$

其中 S_w 由式 (5.42) 得到. 因此, 拒绝域为 $|T| > t_{\alpha/2}(n_1 + n_2 - 2)$, 其中 α 为显著性水平.

对于单侧检验 ($H_0 : \mu_1 \leqslant \mu_2$), 其拒绝域为 $T > t_{\alpha}(n_1 + n_2 - 2)$. 单侧检验 ($H_0 : \mu_1 \geqslant \mu_2$), 其拒绝域为 $T < -t_{\alpha}(n_1 + n_2 - 2)$.

当两总体的方差不同 ($\sigma_1^2 \neq \sigma_2^2$) 时, 式 (5.46) 近似成立. 也就是说, 对于双侧检验, H_0 为真时 ($\mu_1 = \mu_2$), 统计量满足:

$$T = \frac{\overline{X} - \overline{Y}}{\sqrt{\dfrac{S_1^2}{n_1} + \dfrac{S_2^2}{n_2}}} \sim t(\hat{\nu}) \tag{5.68}$$

近似成立, 其中 $\hat{\nu}$ 由式 (5.47) 得到. 因此, 拒绝域为 $|T| > t_{\alpha/2}(\hat{\nu})$, 其中 α 为显著性水平.

对于单侧检验 ($H_0 : \mu_1 \leqslant \mu_2$), 其拒绝域为 $T > t_{\alpha}(\hat{\nu})$. 单侧检验 ($H_0 : \mu_1 \geqslant \mu_2$), 其拒绝域为 $T < -t_{\alpha}(\hat{\nu})$. 上述方法仍称为 T 检验法.

对于成对数据的检验, 与成对数据的区间估计相同, 只需令 $Z = X - Y$, 做单个总体的检验即可.

在 R 中, t.test() 函数可完成两个总体均值差的 T 检验的工作, 并给出相应的置信区间, 其使用格式为:

```
t.test(x, y = NULL,
    alternative = c("two.sided", "less", "greater"),
    mu = 0, paired = FALSE, var.equal = FALSE,
    conf.level = 0.95, ...)
```

部分参数的名称、取值及意义如表 5.14 所示.

表 5.14　t.test( ) 函数中部分参数的名称、取值及意义 (2)

名称	取值及意义
x, y	数值向量, 由来自总体 X 和 Y 的样本构成
mu	数值, 表示原假设 $\mu_1 - \mu_2$ 的差, 默认值为 0
paired	逻辑变量, 表示是否完成成对 (或配对) 数据的检验, 默认值为 FALSE
var.equal	逻辑变量, 表示两样本的总体的方差是否相同, 默认值为 FALSE

例 5.29　在平炉上进行一项试验以确定改变操作方法的建议是否会增加钢的得率, 试验是在同一个平炉上进行的. 每炼一炉钢时除操作方法外, 其他条件都尽可能做到相同. 先用标准方法炼一炉, 然后用新方法炼一炉, 以后交替进行, 各炼了 10 炉, 其得率如表 5.15 所示 (数据存放在 test.data 的表格文件中). 设这两个样本相互独立, 并且分别来自正态总体 $N(\mu_1 \sigma^2)$ 和 $N(\mu_2, \sigma^2)$, 其中 μ_1、μ_2 和 σ^2 未知. 问新的操作能否提高得率? (取 $\alpha = 0.05$.)

表 5.15　两种方法的得率

	标准方法	新方法		标准方法	新方法
1	78.1	79.1	6	78.4	79.1
2	72.4	81.0	7	76.0	79.1
3	76.2	77.3	8	75.5	77.3
4	74.3	79.1	9	76.7	80.2
5	77.4	80.0	10	77.3	82.1

解: 根据题意知, $\sigma_1^2 = \sigma_2^2 = \sigma^2$, 即方差相等模型, 检验:

$$H_0: \mu_1 = \mu_2, \quad H_1: \mu_1 \neq \mu_2$$

以下是程序 (程序名: exa_0529.R).

```
rt <- read.table("test.data")
with(rt, t.test(old, new, var.equal = TRUE))
```

由于 test.data 是表格文件, 用 read.table() 函数读取, 其返回值是数据框, 使用 with() 函数, 调用其成员作为变量 (old 为标准方法, new 为新方法). 计算结果如下:

```
        Two Sample t-test
data:  old and new
t = -4.2957, df = 18, p-value = 0.0004352
alternative hypothesis: true difference in means is not equal to 0
95 percent confidence interval:
 -4.765026 -1.634974
sample estimates:
```

```
mean of x mean of y
    76.23     79.43
```

在函数的输出中, 有 T 统计量 (t)、自由度 (df)、P 值 (p-value) 和均值差 $\mu_1 - \mu_2$ 的置信区间, 以及 μ_1 和 μ_2 的估计值.

由于 P 值 $(= 0.0004352) \ll 0.05$, 因而拒绝原假设, 即 $\mu_1 \neq \mu_2$. 再利用 $\mu_1 - \mu_2$ 的置信区间 $[-4.765, -1.635] < 0$, 可以说明新操作方能够提高得率.

如果使用单侧检验:

$$H_0 : \mu_1 \geqslant \mu_2, \quad H_1 : \mu_1 < \mu_2$$

也可得到同样的结论.

t.test() 函数的另一种使用格式是公式形式, 其使用格式为:

```
t.test(formula, data, subset, na.action, ...)
```

参数的名称、取值及意义如表 5.16 所示.

表 5.16   t.test( ) 函数中部分参数的名称、取值及意义 (3)

名称	取值及意义
formula	形如 value ~ group 的公式, 其中 value 为数据, group 为数据的分组情况, 通常是因子向量
data	矩阵或数据框, 由样本数据构成
subset	可选向量, 表示使用样本的子集

例 5.30   为了分析雾天与晴天对果园使用杀虫剂的效果, 现收集了 12 天喷洒杀虫剂时果园的空气样本, 如表 5.17 所示 (以表格形式存放在 insecticide.data 文件中). 利用这些数据检验空气中的氧/硫比值在雾天与晴天之间是否存在显著差异? $(\alpha = 0.05.)$

表 5.17   喷洒杀虫剂时果园的空气数据 (单位: ng/m³)

	环境	硫	氧		环境	硫	氧
1	雾	38.2	10.3	7	晴	46.4	27.4
2	雾	28.6	6.9	8	雾	135.9	44.8
3	雾	30.2	6.2	9	雾	102.9	27.8
4	雾	23.7	12.4	10	晴	28.9	6.5
5	晴	74.1	45.8	11	雾	46.9	11.2
6	雾	88.2	9.9	12	晴	44.3	16.6

解: 数据文件 insecticide.data 具有如下形式.

```
       E    S    O
1    fog  38.2 10.3
2    fog  28.6 6.9
...  ...  ...  ...
11   fog  46.9 11.2
12  clear 44.3 16.6
```

其中, E 表示环境; S 表示硫的含量; O 表示氧的含量, 这种形式特别适用于 t.test() 函数中公式格式的计算. 这里需要假设空气中的氧/硫比服从正态分布, 但并不要求两总体的方差相同, 因此采用方差不同模型. 计算程序 (程序名: exa_0530.R) 如下:

```
rt <- read.table("insecticide.data")
rt$R <- rt$O/rt$S
t.test(R ~ E, data = rt)
```

计算结果为:

```
        Welch Two Sample t-test

data:  R by E

t = 1.7439, df = 4.261, p-value = 0.1517

alternative hypothesis: true difference in means is not equal to 0

95 percent confidence interval:

 -0.09882069  0.45536999

sample estimates:

mean in group clear    mean in group fog

        0.4520581            0.2737834
```

计算结果表明, 雾天与晴天空气中的氧硫比并没有显著性差异.

由于当 n 较大时, t 分布与标准正态分布非常近似, 因而对于大样本数据可以直接使用 t.test() 函数计算. 例如, 对于例 5.28, 直接用 t.test() 函数, 其计算结果为:

```
> t.test(X, Y)


        Welch Two Sample t-test

data:  X and Y

t = -0.8367, df = 97.164, p-value = 0.4048

alternative hypothesis: true difference in means is not equal to 0

95 percent confidence interval:

 -1.2813268  0.5213268

sample estimates:

mean of x mean of y

     6.34      6.72
```

这个结果说明, 甲、乙两机场的平均得分没有显著差异. 比较 P 值和例 6.5 计算出的置信区间, 计算误差都不大.

例 5.31   利用 t.test() 函数, 对成对数据 (例 5.19) 做检验, 说明传统工艺与新工艺在完成某项任务的时间上是否存在显著差异.

解: 做双侧检验:
$$H_0: \mu_1 = \mu_2, \qquad H_1: \mu_1 \neq \mu_2$$

写出程序 (程序名: exa_0531.R).

```
rt <- read.table("Matched.data")
with(rt, t.test(Method1, Method2, paired = T))
```

其计算结果为:

```
        Paired t-test

data:  Method1 and Method2
```

```
t = 2.1958, df = 5, p-value = 0.07952
alternative hypothesis: true difference in means is not equal to 0
95 percent confidence interval:
 -0.05120834   0.65120834
sample estimates:
mean of the differences
                0.3
```

在 $\alpha = 0.05$ 的条件下, 不存在显著差异.

做单侧检验:

$$H_0:\ \mu_1 \leqslant \mu_2, \qquad H_1:\ \mu_1 > \mu_2$$

```
> with(rt, t.test(Method1, Method2, paired = T, al = "g"))


        Paired t-test
data:  Method1 and Method2
t = 2.1958, df = 5, p-value = 0.03976
alternative hypothesis: true difference in means is greater than 0
95 percent confidence interval:
 0.02469198           Inf
sample estimates:
mean of the differences
                0.3
```

在 $\alpha = 0.05$ 的条件下, 存在显著差异. 这两个结论与例 5.19 相同, 事实上, 得到的置信区间也相同.

从假设检验的原理与得到的 P 值来看, 第 2 个结论 (存在显著差异) 应该更合理.

3. 总体比例差的检验

如果用比率 $\hat{p}_1 = \dfrac{m_1}{n_1}$ 和 $\hat{p}_2 = \dfrac{m_2}{n_2}$ 分别作为两个总体比例 p_1 和 p_2 的估计值, 其中 m_1 和 m_2 分别是两个总体中试验成功的次数, n_1 和 n_2 分别是两个总体中试验的总次数. 如果 $n_1 p_1$、$n_1 q_1$、$n_2 p_2$ 和 $n_2 q_2$ $(q_i = 1 - p_i, i = 1, 2)$ 均大于等 5, 则式 (5.51) 近似成立.

对于双侧检验:

$$H_0:\ p_1 = p_2, \qquad H_1:\ p_1 \neq p_2$$

当 H_0 为真时, 统计量:

$$Z = \frac{\hat{p}_1 - \hat{p}_2}{\sqrt{p\,q\left(\dfrac{1}{n_1} + \dfrac{1}{n_2}\right)}} \ \sim\ N(0, 1) \tag{5.69}$$

近似成立, 其中:

$$p = \frac{m_1 + m_2}{n_1 + n_2} = \frac{n_1 \hat{p}_1 + n_2 \hat{p}_2}{n_1 + n_2}, \quad q = 1 - p \tag{5.70}$$

因此, 拒绝域为 $|Z| > z_{\alpha/2}$, 其中 α 为显著性水平.

对于单侧检验:

$$H_0: \ p_1 \leqslant p_2, \qquad H_1: \ p_1 > p_2$$

其拒绝域为 $Z > z_\alpha$. 单侧检验:

$$H_0: \ p_1 \geqslant p_2, \qquad H_1: \ p_1 < p_2$$

其拒绝域为 $Z < -z_\alpha$.

在 R 中, 用 prop.test() 函数来完成二项分布的近似检验, 其使用格式为:

```
prop.test(x, n, p = NULL,
        alternative = c("two.sided", "less", "greater"),
        conf.level = 0.95, correct = TRUE)
```

部分参数的名称、取值及意义如表 5.18 所示.

表 5.18　prop.test( ) 函数中部分参数的名称、取值及意义

名称	取值及意义
x	整数向量或 2 列矩阵, 表示成功的次数或成功与失败的次数
n	整数向量, 表示试验的次数, 当 x 为矩阵时, 该值无效
p	向量, 表示试验成功的概率, 必须与 x 有相同的维数, 且值在 0 至 1 之间, 默认值为 NULL
correct	逻辑变量, 表示是否对统计量做连续修正

例 5.32　为节约能源, 某地区政府鼓励人们拼车出行, 采取的措施是在指定的某些高速路段, 载有两人以上的车辆减收道路通行费. 为评价该项措施的效果, 随机选取了未减收路费路段的车辆 2 000 辆和减收路费路段的车辆 1 500 辆, 发现分别有 652 辆和 576 辆是两人以上的. 这些数据能否说明这项措施实施后能提高合乘汽车的比率?

解: 检验:

$$H_0: p_1 = p_2, \qquad H_1: p_1 \neq p_2$$

以下是程序和计算结果.

```
> n <- c(2000, 1500); x <- c(652, 576); prop.test(x, n)
    2-sample test for equality of proportions
    with continuity correction
data:  x out of n
X-squared = 12.4068, df = 1, p-value = 0.0004278
alternative hypothesis: two.sided
95 percent confidence interval:
 -0.09064286 -0.02535714
sample estimates:
prop 1 prop 2
 0.326   0.384
```

在输出中, 有 χ^2 统计量 (X-squared)、自由度 (df)、P 值 (p-value) 和比率差的置信区间, 以及 p_1 和 p_2 的估计值.

P 值 (= 0.000 427 8) $\ll$ 0.05, 拒绝原假设, 即这两组数据的比例不相同. 置信区间 $[-0.090\,6, -0.025\,4] < 0$ 说明 $p_1 < p_2$, 即这项措施的实施有助于提高合乘汽车的比率.

也可以做单侧检验

$$H_0: p_1 \geqslant p_2, \qquad H_1: p_1 < p_2$$

会得到同样的结论 (留给读者完成).

从上述计算结果可以看出, prop.test() 函数没有使用正态分布做检验, 而是采用 χ^2 分布做检验, 这是由于, 当 $Z \sim N(0,1)$ 时, 有 $Z^2 \sim \chi^2(1)$. 这样做的优点是很容易将两个总体的假设检验方法推广到 $m(\geqslant 3)$ 个总体的检验中. 请看下面的例子.

例 5.33　视频工程师使用时间压缩技术来缩短播放广告节目所要求的时间, 但较短的广告是否有效? 为回答这个问题, 将 200 名大学生随机地分成 3 组. 第 1 组 (57 名学生) 观看一个包含 30s 广告的电视节目录像带. 第 2 组 (74 名学生) 观看同样的录像带, 但是 24s 时间压缩版的广告; 第 3 组 (69 名学生) 观看 20s 时间压缩版的广告. 观看录像带两天之后, 询问这 3 组学生广告中品牌的名称. 表 5.19 给出每组学生回答情况的人数. 试分析 3 种类型广告的播放效果是否有显著差异.

表 5.19　播放不同类型广告节目的播放效果

回忆品牌名称	广告类型			合计
	正常版本 (30s)	压缩版本 1 (24s)	压缩版本 2 (20s)	
能	15	32	10	57
否	42	42	59	143
合计	57	74	69	200

解: 如果 3 种类型的广告无显著差异, 那么能回忆品牌名称的比例应该是相同的, 所以检验:

$$H_0: p_1 = p_2 = p_3, \qquad H_1: p_1 、 p_2 、 p_3 不全相同$$

程序 (程序名: exa_0533.R) 和计算结果如下.

```
X <- matrix(c(15, 32, 10, 42, 42, 59), nrow = 2, byrow = T)
colnames(X) <- c("30s", "24s", "20s")
rownames(X) <- c("Yes", "No")
X.yes <- X["Yes", ]; X.total <- margin.table(X, 2)
prop.test(X.yes, X.total)


    3-sample test for equality of proportions without
    continuity  correction
data:  X.yes out of X.total
X-squared = 14.6705, df = 2, p-value = 0.0006521
alternative hypothesis: two.sided
sample estimates:
   prop 1    prop 2    prop 3
0.2631579 0.4324324 0.1449275
```

程序将表 5.19 中的数据输入给 X, 再用 margin.table() 计算参加测试的总数, 最后用 prop.test() 函数做检验.

计算结果中, P 值 $(= 0.000\,652\,1) \ll 0.05$, 拒绝原假设, 说明 3 种类型的广告播放效果是有差异的. 但从得到的比率来看, 采用压缩版本 1(24s) 的效果最好.

在拒绝原假设后, 只知道各组的比率有差异, 但并不知道, 谁与谁有显著差异. 这就需要做多重比较, 称为比率的多重检验.

这个问题可以由 pairwise.prop.test() 函数完成, 其使用格式为:

```
pairwise.prop.test(x, n,
        p.adjust.method = p.adjust.methods, ...)
```

参数 x 和 n 的意义与 prop.test() 函数相同 (见表 5.18).

对例 5.33 的数据做比率的多重比较, 程序和计算结果如下:

```
> pairwise.prop.test(X.yes, X.total)


Pairwise comparisons using Pairwise comparison of proportions
data:  X.yes out of X.total
     30s    24s
24s 0.138 -
20s 0.152 0.001
P value adjustment method: holm
```

计算结果表明: 正常版本 (30s) 与压缩版本 1 (24s)、正常版本与压缩版本 2 (20s) 无显著差异, 而压缩版本 1 (24s) 与压缩版本 2 (20s) 有显著差异.

这里再介绍 R 中与比率检验有关的函数 prop.trend.test() 函数 —— 比率趋势的检验. 该函数检验:

$$H_0: p_1 = p_2 = \cdots = p_k, \quad H_1: p_1 \leqslant p_2 \leqslant \cdots \leqslant p_k$$

或者

$$H_0: p_1 = p_2 = \cdots = p_k, \quad H_1: p_1 \geqslant p_2 \geqslant \cdots \geqslant p_k$$

prop.trend.test() 函数的使用格式为:

```
prop.trend.test(x, n, score = seq_along(x))
```

参数 x 为事件数. n 为试验次数. score 为分组得分, 默认值为自然顺序.

对例 5.33 的数据做比例趋势检验, 程序和计算结果如下:

```
> prop.trend.test(X.yes, X.total)
        Chi-squared Test for Trend in Proportions
data:  X.yes out of X.total ,
 using scores: 1 2 3
X-squared = 2.7771, df = 1, p-value = 0.09562

> prop.trend.test(X.yes, X.total, score=c(2,1,3))
        Chi-squared Test for Trend in Proportions
data:  X.yes out of X.total ,
 using scores: 2 1 3
X-squared = 14.5403, df = 1, p-value = 0.0001372
```

按自然顺序则无显著差异, 按规定顺序则有显著差异.

§5.4.4 功效与样本容量

所谓功效 (记为 π) 就是正确地否定了错误的原假设的概率, 即

$$\pi = 1 - \beta = P\{拒绝 H_0 \mid H_0 为假\} \tag{5.71}$$

下面讨论功效与样本容量之间的关系.

1. 正态分布

设 $X_1, X_2, \cdots, X_n$ 是来自正态总体 $X \sim N(\mu, \sigma^2)$ 的样本, 且 σ 已知. 做单侧检验:

$$H_0: \mu = \mu_0, \qquad H_1: \mu = \mu_1 < \mu_0$$

在假设 H_0 成立的情况下, $\overline{X} \sim N\left(\mu_0, \dfrac{\sigma^2}{n}\right)$ (见图 5.3 中的虚线). 在假设 H_1 成立的情况下, $\overline{X} \sim N\left(\mu_1, \dfrac{\sigma^2}{n}\right)$ (见图 5.3 中的实线). α 为犯第 1 类错误的概率 (图 5.3 中 α 处的阴影面积), 所以:

$$\alpha = P\{拒绝\ H_0 | H_0\ 为真\} = P\left\{\frac{\overline{X} - \mu_0}{\sigma/\sqrt{n}} \leqslant -z_\alpha\right\} = \Phi(-z_\alpha) \tag{5.72}$$

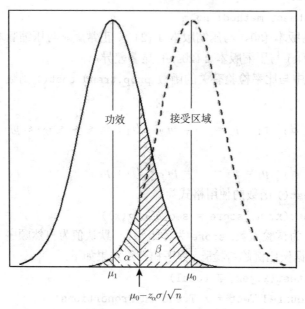

图 5.3 总体方差已知的情况下功效的说明 ($\mu_1 < \mu_0$)

β 为犯第 2 类错误的概率, 即

$$\beta = P\{接受\ H_0 | H_0\ 为假\} = P\{拒绝\ H_1 | H_1\ 为真\}$$
$$= P\left\{\frac{\overline{X} - \mu_1}{\sigma/\sqrt{n}} > z_\beta\right\} = 1 - \Phi(z_\beta) \tag{5.73}$$

(β 为图 5.3 中 β 处的阴影面积). 因此, 得到功效的计算公式:

$$\pi = 1 - \beta = \Phi(z_\beta) = \Phi\left(\frac{\mu_0 - \mu_1}{\sigma/\sqrt{n}} - z_\alpha\right) \tag{5.74}$$

并且得到:

$$\mu_1 + z_\beta \sigma/\sqrt{n} = \mu_0 - z_\alpha \sigma/\sqrt{n} \tag{5.75}$$

在给定功效 π 后, 可计算出 z_β ($\beta = 1 - \pi$), 由式 (5.75) 得到样本容量数目:

$$n = \frac{(z_\alpha + z_\beta)^2 \sigma^2}{(\mu_0 - \mu_1)^2} \tag{5.76}$$

对于单侧检验 ($\mu_1 > \mu_0$), 可以得到类似的计算结果, 只是将式 (5.74) 中的 $\mu_0 - \mu_1$ 改为 $\mu_1 - \mu_0$. 因此, 单侧检验功效的计算公式为:

$$\pi = \Phi\left(\frac{|\mu_0 - \mu_1|}{\sigma/\sqrt{n}} - z_\alpha\right) \tag{5.77}$$

对于双侧检验, 功效的计算公式为:

$$\pi = \Phi\left(\frac{\mu_0 - \mu_1}{\sigma/\sqrt{n}} - z_{\alpha/2}\right) + \Phi\left(\frac{\mu_1 - \mu_0}{\sigma/\sqrt{n}} - z_{\alpha/2}\right) \tag{5.78}$$

式 (5.78) 等号右端的两个 Φ 中的一个接近于 0, 所以功效的近似计算公式为:

$$\pi = \Phi\left(\frac{|\mu_0 - \mu_1|}{\sigma/\sqrt{n}} - z_{\alpha/2}\right) \tag{5.79}$$

样本容量的近似公式为:

$$n = \frac{(z_{\alpha/2} + z_\beta)^2 \sigma^2}{(\mu_0 - \mu_1)^2} \tag{5.80}$$

对于两个总体的样本, 可以推导出类似的计算公式, 只是较为复杂罢了.

在 R 中, 用 power.t.test() 函数完成正态分布功效或样本容量的计算, 其使用格式为:

```
power.t.test(n = NULL, delta = NULL, sd = 1,
    sig.level = 0.05, power = NULL,
    type = c("two.sample", "one.sample", "paired"),
    alternative = c("two.sided", "one.sided"),
    strict = FALSE)
```

参数的名称、取值及意义如表 5.20 所示. 在函数中, 3 个参数 n, delta 和 power, 任意给定两个, 函数计算出第 3 个参数.

表 5.20　power.t.test( ) 函数中参数的名称、取值及意义

名称	取值及意义
n	正整数, 表示样本容量的数目
delta	实数, 表示 $|\mu_0 - \mu_1|$ 或者是 $|\mu_1 - \mu_2|$
sd	正数, 表示样本标准差
sig.level	$0 \sim 1$ 之间的数值, 表示显著性水平, 即 α, 默认值为 0.05
power	$0 \sim 1$ 之间的数值, 表示功效, 即 π
type	字符串, 表示样本的类型. 双样本数据取 "two.sample" (默认值), 单样本数据取 "one.sample", 成对数据取 "paired"
alternative	字符串, 表示备择假设的类型. 双侧检验取 "two.sided" (默认值) 单侧检验取 "one.sided"
strict	逻辑变量, 表示是否精确计算双侧检验

例 5.34 从一批产品, 平均寿命大于 1 000 小时为合格产品, 现检测到 5 件产品, 其寿命如下:

1050   960   1120   1250   1280

试分析这批产品是否合格.

解: 取 $\mu_0 = 1\,000$, 做单侧假设检验:

$$H_0: \mu \leqslant 1\,000, \quad H_1: \mu > 1\,000$$

以下是程序 (程序名: exa_0534.R).

```
X <- c(1050, 960, 1120, 1250, 1280); mu0 <- 1000
t.test(X, mu = mu0, al = "g")
```

计算结果:

```
        One Sample t-test
data:  X
t = 2.1957, df = 4, p-value = 0.04655
alternative hypothesis: true mean is greater than 1000
95 percent confidence interval:
 1003.841      Inf
sample estimates:
mean of x
     1132
```

P 值和置信区间均表明, 这批产品是合格的, 即平均寿命大于 1 000 小时.

消费者希望考虑另一方面, 拒绝 H_0 而 H_0 为假的概率, 即功效. 取 $\mu_1 = \overline{X}$ (样本均值), $sd = S$(样本标准差), 显著性水平为 0.05. 在上述条件下计算功效, 以下是程序.

```
power.t.test(n = length(X), delta = mean(X) - mu0, sd = sd(X),
    type = "one.sample", alternative = "one.side")
```

计算结果:

```
     One-sample t test power calculation
          n = 5
      delta = 132
         sd = 134.4247
  sig.level = 0.05
      power = 0.5670145
alternative = one.sided
```

此时功效 (power) $= 0.567$, 相对偏低.

如果功效在 90% 以上的情况下, 需要做多少次试验呢? 程序:

```
power.t.test(power = 0.90, delta = mean(X) - mu0, sd = sd(X),
    type = "one.sample", alternative = "one.side")
```

计算结果:

```
     One-sample t test power calculation
          n = 10.39337
```

```
         delta = 132
            sd = 134.4247
     sig.level = 0.05
         power = 0.9
   alternative = one.sided
```

$n = 10.39$, 至少取 11 个样本做试验.

例 5.35 计算例 5.29 的功效.

解: 取 $\mu_1 = \overline{X}$, $\mu_2 = \overline{Y}$, $sd = S_w$, 计算公式见式 (5.42). 以下是程序 (程序名: exa_0535.R).

```
rt <- read.table("test.data"); X <- rt$old; Y <-rt$new
n1 <- length(X); n2 <- length(Y)
Sw <-((n1-1)*var(X) + (n2-1)*var(Y)) / (n1+n2-2)
Sw <- sqrt(Sw)
power.t.test(n = min(n1, n2), delta = mean(X) - mean(Y),
             sd = Sw)
```

计算结果:

```
      Two-sample t test power calculation
             n = 10
         delta = 3.2
            sd = 1.6657
     sig.level = 0.05
         power = 0.982004
   alternative = two.sided

NOTE: n is number in *each* group
```

功效达到 0.982, 效果还不错.

2. 二项分布

在 R 中, power.prop.test() 函数完成两组数据比率差的功效或样本容量的计算, 其使用格式为:

```
power.prop.test(n = NULL, p1 = NULL, p2 = NULL,
    sig.level = 0.05, power = NULL,
    alternative = c("two.sided", "one.sided"),
    strict = FALSE)
```

部分参数的名称、取值及意义如表 5.21 所示, 其他参数的取值及意义与 power.t.test() 函数相同 (见表 5.20).

表 5.21　power.prop.test( ) 函数中部分参数的名称、取值及意义

名称	取值及意义
n	正整数, 表示样本容量的数目
p1, p2	数值, 分别表示为第 1 组和第 2 组数据的比率

例 5.36 对于例 5.32, 如果功效达到 0.9, 应选择多少样本?

解: 取比率为样本的估计值, 即 $p_1 = \dfrac{652}{2000}$、$p_2 = \dfrac{576}{1500}$, 选择双侧检验.

```
> power.prop.test(power = 0.9, p1 = 652/2000, p2 = 576/1500)


      Two-sample comparison of proportions power calculation

                 n = 1428.324
                p1 = 0.326
                p2 = 0.384
         sig.level = 0.05
             power = 0.9
       alternative = two.sided

   NOTE: n is number in *each* group
```

$n = 1\,428.324$, 这说明例 5.32 中的样本数是足够的.

§5.5 方差的区间估计与假设检验

本节介绍方差或方差比的区间估计与假设检验.

§5.5.1 单个总体方差的区间估计与假设检验

这里介绍单个总体方差的估计与检验问题.

1. 方差的区间估计

设 $X_1, X_2, \cdots, X_n$ 是来自于正态总体 $N(\mu, \sigma^2)$ 的样本, S^2 为样本方差, 则有:

$$\frac{(n-1)S^2}{\sigma^2} \sim \chi^2(n-1) \tag{5.81}$$

因此, 有:

$$P\left\{\chi^2_{1-\alpha/2}(n-1) \leqslant \frac{(n-1)S^2}{\sigma^2} \leqslant \chi^2_{\alpha/2}(n-1)\right\} = 1 - \alpha$$

其中 $\chi^2_{1-\alpha/2}(n-1)$ 和 $\chi^2_{\alpha/2}(n-1)$ 分别表示自由度为 $n-1$ 的 χ^2- 分布的上 $1 - \alpha/2$ 和上 $\alpha/2$ 分位点. 由此得到 σ^2 的置信度为 $1 - \alpha$ 的双侧置信区间.

$$\left[\frac{(n-1)S^2}{\chi^2_{\alpha/2}(n-1)}, \ \frac{(n-1)S^2}{\chi^2_{1-\alpha/2}(n-1)}\right] \tag{5.82}$$

类似于双侧置信区间的推导, 可以得到 σ^2 的置信度为 $1 - \alpha$ 的单侧置信区间分别为:

$$\left[\frac{(n-1)S^2}{\chi^2_{\alpha}(n-1)}, \ +\infty\right), \quad \left[0, \ \frac{(n-1)S^2}{\chi^2_{1-\alpha}(n-1)}\right] \tag{5.83}$$

2. 方差的检验

对于方差 σ^2 的检验问题有:

$$\text{双侧检验:} \quad H_0: \ \sigma^2 = \sigma_0^2, \quad H_1: \ \sigma^2 \neq \sigma_0^2$$

$$\text{单侧检验 I:} \quad H_0: \ \sigma^2 \leqslant \sigma_0^2, \quad H_1: \ \sigma^2 > \sigma_0^2$$

$$\text{单侧检验 II:} \quad H_0: \ \sigma^2 \geqslant \sigma_0^2, \quad H_1: \ \sigma^2 < \sigma_0^2$$

当 H_0 为真时, 由式 (5.81) 得到:

$$\chi^2 = \frac{(n-1)S^2}{\sigma_0^2} \sim \chi^2(n-1) \tag{5.84}$$

因此用 χ^2 来确定拒绝域, 即当:

双侧检验: $\quad \chi^2 \geqslant \chi^2_{\alpha/2}(n-1)$ 或 $\chi^2 \leqslant \chi^2_{1-\alpha/2}(n-1)$

单侧检验 I: $\quad \chi^2 \geqslant \chi^2_{\alpha}(n-1)$

单侧检验 II: $\quad \chi^2 \leqslant \chi^2_{1-\alpha}(n-1)$

则认为 H_0 不成立.

与均值检验相同, 在计算中仍用 P 值的大小来判断是否拒绝 H_0. 当 P 值小于 α 时, 则拒绝 H_0, 否则不拒绝 H_0. 关于 P 值的计算方法与均值检验的方法相同.

3. 方差检验的计算

在 R 的基本函数中, 没有计算单个总体方差的区间估计与假设检验的函数, 但可以按照式 (5.82) 或式 (5.83) 计算出相应的置信区间, 并按照假设检验的方法计算出 3 种检验 (双侧或单侧) 的 P 值. 下面写出计算程序 (程序名: var1.test.R).

```
var1.test <- function(x, var = 1, alternative = "two.sided",
                      conf.level = 0.95){
    S2 <- var(x); df <- length(x) - 1
    chi2 <- df*S2/var; p <- pchisq(chi2, df)
    if (alternative == "less" | alternative == "l"){
        a <- 0
        b <- df*S2/qchisq(1 - conf.level, df)
    }
    else if (alternative == "greater" | alternative == "g"){
        a <- df*S2/qchisq(conf.level, df)
        b <- Inf
        p <- 1 - p
    }
    else{
        a <- df*S2/qchisq((1+conf.level)/2, df)
        b <- df*S2/qchisq((1-conf.level)/2 ,df)
        p <- if (p<1/2) 2*p  else  2*(1-p)
    }
    list(X.squared = chi2, sample.var = S2, df = df,
        conf.inter = c(a,b), p.value = p)
}
```

在上述函数中, 参数 x 是由样本构成的数值向量. var 为原假设中的总体方差, 即 σ_0^2, 默认值为 1.

参数 alternative 和 conf.level 的意义与前面的函数 (如 t.test()) 相同, 其使用格式为:

```
var1.test(x, var = 1,
        alternative = c("two.sided", "less", "greater"),
        conf.level = 0.95)
```

函数的输出为一列表, 其成员有 X.squared (统计量 χ^2)、sample.var (样本方差)、df (自由度)、conf.inter (置信区间) 和 p.value (P 值).

例 5.37 罐头食品厂的质检人员知道每一盒罐头的精确重量是不同的, 因为有一些不可控因素影响重量. 每一盒罐头的平均重量是一个重要指标, 但是填入量的方差 σ^2 同样很重要. 如果 σ^2 较大, 就会出现某些罐头的装填量太少, 而另一些罐头又太多的现象. 假定管理机构规定 250g 罐头的装填量标准差应小于 3.2g. 以下数据是质检人员随机抽取 10 盒罐头称出的它们的重量:

249   247   249   250   249   249   251   251   251   251

试分析, 有无充分证据说明装填量测量值的标准差 σ 小于 3.2g?

解: 设计原假设与备择假设. 由题意得:

$$H_0 : \sigma^2 \geqslant 3.2^2, \quad H_1 : \sigma^2 < 3.2^2$$

以下是程序 (程序名: exa_0537.R):

```
source("var1.test.R")
X <- c(249, 247, 249, 250, 249, 249, 251, 251, 251, 251)
var1.test(X, var = 3.2^2, alternative = "less")
```

计算结果:

```
$X.squared
[1] 1.572266
$sample.var
[1] 1.788889
$df
[1] 9
$conf.inter
[1] 0.000000 4.841941
$p.value
[1] 0.00342569
```

由计算结果知, P 值 < 0.05, 拒绝原假设, 说明装填量总体标准差小于 3.2g. 单侧置信上限 $\sqrt{4.841941} = 2.200441$ 也同样说明这一点.

§5.5.2   两个总体方差比的区间估计与假设检验

在两个正态总体的计算中, 要判断两总体的方差是否相同, 通过方差比的估计和检验, 可以完成这项工作.

1. 方差比的区间估计

设 $X_1, X_2, \cdots, X_{n_1}$ 是来自总体 $X \sim N(\mu_1, \sigma_1^2)$ 的样本, $Y_1, Y_2, \cdots, Y_{n_2}$ 是来自总体

$Y \sim N(\mu_2, \sigma_2^2)$ 的样本. 令 $\overline{X}$ 和 $\overline{Y}$ 分别为来自总体 X 和 Y 的样本均值, S_1^2 和 S_2^2 分别为来自总体 X 和 Y 的样本方差.

当两样本独立时, 有:

$$F = \frac{S_1^2/\sigma_1^2}{S_2^2/\sigma_2^2} = \frac{S_1^2/S_2^2}{\sigma_1^2/\sigma_2^2} \sim F(n_1 - 1, n_2 - 1) \tag{5.85}$$

因此:

$$P\left\{F_{1-\alpha/2}(n_1-1, n_2-1) \leqslant \frac{S_1^2/S_2^2}{\sigma_1^2/\sigma_2^2} \leqslant F_{\alpha/2}(n_1-1, n_2-1)\right\} = 1 - \alpha \tag{5.86}$$

则 σ_1^2/σ_2^2 的置信水平 $1 - \alpha$ 的置信区间为:

$$\left[\frac{S_1^2/S_2^2}{F_{\alpha/2}(n_1-1, n_2-1)}, \frac{S_1^2/S_2^2}{F_{1-\alpha/2}(n_1-1, n_2-2)}\right] \tag{5.87}$$

类似于双侧置信区间的推导, 可以得到 σ_1^2/σ_2^2 的置信度为 $1 - \alpha$ 的单侧置信区间分别为:

$$\left[\frac{S_1^2/S_2^2}{F_{\alpha}(n_1-1, n_2-1)}, +\infty\right), \quad \left[0, \frac{S_1^2/S_2^2}{F_{1-\alpha}(n_1-1, n_2-2)}\right] \tag{5.88}$$

2. 方差比的检验

方差比的检验, 也称方差齐性检验或 F 检验, 是根据 F 统计量完成两个总体方差比 σ_1^2/σ_2^2 的检验, 其检验问题为:

$$\text{双侧检验:} \quad H_0: \sigma_1^2/\sigma_2^2 = 1, \quad H_1: \sigma_1^2/\sigma_2^2 \neq 1$$
$$\text{单侧检验 I:} \quad H_0: \sigma_1^2/\sigma_2^2 \leqslant 1, \quad H_1: \sigma_1^2/\sigma_2^2 > 1$$
$$\text{单侧检验 II:} \quad H_0: \sigma_1^2/\sigma_2^2 \geqslant 1, \quad H_1: \sigma_1^2/\sigma_2^2 < 1$$

当 H_0 为真, 由式 (5.85), 有:

$$F = \frac{S_1^2}{S_2^2} \sim F(n_1 - 1, n_2 - 1) \tag{5.89}$$

因此用 F 来确定拒绝域, 即当:

$$\text{双侧检验:} \quad F \geqslant F_{\alpha/2}(n_1-1, n_2-1) \text{ 或 } F \leqslant F_{1-\alpha/2}(n_1-1, n_2-1)$$
$$\text{单侧检验 I:} \quad F \geqslant F_{\alpha}(n_1-1, n_2-1)$$
$$\text{单侧检验 II:} \quad F \leqslant F_{1-\alpha}(n_1-1, n_2-1)$$

则认为 H_0 不成立.

3. 方差比检验的计算

在 R 中, 用 var.test() 函数完成方差比的 F 检验, 其使用格式为:

```
var.test(x, y, ratio = 1,
        alternative = c("two.sided", "less", "greater"),
        conf.level = 0.95, ...)
```

参数 ratio 为两个总体的方差比, 默认值为 1.

另一种使用格式是公式形式, 其使用格式为:

```
var.test(formula, data, subset, na.action, ...)
```

参数的取值及意义与 t.test() 函数相同 (见表 5.16).

例 5.38 (续例 5.29) 检验例 5.29 中两个总体的方差是否有显著差异, 即

$$H_0: \sigma_1^2/\sigma_2^2 = 1, \quad H_1: \sigma_1^2/\sigma_2^2 \neq 1$$

解: 读取数据, 调用 var.test() 函数计算. 以下是程序 (程序名: exa_0538.R).

```
rt <- read.table("test.data")
with(rt, var.test(old, new))
```

计算结果

```
        F test to compare two variances

data:  old and new
F = 1.4945, num df = 9, denom df = 9, p-value = 0.559
alternative hypothesis: true ratio of variances is not equal to 1
95 percent confidence interval:
 0.3712079 6.0167710
sample estimates:
ratio of variances
          1.494481
```

在函数的输出中, 有 F 统计量 (F)、第 1 自由度或分子自由度 (num df)、第 2 自由度或分母自由度 (denom df)、P 值 (p-value) 和方差比 σ_1^2/σ_2^2 的置信区间及 F 比.

由于 P 值 $(= 0.559) \gg 0.05$, 无法拒绝原假设, 认为两总体的方差是相同的. 从方差比的置信区间 $[0.37, 6.02]$ 来看, 它包含 1. 也就是说, 有可能 $\sigma_1^2/\sigma_2^2 = 1$, 所以认为两总体的方差是相同的. 因此, 在例 5.29 中, 假设两总体方差相同是合理的.

§5.6 案例分析

本节选取 3 个实际案例进行分析, 并借用 R 软件完成相关的计算.

§5.6.1 大都会研究公司

本例摘自 David R. Anderson, Dennis J. Sweeney & Thomas A.Willaims 所著的《商务与经济统计 (第 8 版)》(王峰, 等, 译. 北京: 中信出版社, 2003.9).

1. 背景介绍

大都会研究公司是一家消费者研究组织, 它设计各种调查以评估消费者得到的产品和服务. 在一项研究中, 该公司希望了解消费者对底特律某个主要汽车厂商所产汽车性能的满意度. 分发给该厂商的一种大型轿车用户的调查问卷显示了一些对该车型早期传动问题的抱怨. 为了进一步了解传动故障的情况, 大都会公司采用了底特律地区一家传动系统修理企业提供的传动系统实际维修记录为样本. 表 5.22 中的数据显示了 50 辆汽车在发生传动故障时已行驶的英里数 (数据存放在 Auto.data 文件中).

表 5.22　汽车在发生传动故障时已行驶的里程 (单位: 英里)

85 092	39 323	64 342	74 276	74 425	37 831	77 539	32 609
89 641	61 978	66 998	67 202	89 341	88 798	59 465	94 219
67 998	40 001	118 444	73 341	77 437	116 803	59 817	72 069
53 500	85 288	32 534	92 857	101 769	25 066	79 294	138 114
64 090	63 436	95 774	77 098	64 544	53 402	32 464	65 605
121 352	69 922	86 813	85 586	59 902	85 861	69 568	35 662
116 269	82 256						

2. 问题讨论

(1) 使用恰当的描述性统计量来汇总传动故障数据.

(2) 对于有传动故障的汽车总体, 建立在其发生传动故障时已经行驶的平均英里数的 95% 的置信区间.

(3) 根据一些汽车用户已经经历过早期传动故障的说法, 讨论你得到的统计结果的含义.

(4) 如果该研究公司想要在 95% 的置信区间下以 5 000 英里的边际误差估计在发生前行驶的平均英里数, 那么应该选取多少维修记录组成样本?

(5) 为了更全面地评价传动故障问题, 你还想收集其他什么信息?

3. 问题求解及结果分析 [①]

(1) 表 5.22 列出了 50 辆汽车在发生传动故障时已行驶的英里数, 这组数据可以看成大样本数据 (样本数大于 30), 可以使用正态分布近似计算. 那么, 这组数据是否服从正态分布呢? 这里使用直方图和 Q-Q 散点图来检验 (见图 5.4). 从直方图来看, 数据基本上是正态的, 只有左边不太对称. 从 Q-Q 散点图来看, 所有的点, 基本上落在一条直线上, 当然两端少量的点例外. 因此, 可以认定, 发生传动故障时已行驶的里程数服从正态分布.

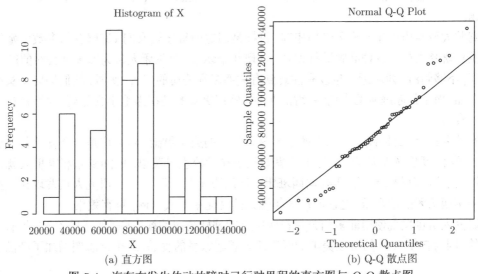

(a) 直方图　　　　　　　　　　(b) Q-Q 散点图

图 5.4　汽车在发生传动故障时已行驶里程的直方图与 Q-Q 散点图

(2) 在得到数据服从正态分布的假定下, 按式 (5.18) 计算 95% 的置信区间, 式中的总体标准差 σ 用样本标准差 S 替代. 计算出的置信区间为 [66 439, 80 242].

---

① 求解过程保存在 Auto.R 的程序文件中.

(3) 问题 (2) 的计算结果说明, 大约有 95% 汽车用户, 在发生传动故障之前已行驶了 6.6 万英里 ~ 8.0 万英里.

(4) 按式 (5.34) 计算样本容量, 这里取 $E = 5\,000$, 总体方差 σ^2 用样本方差 S^2 替代. 计算结果为 $n = 95.259\,88$, 即选择 96 个样本, 需要再补充 46 个用户的样本.

(5) 汽车发生故障可以看成汽车的使用寿命, 可以考虑汽车发生故障前的寿命分布, 也许服从指数分布, 也许服从更复杂的分布. 但从这一点来看, 只考虑发生故障前的里程是不够的, 还要考虑在发生故障前的使用时间. 因此, 如果可以增加信息的话, 请收集汽车在发生故障前的使用时间.

§5.6.2   菲多利公司瞄准西班牙市场

本例摘自 Ken Black, David L. Eldredge 所著的《以 Excel 为决策工具的商务与经济统计》(张久琴, 等, 译. 北京: 机械工业出版社, 2003.9).

1. 背景介绍

菲多利公司成立于 1932 年德州的圣安东奥, 创始人为埃尔默·杜林公司在 1938 年成立于佐治亚的亚特兰大, 创始人是豪尔曼 W· 利. 1961 年这两家公司合并为菲多利股份有限公司, 其总部在德州. 菲多利公司是家生产、销售小吃食品的公司, 尤其关注各种油煎土豆片情况. 1965 年, 该公司与百事可乐合并成立了百事股份有限公司. 30 年之后, 百事可乐兼并了它国内国外的小吃食品加工业, 成立了菲多利公司. 根据信息资源股份有限公司发布的数据, 菲多利品牌的食品占据了油煎土豆片小吃市场份额的 60% 多.

菲多利公司面临的一个问题是: 在西班牙市场不具备很强的竞争力, 而这块市场的发展潜力越来越大. 为更好地渗入这个市场, 菲多利公司雇用了各种市场研究人员, 想弄清楚为什么西班牙人没有如公司领导希望的那样经常购买他们的产品, 他们也想知道该如何处理这个问题.

驾驶大型娱乐车在西班牙走街串巷, 目标是锁定西班牙妇女们 (家庭食品多数由她们进行购买), 研究人员对各种品牌进行调查, 发现几个现象. 西班牙人认为菲多利公司的产品口味太淡, 不够刺激. 西班牙人也没有注意到有关菲多利公司的广告. 另外, 他们倾向于买小包装的食品, 而不是家庭号的大包装食品. 同时, 她们更多的是在当地小食品店, 而不是在大超市购买食品.

实地调查后, 目标锁定十几岁的小男孩和年轻的成年男士 —— 这是一个喜欢各种小吃食品的群体. 研究人员认为, 虽然十几岁的孩子在学校里讲英语, 但回到家和家里人就说西班牙语. 由这可以得出结论: 需要向西班牙人做西班牙语广告. 另外, 研究人员发现在一些广告中采用西班牙摇滚音乐, 这在西班牙年轻人的文化中渐成气候, 将有效果.

研究人员也发现使用菲多利公司在西班牙的姊妹公司的标志图"快乐的脸"是很有广告效果的, 因为它使 63% 的身在美国的西班牙人想起家乡的食品, 这个标志图增加了产品的亲近感.

这次调查之后, 1997 年, 菲多利公司将它的第一类西班牙式产品投放于圣安东尼奥市场. 从那以后, 在西班牙地区 Doritos 品牌的销量提高了 32%, Doritos Salsa Verde 的销量已占整个销量的 15%. 至此, 菲多利公司将它的产品扩展到了美国的其他地区, 拥有了大量的西班牙消费者.

2. 问题讨论

在对菲多利公司的研究过程中, 出现了许多不同的有关数字的问题, 有关菲多利公司产品的、广告技巧的和西班牙人的购买方式的, 其中每个领域, 统计学尤其是假设检验, 都起了关键的作用. 利用这个案例所给的信息及统计假设检验的有关概念, 对下列问题进行讨论.

(1) 在为这个计划进行的市场研究过程中, 由目标人群和市场调研可以得到许多比率值, 包括市场中西班牙人的比率、西班牙人食品顾客中妇女的比率及十几岁孩子占小吃购买者的比率等. 利用本章所学的方法分析下面的问题, 并讨论这些结果会怎样影响销售决策者对西班牙市场的决策.

(a) 由本案例可知, 有 63% 的美籍西班牙人是美籍墨西哥人. 怎样验证这个比率? 假定利用美国普查局的信息随机选取了 850 名美籍西班牙人, 如果其中 575 人说他们是美籍墨西哥人, 令 $\alpha = 0.05$, 验证总体的比率是否为 63%.

(b) 假定在过去, 购买食品的西班牙人中有 94% 是妇女. 也许由于文化价值观的改变, 如今会有更多的西班牙男性开始了购物活动. 随机地从全美抽选出 689 名西班牙购物者作为样本, 其中 606 人是妇女. 由这个证据是否足以得出结论: 如今西班牙购物者中妇女的比率降低了?

(c) 西班牙人中主要听西班牙语广告的人占多大的比率? 假定有资料显示过去的这个比率一直为 0.83. 如果想验证如今这个数值是否依然成立, 随机选取 438 名西班牙人作为样本, 其中 347 人主要听西班牙语, 令 $\alpha = 0.05$, 根据这些数据进行恰当计算得出有关结论.

(2) 统计均值可用于测量西班牙文化与西班牙市场的许多方面, 包括购买量、购买频率、消费者年龄和店铺的规模等. 利用本章所学的方法分析下面每个问题, 并讨论一下所得的结果会怎样影响销售决策.

(a) Doritos Salsa Verde 购买者的平均年龄为多少? 假定最初的检验表明年龄均值为 31 岁, 的确是这样吗? 为进行验证, 一位研究者随机与 24 个 Doritos Salsa Verde 购买者进行接触, 向他们询问了年龄, 得到的样本均值为 27.614 15 岁, 样本标准差为 8.938 52 岁. 根据这组数据, 确定一下年龄均值是否真地为 31 岁? 取 $\alpha = 0.01$.

(b) 一个西班牙消费者每年在小吃上的平均花费为多少? 假定这个数值是每年 45 美元. 一位了解西班牙市场情况的研究人员认为数值太高了, 想验证一下. 她随机选出 18 位西班牙人, 让他们对每一年购物情况进行记录, 获得的数据如表 5.23 所示 (数据存放在 Spanish.data 文件中). 试对该组数据进行分析, 其结果是否与这位研究者推测的相同? 取 $\alpha = 0.05$.

表 5.23　18 位西班牙消费者每年在小吃上的花费 (单位: 美元)

55	37	59	57	27	28	16	46	34
62	9	34	4	25	38	58	3	50

3. 问题求解及结果分析 ①

(1) 这个问题主要是做比率检验. 可使用 binom.test() 函数做精确检验, 也可使用 prop.test() 函数做近似检验. 由于这里给的数据属于大样本数据, 因而两种检验方法的

① 求解过程保存在 Spanish.R 的程序文件中.

计算结果应该相差不大. 这里使用 binom.test() 函数做精确检验.

```
        Exact binomial test
data:  575 and 850
number of successes = 575, number of trials = 850, p-value = 0.00499
alternative hypothesis: true probability of success is not equal to 0.63
95 percent confidence interval:
 0.6438611 0.7078508
sample estimates:
probability of success
          0.6764706
```

P 值 $= 0.00499 < 0.05$, 拒绝原假设, 说明美籍西班牙人中并没有 63% 的人是美籍墨西哥人. 由计算出的置信区间 $[0.644, 0.708]$ 可知, 美籍西班牙人中是美籍墨西哥人的比率是大于 63% 的.

如果做单侧区间估计 (留给读者计算), 则从计算结果中得到, 大约有 95% 的可能性说明这个比率在 64.9% 以上.

对于第 2 组数据:

```
        Exact binomial test
data:  606 and 689
number of successes = 606, number of trials = 689, p-value = 2.639e-09
alternative hypothesis: true probability of success is not equal to 0.94
95 percent confidence interval:
 0.8528668 0.9028986
sample estimates:
probability of success
          0.8795356
```

这组数据的计算结果足以得出结论: 如今西班牙购物者中妇女的比率降低了. 如果做单侧检验 (留给读者计算), 大约有 95% 的概率说明这个比率在 90% 以下.

对于第 3 组数据:

```
        Exact binomial test
data:  347 and 438
number of successes = 347, number of trials = 438, p-value = 0.04151
alternative hypothesis: true probability of success is not equal to 0.83
95 percent confidence interval:
 0.7511845 0.8292903
sample estimates:
probability of success
          0.7922374
```

这组数据的计算结果足以说明: 在西班牙人中主要听西班牙语广告的比率降低了, 达不到 83%. 如果做单侧检验 (留给读者计算), 大约有 95% 的概率说明这个比率在 82.4% 以下.

(2) 对于问题 (a), 由于随机选取了 24 个样本, 这里就需要计算 t 值和 P 值, 这当然需要增加一个假设, Doritos Salsa Verde 购买者的总体服从正态分布. t 值为:

$$t = \frac{\overline{X} - \mu}{S/\sqrt{n}} \sim t(n-1) \tag{5.90}$$

这里的 $\overline{X} = 27.614\,15$, $S = 8.938\,52$, $\mu = 31$. 计算出的 t 值为 $-1.855\,7$, 对应单侧检验的 P 值为 $0.038\,178\,14$, 双侧检验的 P 值为 $0.076\,356\,28$. 在 $\alpha = 0.01$ 的情况下无法拒绝原假设, 即购买者的平均年龄仍然为 31 岁. 对应于 99% 的置信区间为 $[22.491\,98, 32.736\,32]$, 也能说明这一点.

如果取 $\alpha = 0.05$, 做单侧检验:

$$H_0 : \mu \geqslant 31, \quad H_1 : \mu < 31$$

则拒绝原假设, 因为单侧检验的 P 值为 $0.038\,2$, 可以认为购买者的平均年龄是低于 31 岁的.

对于问题 (b), 随机样本的个数是 18, 仍然需要假设西班牙消费者每年在小吃上的平均花费服从正态分布, 使用 T 检验来做计算, 这里直接使用 t.test() 函数即可.

做双侧检验:

$$H_0 : \mu = 45, \quad H_1 : \mu \neq 45$$

```
    One Sample t-test
data:  X
t = -2.056, df = 17, p-value = 0.05547
alternative hypothesis: true mean is not equal to 45
95 percent confidence interval:
 26.08898 45.24436
sample estimates:
mean of x
 35.66667
```

无法拒绝原假设. 做单侧检验:

$$H_0 : \mu \geqslant 45, \quad H_1 : \mu < 45$$

```
    One Sample t-test
data:  X
t = -2.056, df = 17, p-value = 0.02774
alternative hypothesis: true mean is less than 45
95 percent confidence interval:
    -Inf 43.56376
sample estimates:
mean of x
 35.66667
```

拒绝原假设, 这说明这些研究者的观点是正确的, 其可靠程序是 95%, 置信上限是 43.56 美元.

§5.6.3　一天一片阿斯匹林, 心脏病大夫不会光临

本例摘自 Terry Sincich 所著的《例解商务统计学》(陈鹤琴, 等, 译. 北京: 清华大学出版社, 2001.9).

1. 背景介绍

据美国国家卫生统计中心报导, 心脏病是美国人死亡的主要原因: 在全部死亡人数中, 死于心脏病突然发作的达 40% 左右. 头脑里有了这个统计数字, 那么你对 1988 年 1 月下旬出现在美国几乎所有报纸第一版上的如下大字标题就不会感到奇怪了:"阿斯匹林挡住心脏病发作的风险."

这一令人振奋的消息来自一项由美国 22 071 名内科医生所做的全国性研究, 1988 年 1 月 27 日的《新英格兰医学报》报导了此项研究的结果. 众所周知, 这一名为 "美国内科医生健康研究" 的研究项目是一项随机化临床试验, 其中约有半数内科医生 (11 037 人) 被随机指定每天服用一片布弗林商标的阿斯匹林片剂, 另一半医生 (11 034 人) 则服用安慰剂 (一种无害也无效的替代品). 这是一项 "双盲" 研究, 即在实验过程中, 无论是受实验的内科医生, 还是做实验的医学专家, 都不知道哪种药片是布弗林, 哪种是安慰剂. 5 年之后, 研究者发现 "安慰剂" 组的致死心脏病发生率达 "阿斯匹林" 组的 3 倍以上 (见表 5.24a). 看到这些数字, 研究工作立刻停了下来, 因为那些原来服用安慰剂的内科医生有可能立刻改服阿斯匹林, 以获取 "最大限度地抗致死心脏病发作的效果".

紧随这条美国内科医生健康研究的好消息之后的, 便是铺天盖地的阿斯匹林电视商业广告, 以新发现的 "防心脏病发作良药" 的地位进行促销. 可惜这种因 "治愈" 心脏病而引起的振奋消息只维持了短短三天. 据《机遇》杂志报道 (Chance, Fall 1988), "三天之后, 当《纽约时报》刊出通栏大标题 '英国以及病研究中对每天一片阿斯匹林的价值有争议' 时, 人们就陷入了混乱. 情况是这样: 在英国进行的一项类似研究中, 阿斯匹林在降低心脏病发作风险方面并未显示出任何有益的效果."

英国这项为期 6 年的研究工作共涉及 5 139 名大夫, 其中 2/3(3 429 人) 随机选择每日服用阿斯匹林, 其余 1/3(1 710 人) 则不用安慰剂而代之以另一种做法, 告诉他们避开阿斯匹林和含阿斯匹林的产品, 除非认为已患了某种需要服用阿斯匹林的病症.《英国医学杂志》(British Medical Journal, Jan. 1988) 所报道的研究结果表明, 两组受试验人员的致死心脏病发生率基本相同 (见表 5.24b).

表 5.24　用阿斯匹林预防心脏病的两项研究结果

a. 美国医生健康研究	阿斯匹林组	安慰剂组
样本容量	11 037	11 034
致死心脏病发作数	5	18
b. 英国的研究	阿斯匹林组	控制组
样本容量	3 429	1 710
致死心脏病发作数	89	47

2. 问题讨论

(1) 考虑美国医生健康研究的结果. 试对阿斯匹林组和安慰剂组致死心脏病发生率进行分析, 它们之间是否存在显著差异? 计算比率差的 95% 的置信区间, 并对结果进行解释.

(2) 考虑英国的研究结果. 试对阿斯匹林组和安慰剂组致死心脏病发生率进行分析, 它们之间是否存在显著差异, 计算比率差的 95% 的置信区间, 并对结果进行解释.

(3) 参看 (1) 和 (2). 你对阿斯匹林在防止心脏病方面的有效性的推断是否与你所考虑的研究工作 (美国的和英国的) 有关?

(4) 为什么上述两项研究会产生相反的结果?

3. 问题求解及结果分析

题目虽然较长, 但只有两组数据. 问题的本质是进行比率差的假设检验与区间估计, 即假设检验的问题是:

$$H_0 : p_1 - p_2 = 0, \qquad H_1 : p_1 - p_2 \neq 0$$

以及计算 $p_1 - p_2$ 的 95% 的置信区间. 当然, 也可以根据情况, 做单侧的假设检验和区间估计 (这部分内容留给读者完成).

(1) 考虑美国医生健康研究的结果. 利用 `prop.test()` 函数完成假设检验和区间估计的工作, 计算结果如下:

```
2-sample test for equality of proportions with
continuity correction

data:  c(5, 18) out of c(11037, 11034)
X-squared = 6.2707, df = 1, p-value = 0.01228
alternative hypothesis: two.sided
95 percent confidence interval:
 -0.0021201613 -0.0002364382
sample estimates:
      prop 1        prop 2
0.0004530217 0.0016313214
```

P 值 $= 0.012\,28 < 0.05$, 拒绝原假设, 表明 $p_1 \neq p_2$. 再从 95% 的置信区间 $[-0.002\,12, -0.000\,236]$ 来看, 它是小于 0 的, 这表明 $p_1 < p_2$, 即阿斯匹林组致死心脏病发生率远远低于安慰剂组.

(2) 考虑英国的研究结果. 做类似的计算.

```
2-sample test for equality of proportions with
continuity correction

data:  c(89, 47) out of c(3429, 1710)
X-squared = 0.0528, df = 1, p-value = 0.8182
alternative hypothesis: two.sided
95 percent confidence interval:
 -0.011369053  0.008308471
sample estimates:
    prop 1      prop 2
0.02595509 0.02748538
```

P 值 $= 0.818\,2$, 不能拒绝原假设, 这表明两组的致死心脏病发生率没有显著差异. 95% 的置信区间 $[-0.011\,4, 0.008\,31]$ 包含 0, 也说明了这一点.

(3) 为什么两项研究会出现相反的结论, 这一点是无法从统计分析中得到的, 需要从研究本身来寻找答案.

在美国的试验中, 做的是 "双盲" 试验, 也就是说, 无论是受实验者, 还是做实验者, 都不知道谁服用了阿斯匹林, 谁服用了安慰剂, 试验样本完成是随机的. 而英国的试验, 并不是这种情况, 受实验者预先知道, 他是否服用含阿斯匹林的药物, 所以需要服用阿斯匹林药物的受实验者就不可能属于控制组, 而这些人中, 可能会有一部分人就是致死心脏病发生的易感人群 (这只是本人的猜测, 无法得到证实). 在这种情况下, 两组人群的致死心脏病发生率还相同, 这仍然能说明阿斯匹林能有效减少致死心脏病心脏病发生率.

本章小结

- 矩估计方法: 求解非线性方程组的 nleqslv() 函数 (需要下载).
- 极大似然估计方法: 求解极值的 optimize() 函数和 nlm() 函数.
- 均值或均值差的假设检验与区间估计: 大样本数据 —— 正态性近似计算. 小样本数据 (需要正态性假设) —— T 检验与 t.test() 函数.
- 总体比例或比例差的假设检验与区间估计: 精确二项检验 —— binom.test() 函数, 正态近似检验 —— prop.test() 函数.
- 多个总体比例的假设检验: 多个比例的检验 —— prop.test() 函数, 比例的多重比较 —— pairwise.prop.test() 函数, 比例的趋势性检验 —— prop.trend.test() 函数.
- 功效与样本容量: 正态总体样本的数据 —— power.t.test() 函数, 二项分布总体的数据 —— power.prop.test() 函数.
- 方差或方差比的假设检验与区间估计: 方差的检验与估计 —— 使用 χ^2 分布计算, 方差比的检验与估计 —— var.test() 函数 (均需要正态性假设).

习　题

1. 表 5.25 列出 50 个抽取自二项分布总体 $B(n, p)$ 的数据 (数据存放在 binom.data 文件中), 试用矩估计方法估计均值参数 n 和 p.

表 5.25　来自二项分布总体的数据

15	16	14	15	16	11	15	15	12	14	14	14	12	14	12	15	14
14	12	14	15	17	18	10	13	12	15	17	16	18	17	12	10	15
13	12	14	16	16	16	15	11	13	15	16	17	14	11	16	17

2. 设总体 X 的分布密度为:

$$f(x; \alpha) = \begin{cases} (\alpha + 1)x^\alpha, & 0 < x < 1 \\ 0, & \text{其他} \end{cases}$$

从总体 X 抽取的样本为:

0.1　0.2　0.9　0.8　0.7　0.7　0.6　0.5

求参数 α 的极大似然估计量 $\hat{\alpha}$.

3. 用 nlm() 函数求解无约束问题.

$$\min\quad f(x) = (x_1 + 10x_2)^2 + 5(x_3 - x_4)^2 + (x_2 - 2x_3)^4 + 10(x_1 - x_4)^4$$

取初始点 $x^0 = (3, -1, 0, 1)^T$.

4. 为研究新生儿出生时的体重, 随机地选取了某妇产医院的 100 个新生儿, 其样本均值为 3 338 g, 样本标准差为 629 g. 试计算新生儿平均体重的置信水平为 95% 的置信区间.

5. 某妇产医院有意估计产妇在该医院住院的平均天数, 在过去的年份中随机抽取了 36 位孕妇, 每位孕妇住院天数取整后如表 5.26 所示 (数据存放在 hospital.data 文件中). 使用这些数据构建 95% 的置信区间, 估计在该医院生小孩的所有孕妇的平均住院天数.

表 5.26　随机抽取 36 位孕妇的住院天数

3	3	4	3	2	5	3	1	4	3	4	2	3	5	3	2	4	3
2	4	1	6	3	4	3	3	5	2	3	2	3	5	4	3	5	4

6. 统计学专业教学指导委员会为考查某校的教学水平, 检验学生是否掌握足够的统计学知识, 从该校统计学专业的学生中随机地选取 40 名, 让学生回答一份共有 46 题的试卷, 表 5.27 给出了被正确回答问题数的样本数据 (保存在 student.data 文件中). 使用这些数据, 计算置信水平为 99% 的单侧置信上限, 由此计算结果能否得出 "学生们没有足够掌握统计学知识" 这一结论?

表 5.27　40 名学生回答 46 个问题的正确数

12	10	16	24	12	14	18	23	31	14
15	19	17	9	19	28	24	16	21	13
20	12	22	18	22	18	30	16	26	18
16	14	8	25	22	15	33	24	17	19

7. 包括 20 个观察值的简单随机样本来自于正态分布, 其样本均值为 17.25, 样本标准差为 3.3. (1) 建立总体均值为 90% 的置信区间; (2) 建立总体均值为 95% 的置信区间; (3) 建立总体均值为 99% 的置信区间.

8. 已知某种灯泡寿命服从正态分布, 在某星期所生产的该灯泡中随机抽取 10 只, 测得其寿命 (单位: 小时) 为:

1067　919　1196　785　1126　936　918　1156　920　948

求灯泡寿命平均值的置信水平为 0.95 的单侧置信下限.

9. 空气中的 PM2.5 指数在 $0 \sim 50$ 之间被认为属于优. 在过去的记录中, 随机地抽取某地区 9 天的 PM2.5 指数如下:

28　42　58　48　45　55　60　49　50

假设该地区的 PM2.5 指数服从正态分布, 试分析该地区空气质量为优的概率.

10. 某公司销售人员被要求每周提交一份本周联系客户的情况报告. 一份由 61 份报告组成的样本显示: 销售人员每周平均联系客户 22.4 次, 样本标准差是 5 次. (1) 利用正态分布近似计算销售人员每周联系客户的平均次数为 95% 的置信区间; (2) 假定总体的每周联系次数服从正态分布, 利用 t 分布精确计算销售人员每周联系客户的平均次数为 95% 的置信区间; (3) 比较 (1) 和 (2) 的计算结果, 分析为什么在大样本情况下, 即使 t 分布也适用, 仍然可以用正态分布的公式计算.

11. 某调查公司对 902 名高尔夫女选手进行了一项调查, 以了解女选手怎样看待自己在比赛中的安排. 调查结果显示, 有 397 名女选手对下午茶的时间感到满意. (1) 试计算所有女选手对下午茶的时间感到满意的置信区间, 这里取置信水平为 0.95; (2) 如果使用 binom.test() 函数精确计算, 两者相差多少?

12. (续习题 4) 如果希望新生儿的平均体重与总体均值的边际误差不超过 100 g, 应从该妇产医院随机地选取多少名新生儿?

13. 某汽车营销公司计划估计某地区拥有小汽车家庭所占的比重, 要求边际误差不超过 5%, 置信水平取 90%, 问应抽取多少样本? 公司调查人员认为, 拥有小汽车家庭的实际比重不会超过 20%, 如果这一结论成立, 应抽取多少样本?

14. 某项对男女工资差别的研究表明, 男士工资高于女士工资的原因之一是男士比女士有更多的工作经验. 研究者选择了 100 位男士, 工作年限的样本均值是 14.9 年, 样本标准差是 5.2 年. 选择了 85 位女士, 工作年限的样本均值是 10.3 年, 样本标准差是 3.8 年. 试计算两个总体均值差的置信水平为 95% 的置信区间.

15. 展览中心进行一项调查, 打算知道人们为什么要去看展览. 要求被调查者按从 1 ~ 5 的顺序将一系列原因进行排序, 1 代表不怎么重要, 5 代表很重要. 表 5.28 表示从计算机和食品行业中各选取 50 人所做的回答 (数据存放在 exhition.data 文件中). 试计算两个行业得分均值差的置信水平为 99% 的置信区间.

表 5.28 对计算机和食品行业的评分

计算机										食品									
1	2	1	3	2	0	3	3	2	1	3	3	2	4	3	4	5	2	4	3
3	3	1	2	2	3	2	2	2	2	3	2	3	2	3	4	3	3	3	3
1	2	3	2	1	1	1	3	3	2	2	4	2	3	3	2	4	4	4	4
2	1	4	1	4	2	3	0	1	0	3	5	3	3	2	2	0	2	0	5
3	3	2	2	2	1	2	0	2	3	4	3	3	2	3	4	3	3	3	2

16. 甲、乙两种稻种分别播种在 10 块试验田中, 每块试验田甲、乙稻种各种一半. 假设两稻种产量 X、Y 均服从正态分布, 且方差相等. 收获后 10 块试验田的产量如表 5.29 所示 (数据存放在 experiment.data 文件中). 求两稻种产量的期望差 $\mu_1 - \mu_2$ 的置信区间 ($\alpha = 0.05$).

表 5.29 10 块试验田的产量 (单位: 千克)

甲种					乙种				
140	137	136	140	145	135	118	115	140	128
148	140	135	144	141	131	130	115	131	125

17. 甲、乙两组生产同种导线, 现从甲组生产的导线中随机抽取 4 根, 从乙组生产的导线中随机抽取 5 根, 它们的电阻值如表 5.30 所示 (数据存放在 resistance.data 文件中). 假设两组电阻值分别服从正态分布 $N(\mu_1, \sigma^2)$ 和 $N(\mu_2, \sigma^2)$, 其中 σ^2 未知. 试求 $\mu_1 - \mu_2$ 的置信系数为 0.95 的区间估计.

表 5.30　两组导线的电阻值 (单位: Ω)

甲　组				乙　组				
0.143	0.142	0.143	0.137	0.140	0.142	0.136	0.138	0.140

18. 市场上出售的某品牌罐头, 标称为每罐 400g. 现随机抽取 36 听罐头, 称其重量, 其样本均值为 393g, 样本标准差为 24g. 试分析, 这批罐头的重量是否能达到它标称的重量?

19. 正常男子血小板计数均值为 $225 \times 10^9/L$, 今测得 20 名男性油漆作业工人的血小板计数值如表 5.31 所示 (数据存放在 blood_platelet.data 文件中). 假定数据服从正态分布, 问油漆工人的血小板计数与正常成年男子有无显著差异?

表 5.31　20 名油漆工人的血小板计数值 (单位: $10^9/L$)

220	188	162	230	145	160	238	188	247	113
126	245	164	231	256	183	190	158	224	175

20. 一项调查显示某城市老年人口比重为 14.7%. 该市老年研究协会为了检验该项调查是否可靠, 随机抽选了 400 名居民, 发现其中有 57 位是老年人. 问调查结果是否支持该市老年人口比重为 14.7% 的看法 ($\alpha = 0.05$).

21. 做性别控制试验, 经某种处理后, 共有雏鸡 328 只, 其中公雏 150 只, 母雏 178 只, 试问这种处理能否增加母雏的比例? 性别比应为 1:1.

22. (续习题 15) 计算机行业与食品行业在人们心目中的重要性有无显著差异? 取 $\alpha = 0.01$. 比较正态性检验与 T 检验之间的差别.

23. 为研究某铁剂治疗和饮食治疗营养性缺铁性贫血的效果, 将 16 名患者按年龄、体重、病程和病情相近的原则配成 8 对, 分别使用饮食疗法和补充铁剂治疗的方法, 3 个月后测得两种患者血红蛋白如表 5.32 所示 (数据存放在 anemia.data 文件中). 假设数据服从正态分布且方差相同, 试用 T 检验来分析, 两种方法治疗后的患者血红蛋白有无显著差异?

表 5.32　铁剂治疗和饮食治疗营养性缺铁性贫血的效果

铁剂治疗组				饮食治疗组			
113	120	138	120	138	116	125	136
100	118	138	123	110	132	130	110

24. 为研究国产四类新药阿卡波糖胶囊效果, 某医院用 40 名 II 型糖尿病病人进行同期随机对照实验. 试验者将这些病人随机等分到试验组 (阿卡波糖胶囊组) 和对照组 (拜唐苹胶囊组), 分别测得试验开始前和 8 周后空腹血糖, 计算得到空腹血糖下降值如表 5.33 所示 (数据存放在 diabets.data 文件中). 假设数据服从正态分布, 试用 T 检验 (讨论方差相同和方差不同两种情况) 和成对 T 检验来判断: 国产 4 类新药阿卡波糖胶囊与拜唐苹胶囊对空腹血糖的降糖效果是否相同? 并分析 3 种检验方法各自的优越性.

表 5.33　试验组与对照组的降糖效果

试验组					对照组				
−0.70	−5.60	2.00	2.80	0.70	3.70	6.50	5.00	5.20	0.80
3.50	4.00	5.80	7.10	−0.50	0.20	0.60	3.40	6.60	−1.10
2.50	−1.60	1.70	3.00	0.40	6.00	3.80	2.00	1.60	2.00
4.50	4.60	2.50	6.00	−1.40	2.20	1.20	3.10	1.70	−2.00

25. 为研究某种新药对抗凝血酶活力的影响, 随机安排新药组病人 12 例, 对照组病人 10 例, 分别测定其抗凝血酶活力, 其结果如表 5.34 所示 (数据存放在 `anti_freezing.data` 文件中). 假设数据服从正态分布, 试用 T 检验 (讨论方差相同和方差不同两种情况) 来分析新药组和对照组病人的抗凝血酶活力有无显著差异 ($\alpha = 0.05$).

表 5.34　新药组与对照组对抗凝血酶活力的影响 (单位: mm^3)

新药组						对照组				
126	125	136	128	123	138	162	172	177	170	175
142	116	110	108	115	140	152	157	159	160	162

26. 科学家认为, 太平洋树蛙能产生一种酶, 以保护它的卵免受紫外线的伤害. 现做两组试验, 一组是有紫外线保护的, 共 70 个蛙卵, 有 34 个孵化. 另一组没有紫外线保护, 共 80 个蛙卵, 有 31 个孵化. 试分析, 太平洋树蛙是否确实有保护它的卵免受紫外线伤害的能力?

27. 研究者发现, 妇女患乳腺癌可能与初次分娩时的年龄有关. 表 3.35 (数据存放在 `WHO.data` 文件中) 给出国际卫生组织在 1970 年的报告. 试分析初次分娩各年龄段患乳腺癌的比例是否相同. 如果不同, 哪些年龄段之间不同? 乳腺癌患病率是否呈现某种趋势?

表 5.35　初次分娩年龄与乳腺癌患病人数

	初次分娩年龄				
	< 20	20 ~ 24	25 ~ 29	30 ~ 34	⩾ 35
乳腺癌数	320	1206	1011	463	220
调查总数	1742	5638	3904	1555	626

28. 一种药物可治疗眼内高压, 目的是阻止青光眼的发展. 现试验了 10 名病人, 治疗一个月后, 他们的眼压平均降低了 5mmHg, 且标准差为 10mmHg. 其功效为多少? 如果功效在 80% 以上, 应当至少选择多少名试验者?

29. 为了检测某种药物服用后可能导致血压升高, 找了 8 名药物服用者, 他们的平均收缩压为 132.86 mmHg, 样本标准差为 15.34 mmHg. 对照组共 21 人, 他们的平均收缩压为 127.44 mmHg, 样本标准差为 18.23 mmHg. 如果假设数据服从正态分布, 试分析该药物服用后是否能导致血压升高? 检验的功效是多少? 如果功效要达到 80%, 每组至少取多少个样本?

30. 对于习题 26, 如果要求功效达到 80% 以上, 试验时至少选择多少个样本?

31. 某汽车公司要求员工恪守时间, 以在公众面前树立良好的值得信赖的形象. 公司要求各个汽车的汽车到站时间的变化不能太大, 具体要求是: 到站时间的标准差不能超过 2 分钟. 公司在某市的汽车中转站随机地抽取了 10 次汽车的到站时间如下 (单位: 分钟).

　15.2　17.5　19.6　16.6　21.3　17.1　15.0　15.5　20.0　16.2

试分析该公司的汽车司机是否遵守时间规定?

32. 对习题 16 中甲乙两种稻种的数据做方差比的区间估计, 并用其估计值来判定两总体是否等方差. 若两总体方差不相等, 试重新计算两稻种产量的期望差 $\mu_1 - \mu_2$ 的置信区间 ($\alpha = 0.05$).

33. 检验习题 24 中试验组和对照组的数据的方差是否相同.

第6章 非参数检验

职位招聘是否存在性别歧视?

某大学的人事处, 为学校的电机工程系和外语系招聘青年教师, 人事处共收到 80 位男生和 60 位女生的应聘申请, 结果聘用了 35 名男生和 20 名女生.

某媒体得知此事后, 以"大学招聘歧视女生"为题做了报道, 其理由是: 在该大学的招聘结果中, 男生被聘用的比例是 $35/80 = 43.75\%$, 接近一半, 而女生被聘用的比例是 $20/60 = 33.33\%$, 只有 $1/3$.

该大学人事处马上在网上做出了回应, 声称在招聘过程中没有歧视女生, 并列出招聘结果的细节 (见表 6.1). 无论是电机工程系, 还是外语系, 男女生被聘用的比例是相同的, 分别都是 50% 和 25%.

表 6.1 某大学的招聘情况

申请者	电机工程系		外语系	
	被聘	被拒	被聘	被拒
男性	30	30	5	15
女性	10	10	10	30

那么上述说法哪个是正确的, 该大学在招聘中是否存在性别歧视?

本章要点

- 符号检验、符号秩检验与秩和检验.
- 拟合优度检验、正态性检验与独立性检验.
- 相关性检验与秩相关性检验.

非参数检验是统计分析方法的重要组成部分, 它与参数检验共同构成统计推断的基本内容.

参数检验是在总体分布形式已知的情况下, 对总体分布的参数如均值、方差等进行推断的方法. 但是, 在数据分析过程中, 由于种种原因, 人们往往无法对总体分布形态做简单假定, 此时参数检验的方法就不再适用了.

非参数检验正是一类基于这种考虑, 在总体方差未知或知道甚少的情况下, 利用样本数据对总体分布形态等进行推断的方法. 非参数检验方法在推断过程中不涉及有关总体分布的参数, 因而得名为"非参数"检验.

§6.1　符号检验与秩检验

在第 5 章介绍的检验方法中, 所有数据都是数值的, 而且有时还要求这些数据服从正态分布. 在实际中, 有些数据不是数值的, 如好与差、正与负, 即使是数值型数据, 也可能不满足正态分布. 本节介绍的符号检验与秩检验就是处理这些数据使用的检验方法.

§6.1.1 符号检验

符号检验本质上就是二项分布检验, 因为样本取好与差、正与负, 就相当于试验成功或者失败, 而且成功或失败的概率为 $1/2$.

1. 符号检验

从二项分布的性质可知, 对于大样本数据, 可用正态分布近似二项分布, 因此可使用正态近似计算 (prop.test 函数). 而对于小样本数据, 只能使用二项分布精确计算 (binom.test 函数).

例 6.1   某饮料店为了解顾客对饮料的爱好情况, 进一步改进他们的工作, 对顾客喜欢咖啡, 还是喜欢奶茶, 或者两者同样爱好进行了调查. 该店在某日随机地抽取了 13 名顾客进行了调查, 顾客喜欢咖啡超过奶茶用正号表示, 喜欢奶茶超过咖啡用负号表示, 两者同样爱好用 0 表示. 现将调查的结果列在表 6.2 中. 试分析顾客是喜欢咖啡, 还是喜欢奶茶.

表 6.2   不同顾客的爱好情况

顾客	顾客喜好	顾客	顾客喜好	顾客	顾客喜好
1	+	6	0	11	+
2	−	7	+	12	−
3	+	8	−	13	−
4	+	9	+		
5	+	10	+		

解: 根据题意可检验如下假设.

$$H_0: \text{顾客喜欢咖啡等于喜欢奶茶}; \qquad H_1: \text{顾客喜欢咖啡超过奶茶}$$

在调查数据中有 1 人 (6 号顾客) 表示对咖啡和奶茶有同样爱好, 用 0 表示, 因而在样本容量中不加以计算, 所以实际上是 $n = 12$. 由于 n 的值较小, 因而选择精确二项分布检验, 显著性水平取 $\alpha = 0.10$.

```
> binom.test(3, 12, al="l", conf.level = 0.90)


        Exact binomial test

data:  3 and 12
number of successes = 3, number of trials = 12, p-value = 0.073
alternative hypothesis: true probability of success is less than 0.5
90 percent confidence interval:
 0.0000000 0.4752663
sample estimates:
probability of success
                  0.25
```

P 值 $(= 0.073) < 0.10$, 且区间估计为 $[0, 0.475]$, 因此拒绝原假设, 认为喜欢咖啡的人超过喜欢奶茶的人.

如果显著性水平定在 $\alpha = 0.05$ 时, 则不能拒绝原假设, 只能认为喜欢咖啡和奶茶的人一样多.

2. 中位数检验

可以用符号检验做单个总体的中位数检验, 即:

$$H_0: M = M_0, \qquad H_1: M \neq M_0$$

用样本观察值减去总体中位数 M_0, 得出的正、负差额用正 (+)、负 (−) 号加以表示. 如果 H_0 成立, 那么, 样本观察值在中位数上、下的数目应各占一半, 即正号或负号的概率应各占 $1/2$.

例 6.2 联合国人员在世界上 66 个大城市的生活花费指数按自小至大的次序排列如表 6.3 所示 (数据存放在 city.data 文件中). 假设这个样本是从世界许多大城市中随机抽样得到的. 试用符号检验分析, 北京是在中位数之上, 还是在中位数之下?

表 6.3　66 个大城市的生活花费指数 (1996 年 12 月纽约市记为 100)

66	75	78	80	81	81	82	83	83	83	83
84	85	85	86	86	86	86	87	87	88	88
88	88	88	89	89	89	89	90	90	91	91
91	91	92	93	93	96	96	96	97	99*	100
101	102	103	103	104	104	104	105	106	109	109
110	110	110	111	113	115	116	117	118	155	192

表中的 99 (∗ 号) 为北京的生活花费指数.

解: 样本的中位数记为 M, 做双侧检验:

$$H_0: M = 99, \qquad H_1: M \neq 99$$

将样本值 > 99 的个数作为成功的个数, 由于总样本量为 66, 可以用正态近似检验, 以下是程序 (程序名: exa_0602.R) 和计算结果.

```
> X <- scan("city.data")
> prop.test(sum(X>99), length(X))


	1-sample proportions test with continuity correction
data:  sum(X > 99) out of length(X), null probability 0.5
X-squared = 5.4697, df = 1, p-value = 0.01935
alternative hypothesis: true p is not equal to 0.5
95 percent confidence interval:
 0.2381467 0.4765554
sample estimates:
        p
0.3484848
```

P 值 $(= 0.019\,35) < 0.05$, 拒绝原假设. 并且置信区间 $[0.238, 0.477] < 0.5$, 说明生活花费指数超过北京的城市数小于 $1/2$, 也就是说, 北京在中位数之上.

§6.1.2　符号秩检验与秩和检验

在第 5 章介绍的 T 检验中, 需要假定样本来自的总体服从正态分布. 当这一假定无法满足时, 采用 T 检验可能会得到错误的结论. 当无法判定样本来自的总体是否是正态分布时, 可能采用 Wilcoxon (威尔柯克逊) 符号秩检验或 Wilcoxon 秩和检验.

1. 秩

所谓秩就是对样本的排序. 设 $X_1, X_2, \cdots, X_n$ 为一组样本 (不必取自同一总体), 将 $X_1, X_2, \cdots, X_n$ 从小到大排成一列, 用 R_i 记为 X_i $(i = 1, 2, \cdots, n)$ 在上述排列中的位置号, 称 $R_1, R_2, \cdots, R_n$ 为样本 $X_1, X_2, \cdots, X_n$ 产生的秩统计量.

在 R 中, rank() 函数计算样本的秩, 其使用格式为:

```
rank(x, na.last = TRUE, ties.method = c("average",
    "first", "random", "max", "min"))
```

参数的名称、取值及意义如表 6.4 所示.

表 6.4　rank( ) 函数参数的名称、取值及意义

名称	取值及意义
x	数值、复数、字符或逻辑向量, 由样本数据构成
na.last	字符串, 确定删失数据 NA 的秩. 取 TRUE (默认值) 表示 NA 的秩数最大, 取 FALSE 表示 NA 的秩数最小, 取 NA 表示不计算 NA 的秩, 取 "keep" 表示在秩统计量中保留 NA
ties.method	字符串, 表示处理结的方法 *. 取 "average"(默认值) 表示使用平均秩, 取 "first" 表示按顺序计算秩, 取 "random" 表示随机地安排秩, 取 "max" 表示取最大的秩, 取 "min" 表示取最小秩

* 所谓"结", 就是数据中有相同的秩.

例如:

```
> x <- c(1.2, 0.8, -3.1, 2.0, 1.2)
> rank(x)
[1] 3.5 2.0 1.0 5.0 3.5
> rank(x, ties.method = "first")
[1] 3 2 1 5 4
> rank(x, ties.method = "random")
[1] 3 2 1 5 4
> rank(x, ties.method = "max")
[1] 4 2 1 5 4
> rank(x, ties.method = "min")
[1] 3 2 1 5 3
```

2. Wilcoxon 符号秩检验

Wilcoxon 符号秩检验是用作单个总体 X 的中位数检验, 即

$$H_0: M = M_0, \quad H_1: M \neq M_0 \quad \text{(双侧检验)} \tag{6.1}$$

$$H_0: M \geqslant M_0, \quad H_1: M < M_0 \quad \text{(单侧检验)} \tag{6.2}$$

$$H_0: M \leqslant M_0, \quad H_1: M > M_0 \quad (\text{单侧检验}) \tag{6.3}$$

设 $X_1, X_2, \cdots, X_n$ 是来自总体 X 的样本, 这里假定 X 的分布是连续的, 且关于中位数 M_0 是对称的. 这样, 将 $|X_i - M_0|$ 得到的差额, 按递增次序排列, 并根据差额的次序给出相应的秩次 R_i. 定义 $X_i - M_0 > 0$ 为正秩次, $X_i - M_0 < 0$ 为负秩次. 然后按照正秩次之和进行检验, 这就是秩次和检验. 这种方法首先是由 Wilcoxon 提出的, 所以称为 Wilcoxon 符号秩检验.

如果原观察值的数目为 n', 减去 $X_i = M_0$ 的样本后, 其样本数为 n. 用 $R_i^{(+)}$ 表示正秩次, W 表示正秩次的和, 则 Wilcoxon 统计量为:

$$W = \sum_{i=1}^{n} R_i^{(+)} \tag{6.4}$$

因为 n 个整数 $1, 2, \cdots, n$ 的总和用 $\frac{n(n+1)}{2}$ 计算, 而正秩次总和可以在区间 $\left(0, \frac{n(n+1)}{2}\right)$ 内变动, 如果观察值来自中位数为 M_0 的某个总体的假设为真, 那么 Wilcoxon 检验统计量的取值将在秩次和的平均数, 即 $\mu_W = \frac{n(n+1)}{4}$ 的左右变动. 如果该假设不成立, 则 W 的取值将向秩次和的两头的数值靠近. 这样, 在一定的显著性水平下, 便可进行秩次和检验.

3. Wilcoxon 秩和检验

Wilcoxon 秩和检验是用作两个总体 X 和 Y 中位数差的检验, 即

$$H_0: M_1 - M_2 = M_0, \quad H_1: M_1 - M_2 \neq M_0 \quad (\text{双侧检验}) \tag{6.5}$$
$$H_0: M_1 - M_2 \geqslant M_0, \quad H_1: M_1 - M_2 < M_0 \quad (\text{单侧检验}) \tag{6.6}$$
$$H_0: M_1 - M_2 \leqslant M_0, \quad H_1: M_1 - M_2 > M_0 \quad (\text{单侧检验}) \tag{6.7}$$

假定 $X_1, X_2, \cdots, X_{n_1}$ 是来自总体 X 的样本, $Y_1, Y_2, \cdots, Y_{n_2}$ 是来自总体 Y 的样本. 将样本的观察值排在一起, $X_1, X_2, \cdots, X_{n_1}, Y_1, Y_2, \cdots, Y_{n_2}$, 仍设 $r_1, r_2, \cdots, r_{n_1}$ 为由 $X_1, X_2, \cdots, X_{n_1}$ 产生的秩统计量, $R_1, R_2, \cdots, R_{n_2}$ 为由 $Y_1, Y_2, \cdots, Y_{n_2}$ 产生的秩统计量, 则 Wilcoxon-Mann-Whitney 统计量定义为:

$$U = n_1 n_2 + \frac{n_2(n_2+1)}{2} - \sum_{i=1}^{n_2} R_i \tag{6.8}$$

类似于单一总体的 Wilcoxon 符号检验, 可以通过统计量 U 进行检验, 该检验称为 Wilcoxon 秩和检验.

4. wilcox.test 函数

在 R 中, wilcox.test() 函数完成 Wilcoxon 符号秩检验与秩和检验, 其使用格式为:

```
wilcox.test(x, y = NULL,
    alternative = c("two.sided", "less", "greater"),
    mu = 0, paired = FALSE, exact = NULL, correct = TRUE,
    conf.int = FALSE, conf.level = 0.95, ...)
```
参数的名称、取值及意义如表 6.5 所示.

表 6.5　wilcox.test( ) 函数参数的名称、取值及意义 (1)

名称	取值及意义
x, y	数值向量, 分别由总体 X 和 Y 的样本构成. 如果只有总体 X 的样本, y 的取值为 NULL, 此时做 Wilcoxon 符号秩检验, 否则做 Wilcoxon 秩和检验
alternative	字符串, 表示备择假设选项. 取 "two.sided" (默认值) 表示双侧检验, 取 "less" 表示 "<" 的单侧检验, 取 "greater" 表示 ">" 的单侧检验
mu	数值, 表示中位数或中位数之差 (M_0), 默认值为 0
paired	逻辑变量, 表示是否完成配对 (或成对) 数据的检验
exact	逻辑变量, 表示是否精确计算 P 值, 此参数只对小样本数据起作用, 当样本量较大时, 将采用正态分布近似计算 P 值
correct	逻辑变量, 表示是否做连续性修正, 默认值为 TRUE
conf.int	逻辑变量, 表示是否计算中位数的置信区间, 默认值为 FALSE
conf.level	$0 \sim 1$ 之间的数值, 表示置信水平, 默认值为 0.95

例 6.3　假定某电池厂宣称该厂生产的某种型号电池寿命的中位数为 140 安培小时. 为了检验该厂生产的电池是否符合其规定的标准, 现从新近生产的一批电池中抽取 20 个随机样本, 并对这 20 个电池的寿命进行了测试, 其结果如表 6.6 所示 (数据保存在 battery.data 文件中). 试用 Wilcoxon 符号秩检验分析该厂生产的电池是否符合其标准.

表 6.6　某电池厂生产电池的寿命 (单位: 安培小时)

137.0	140.0	138.3	139.0	144.3	139.1	141.7	137.3	133.5	138.2
141.1	139.2	136.5	136.5	135.6	138.0	140.9	140.6	136.3	134.1

解: 这是小样本数据, 在没有正态分布的假设下, 不能做 T 检验, 只能做中位数检验 (Wilcoxon 符号秩检验).

$$H_0 : M = 140, \quad H_1 : M \neq 140$$

输入数据, 调用 wilcox.test() 函数, 进行检验.

```
> X <- scan("battery.data")
> wilcox.test(X, mu = 140, exact = F, conf.int = T)

    Wilcoxon signed rank test with continuity correction

data:  X
V = 34, p-value = 0.01488
alternative hypothesis: true location is not equal to 140
95 percent confidence interval:
 136.9000 139.5501
sample estimates:
(pseudo)median
        138.2
```

在参数中, 选择 exact = F, 是因为数据 "打结", 即有相同的秩 (如 13 和 14 号样本), 以及第 2 号样本恰好等于 140, 无法精确计算 P 值.

这里得到的 P 值 $(= 0.014\,88) < 0.05$, 拒绝原假设, 说明中位数不等于 140 安培小时, 从中位数的置信区间来看, 这批电池的中位数小于 140 安培小时.

如果做符号检验:

```
> binom.test(sum(X>140), n = 19)
        Exact binomial test
data:  sum(X > 140) and 19
number of successes = 5, number of trials = 19, p-value = 0.06357
alternative hypothesis: true probability of success is not equal to 0.5
95 percent confidence interval:
 0.09146578 0.51202935
sample estimates:
probability of success
              0.2631579
```

P 值 $(= 0.063\,57) > 0.05$, 无法拒绝原假设, 则只能认为这批电池的中位数是 140 安培小时. 这里取 n = 19, 是因为需要去掉 $M - 140 = 0$ 的项.

为什么两种检验会得到不同的结论呢? 这是因为 Wilcoxon 符号秩检验要比符号检验更有效, 其原因是 Wilcoxon 符号秩检不但用到了符号, 还用到了秩, 比符号检验多了一组信息.

如果做单侧检验:

$$H_0 : M \geqslant 140, \qquad H_1 : M < 140$$

两种方法会得到同样的结论 (只是计算出的 P 值不同), 这批电池的中位数小于 140 安培小时.

wilcox.test() 函数的另一种使用格式是公式形式, 其使用格式为:

wilcox.test(formula, data, subset, na.action, ...)

部分参数的名称、取值及意义如表 6.7 所示.

表 6.7 wilcox.test( ) 函数部分参数的名称、取值及意义 (2)

名称	取值及意义
formula	形如 value ~ group 的公式, 其中 value 为数据, group 为数据的分组情况, 通常是因子向量
data	矩阵或数据框, 由样本数据构成
subset	可选向量, 表示使用样本的子集

例 6.4 某制造企业正在尝试确定两种方法在任务完成时间上存在的差异. 他们随机地选取了 11 名工人, 每名工人均用每种方法完成产生任务, 其观测结果如表 6.8 所示 (数据保存在 task.data 文件中). 试用这组数据分析, 两种方法在任务完成时间上是否存在显著差异?

表 6.8 生产任务的完成时间 (单位: 分钟)

工人	方法 1	方法 2	工人	方法 1	方法 2
1	10.2	9.5	7	10.6	10.5
2	9.6	9.8	8	10.0	10.0
3	9.2	8.8	9	11.2	10.6
4	10.6	10.1	10	10.7	10.2
5	9.9	10.3	11	10.6	9.8
6	10.2	9.3			

解: 做检验:

$$H_0: M_1 - M_2 = 0, \quad H_1: M_1 - M_2 \neq 0$$

这是一组成对数据, 因此要做成对数据的检验, 即选择参数 paired = TRUE. 在数据 task.data 文件中, 第 1 列是方法 1 的数据, 第 2 列是方法的数据, 在读取数据后, 便于使用公式形式进行计算, 其程序 (程序名: exa_0604.R) 和计算结果如下.

```
X <- scan("task.data"); G <- gl(2, 1, 22)
wilcox.test(X ~ G, paired = T, exact = F, conf.int = T)


    Wilcoxon signed rank test with continuity correction
data:  X$method1 and X$method2
V = 49, p-value = 0.0322
alternative hypothesis: true location shift is not equal to 0
95 percent confidence interval:
 0.05000324 0.70003341
sample estimates:
(pseudo)median
      0.4499906
```

P 值 $(= 0.032\ 2) < 0.05$, 拒绝原假设, 说明两种方法完成任务的时间不相同. 从中位数的置信区间来看, 第 2 种方法要优于第 1 种方法.

如果做单侧检验:

$$H_0: M_1 - M_2 \leqslant 0, \quad H_1: M_1 - M_2 > 0$$

也能得到同样的结论 (留给读者完成).

例 6.5 为了了解新的数学教学方法的效果是否比原来方法的效果有所提高, 从水平相当的 10 名学生中随机地各选 5 名接受新方法和原方法的教学试验. 充分长一段时间后, 由专家通过各种方式 (如考试提问等) 对 10 名学生的数学能力予以综合评估 (为公正起见, 假定专家对各个学生属于哪一组并不知道), 并按其数学能力由弱到强排序, 结果如表 6.9 所示. 对 $\alpha = 0.05$, 检验新方法是否比原方法显著地提高了教学效果.

表 6.9 学生数学能力排序结果

新方法			3		5		7		9	10
原方法	1	2		4		6		8		

解: 因为 Wilcoxon 秩和检验本质只需排出样本的秩次, 而且题目中的数据本身就是一个排序, 因此可直接使用 Wilcoxon 秩和检验. 根据题意, 需要检验:

$$H_0: M_1 - M_2 \leqslant 0, \quad H_1: M_1 - M_2 > 0$$

即希望证明的结论与备择假设相同 (反证法的思想). 以下是程序与计算结果.

```
> x <- c(3, 5, 7, 9, 10); y <- c(1, 2, 4, 6, 8)
> wilcox.test(x, y, alternative = "greater")
        Wilcoxon rank sum test
data:  x and y
```

```
W = 19, p-value = 0.1111
```

alternative hypothesis: true location shift is greater than 0

P 值 $(= 0.111\ 1) > 0.05$, 无法拒绝原假设, 并不能认为新的教学效果显著优于原方法.

例 6.6 某医院用某种药物治疗两种类型慢性支气管炎患者共 216 例, 疗效如表 6.10 所示. 试分析该药物对两型慢性支气管炎的治疗是否相同.

表 6.10 某种药物治疗两型慢性支气管炎疗效结果

疗效	控制	显效	进步	无效
单纯型	62	41	14	11
喘息型	20	37	16	15

解: 可以想象, 每个病人的疗效用 4 个不同的值表示 (1 表示最好, 4 表示最差), 这样就可以对 216 名病人排序. 因此, 可用 Wilcoxon 秩和检验来分析问题. 这里需要检验:

$$H_0: M_1 - M_2 = 0, \quad H_1: M_1 - M_2 \neq 0$$

以下是程序和计算结果.

```
> x <- rep(1:4, c(62, 41, 14, 11))
> y <- rep(1:4, c(20, 37, 16, 15))
> wilcox.test(x, y, conf.int = TRUE)
    Wilcoxon rank sum test with continuity correction
data:  x and y
W = 3994, p-value = 0.0001242
alternative hypothesis: true location shift is not equal to 0
95 percent confidence interval:
 -9.999717e-01 -6.606939e-05
sample estimates:
difference in location
          -0.9999808
```

P 值 $(= 0.000\ 124\ 2) < 0.05$, 拒绝原假设, 即认为该药物对两种类型慢性支气管炎的治疗是不相同的. 从置信区间来看, 该药物治疗单纯型慢性支气管炎的效果好.

如果做单侧检验:

$$H_0: M_1 - M_2 \geqslant 0, \quad H_1: M_1 - M_2 < 0$$

其结论是相同的 (留给读者完成).

§6.2 分布的检验

本节要介绍的是另一类检验, 其目标不是针对具体的参数, 而是针对分布的类型. 例如, 通常假定总体分布具有正态性, 而 "总体分布为正态" 这一断言本身在一定场合下就是可疑的, 有待于检验.

假设根据某理论、学说甚至假定, 某随机变量应当有分布 F, 现对 X 进行 n 次观察, 得到一个样本 $X_1, X_2, \cdots, X_n$, 要据此检验:

$$H_0: X \text{ 具有理论分布 } F$$

这里虽然没有明确指出对立假设, 但可以说, 对立假设为:
$$H_1: X \text{ 不具有理论分布 } F$$
本问题的真实含义是估计实测数据与该理论或学说符合得怎样, 而不在于当认为不符合时, X 可能备择的分布如何. 故问题中不明确标出对立假设, 反而使人感到提法更为贴近现实.

§6.2.1　Pearson 拟合优度 χ^2 检验

在分布的检验中, 适应性最广的检验恐怕要属 Pearson 拟合优度检验了.

1. 理论分布完全已知的情况

设 $X_1, X_2, \cdots, X_n$ 为来自总体 X 的样本, 将数轴 $(-\infty, \infty)$ 分成 m 个区间.
$$I_1 = (-\infty, a_1), \ I_2 = [a_1, a_2), \ \cdots, \ I_m = [a_{m-1}, \infty)$$
记这些区间的理论概率分别为:
$$p_1, \ p_2, \ \cdots, \ p_m, \quad p_i = P\{X \in I_i\}, \ i = 1, 2, \cdots, m$$
记 n_i 为 $X_1, X_2, \cdots, X_n$ 中落在区间 I_i 内的个数, 则在原假设成立的情况下, n_i 的期望值为 np_i, n_i 与 np_i 的差距 $(i = 1, 2, \cdots, m)$ 可视为理论与观察之间偏离的衡量, 构造统计量:
$$K = \sum_{i=1}^{m} \frac{(n_i - np_i)^2}{np_i} \tag{6.9}$$
称 K 为 Pearson χ^2 统计量. Pearson 证明了在原假设成立的条件下, 当 $n \to \infty$ 时, K 依分布收敛于自由度为 $m - 1$ 的 χ^2 分布.

Pearson 拟合优度 χ^2 检验对分组后的基本要求是: $np_i \geqslant 5$ 和 $n_i \geqslant 5$, 即每个组的理论频数和实际频数都要大于等于 5.

在 R 中, 使用 chisq.test() 函数计算 Pearson 拟合优度 χ^2 检验, 其使用格式为:

```
chisq.test(x, y = NULL, correct = TRUE,
    p = rep(1/length(x), length(x)), rescale.p = FALSE,
    simulate.p.value = FALSE, B = 2000)
```

参数的名称、取值及意义如表 6.11 所示.

表 6.11　chisq.test( ) 函数参数的名称、取值及意义

名称	取值及意义
x	数值向量或矩阵 (用于列联检验), 表示观测样本的频数
p	数值向量, 表示落在每个子区间内的理论概率, 默认值是指每个子区间有相同的概率
rescale.p	逻辑变量, 表示是否重新计算 p, 默认值为 FALSE

例 6.7　某消费者协会为了确定市场上消费者对 5 种品牌啤酒的喜好情况, 随机抽取了 1 000 名啤酒爱好者作为样本进行如下试验: 每个人得到 5 种品牌的啤酒各一瓶, 但未标明牌子. 这 5 种啤酒按分别写着 A、B、C、D、E 字母的 5 张纸片随机的顺序送给每一个人. 表 6.12 是根据样本资料整理得到的各种品牌啤酒爱好者的频数分布. 试根据这些数据, 判断消费者对这 5 种品牌啤酒的爱好有无明显差异.

表 6.12　5 种品牌啤酒爱好者的频数

最喜欢的牌子	A	B	C	D	E
人数	210	312	170	85	223

解：如果消费者对 5 种品牌啤酒喜好无显著差异，那么，就可以认为喜好这 5 种品牌啤酒的人呈均匀分布，即 5 种品牌啤酒爱好者人数各占 20%. 因此原假设为：

$$H_0 : 喜好每种啤酒的人数呈均匀分布$$

输入数据，调用 chisq.test() 函数，其程序和计算结果如下：

```
> X<-c(210, 312, 170, 85, 223); chisq.test(X)

	Chi-squared test for given probabilities
data:  X
X-squared = 136.49, df = 4, p-value < 2.2e-16
```

X-squared 为 χ^2 统计量，df 为自由度，p-value 为 P 值 $(= 2.2 \times 10^{-16}) \ll 0.05$，拒绝原假设，认为消费者对 5 种品牌啤酒的喜好是有显著差异的.

例 6.8　大麦的杂交后代关于芒性的比例应是无芒:长芒:短芒 =9:3:4. 实际观测值为 335:125:160. 试检验观测值是否符合理论假设.

解：根据题意：

$$H_0 : \quad p_1 = \frac{9}{16}, \quad p_2 = \frac{3}{16}, \quad p_3 = \frac{4}{16}$$

调用 chisq.test() 函数，其命令如下：

```
> chisq.test(c(335, 125, 160), p = c(9,3,4)/16)

	Chi-squared test for given probabilities
data:  c(335, 125, 160)
X-squared = 1.362, df = 2, p-value = 0.5061
```

P 值 $(= 0.5061) > 0.05$，接受原假设，即大麦的芒性比例符合 9:3:4 的比例.

例 6.9　在一次实验中，每隔一定的时间观察一次由某种铀所放射到达计数器的 α 粒子数 X，共观察了 100 次，其数据如表 6.13 所示. 试分析，能否认为 α 粒子数 X 服从 Poisson 分布.

表 6.13　观察到的 α 粒子数

粒子数	0	1	2	3	4	5	6	7	8	9	10	11
频数	1	5	16	17	26	11	9	9	2	1	2	1

解：检验这组数据是否服从 Poisson 分布，即

$$H_0 : \quad p_k = \frac{\lambda^k \mathrm{e}^{-\lambda}}{k!}, \quad k = 0, 1, \cdots$$

在计算理论分布时，需要先知道 Poisson 分布的参数 λ. 但参数 λ 是未知的，注意到参数的意义 —— 总体的数学期望，因此，这里用样本均值替代参数 λ.

使用 weighted.mean() 函数计算样本均值, 程序 (程序名: exa_0609.R) 如下:

```
X <- 0:11; Y <- c(1, 5, 16, 17, 26, 11, 9, 9, 2, 1, 2, 1)
lambda <- weighted.mean(X, Y)
```

下面做检验. 在做检验之前, 需要对数据重新分组, 因为拟合优度检验的基本要求是理论频数和实际频数都要大于等于 5. 如果直接使用表 6.13 的分组, 则显然是不满足这一要求的, 重新分组, 具体结果如表 6.14 所示.

表 6.14　重要分组后的 α 粒子数

粒子数	$\leqslant 1$	2	3	4	5	6	7	$\geqslant 8$
频数	6	16	17	26	11	9	9	6

编写程序 (仍放在 exa_0609.R 程序中).

```
X <- 1:8; Y <- c(6, 16, 17, 26, 11, 9, 9, 6)
##%% 计算理论分布
F <- ppois(X, lambda); m <- length(Y)
p <- F[1]; p[m] <- 1 - F[m-1]
for (i in 2:(m-1)) p[i] <- F[i] - F[i-1]
##%% 做检验
(chi<- chisq.test(Y, p = p))
```

其计算结果如下:

```
Chi-squared test for given probabilities


data:  Y
X-squared = 6.2826, df = 7, p-value = 0.5072
```

P 值 ($= 0.5072$) > 0.05, 能认定 α 粒子数 X 是服从 Poisson 分布的.

2. 理论分布依赖于若干个未知参数的情况

如果分布族 F 依赖于 r 个参数 $\theta_1, \theta_2, \cdots, \theta_r$, 要根据样本 $X_1, X_2, \cdots, X_n$ 去检验假设:
$$H_0 : X \text{ 的分布属于分布族 } \{F(x; \theta_1, \theta_2, \cdots, \theta_r)\}$$

解决这个问题的步骤是先通过样本做出 $(\theta_1, \theta_2, \cdots, \theta_r)$ 的极大似然估计 $(\widehat{\theta}_1, \widehat{\theta}_2, \cdots, \widehat{\theta}_r)$, 再检验假设:
$$H_0 : X \text{ 具有分布 } F(x; \widehat{\theta}_1, \widehat{\theta}_2, \cdots, \widehat{\theta}_r)$$

然后再按理论分布已知的情况进行处理, 所不同的是由式 (6.9) 得到的统计量 K 服从自由度为 $m - 1 - r$ 的 χ^2 分布, 即自由度减少了 r.

从这种角度来讲, 例 6.9 的计算是有问题的, 因为在计算过程中, 是用样本均值代替的总体的数学期望, 因此, 需要减少一个自由度, 即自由度不是 7, 而是 6. 这样需要对 P 值做一下修正.

```
Pval <- 1 - pchisq(chi$statistic, df = m - 2)
names(Pval) <- "P_val"; Pval
```

新的 P 值 $= 0.392\,288\,4 > 0.05$, 其结论不变.

例 6.10 某学校统计学专业的 50 名学生的统计学课程的考试成绩如表 6.15 所示 (数据存放在 exam.data 文件中), 试分析这门课程的考试成绩是否服从正态分布.

表 6.15 50 名学生的考试成绩

71	66	61	65	54	93	60	86	70	70	73	73	55
63	56	62	76	54	82	79	76	68	53	58	85	80
56	61	61	64	65	62	90	69	76	79	77	54	64
74	65	65	61	56	63	80	56	71	79	84		

解: 检验学生的学习成绩否服从正态分布, 即

$$H_0: \quad X \sim N(\mu, \sigma^2)$$

这里有几个问题需要解决.

(1) 参数 μ 和 σ^2 未知, 需要用样本均值替代总体均值, 样本方差替代总体方差. 读取数据, 计算样本均值 $\overline{X}$ 与样本标准差 S, 程序 (程序名: exa_0610.R) 如下:

```
Z <- scan("exam.data"); mu <- mean(Z); S <- sd(Z)
```

其中样本均值为 68.42 分, 样本的标准差为 10.41 分.

(2) 分组. 正态分布的随机变量属于连续型随机变量, 可以任意分组. 如果组的间距过大, 对数据不敏感; 如果组的间距过小, 又不满足拟合优度检验的基本要求, 即落入每个子区间的理论频数与实际频数都要大于等于 5.

对于学生成绩, 共有 50 个数据. 如果平均分成 10 个小区间, 每个子区间上的理论频数为 5 个, 则实际频数会少于 5 个. 因此, 将数据分成 8 个小区间. 按正态分布的分位数分组.

```
p <- seq(from = 0.125, to = 0.875, by = 0.125)
q <- qnorm(p, mean = mu, sd = S); q
[1] 56.44019 61.39582 65.10167 68.42000 71.73833
[6] 75.44418 80.39981
```

这样共得到 8 个子区间, 每个子区间上的理论频数为 6.25. 再计算落入每个子区间的实际频数.

```
Y <- table(cut(Z, breaks = c(-Inf, q, Inf))); Y

(-Inf,56.4] (56.4,61.4] (61.4,65.1] (65.1,68.4]
         9           6          10           2
(68.4,71.7] (71.7,75.4] (75.4,80.4] (80.4, Inf]
         5           3           9           6
```

虽然有两个子区间的实际频数不满足要求, 但是不妨先做计算, 如出现问题, 再合并区间.

```
F <- pnorm(q, mean = mu, sd = S); m <- length(Y)
p <- F[1]; p[m] <- 1 - F[m-1]
for (i in 2:(m-1))  p[i]<-F[i]-F[i-1]
##%% 做检验
(chi<- chisq.test(Y, p = p))
```

```
      Chi-squared test for given probabilities
   data:  Y
   X-squared = 9.52, df = 7, p-value = 0.2174
```

还好, 没有出现问题. 但总体的均值和标准差是由样本的均值与标准差替代的, 因此, 需要减少 2 个自由度. 重新计算 P 值.

```
   Pval <- 1 - pchisq(chi$statistic, df = m - 3)
   names(Pval) <- "P_val"; Pval
       P_val
   0.09003593
```

P 值大于 0.05, 还可以认为学生的考试成绩是服从正态分布的. 如果 α 的取值为 0.10, 拒绝原假设, 则认为学生成绩不服从正态分布.

§6.2.2　Shapiro-Wilk 正态性检验

使用拟合优度检验是可以完成正态性检验的, 但由于需要分组, 使计算变得复杂化. 好在, 正态性检验是非参数检验中最常用的检验, 除了用前面介绍的方法外, 还用许多检验方法, 这里介绍 Shapiro-Wilk (夏皮罗 – 威尔克) 正态性检验, 它是用来自总体 X 的样本 X_1, $X_2, \cdots, X_n$, 检验:

$$H_0 : \text{总体 } X \text{ 具有正态分布}$$

在检验中用 W 统计量做正态性检验, 因此这种检验方法也称为正态 W 检验方法.

在 R 中, shapiro.test() 函数完成 Shapiro-Wilk 正态性检验, 其使用格式为:

```
   shapiro.test(x)
```

参数 x 是由样本构成的向量, 并且向量的长度为 3~5 000.

例 6.11 (续例 6.10)　使用 Shapiro-Wilk 正态性检验完成例 6.10 的检验工作.

解: 读取数据, 调用 shapiro.test() 函数做检验, 计算结果如下.

```
   X <- scan("exam.data"); shapiro.test(X)

       Shapiro-Wilk normality test
   data:  X
   W = 0.9568, p-value = 0.06508
```

P 值仍然大于 0.05, 其结果没有改变. 与例 6.10 相比较, Shapiro – Wilk 正态性检验方便多了.

§6.3　列联表检验

设两个随机变量 X, Y 均为离散型的, X 取值于 $\{a_1, a_2, \cdots, a_I\}$, Y 取值于 $\{b_1, b_2, \cdots, b_J\}$. 设 $(X_1, Y_1), (X_2, Y_2), \cdots, (X_n, Y_n)$ 为简单样本, 记 n_{ij} 为 $(X_1, Y_1), (X_2, Y_2), \cdots, (X_n, Y_n)$ 中等于 (a_i, b_j) 的个数. 在求解问题时, 常把数据列为形如表 6.16 的形式, 称为列联表. 根据列联表数据做的检验称为列联表检验.

表 6.16　列联表

	b_1	b_2	$\cdots$	b_J	$\sum$
a_1	n_{11}	n_{12}	$\cdots$	n_{1J}	$n_{1\cdot}$
a_2	n_{21}	n_{22}	$\cdots$	n_{2J}	$n_{2\cdot}$
$\vdots$	$\vdots$	$\vdots$		$\vdots$	$\vdots$
a_I	n_{I1}	n_{I2}	$\cdots$	n_{IJ}	$n_{I\cdot}$
$\sum$	$n_{\cdot1}$	$n_{\cdot2}$	$\cdots$	$n_{\cdot J}$	

§6.3.1　Pearson χ^2 独立性检验

所谓独立性检验就是检验:

$$H_0:\ X \text{ 与 } Y \text{ 独立}, \qquad H_1:\ X \text{ 与 } Y \text{ 不独立 (相关)}$$

记

$$p_{ij} = P\{X_i = a_i, Y_j = b_j\}$$

$$p_{i\cdot} = P\{X_i = a_i\} = \sum_{j=1}^{J} p_{ij}, \quad p_{\cdot j} = P\{Y_j = b_j\} = \sum_{i=1}^{I} p_{ij}$$

则假设 H_0 可表示为:

$$H_0:\ p_{ij} = p_{i\cdot} \cdot p_{\cdot j}, \quad i = 1, 2, \cdots, I, \ j = 1, 2, \cdots, J \tag{6.10}$$

这里只知道 $p_{i\cdot}, p_{\cdot j} \geqslant 0$, $\sum\limits_{i=1}^{I} p_{i\cdot} = 1$, $\sum\limits_{j=1}^{J} p_{\cdot j} = 1$, 而其他情况未知, 所以这是一个带参数 $p_{i\cdot}, (i = 1, 2, \cdots, I)$ 和 $p_{\cdot j}, (j = 1, 2, \cdots, J)$ 的拟合优度检验问题. 因此, 需要先用极大似然估计来估计 $p_{i\cdot}, p_{\cdot j}$, 得到:

$$\hat{p}_{i\cdot} = \frac{n_{i\cdot}}{n}, \quad i = 1, 2, \cdots, I$$

$$\hat{p}_{\cdot j} = \frac{n_{\cdot j}}{n}, \quad j = 1, 2, \cdots, J$$

其中 $n_{i\cdot} = \sum\limits_{j=1}^{J} n_{ij}$, $n_{\cdot j} = \sum\limits_{i=1}^{I} n_{ij}$. 这样就可以计算 Pearson χ^2 统计量:

$$K = \sum_{i=1}^{I} \sum_{j=1}^{J} \frac{\left(n_{ij} - \dfrac{n_{i\cdot}n_{\cdot j}}{n}\right)^2}{\dfrac{n_{i\cdot}n_{\cdot j}}{n}} \tag{6.11}$$

然后再计算自由度. (X, Y) 的值域一共划分成 IJ 个集合, 但估计了一些未知参数. 由于 $\sum\limits_{i=1}^{I} p_{i\cdot} = 1, p_{i\cdot}(i = 1, 2, \cdots, I)$ 中未知参数只有 $I-1$ 个, 同理, $p_{\cdot j}(j = 1, 2, \cdots, J)$ 中未知参数只有 $J-1$ 个, 故共有 $I+J-2$ 个未知参数, 而 K 的自由度就为 $IJ - 1 - (I + J - 2) = (I-1)(J-1)$.

当 $I = J = 2$ 时, 列联表中只有 4 个格子, 称为"四格表", 这时式 (6.11) 简化为:

$$K = \frac{n(n_{11}n_{22} - n_{12}n_{21})^2}{n_{1\cdot}n_{2\cdot}n_{\cdot1}n_{\cdot2}}$$

自由度为 1.

对于四格列联表, 由于 $\chi^2(1)$ 为连续型变量, 而 K 取离散值, 当 n 较小时, 这种近似不好, 它往往导致 K 的值太大而轻易否定 H_0. 为了改善 K 对 $\chi^2(1)$ 的近似, Yate (耶茨) 提出了一种修正方法, 在式 (6.11) 中, 分子的各项减去 0.5, 即 K 统计量的计算公式修改为:

$$K = \sum_{i=1}^{I} \sum_{j=1}^{J} \frac{\left(\left|n_{ij} - \frac{n_i.n_{.j}}{n}\right| - 0.5\right)^2}{\frac{n_i.n_{.j}}{n}} \tag{6.12}$$

这种方法称为连续型修正.

前面介绍的 chisq.test() 函数可完成列联表数据的 Pearson χ^2 独立性检验, 只需将列联表写成矩阵形式即可.

例 6.12 在一次社会调查中, 以问卷方式调查了总共 901 人的月收入及对工作的满意程度, 其中将收入 A 分为小于 3 000 元、3 000~7 500 元、7 500~12 000 元及超过 12 000 元 4 档. 对工作的满意程度 B 分为很不满意、较不满意、基本满意和很满意 4 档. 调查结果用 4×4 列联表表示, 如表 6.17 所示. 试分析工资收入与对工作的满意程度是否有关.

表 6.17 工作满意程度与月收入列联表

工资收入	很不满意	较不满意	基本满意	很满意	合计
< 3 000	20	24	80	82	206
3 000 ~ 7 500	22	38	104	125	289
7 500 ~ 12 000	13	28	81	113	235
> 12 000	7	18	54	92	171
合计	62	108	319	412	901

解: 输入数据, 用 chisq.test() 做检验.

```
x <- c(20, 24, 80,  82, 22, 38, 104, 125,
       13, 28, 81, 113,  7, 18,  54,  92)
X <- matrix(x, nc = 4, byrow = T); chisq.test(X)
```

```
        Pearson's Chi-squared test
data:  X
X-squared = 11.9886, df = 9, p-value = 0.214
```

X-squared 为统计量 K, df 为自由度, p-value 为 P 值. 这里 P 值 $(= 0.214) > 0.05$, 接受原假设, 即对工作的满意程度与个人收入无关.

例 6.13 为了研究吸烟是否与患肺癌有关, 对 63 位肺癌患者及 43 名非肺癌患者 (对照组) 调查了其中的吸烟人数, 得到 2×2 列联表, 如表 6.18 所示. 试分析吸烟与患肺癌是否有关.

表 6.18 列联表数据

	患肺癌	未患肺癌	合计
吸烟	60	32	92
不吸烟	3	11	14
合计	63	43	106

解: 输入数据, 用 chisq.test() 做检验.

```
x <- matrix(c(60, 3, 32, 11), nc = 2); chisq.test(x)
```

```
Pearson's Chi-squared test with Yates' continuity
```

```
    correction
data:  x
X-squared = 7.9327, df = 1, p-value = 0.004855
```

P 值 $(= 0.004\,855) < 0.05$, 拒绝原假设, 也就是说, 吸烟与患肺癌是相关的.

对于 2×2 的列联表, chisq.test() 函数使用 Yate 连续修正 (correct 的默认值为 TRUE), 即使用式 (6.12) 计算统计量 K, 目的是提高 P 值, 避免 "有显著差异" 不可靠的情况发生.

在用 chisq.test() 函数做计算时, 要注意单元的期望频数. 如果没有空单元 (所有单元频数都不为零), 并且所有单元的期望频数大于等于 5, 那么 Pearson χ^2 检验是合理的; 否则, 计算机会显示警告信息.

如果数据不满足 χ^2 检验的条件, 应使用 Fisher 精确检验.

§6.3.2 Fisher 精确独立性检验

在样本数较小时 (单元的期望频数小于 4), 需要用 Fisher 精确检验来完成独立性检验.

Fisher 精确检验最初是针对 2×2 列联表提出的, 现在可以应用到 $m \times 2$ 或 $2 \times n$ 的列联表中. 当 χ^2 检验的条件不满足时, 这个精确检验是非常有用的. Fisher 检验是建立在超几何分布的基础上的, 对于单元频数较小的列联表来说, 特别适合.

在 R 中, 函数 fisher.test() 做精确的独立检验, 其使用方法为:

```
fisher.test(x, y = NULL, workspace = 200000, hybrid = FALSE,
    control = list(), or = 1, alternative = "two.sided",
    conf.int = TRUE, conf.level = 0.95,
    simulate.p.value = FALSE, B = 2000)
```

部分参数的名称、取值及意义如表 6.19 所示.

表 6.19 fisher.test( ) 函数部分参数的名称、取值及意义

名称	取值及意义
x	二维列联表形式的矩阵, 表示观测样本的频数
or	数值, 表示优势比, 默认值为 1, 仅用于 2×2 列联表. 原假设 "两变量无关" 等价于优势比等于 1
alternative	字符串, 表示备择假设选项. 取 "two.sided"(默认值) 表示双侧检验 (不独立), 取 "less" 表示单侧小于检验 (负相关), 取 "greater" 表示单侧大于检验 (正相关)
conf.int	逻辑变量, 表示是否给出优势比 (odds ratio) 的置信区间, 默认值为 TRUE

例 6.14 某医师为研究乙肝免疫球蛋白预防胎儿宫内感染 HBV 的效果, 将 33 例 HBsAg 阳性孕妇随机分为预防注射组和对照组, 结果如表 6.20 所示. 问两组新生儿的 HBV 总体感染率有无差别?

表 6.20 两组新生儿 HBV 感染情况的比较

组别	阳性	阴性	合计
预防注射组	4	18	22
对照组	5	6	11
合计	9	24	33

解: 有一个单元频数小于 5, 应该做 Fisher 精确概率检验. 输入数据, 并计算 Fisher 检验.

```
> x <- matrix(c(4, 5, 18, 6), nc = 2); fisher.test(x)
```

        Fisher's Exact Test for Count Data

data: x

p-value = 0.121

alternative hypothesis: true odds ratio is not equal to 1

95 percent confidence interval:

 0.03974151 1.76726409

sample estimates:

odds ratio

 0.2791061

P 值 $(= 0.121\ 0) > 0.05$, 并且优势比的置信区间包含 1, 由此说明两变量是独立的, 即认为两组新生儿的 HBV 总体感染率并无显著差异.

当用 Pearson χ^2 检验 (chisq.test() 函数) 对例 6.14 的数据做检验时, 会发现计算机在得到结果的同时, 也给出警告, 认为其计算值可能有误.

用 Fisher 精确检验 (fisher.test() 函数) 对吸烟数据 (例 6.13) 做检验得到:

```
> X <- matrix(c(60, 3, 32, 11), nc = 2); fisher.test(X)
```

        Fisher's Exact Test for Count Data

data: X

p-value = 0.002820

alternative hypothesis: true odds ratio is not equal to 1

95 percent confidence interval:

 1.626301 40.358904

sample estimates:

odds ratio

 6.74691

P 值 $(= 0.002\ 820) < 0.05$, 拒绝原假设, 即认为吸烟与患肺癌有关. 由于置信区间 $[1.63, 40.36] > 1$, 说明优势比大于 1, 表示正相关, 也就是说, 吸烟越多, 患肺癌的可能性也就越大.

§6.3.3 三维列联表的条件独立性检验

前面介绍的列联表均是二维列联表, 有时需要做三维列联表检验. 请看下面的例子.

例 6.15   表 6.21 是 1976—1977 年美国佛罗里达州的凶杀案件中, 326 名被告的肤色与死刑判决情况表. 试用这组数据分析被判死刑是否与被告的肤色有关.

表 6.21   被告肤色与死刑判决情况

被告	死刑		合计
	是	否	
白人	19	141	160
黑人	17	149	166
合计	36	290	326

解: 做 χ^2 检验, 程序 (程序名: exa_0615.R) 与计算结果如下.

```
> X <- array(c(19, 17, 141, 149), dim = c(2,2))
> chisq.test(X)


        Pearson's Chi-squared test with Yates' continuity
        correction
data:  X
X-squared = 0.086343, df = 1, p-value = 0.7689
```

从 P 值来看, 无法拒绝原假设, 说明被判死刑与被告的肤色是独立的. 但这个结论与当时的美国社会不符, 问题出在哪呢? 需要分层考虑问题.

例 6.16 (续例 6.15) 表 6.22 给出了带有被害人的数据. 再分析被判死刑是否与被告的肤色有关.

表 6.22　被告与被害人肤色以及死刑判决情况

被告	被害人	死刑	
		是	否
白人	白人	19	132
	黑人	0	9
黑人	白人	11	52
	黑人	6	97

这是一个三维的列联表, 需要对它进行分析. 在列联表检验中, Mantel-Haenszel 检验是针对三维残联表设计的, 本质上还是做 χ^2 检验.

在 R 中, mantelhaen.test() 函数完成 Mantel-Haenszel 检验, 其使用格式为:

```
mantelhaen.test(x, y = NULL, z = NULL,
        alternative = c("two.sided", "less", "greater"),
        correct = TRUE, exact = FALSE, conf.level = 0.95)
```

部分参数的名称、取值及意义如表 6.23 所示.

表 6.23　mantelhaen.test( ) 函数部分参数的名称、取值及意义

名称	取值及意义
x	三维列联表构成的数组, 行和列的维数至少是 2, 且最后一维是层数
alternative	字符串, 表示备择假设选项. 取 "two.sided" (默认值) 表示做双侧检验 (不独立), 取 "less" 表示做单侧检验 (负相关), 取 "greater" 表示做单侧检验 (正相关). 单侧检验仅用于 $2 \times 2 \times k$ 的情况
correct	逻辑变量, 表示是否做连续修正, 仅用于 $2 \times 2 \times k$ 的情况
exact	逻辑变量, 表示是否做精确检验, 仅用于 $2 \times 2 \times k$ 的情况
conf.level	数值, 表示显著性水平, 默认值为 0.95, 仅用于 $2 \times 2 \times k$ 的情况

例 6.16 的求解程序 (程序名: exam0531.R) 与计算结果如下:

```
X <- array(c(19, 0, 132, 9, 11, 6, 52, 97),
        dim = c(2, 2, 2))
```

```
mantelhaen.test(X)

    Mantel-Haenszel chi-squared test with continuity correction
data:  X
Mantel-Haenszel X-squared = 5.8062, df = 1, p-value = 0.01597
alternative hypothesis: true common odds ratio is not equal to 1
95 percent confidence interval:
   1.397771 11.381078
sample estimates:
common odds ratio
      3.988502
```

P 值 $(= 0.015\,97) < 0.05$, 拒绝原假设, 说明死刑的判决与被告和被害人肤色有关.

§6.4   相关性检验

对于多元数据, 讨论变量间是否具有相关关系是很重要的, 这里介绍三种相关检验 —— Pearson 相关检验、Spearman (斯皮尔曼) 相关检验和 Kendall (肯达尔) 相关检验, 第一种检验是针对正态数据而言的, 而后面两种检验属于秩检验, 所以放在这里讨论.

§6.4.1   Pearson 相关检验

设二元总体 (X, Y) 的分布函数为 $F(x, y)$, X, Y 的方差分别为 $\mathrm{var}(X)$ 和 $\mathrm{var}(Y)$, 总体协方差为 $\mathrm{cov}(X, Y)$, 总体的相关系数定义为:

$$\rho_{XY} = \frac{\mathrm{cov}(X, Y)}{\sqrt{\mathrm{var}(X)} \cdot \sqrt{\mathrm{var}(Y)}} \tag{6.13}$$

设 $(X_1, Y_1), (X_2, Y_2), \cdots, (X_n, Y_n)$ 为取自某个二元总体 (X, Y) 的独立样本, 可以计算样本的相关系数:

$$r_{XY} = \frac{S_{XY}^2}{\sqrt{S_X^2} \cdot \sqrt{S_Y^2}} \tag{6.14}$$

其中 S_X^2 和 S_Y^2 分别为样本 X 和样本 Y 的方差, S_{XY}^2 为样本 XY 的协方差. 在通常情况下, 由样本计算出的 r_{XY} 不为零, 即使在随机变量 X 与 Y 独立的情况下. 因此, 当 $\rho_{XY} = 0$ 时, 用 r_{XY} 去度量 X 与 Y 的关联性没有实际意义. 所以需要做假设检验:

$$H_0: \rho_{XY} = 0, \quad H_1: \rho_{XY} \neq 0$$

可以证明, 当 (X, Y) 为二元正态总体, 且 H_0 为真时, 统计量:

$$t = \frac{r_{XY}\sqrt{n-2}}{1 - r_{XY}^2} \tag{6.15}$$

服从自由度为 $n-2$ 的 t 分布.

利用统计量 t 服从自由度为 $n-2$ 的 t 分布的性质, 可以对数据 X 和 Y 的相关性进行检验. 相关系数 r_{XY} 被称为 Pearson 相关系数, 因此, 此检验方法也称为 Pearson 相关检验.

§6.4.2 Spearman 相关检验

设 $(X_1, Y_1), (X_2, Y_2), \cdots, (X_n, Y_n)$ 为取自某个二元总体的独立样本, 要检验变量 X 与变量 Y 是否相关, 通常以 "X 与 Y 相互独立 (不相关)" 为原假设 (H_0), "X 与 Y 相关" 为备择假设 (H_1).

设 $r_1, r_2, \cdots, r_n$ 为由 $X_1, X_2, \cdots, X_n$ 产生的秩统计量, $R_1, R_2, \cdots, R_n$ 为由 $Y_1, Y_2, \cdots, Y_n$ 产生的秩统计量, 则有:

$$\bar{r} = \frac{1}{n}\sum_{i=1}^{n} r_i = \frac{n+1}{2} \; = \; \overline{R} = \frac{1}{n}\sum_{i=1}^{n} R_i$$

$$\frac{1}{n}\sum_{i=1}^{n}(r_i - \bar{r})^2 = \frac{n^2-1}{12} \; = \; \frac{1}{n}\sum_{i=1}^{n}(R_i - \overline{R})^2$$

称

$$r_s = \left[\frac{1}{n}\sum_{i=1}^{n} r_i R_i - \left(\frac{n+1}{2}\right)^2\right] \Big/ \left(\frac{n^2-1}{12}\right)$$

为 Spearman 秩相关系数.

当 X 与 Y 相互独立时, $(r_1, r_2, \cdots, r_n)$ 与 $(R_1, R_2, \cdots, R_n)$ 是相互独立的, 此时, $E(r_s) = 0$. 当 X 与 Y 正相关时, r_s 倾向于取正值; 当 X 与 Y 负相关时, r_s 倾向于取负值. 这样就可以得用 r_s 的分布来检验 X 与 Y 是否独立.

可以证明: 当 n 较大时, $\sqrt{n-1}\, r_s$ 的近似分布为 $N(0,1)$. 由此可以构造拒绝域和计算相应的 P 值, 当 P 值小于某一显著性水平 α (如 0.05) 时, 则拒绝原假设.

§6.4.3 Kendall 相关检验

这里从另一个观点来看相关问题. 同样考虑原假设 H_0: 变量 X 与 Y 不相关, 和 3 个备择假设:

$$H_1: \text{正或负相关} \quad (\text{或者}) \quad \text{正相关} \quad (\text{或者}) \quad \text{负相关}$$

引进协同的概念. 如果乘积 $(X_j - X_i)(Y_j - Y_i) > 0$, 则称对子 (X_i, Y_i) 及 (X_j, Y_j) 是协同的, 或者说, 它们有同样的倾向. 反之, 如果乘积 $(X_j - X_i)(Y_j - Y_i) < 0$, 则称该对子是不协同的. 令:

$$\Psi(X_i, X_j, Y_i, Y_j) = \begin{cases} 1, & \text{如果 } (X_j - X_i)(Y_j - Y_i) > 0 \\ 0, & \text{如果 } (X_j - X_i)(Y_j - Y_i) = 0 \\ -1, & \text{如果 } (X_j - X_i)(Y_j - Y_i) < 0 \end{cases} \tag{6.16}$$

定义 Kendall τ 相关系数:

$$\hat{\tau} = \sum_{1 \leqslant i < j \leqslant n} \Psi(X_i, X_j, Y_i, Y_j) = \frac{K}{C_n^2} = \frac{n_d - n_c}{C_n^2} \tag{6.17}$$

其中 n_c 是协同对子的数目, n_d 是不协同对子的数目. 显然,

$$K \equiv \sum \Psi = n_c - n_d = 2n_c - C_n^2 \tag{6.18}$$

上面定义的 $\hat{\tau}$ 为概率差

$$\tau = P\{(X_j - X_i)(Y_j - Y_i) > 0\} - P\{(X_j - X_i)(Y_j - Y_i) < 0\}$$

的一个估计. 容易看出, $-1 \leqslant \hat{\tau} \leqslant 1$. 事实上, 当所有对子都是协同的时, $K = C_n^2$, 此时, $\hat{\tau} = 1$. 当所有对子都是不协同的时, $K = -C_n^2$, 此时, $\hat{\tau} = -1$.

设 $r_1, r_2, \cdots, r_n$ 为由 $X_1, X_2, \cdots, X_n$ 产生的秩统计量, $R_1, R_2, \cdots, R_n$ 为由 $Y_1, Y_2, \cdots, Y_n$ 产生的秩统计量, 可以证明:

$$K = \sum_{1 \leqslant i < j \leqslant n} \mathrm{sign}(r_i - r_j) \cdot \mathrm{sign}(R_i - R_j) \tag{6.19}$$

结合式 (6.19) 和式 (6.17), 可以计算出估计值 $\hat{\tau}$, 这样就可以利用 $\hat{\tau}$ 值做检验. 当 $\hat{\tau}$ 接近于 0 时, 表示两变量独立; 当 $\hat{\tau}$ 大于某一值时, 表示两变量相关 (正数表示正相关, 负数表示负相关).

§6.4.4　cor.test 函数

在 R 中, 用 cor.test() 函数做相关检验, 其使用格式为:

```
cor.test(x, y,
    alternative = c("two.sided", "less", "greater"),
    method = c("pearson", "kendall", "spearman"),
    exact = NULL, conf.level = 0.95, continuity = FALSE, ...)
```

参数的名称、取值及意义如表 6.24 所示.

表 6.24　cor.test( ) 函数参数的名称、取值及意义

名称	取值及意义
x, y	数值向量, 分别由样本构成, 且具有相同的维数
alternative	字符串, 表示备择假设选项. 取 "two.sided" (默认值) 表示双侧检验 (相关), 取 "less" 表示单侧检验 (负相关), 取 "greater" 表示单侧检验 (正相关)
method	字符串, 表示相关检验的类型. 取 "pearson"(默认值) 表示 Pearson 检验, 取 "kendall" 表示 Kendall 秩检验, 取 "spearman" 表示 Spearman 秩检验
exact	逻辑变量, 表示是否精确计算 P 值
conf.level	$0 \sim 1$ 之间的数值, 为置信水平, 默认值为 0.95
continuity	逻辑变量, 表示是否在秩检验中使用连续修正

例 6.17　对于 20 个随机选取的黄麻个体植株, 记录青植株重量 Y 与它们的干植株重量 X. 设二元总体 (X, Y) 服从二维正态分布, 其观测数据如表 6.25 所示 (数据以表格形式存放在 weight.data 文件中). 试分析青植株重量与干植株重量是否有相关性.

表 6.25　青植株与干植株的重量 (单位: 千克)

	X	Y		X	Y		X	Y
1	68	971	8	12	321	15	14	229
2	63	892	9	20	315	16	27	332
3	70	1125	10	30	375	17	17	185
4	6	82	11	33	462	18	53	703
5	65	931	12	27	352	19	62	872
6	9	112	13	21	305	20	65	740
7	10	162	14	5	84			

解: 这里假设数据服从二元正态分布, 所以使用 Pearson 相关检验.

输入数据, 调用 cor.test() 函数完成相关检验. 以下是程序 (程序名: exa_0617.R).

```
rt <- read.table("weight.data")
with(rt, cor.test(X,Y))
```

计算结果:

```
        Pearson's product-moment correlation
data:  X and Y
t = 20.739, df = 18, p-value = 5.151e-14
alternative hypothesis: true correlation is not equal to 0
95 percent confidence interval:
 0.9483279 0.9921092
sample estimates:
      cor
0.9797091
```

在输出结果中, t 为 t 统计量, df 为自由度, p-value 为 P 值, 还有相关系数的置信区间和相关系数的估计值. 样本相关系数为 0.979 7, P 值为 5.151×10^{-14}, 说明两变量高度相关.

cor.test() 函数的另一种使用格式是公式形式, 其使用格式为:

```
cor.test(formula, data, subset, na.action, ...)
```

用于两总体样本的检验, 部分参数的名称、取值及意义如表 6.26 所示.

表 6.26 cor.test( ) 函数部分参数的名称、取值及意义 (公式形式)

名称	取值及意义
formula	形如 ~ u + v 的公式, 其中 u 和 v 为数据框的变量
data	矩阵或数据框, 由样本数据构成
subset	可选向量, 表示使用样本的子集

实际上, 例 6.17 的计算更适合于公式形式, 其程序为采用公式形式.

```
rt <- read.table("weight.data")
cor.test(~ X + Y, data = rt)
```

计算结果是相同的.

例 6.18 一项有六个人参加表演的竞赛, 有两人进行评定, 评定结果如表 6.27 所示, 试检验这两个评定员对等级评定有无相关关系.

表 6.27 两位评判者的评定成绩

甲的打分	1	2	3	4	5	6
乙的打分	6	5	4	3	2	1

解: 由于评定成绩是打分的等级, 因而无法用 Pearson 相关检验. 这里选择 Spearman 秩相关检验方法来完成检验工作. 输入数据, 做检验.

```
> cor.test(1:6, 6:1, method = "spearman")
```

```
        Spearman's rank correlation rho
data:  1:6 and 6:1
S = 70, p-value = 0.002778
alternative hypothesis: true rho is not equal to 0
sample estimates:
rho
 -1
```

P 值 $(= 0.002\,778) < 0.05$, 因此, 拒绝原假设, 认为变量 X 与 Y 相关. 事实上, 由于计算出的 $r_s = -1$, 表示这两个量完全负相关, 即两人的结论有关系, 但结论完全相反.

例 6.19 某幼儿园对 9 对双胞胎的智力进行检验, 并按百分制打分. 资料如表 6.28 所示, 试用 Kendall 相关检验方法检验双胞胎的智力是否相关.

表 6.28 9 对双胞胎的得分情况

先出生的儿童	86	77	68	91	70	71	85	87	63
后出生的儿童	88	76	64	96	65	80	81	72	60

解: 由于数据不一定满足正态分布, 因而指定使用 Kendall 秩相关检验方法. 输入数据, 做检验 (程序名: exa_0619.R).

```
X <- c(86, 77, 68, 91, 70, 71, 85, 87, 63)
Y <- c(88, 76, 64, 96, 65, 80, 81, 72, 60)
cor.test(X, Y, method = "kendall")
```

```
        Kendall's rank correlation tau
data:  X and Y
T = 31, p-value = 0.005886
alternative hypothesis: true tau is not equal to 0
sample estimates:
    tau
0.7222222
```

P 值 $(= 0.005\,886) < 0.05$, 拒绝原假设, 认为双胞胎的智力是相关的, Kendall 相关系数为 0.722 2, 表明是正相关的.

§6.5 案 例 分 析

本节选取两个实际案例进行分析, 并借用 R 软件完成相关的计算.

§6.5.1 两党议程变更

本例摘自 David R. Anderson, Dennis J. Sweeney & Thomas A. Willaims 所著的《商务与经济统计 (第 8 版)》(王峰, 等, 译. 北京: 中信出版社, 2003.9).

1. 背景介绍

在 Zogby 国际公司为 "Democrat and Chronicle" 进行的一项研究中, 对 700 多位纽约人进行民意测验, 判断纽约州政府是否正常运作. 被调查者回答的问题涉及州立法机关经费缩减、党客限制和立法机关任期限制, 及州公民是否能将事情直接交给州大选 (Democrat and Chronicle, December 7, 1997), 涉及从人口到政治的几项改革提案获得广泛支持.

假定继而进行了一次对居民住在纽约州西部地区的 100 个人的抽样调查. 几位被调查的党派 (民主党、独立党、共和党) 人士, 及他们对下列 3 个问题的回答被记录下来.

(1) 因为每天的州预算都滞后, 是否赞成缩减立法经费?

赞成_____ 反对_____

(2) 是否赞成对党客加以更多的限制?

赞成_____ 反对_____

(3) 是否赞成对立法机关有固定服务年数的限制?

赞成_____ 反对_____

所有数据存放在 NYReform.csv 文件中, 调查结果的格式如图 6.1 所示.

	A	B	C	D
1	党派	缩减经费	对党客的限制	服务年数的限制
2	民主党	赞成	反对	反对
3	民主党	赞成	赞成	反对
4	民主党	反对	赞成	反对
5	民主党	赞成	反对	赞成
6	民主党	反对	反对	反对
7	民主党	反对	赞成	赞成
8	民主党	赞成	反对	反对
9	民主党	反对	赞成	反对
10	民主党	赞成	赞成	反对

图 6.1 NYReform.csv 文件中调查问卷的结果 (前 9 名)

2. 问题讨论

(1) 用描述统计汇总该研究中的数据. 对调查中三个问题中的每一个问题, 其答案 (赞成与反对) 与党派类别之间的独立性, 你有何初步结论?

(2) 对问题 (1), 检验回答 (赞成与反对) 与党派的独立性, 取 $\alpha = 0.05$.

(3) 对问题 (2), 检验回答 (赞成与反对) 与党派的独立性, 取 $\alpha = 0.05$.

(4) 对问题 (3), 检验回答 (赞成与反对) 与党派的独立性, 取 $\alpha = 0.05$.

(5) 对于改革所有政治方针, 是否得到广泛支持? 试解释之.

3. 问题求解及结果分析 [①]

(1) 描述性分析. 在样本容量为 100 的抽样调查中, 其中独立党议员有 19 人, 共和党议员有 45 人, 民主党议员有 36 人. 赞成缩减立法经费的有 71 人, 反对的有 29 人. 赞成对党客加以更多限制的有 70 人, 反对的有 30 人. 赞成对立法机关有固定服务年数限制的有 59 人, 反对的有 41 人.

更进一步的分析由条形图显示 (见图 6.2).

---

① 求解过程保存在 Zogby.R 的程序文件中.

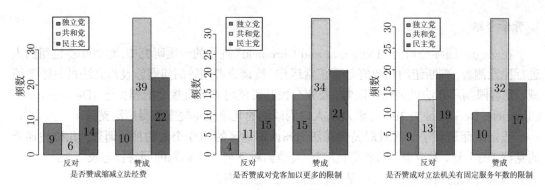

图 6.2 各党派中赞成与反对人数的条形图

(2) 缩减立法经费的赞成或者反对是否与党派有关. 这里做列联表检验, 其计算结果如下:

```
    Pearson's Chi-squared test
data: Ta
X-squared = 10.187, df = 2, p-value = 0.006135
```

P 值 < 0.05, 拒绝原假设, 说明议员投赞成票 (或投反对票) 与他所在的党派是有关的. 也可以使用 prop.test() 函数做比例性检验.

```
    3-sample test for equality of proportions without
    continuity correction
data: Ta
X-squared = 10.187, df = 2, p-value = 0.006135
alternative hypothesis: two.sided
sample estimates:
   prop 1     prop 2     prop 3
0.4736842 0.1333333 0.3888889
```

细心的读者会发现, 这里的统计量、自由度和 P 值与列联表检验是相同的. 这里列出的比例是反对票的比例, 虽然都不足 50%, 但共和党议员更倾向于投赞成票.

(3) 对党客加以更多限制的赞成或者反对是否与党派有关. 做列联表检验, 其计算结果如下:

```
    Pearson's Chi-squared test
data: Ta
X-squared = 3.719, df = 2, p-value = 0.1557
```

P 值 > 0.05, 接受原假设, 即党派与投票 (赞成或反对) 是独立的. 也就是说, 议员投赞成票 (或投反对票) 与他所在的党派是无关的.

(4) 对立法机关有固定服务年数限制的赞成或者反对是否与党派有关. 做列联表检验, 其计算结果如下:

```
    Pearson's Chi-squared test
data: Ta
X-squared = 5.1116, df = 2, p-value = 0.07763
```

P 值 > 0.05, 接受原假设, 即党派与投票 (赞成或反对) 是独立的. 如果取 $\alpha = 0.10$, 则得到相反的结论.

(5) 对于改革所有政治方针, 是否得到广泛支持? 这里计算比例的区间估计与假设检验. 通常认为, 赞成的票数超过一半, 就可以认为该项提案得到广泛的支持. 因此其假设为:

$$H_0: p \leqslant \frac{1}{2}, \quad H_1: p > \frac{1}{2}$$

其中 p 是赞成某种提案的比例. 这里做精确二项式检验, 3 种提案赞成票比例检验的计算结果如下:

```
        Exact binomial test
data:  71 and 100
number of successes = 71, number of trials = 100,
p-value = 1.608e-05
alternative hypothesis: true probability of success is greater than 0.5
95 percent confidence interval:
 0.6262716 1.0000000
sample estimates:
probability of success
                0.71


        Exact binomial test
data:  70 and 100
number of successes = 70, number of trials = 100,
p-value = 3.925e-05
alternative hypothesis: true probability of success is greater than 0.5
95 percent confidence interval:
 0.6157794 1.0000000
sample estimates:
probability of success
                0.7


        Exact binomial test
data:  59 and 100
number of successes = 59, number of trials = 100,
p-value = 0.04431
alternative hypothesis: true probability of success is greater than 0.5
95 percent confidence interval:
 0.5028918 1.0000000
sample estimates:
probability of success
                0.59
```

三组数据检验的 P 值均小于 0.05, 均拒绝原假设, 说明赞成票的比例大于 $\frac{1}{2}$. 从置信区间看, 单侧置信下限的最小值为 0.503, 也同样说明上述结论.

这里的样本数为 100, 满足正态近似计算的条件 $(np \geqslant 5,\ n(1-p) \geqslant 5)$, 所以也可以使用 prop.test() 函数计算, 而且计算结果也相差不大 (留给读者完成).

§6.5.2   多纳圈业务怎么样

本例摘自 Ken Black 所著的《商务统计学 (第 4 版)》(李静萍, 等, 译. 北京: 中国人民大学出版社, 2006.8).

1. 背景介绍

Krisp Kreme 是一家发展迅速的专门生产多纳圈的国际公司. 公司成立于 1937 年, 创始人是 Vernon Rudolph (弗农·鲁道夫). 公司成立之初是个小型企业, 向北卡罗来纳州温斯顿 – 萨尔姆的杂货店供应多纳圈. 由于有顾客来公司购买热的 Krisp Kreme 多纳圈, 鲁道夫干脆在墙上凿了一个洞开始直接向顾客出售多纳圈. 20 世纪 40 年代和 50 年代, 公司发展为一家小型连锁店, 成员主要是家庭所有的商店. 出于质量方面的考虑, Krisp Kreme 建立了自己的搅拌工厂, 并建立了一个对各个商店的分销系统. 此外, 公司还设计和建造了自己的多纳圈生产设备. 20 世纪 60 年代和 70 年代, Krisp Kreme 的销售渠道稳步扩大. 鲁道夫 1973 年去世, 公司于 1976 年卖给了 Beatrice Foods 公司. 但是, 1982 年, Krisp Kreme 又从 Beatrice Foods 买回了一小部分特许经营店, 并重新把主要业务集中在热的多纳圈. 20 世纪 90 年代, 公司迅速向东南部以外扩张. 1996 年, 公司在纽约的第一家分店开业, 1999 年, 公司在加利福尼亚的第一家分店开业. 2000 年 4 月, Krisp Kreme 首次公开发行普通股. 2001 年 12 月, 公司在多伦多附近开设了第一家海外分店. 目前, 公司正向全球其他国家的扩张.

2. 问题讨论

(1) 假定 Krisp Kreme 的研究人员正在研究几个制造和营销问题, 希望能够提高产品规格的一致性, 更好地了解市场. 制造工程师们担心不同的机器生产的多纳圈的规格不一致. 为了检验这个问题, 抽选出 4 台机器进行研究. 每台机器生产多纳圈的直径被设定为 7.62 cm 左右. 在每台机器生产的多纳圈中抽取随机样本, 并测量了多纳圈的直径, 其结果如表 6.29 所示 (数据存放在 Krisp_Kreme1.data 文件中).

表 6.29   随机抽取 4 台机器生产出的多纳圈的直径 (单位: cm)

机器 1	机器 2	机器 3	机器 4
7.58	7.41	7.56	7.72
7.52	7.44	7.55	7.65
7.50	7.42	7.50	7.67
7.52	7.38	7.58	7.70
	7.45	7.53	7.69
	7.40		7.71
			7.73

(2) 假定 Krisp Kreme 在美国推出一个全国广告计划. 营销研究人员希望了解该计划是否会提高公司在全国不同销售渠道的多纳圈的销售量. 随机抽取了 10 家商店, 在计划实施

前和实施后分别选一个星期二, 记录这两天上午 8 点到 9 点之间销售多纳圈的数量, 数据如表 6.30 所示 (数据存放在 Krisp_Kreme2.data 文件中).

表 6.30 计划实施前后的销售量数据

销售渠道	计划实施前	计划实施后
1	301	374
2	198	187
3	278	332
4	205	212
5	249	243
6	410	478
7	360	386
9	253	251
10	190	264

(3) 是不是商店越大, 销售量也越大? 为了检验这个问题, 假定从 7 家 Krisp Kreme 商店搜集数据以及商店规模. 根据这些数据, 对 7 家商店的两个变量进行排序. 排名如表 6.31 所示 (数据存放在 Krisp_Kreme3.data 文件中).

表 6.31 7 家商店的销量排名与规模排名

商店	销量排名	规模排名
1	6	7
2	2	2
3	3	6
4	7	5
5	5	4
6	1	1
7	4	3

3. 问题求解及结果分析 [①]

(1) 讨论每台机器生产的多纳圈是否一致. 这个问题严格地说属于方差分析的内容 (将在第 7 章介绍), 这里只检验 4 台机器生产的多纳圈是否是设定的 7.62 cm. 由于无法判定表 6.29 中的数据是否服从正态分布, 而且还是小样本数据, 因而不能使用 T 检验.

这里采用 Wilconxon 符号秩检验, 将 7.62 cm 设定为中位数. 从表 6.29 中的数据来看, 大多数的多纳圈其直径都达不到 7.62 cm, 只有机器 4 除外. 因此, 对于机器 1、机器 2 和机器 3, 其备择假设选定为小于, 即

$$H_0: M \geqslant 7.62, \quad H_1: M < 7.62$$

相应的计算结果如下:

```
    Wilcoxon signed rank test with continuity correction
data:  X[A == "机器 1"]
V = 0, p-value = 0.04876
alternative hypothesis: true location is less than 7.62
```

① 求解过程保存在 Krisp_Kreme.R程序文件中.

```
     Wilcoxon signed rank test with continuity correction
data:   X[A == "机器 2"]
V = 0, p-value = 0.01802
alternative hypothesis: true location is less than 7.62
```

```
     Wilcoxon signed rank test with continuity correction
data:   X[A == "机器 3"]
V = 0, p-value = 0.02953
alternative hypothesis: true location is less than 7.62
```

在 3 台机器的检验结果中, 其 P 值均小于 0.05, 拒绝原假设, 即说明这 3 台机器生产出的多纳圈的直径是小于 7.62 cm 的.

对于机器 4, 备择假设选择大于更有说明力, 即

$$H_0 : M \leqslant 7.62, \quad H_1 : M > 7.62$$

相应的计算结果如下:

```
     Wilcoxon signed rank test with continuity correction
data:   X[A == "机器 4"]
V = 28, p-value = 0.01125
alternative hypothesis: true location is greater than 7.62
```

这里的 P 值小于 0.05, 拒绝原假设, 说明机器 4 生产出的多纳圈的直径大于 7.62 cm.

上述计算结果说明机器 4 生产出的多纳圈与前 3 种机器不同, 前者大于 7.62 cm, 而后者小于 7.62 cm. 那么, 具体到每台机器生产的多纳圈之间是否有差异呢? 虽然这里无法用方差分析的方法进行分析, 但还可以通过绘出箱线图 (见图 6.3) 的方法来做判定. 通过这张箱线图可以很容易地看出, 4 台机器生产的多纳圈是有差异的, 其中机器 1 与机器 2 和机器 4 有显著差异, 机器 2 与机器 3 和机器 4 有显著差异, 机器 3 与机器 4 有显著差异.

(2) 考查在美国推出的广告计划是否有效, 能否提高多纳圈的销售量. 随机地选取了 10 家商店, 考查广告计划推广前后的销售量, 因此它们是成对数据 (或配对数据). 这里没有正态性假定, 而且数量偏少, 只能做秩检验. 这里仍然采用 Wilcoxon 符号秩检验.

如果做双侧检验:

$$H_0 : M_1 - M_2 = 0, \quad H_1 : M_1 - M_2 \neq 0$$

其计算结果为:

```
     Wilcoxon signed rank test
data:   计划实施前 and 计划实施后
V = 7, p-value = 0.07422
alternative hypothesis: true location shift is not equal to 0
```

P 值大于 0.05, 无法拒绝原假设, 只能说明这项广告计划是无效的.

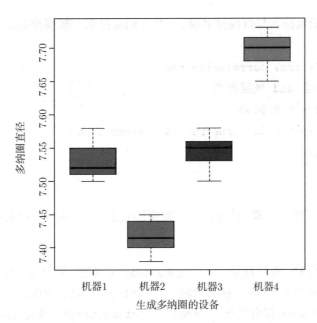

图 6.3　4 台机器生产的多纳圈的箱线图

如果做单侧检验:

$$H_0: M_1 - M_2 \geqslant 0, \quad H_1: M_1 - M_2 < 0$$

其计算结果为:

```
Wilcoxon signed rank test
data: 计划实施前 and 计划实施后
V = 7, p-value = 0.03711
alternative hypothesis: true location shift is less than 0
```

P 值小于 0.05, 拒绝原假设, 说明这项广告计划是有效的, 能够提高多纳圈的销售量.

在上述两种分析中, 后一种分析似乎更合理.

(3) 分析商店规模的大小与销售量的排名是否相关. 这里需要做相关性分析, 表 6.31 中的数据均是排名 (销售量和规模), 也就是秩, 因此, 需要使用秩相关性检验. 这里采用 Spearman 秩相关检验.

$$H_0: 销量排名与规模排名独立, \quad H_1: 销量排名与规模排名相关$$

计算结果如下:

```
Spearman's rank correlation rho
data: 销量排名 and 规模排名
S = 16, p-value = 0.0881
alternative hypothesis: true rho is not equal to 0
sample estimates:
    rho
0.7142857
```

如果取 $\alpha = 0.05$, 则无法拒绝原假设, 只能认为销量排名与规模排名是独立的, 这与人们经验不相符. 试试单侧检验:

$$H_0: \text{销量排名与规模排名独立}, H_1: \text{销量排名与规模排名正相关}$$

计算结果如下:

```
Spearman's rank correlation rho

data:  销量排名 and 规模排名

S = 16, p-value = 0.04405

alternative hypothesis: true rho is greater than 0

sample estimates:
      rho
0.7142857
```

此时, P 值 < 0.05, 拒绝原假设, 销量排名与规模排名正相关, 这个结论更合理.

本章小结

- 符号检验与秩检验: 符号检验 —— binom.test() 函数; 单个总体的 Wilcoxon 符号秩检验和两个总体的 Wilcoxon 秩和检验 —— wilcox.test() 函数.
- 分布的检验: Pearson 拟合优度 χ^2 检验 —— chisq.test() 函数; Shapiro-Wilk 正态性检验 —— shapiro.test() 函数.
- 列联表检验: Pearson χ^2 独立性检验 —— chisq.test() 函数; Fisher 精确独立性检验 —— fisher.test() 函数; 三维列联表条件独立性检验 —— mantelhaen.test() 函数.
- 相关性检验: Pearson 相关性检验、Spearman 和 Kendall 秩相关检验 —— cor.test() 函数.

习　题

1. 表 6.32 所列的数据是关于 10 名消费者对某产品两种品牌的风味的检验结果. 试分析消费者是喜欢品牌 A, 还是喜欢品牌 B.

表 6.32　10 名消费者对两种品牌尝试的对比结果

消费者	品牌 A 比品牌 B	消费者	品牌 A 比品牌 B
1	+	6	+
2	+	7	−
3	+	8	+
4	−	9	−
5	+	10	+

2. 在某养鱼塘中, 根据过去经验, 鱼的长度的中位数为 14.6 cm, 现对鱼塘中鱼的长度进行一次估测, 随机地从鱼塘中取出 10 条鱼, 长度如表 6.33 所示 (数据存放在 fish.data 文件中). (1) 用符号检验, (2) 用 Wilcoxon 符号秩检验. 将它们作为一个样本进行检验. 试分析, 该鱼塘中鱼的长度是在中位数之上, 还是在中位数之下.

表 6.33　鱼塘中捕捞出鱼的长度 (单位: cm)

13.32	13.06	14.02	11.86	13.58
13.77	13.51	14.42	14.44	15.43

3. 考虑例 6.5. 若新方法与原方法得到排序结果改为表 6.34 所示的情形, 能否说明新方法比原方法显著提高了教学效果?

表 6.34 学生数学能力排序结果

新方法				4		6	7		9	10
原方法	1	2	3		5			8		

4. 用两种不同的测定方法测定同一种中草药的有效成分, 共重复 20 次, 得到实验结果如表 6.35 所示 (数据存放在 `method.data` 文件中). (1) 试用符号检验法检验两测定有无显著差异; (2) 试用 Wilcoxon 符号秩检验法检验两测定有无显著差异; (3) 试用 Wilcoxon 秩和检验法检验两测定有无显著差异.

表 6.35 两种不同的测定方法得到的结果

	方法 A	方法 B		方法 A	方法 B		方法 A	方法 B
1	48.0	37.0	8	36.0	36.0	15	52.0	44.5
2	33.0	41.0	9	11.3	5.7	16	38.0	28.0
3	37.5	23.4	10	22.0	11.5	17	17.3	22.6
4	48.0	17.0	11	36.0	21.0	18	20.0	20.0
5	42.5	31.5	12	27.3	6.1	19	21.0	11.0
6	40.0	40.0	13	14.2	26.5	20	46.1	22.3
7	42.0	31.0	14	32.1	21.3			

5. 为了比较一种新疗法对某种疾病的治疗效果, 将 40 名患者随机地分为两组, 每组 20 人, 一组采用新疗法, 另一组用原标准疗法. 经过一段时间的治疗后, 对每个患者的疗效做仔细的评估, 并划分为差、较差、一般、较好和好 5 个等级. 两组中处于不同等级的患者人数如表 6.36 所示. 试分析, 由此结果能否认为新方法的疗效显著地优于原疗法 ($\alpha = 0.05$).

表 6.36 不同方法治疗后的结果

等级	差	较差	一般	较好	好
新疗法组	0	1	9	7	3
原疗法组	2	2	11	4	1

6. Mendel 用豌豆的两对相对性状进行杂交实验, 黄色圆滑种子与绿色皱缩种子的豌豆杂交后, 第二代根据自由组合规律, 理论分离比为:

$$黄圆 : 黄皱 : 绿圆 : 绿皱 = \frac{9}{16} : \frac{3}{16} : \frac{3}{16} : \frac{1}{16}$$

实际实验值为: 黄圆 315 粒、黄皱 101 粒、绿圆 108 粒、绿皱 32 粒, 共 556 粒. 问此结果是否符合自由组合规律?

7. 观察每分钟进入某商店的人数 X, 任取 200 分钟, 所得数据如表 6.37 所示, 试分析能否认为每分钟顾客数 X 服从 Poisson 分布 ($\alpha = 0.1$).

表 6.37 数据表

顾客人数	0	1	2	3	4	5
频数	92	68	28	11	1	0

8. 某饭店经理希望用统计的方法预测顾客数. 他首先收集数据, 指定一名服务员连续三周统计每周六晚 7 时至 8 时每 5 分钟内到达饭店的顾客数, 如表 6.38 所示 (数据存放在 `hotel.data` 文件中). (1) 经理用连续三周的数据作为统计分析参数 λ 的基础, 此时 λ 的值应是多少? (2) 用这三周的数据检验顾客到达饭店的人数是否服从参数为 λ 的 Poisson 分布?

表 6.38 周六晚 7 时至 8 时每 5 分钟内到达饭店的顾客数

第一周		第二周		第三周	
3	1	1	5	5	7
6	5	2	4	3	3
4	1	2	4	5	4
6	0	0	5	3	8
2	3	2	3	5	1
3	3	6	4	4	3

9. 试用 Pearson 拟合优度 χ^2 检验和 Shapiro-Wilk 正态性检验来判断表 3.24 (第 3 章习题 23) 中的数据是否服从正态分布.

10. 对习题 2 的数据做正态性检验. 问该数据是否能做 T 检验? 如果能, 请做 T 检验. 结合习题 2, 分析各种的检验方法, 试说明哪种检验法的效果最好.

11. 在高中一年级男生中抽取 300 名考察其两个属性, 分别是 1 500 米长跑和每天平均锻炼时间, 得到 4×3 列联表, 如表 6.39 所示 (数据存放在 `school.data` 文件中). 试对 $\alpha = 0.05$, 检验 1 500 米长跑的时间与每天平均锻炼时间是否独立.

表 6.39 300 名高中学生体育锻炼的考察结果

1 500 米 长跑记录	锻炼时间			合计
	2 小时以上	1～2 小时	1 小时以下	
$5''01' \sim 5''30'$	45	12	10	67
$5''31' \sim 6''00'$	46	20	28	94
$6''01' \sim 6''30'$	28	23	30	81
$6''31' \sim 7''00'$	11	12	35	58
合计	130	67	103	300

12. 为研究分娩过程中使用胎儿电子监测仪对剖腹产率有无影响, 对 5824 例分娩的经产妇进行回顾性调查, 结果如表 6.40 所示, 试进行分析.

表 6.40 5824 例经产妇回顾性调查结果

剖腹产	胎儿电子监测仪		合计
	使用	未使用	
是	358	229	587
否	2 492	2 745	5 237
合计	2 850	2 974	5 824

13. 为比较两种工艺对产品的质量是否有影响, 对其产品进行抽样检查, 其结果如表 6.41 所示. 试进行分析.

表 6.41 两种工艺下产品质量的抽查结果

	合格	不合格	合计
工艺一	3	4	7
工艺二	6	4	10
合计	9	8	17

14. 一所大学去年收到 21 位男生和 63 位女生的求职信, 结果聘用了 10 位男生和 14 位女生. (1) 分析这所大学在招聘方面是否存在性别差异; (2) 根据学院详细分类数据如表 6.42 所示, 再研究该大学在招聘方面是否存在性别差异.

表 6.42　某大学去年的招聘情况

申请者	教育学院		管理学院		工程学院	
	被聘	被拒	被聘	被拒	被聘	被拒
男性	2	8	5	0	3	3
女性	12	48	1	0	1	1

15. 表 6.43(数据存放在 score.data 文件中) 列出某高中 18 名学生某门课程的高考成绩和模拟考试成绩, 这组数据能否说明高考成绩与模拟考试成绩是相关的?

表 6.43　高考成绩和模拟考试成绩

学号	高考成绩	模拟成绩	学号	高考成绩	模拟成绩	学号	高考成绩	模拟成绩
1	87	90	7	78	65	13	90	100
2	76	98	8	91	90	14	92	97
3	77	92	9	76	84	15	100	97
4	85	87	10	100	92	16	100	95
5	89	87	11	96	100	17	90	94
6	83	62	12	96	98	18	99	100

16. 调查某大学学生每周学习时间与得分的平均等级之间的关系, 现抽查 10 个学生的资料如表 6.44 所示 (数据存放在 student.data 文件中), 其中等级 10 表示最好, 1 表示最差. 试用秩相关检验 (Spearman 检验和 Kendall 检验) 分析学习时间与学习等级有无关系.

表 6.44　10 名学生的学习资料

学生编号	学习时间	学习等级	学生编号	学习时间	学习等级
1	24	8	6	23	5
2	17	1	7	46	10
3	20	4	8	18	3
4	41	7	9	15	2
5	52	9	10	29	6

第 7 章 方差分析

只买对的, 不买贵的

新实验室装修, 小王需要购买一批灯泡. 市场上的灯泡种类繁多, 而且价格也相差很大, 购买哪种灯泡好呢?

小王选择了 4 种品牌的灯泡请张先生帮助测试, 测试结果如表 7.1 所示. 通过表中的数据, 小王应该选择哪种品牌的灯泡呢?

表 7.1   4 种品牌灯泡的使用寿命

品牌	使用寿命						
A_1	1 600	1 610	1 650	1 680	1 700	1 700	1 780	
A_2	1 500	1 640	1 400	1 700	1 750			
A_3	1 640	1 550	1 600	1 620	1 640	1 600	1 740	1 800
A_4	1 510	1 520	1 530	1 570	1 640	1 600		

本章要点

- 单因素方差分析.
- 双因素方差分析.

方差分析是在 20 世纪 20 年代发展起来的一种统计方法, 它是由英国统计学家 Fisher 在进行试验设计时为解释试验数据而首先引入的. 目前, 方差分析方法广泛应用于心理学、生物学、工程和医药数据的分析方面.

§7.1   方差分析的基本概念与假设

在介绍方差分析的内容之前, 先介绍方差分析的基本概念, 以及需要满足条件.

在导入案例中, 小王实际上是希望购买质量好的灯泡, 也就是说, 希望购买使用寿命长的灯泡. 事实上, 对于每只灯泡而言, 其使用寿命都是不相同的, 有的长一些, 有的则短一些, 因此需要考虑灯泡的平均寿命.

为便于分析, 定义 4 种品牌的灯泡为 4 个总体, 分别记为总体 1、2、3 和 4, 每个总体灯泡的平均寿命记为 μ_i ($i = 1, 2, 3, 4$). 虽然不知道 μ_i 的真实值, 但只要比较每个 μ_i 的大小就可以了. 如果采用第 5 章介绍的 T 检验的方法, 做两两比较, 需要做 $C_4^2 = 6$ 次检验, 较为烦琐, 特别是当总体个数较大时, 更是如此.

方差分析是假设 (称为原假设):

$$H_0: \mu_1 = \mu_2 = \mu_3 = \mu_4$$

如果 H_0 成立, 则说明 4 种品牌灯泡的平均寿命是相同的, 可以不必计较考虑购买哪一个品

牌的灯泡, 只需考虑相对便宜的灯泡就可以了. 关于 H_0 的备择假设:

$$H_1: \mu_1, \mu_2, \mu_3, \mu_4 \text{不全相等}$$

如果拒绝原假设, 则认为备择假设成立, 那么小王应该购买质量好 (μ_i 的值较大) 的灯泡.

在方差分析中, 所要检验的对象称为因素或因子, 也称为自变量. 因素的不同表现称为水平或处理. 每个因素水平下得到的样本数值称为观测值, 也称为因变量或响应变量. 例如, 在导入案例中, 灯泡的品牌就是因素, 共有 4 个水平 (4 种品牌), 灯泡的使用寿命就是观测值或响应变量, 这是一个单因素 4 水平的方差分析问题.

当然也有双因素问题, 如在化学试验中, 需要考虑试验的温度和压力. 在农业试验中, 需要考虑试验中的种子与使用的化肥等多因素问题, 如在化学试验中, 同时考虑温度、湿度和压力. 由于多因素方差分析涉及正交试验设计等内容, 这里就不做讨论了.

方差分析需要有以下假定.

(1) 对于每个总体, 响应变量服从正态分布.

(2) 对于所有总体, 响应变量的方差是相同的.

(3) 观测值是独立的.

§7.2 单因素方差分析

在一个试验中, 影响试验的因素有很多, 如果其他因素能控制在一定的范围之内, 为研究方便, 则可以认为仅有一个因素在变化, 只分析单个因素对试验的影响, 这就是单因素方差分析.

§7.2.1 数学模型

设因素 A 有 r 个水平 $A_1, A_2, \cdots, A_r$, 每个水平 A_i 进行 n_i 次独立观测, 将水平 A_i 下的试验结果 $x_{i1}, x_{i2}, \cdots, x_{in_i}$ 看成来自第 i 个正态总体 $X_i \sim N(\mu_i, \sigma^2)$ 的样本观测值, 其中 μ_i, σ^2 均未知, 并且每个总体 X_i 都相互独立. 考虑线性统计模型:

$$\begin{cases} x_{ij} = \mu_i + \varepsilon_{ij}, & i = 1, 2, \cdots, r, \ \ j = 1, 2, \cdots, n_i \\ \varepsilon_{ij} \sim N(0, \sigma^2) & \text{且相互独立} \end{cases} \tag{7.1}$$

其中 μ_i 为第 i 个总体的均值, ε_{ij} 为相应的试验误差.

令 $\alpha_i = \mu_i - \mu$, 其中 $\mu = \dfrac{1}{n}\sum_{i=1}^{r} n_i \mu_i, n = \sum_{i=1}^{r} n_i$, 则模型 (7.1) 可以等价写成:

$$\begin{cases} x_{ij} = \mu + \alpha_i + \varepsilon_{ij}, & i = 1, 2, \cdots, r, \ \ j = 1, 2, \cdots, n_i \\ \varepsilon_{ij} \sim N(0, \sigma^2) & \text{且相互独立} \end{cases} \tag{7.2}$$

其中 μ 表示总和的均值, α_i 表示水平 A_i 对指标的效应, 称式 (7.2) 为单因素方差分析的数学模型.

检验因素 A 的 r 个水平是否有显著差异归结为检验这 r 个总体的均值是否相同, 即检验假设

$$H_0: \qquad \alpha_1 = \alpha_2 = \cdots = \alpha_r = 0 \tag{7.3}$$

$$H_1: \qquad \alpha_1, \alpha_2, \cdots, \alpha_r \ \text{不全为零} \tag{7.4}$$

如果 H_0 被拒绝, 则说明因素 A 的各水平的效应之间有显著的差异, 否则差异不显著.

为了导出 H_0 的检验统计量, 方差分析法建立在平方和分解和自由度分解的基础上, 考虑统计量

$$S_T = \sum_{i=1}^{r} \sum_{j=1}^{n_i} (x_{ij} - \bar{x})^2, \quad \bar{x} = \frac{1}{n} \sum_{i=1}^{r} \sum_{j=1}^{n_i} x_{ij}$$

称 S_T 为总离差平方和 (或称为总变差), 它是所有数据 x_{ij} 与总平均值 $\bar{x}$ 差的平方和, 描绘了所有观测数据的离散程度. 经计算可以证明如下的平方和分解公式

$$S_T = S_E + S_A \tag{7.5}$$

其中

$$S_E = \sum_{i=1}^{r} \sum_{j=1}^{n_i} (x_{ij} - \bar{x}_{i\cdot})^2, \quad \bar{x}_{i\cdot} = \frac{1}{n_i} \sum_{j=1}^{n_i} x_{ij}$$

$$S_A = \sum_{i=1}^{r} \sum_{j=1}^{n_i} (\bar{x}_{i\cdot} - \bar{x})^2 = \sum_{i=1}^{r} n_i (\bar{x}_{i\cdot} - \bar{x})^2$$

S_E 表示随机误差的影响. 这是因为对于固定的 i 来讲, 观测值 $x_{i1}, x_{i2}, \cdots, x_{in_i}$ 是来自同一个正态总体 $N(\mu_i, \sigma^2)$ 的样本. 因此, 它们之间的差异是由随机误差所导致的. 而 $\sum_{j=1}^{n_i} (x_{ij} - \bar{x}_{i\cdot})^2$ 是这 n_i 个数据的变动平方和, 正是它们差异大小的度量. 将 r 组这样的变动平方和相加, 就得到了 S_E, 通常称 S_E 为误差平方和或组内平方和.

S_A 表示在 A_i 水平下的样本均值与总平均值之间的差异之和, 它反映了 r 个总体均值之间的差异, 因为 $\bar{x}_{i\cdot}$ 是第 i 个总体的样本均值, 是 μ_i 的估计, 因此, r 个总体均值 $\mu_1, \mu_2, \cdots, \mu_r$ 之间的差异越大, 这些样本均值 $\bar{x}_{1\cdot}, \bar{x}_{2\cdot}, \cdots, \bar{x}_{r\cdot}$ 之间的差异也就越大. 平方和 $\sum_{i=1}^{r} n_i (\bar{x}_{i\cdot} - \bar{x})^2$ 正是这种差异大小的度量, 这里 n_i 反映了第 i 个总体样本大小在平方和 S_A 中的作用. S_A 称为因素 A 的效应平方和或组间平方和.

式 (7.5) 表明, 总平方和 S_T 可按其来源分解成两部分. 一部分是误差平方和 S_E, 它是由随机误差引起的. 另一部分是因素 A 的平方和 S_A, 是由因素 A 的各水平的差异引起的.

由模型假设 (7.2), 经过统计分析得到 $E(S_E) = (n-r)\sigma^2$, 即 $S_E/(n-r)$ 为 σ^2 的一个无偏估计, 且

$$\frac{S_E}{\sigma^2} \sim \chi^2(n-r)$$

如果原假设 H_0 成立, 则有 $E(S_A) = (r-1)\sigma^2$, 即 $S_A/(r-1)$ 也是 σ^2 的无偏估计, 且

$$\frac{S_A}{\sigma^2} \sim \chi^2(r-1)$$

并且 S_A 与 S_E 相互独立. 因此, 当 H_0 成立时, 有

$$F = \frac{S_A/(r-1)}{S_E/(n-r)} \sim F(r-1, n-r) \tag{7.6}$$

于是 F (也称为 F 比) 可以作为 H_0 的检验统计量. 通常将计算过程和计算结果列成表 7.2 的形式, 称为方差分析表.

表 7.2　单因素方差分析表

方差来源	平方和	自由度	均方	F 比	P 值
因素 A	S_A	$r-1$	$MS_A = \dfrac{S_A}{r-1}$	$F = \dfrac{MS_A}{MS_E}$	p
误　差	S_E	$n-r$	$MS_E = \dfrac{S_E}{n-r}$		
总　和	S_T	$n-1$			

通常的方法是: 当 $F > F_\alpha(r-1, n-r)$ 时, 拒绝原假设, 认为各水平之间存在着显著差异; 否则接受原假设, 认为各水平之间不存在显著差异. 在这里, 通过计算

$$P值 = P\{F(r-1, n-r) > F\}$$

也就是服从自由度为 $(r-1, n-r)$ 的 F 分布的随机变量大于 F 值的概率, 来决定是接受, 还是拒绝原假设. 注意: P 值 $< \alpha$ 与 $F > F_\alpha(r-1, n-r)$ 等价. 当 P 值 $< \alpha$ 时, 拒绝原假设, 否则接受原假设.

§7.2.2　计算

在 R 中, 使用 aov() 函数和 summary() 函数共同完成方差分析的计算, 其中 aov() 函数进行方差分析, 其使用格式为:

```
aov(formula, data = NULL, projections = FALSE, qr = TRUE,
    contrasts = NULL, ...)
```

部分参数的名称、取值及意义如表 7.3 所示.

表 7.3　aov( ) 函数中部分参数的名称、取值及意义

名称	取值及意义
formula	字符串, 表示方差分析的公式, 形如X ~ A或X ~ A + B 或X ~ A + B + A:B
data	数据框, 描述数据的响应变量、因素和相应的水平, 默认值为 NULL 当数据直接由 X 和 A 给出时, 不需要输入此参数

summary() 函数提取计算结果 (方差分析表).

例 7.1　计算导入案例 (见表 7.1, 数据存放在 lamp.data 文件中) 中 4 种品牌灯泡的使用寿命是否有显著差异呢?

解: 从数据文件中读取数据, 再构造因子向量, 分配观测数据对应的水平. 编写程序 (程序名: exa_0701.R) 如下:

```
X <- scan("lamp.data")
A <- factor(rep(1:4, c(7, 5, 8, 6)))
aov.sol <- aov(X ~ A)
summary(aov.sol)
```

在程序中, 用 scan() 数据读取数据, 得到的 X 是一向量, 再用 factor 函数生成因子向量 A, 其意义是确定哪些观测值对应的哪一个水平. 在 aov() 函数中, X ~ A 表示做单因素方差分析, 用 summary() 函数提取方差分析表, 其结果如下:

```
          Df Sum Sq Mean Sq F value Pr(>F)
A          3  49212   16404   2.166  0.121
```

```
Residuals   22  166622    7574
```

上述数据与方差分析表 7.2 中的内容相对应, 其中 Df 表示自由度, Sum Sq 表示平方和, Mean Sq 表示均方, F value 表示 F 值, 即 F 比. Pr(>F) 表示 P 值, A 就是因素 A, Residuals 是残差, 即误差.

从 P 值 (0.121 > 0.05) 可以看出, 没有充分的理由拒绝 H_0, 也就是说, 4 种品牌灯泡的平均寿命无显著差异. 那么, 小王只需购买便宜的灯泡即可.

例 7.2 小白鼠在接种了 3 种不同菌型的伤寒杆菌后的存活天数如表 7.4 所示 (数据放在 mouse.data 文件中). 判断小白鼠被注射 3 种菌型后的平均存活天数有无显著差异.

表 7.4 白鼠试验数据

菌型	存活天数										
1	2	4	3	2	4	7	7	2	2	5	4
2	5	6	8	5	10	7	12	12	6	6	
3	7	11	6	6	7	9	5	5	10	6	3	10

解: 这是一个单因素 3 水平问题, 编写相应的计算程序 (程序名: exa_0702.R), 这里采用数据框的形式输入数据.

```
mouse <- data.frame(
    X = scan("mouse.data"),
    A = factor(rep(1:3, c(11, 10, 12)))
)
mouse.aov <- aov(X ~ A, data = mouse)
summary(mouse.aov)
```

计算结果如下:

```
            Df Sum Sq Mean Sq F value Pr(>F)
A            2  94.26   47.13   8.484 0.0012 **
Residuals   30 166.65    5.56
```

在计算结果中, P 值远小于 0.01, 因此, 拒绝原假设, 即认为小白鼠在接种 3 种不同菌型的伤寒杆菌后的存活天数有显著差异.

§7.3 多重均值检验

在单因素方差分析中, 如果 F 检验的结论是拒绝 H_0, 则说明因素 A 的 r 个水平效应有显著的差异, 也就是说 r 个均值之间有显著差异. 但这并不意味着所有均值之间都存在着显著差异, 这时还需要对每一对 μ_i 和 μ_j 做一对一的比较, 即多重比较.

§7.3.1 多重 T 检验

通常采用多重 T 检验方法进行多重比较, 这种方法本质上就是针对每组数据进行 T 检验, 只不过估计方差时利用的是全体数据, 因而自由度变大. 具体地说, 要比较第 i 个总体与第 j 个总体的均值是否相同, 即检验

$$H_0 : \mu_i = \mu_j, \quad H_1 : \mu_i \neq \mu_j, \quad i \neq j, \ i,j = 1,2,\cdots,r$$

当 H_0 成立时, 有

$$t_{ij} = \frac{\bar{x}_{i.} - \bar{x}_{j.}}{\sqrt{MS_E\left(\dfrac{1}{n_i} + \dfrac{1}{n_j}\right)}} \sim t(n-r), \quad i \neq j, \ \ i,j = 1,2,\cdots,r \tag{7.7}$$

所以当 $|t_{ij}| > t_{\frac{\alpha}{2}}(n-r)$ 时, 拒绝原假设, 说明 μ_i 与 μ_j 差异显著.

定义相应的 P 值

$$p_{ij} = P\{\ t(n-r) > |t_{ij}|\ \} \tag{7.8}$$

即服从自由度为 $n-r$ 的 t 分布的随机变量大于 $|t_{ij}|$ 的概率. $p_{ij} < \alpha$ 等价于 $|t_{ij}| > t_{\frac{\alpha}{2}}(n-r)$, 因此, 当 $p_{ij} < \alpha$ 时, μ_i 与 μ_j 差异显著.

在 R 中, 用 pairwise.t.test() 函数完成多重 T 检验, 其使用格式为:

```
pairwise.t.test(x, g,
    p.adjust.method = p.adjust.methods,
    pool.sd = !paired, paired = FALSE,
    alternative = c("two.sided", "less", "greater"),
    ...)
```

部分参数的名称、取值及意义如表 7.5 所示.

表 7.5　pairwise.t.test( ) 函数中部分参数的名称、取值及意义

名称	取值及意义
x	向量, 表示响应变量
g	因子向量, 表示响应变量的分组情况
p.adjust.method	字符串, 表示 P 值的调整方法, 其取值见表 7.6
paired	逻辑变量, 表示是否做成对数据的检验, 默认值为 FALSE
alternative	字符串, 表示备择假设. 取 "two.sided"(默认值) 表示双侧检验, 取 "less" 表示单侧小于, "greater" 表示单侧大于

§7.3.2　P 值的调整

多重 T 检验方法的优点是使用方便, 但在均值的多重检验中, 如果因素的水平较多, 而检验又是同时进行的, 则多次重复使用 T 检验会增大犯第一类错误的概率, 所得到的 "有显著差异" 的结论不一定可靠.

为了克服多重 T 检验方法的缺点, 统计学家们提出了许多有效的方法来调整 P 值, 目前已有的修正方法有: Holm 修正 (1979)、Hochberg 修正 (1988)、Hommel 修正 (1988)、Bonferroni 修正、Benjamini 和 Hochberg 修正 (1995)、Benjamini 和 Yekutieli 修正 (2001).

在 R 中, p.adjust() 函数是专门用于调整 P 值的函数, 其使用格式为

```
p.adjust(p, method = p.adjust.methods, n = length(p))
```

参数的名称、取值及意义如表 7.6 所示.

例 7.3(续例 7.2)　*由于在例 7.2 中 F 检验的结论是拒绝 H_0, 应进一步检验*

$$H_0 : \mu_i = \mu_j, \quad H_1 : \mu_i \neq \mu_j, \ \ i,j = 1,2,3, \ \ i \neq j$$

解: 首先计算各个因子间的均值, 再用 pairwise.t.test() 做多重 T 检验. 程序和计算结果如下:

```
> attach(mouse)
> tapply(X, A, mean)
        1          2          3
3.818182 7.700000 7.083333
> pairwise.t.test(X, A)

    Pairwise comparisons using t tests with pooled SD

data:  X and A
  1       2
2 0.0021 -
3 0.0048 0.5458

P value adjustment method: holm
```

程序中的 attach() 函数是连接函数, 连接数据框或列表, 这样可以直接使用数据框或列表中的元素. tapply() 函数是应用函数, 这里计算各水平的均值.

表 7.6   p.adjust( ) 函数中参数的名称、取值及意义

名称	取值及意义
p	由 P 值构成数值向量, 允许在向量中使用默认值 (NA)
method	字符串, 表示 P 值调整的方法, 可取 "holm"(默认值), "hochberg", "hommel", "bonferroni", "BH", "BY", "fdr" 和 "none" 之一, 其中 "none" 表示不做调整, 即式 (7.7) 和式 (7.8) 计算出的 P 值
n	正整数, 至少为 p 的维数

各水平的样本均值分别为: 3.82, 7.70 和 7.08. 多重 T 检验得到的结果是: μ_1 与 μ_2、μ_1 与 μ_3 有显著差异, μ_2 与 μ_3 没有显著差异, 即小白鼠所接种的 3 种不同菌型的伤寒杆菌中, 第一种与后两种使得小白鼠的平均存活天数有显著差异, 而后两种的差异不显著.

这里虽然没有指定 P 值的调整方法, 但程序使用默认值 Holm 修正. 如果不打算调整 P 值, 则将参数调整为 "none", 也可以选择其他的修正方法. 通过计算会发现, 无论采用何种修正 P 值的方法, 调整后 P 值都会增大. 因此, 在一定程度上会克服多重 T 检验方法的缺点.

还可以用 plot() 函数, 其命令为:

```
> plot(X ~ A)
```

绘出各水平的箱线图 (图形略), 这样可以直观地看出哪些水平之间有显著差异.

§7.4   单因素方差分析的进一步讨论

前面提到, 完成方差分析最重要的条件是响应变量满足正态性和方差齐性的假定. 观测值是否满足这两个条件, 需要进行检验. 进一步, 如果观测值不满足这两个条件, 应当如何进行方差分析呢?

§7.4.1   正态性检验

对于单因素方差分析模型

$$\begin{cases} x_{ij} = \mu_i + \varepsilon_{ij}, & i = 1, 2, \ldots, r, \quad j = 1, 2, \ldots, n_i \\ \varepsilon_{ij} \sim N(0, \sigma_i^2) \quad \text{且相互独立} \end{cases} \tag{7.9}$$

需要假设模型的误差项 ε_{ij} 服从正态分布, 并且满足

$$\sigma_1^2 = \sigma_2^2 = \cdots = \sigma_r^2 = \sigma^2 \tag{7.10}$$

关于正态性检验, 可以使用 6.2 节介绍的分布的检验 (如 Shapiro-Wilk 正态性检验) 来检验 x_{ij} 是否满足从正态分布.

例 7.4 用 Shapiro-Wilk 正态性检验分析例 7.2 的数据是否满足正态性条件.

解: 用 shapiro.test() 函数做正态性检验, 程序和计算结果如下.

```
> source("exa_0702.R")
> with(mouse, tapply(X, A, shapiro.test))
$'1'

    Shapiro-Wilk normality test
data:  X[[1L]]
W = 0.8464, p-value = 0.03828
$'2'

    Shapiro-Wilk normality test
data:  X[[2L]]
W = 0.8424, p-value = 0.04708
$'3'

    Shapiro-Wilk normality test
data:  X[[3L]]
W = 0.9407, p-value = 0.5068
```

从计算结果来看, 例 7.2 的第 1 组数据和第 2 组数据并不满足正态性要求.

§7.4.2 方差的齐性检验

当式 (7.10) 成立时称为齐方差, 关于齐方差的检验称为方差的齐性检验. 在统计中, BartletT 检验是针对方差的齐性检验设计的, 其原假设和备择假设为:

$$H_0: \sigma_1^2 = \sigma_2^2 = \cdots = \sigma_r^2 \qquad H_1: \sigma_i^2 不全相同$$

在 R 中, bartlett.test() 函数完成 Bartlett 方差齐性检验, 其使用格式有两种, 一种是向量 – 因子形式.

```
bartlett.test(x, g, ...)
```

另一种是公式形式.

```
bartlett.test(formula, data, subset, na.action, ...)
```

部分参数的名称、取值及意义如表 7.7 所示.

用 bartlett.test() 函数对例 7.2 的数据做 Bartlett 方差齐性检验.

```
> bartlett.test(X ~ A, data = mouse)

    Bartlett test of homogeneity of variances
data:  X by A
Bartlett's K-squared = 1.2068, df = 2, p-value = 0.5469
```

数据满足方差齐性要求.

表 7.7   bartlett.test( ) 函数中部分参数的名称、取值及意义

名称	取值及意义
x	向量或列表, 表示响应变量
g	因子向量, 表示响应变量的分组情况. 当 x 为列表时, 该项无效
formula	字符串, 表示如 lhs ~ rhs 的公式, 其中 lhs 表示数据, rhs 表示数据对应的分组
data	数据框, 由数据构成
subset	可选向量, 表示选择样本的子集

§7.4.3   非齐性方差数据的方差分析

当数据只满足正态性, 但不满足方差齐性的要求时, 可用 oneway.test() 函数做方差分析, 其使用格式为:

```
oneway.test(formula, data, subset, na.action,
            var.equal = FALSE)
```

当观测值满足方差齐性时, 取参数 var.equal = TRUE, 否则取 FALSE (默认值). 其余参数的意义与 bartlett.test() 函数相同 (见表 7.7).

例如, 用函数 oneway.test() 对例 7.2 的数据做单因素方差分析.

```
> oneway.test(X ~ A, data = mouse)
    One-way analysis of means (not assuming equal variances)
data:  X and A
F = 9.7869, num df = 2.000, denom df = 19.104,
p-value = 0.001185
> oneway.test(X ~ A, data = mouse, var.equal = TRUE)
    One-way analysis of means
data:  X and A
F = 8.4837, num df = 2, denom df = 30, p-value = 0.001202
```

注意到, 在齐方差的假设下, 其计算结果与例 7.2 的计算结果相同.

§7.5 秩 检 验

§7.5.1   Kruskal-Wallis 秩和检验

如果需要分析的数据既不满足正态性要求, 又不满足方差齐性要求, 就不能用前面介绍的方法做方差分析, 这就需要用到 Kruskal-Wallis 秩和检验.

在 R 中, kruskal.test() 函数完成 Kruskal-Wallis 秩和检验, 其使用格式有两种: 一种是向量 – 因子形式;

```
kruskal.test(x, g, ...)
```

另一种格式是公式形式.

```
kruskal.test(formula, data, subset, na.action, ...)
```

参数的名称、取值及意义与 bartlett.test() 函数相同 (见表 7.7).

例 7.5 对例 7.2 中的数据做 Kruskal-Wallis 秩和检验.

解: 虽然例 7.2 的数据满足方差齐性的要求, 但并不满足正态性要求, 严格地说, 需要做秩检验.

```
> kruskal.test(X ~ A, data = mouse)
    Kruskal-Wallis rank sum test
data:  X by A
Kruskal-Wallis chi-squared=12.0258, df=2, p-value=0.002447
```

Kruskal-Wallis 秩和检验的 P 值 < 0.05, 说明 3 种不同菌型的伤寒杆菌相互之间有差异.

§7.5.2 多重 Wilcoxon 秩和检验

如果 Kruskal-Wallis 秩和检验得到的结论是拒绝原假设, 即各水平之间有显著差异, 则还需要进一步检验各水平之间谁与谁有差异. 由于此时没有正态性和方差齐性的条件, 因而需要做多重 Wilcoxon 秩和检验.

在 R 中, pairwise.wilcox.test() 函数完成多重 Wilcoxon 秩和检验, 其使用格式为:

```
 pairwise.wilcox.test(x, g,
        p.adjust.method = p.adjust.methods,
        paired = FALSE, ...)
```

参数的名称、取值及意义与 pairwise.t.test() 函数中的参数相同 (见表 7.5).

例如, 继续对例 7.2 中的数据做多重 Wilcoxon 秩和检验.

```
> with(mouse, pairwise.wilcox.test(X, A))
    Pairwise comparisons using Wilcoxon rank sum test
data:  X and A
    1      2
2 0.0076 -
3 0.0086 0.6878
P value adjustment method: holm
```

多重 Wilcoxon 秩和检验说明: 第 1 种与第 2 种有显著差异, 第 1 种与第 3 种有显著差异, 而第 2 种与第 3 种无显著差异, 这个结论与多重 T 检验是相同的. P 值调整方法使用的是默认值, 所以采用的是 Holm 修正. 需注意的是, 由于数据打结, 即有相同的秩, 在计算结果中会给出警告.

§7.6 双因素方差分析

所谓双因素, 就是考虑两个因素 —— 因素 A 和因素 B, 其中因素 A 有 r 个水平 A_1, $A_2, \cdots, A_r$, 因素 B 有 s 个水平 $B_1, B_2, \cdots, B_s$.

§7.6.1 不考虑交互效应

双因素方差分析分两种情况, 一种是不考虑交互效应, 每组条件下只取一个样本. 假定 $x_{ij} \sim N(\mu_{ij}, \sigma^2)(i = 1, 2, \cdots, r, j = 1, 2, \cdots s)$ 且各 x_{ij} 相互独立, 数据可以分解为:

$$\begin{cases} x_{ij} = \mu + \alpha_i + \beta_j + \varepsilon_{ij}, & i = 1, 2, \cdots, r, \quad j = 1, 2, \cdots, s \\ \varepsilon_{ij} \sim N(0, \sigma^2) \text{且各 } \varepsilon_{ij} \text{ 相互独立} \end{cases} \tag{7.11}$$

其中, $\mu = \dfrac{1}{rs} \sum\limits_{i=1}^{r} \sum\limits_{j=1}^{s} \mu_{ij}$ 为总平均, α_i 为因素 A 的第 i 个水平的效应, β_j 为因素 B 的第 j 个水平的效应.

在线性模型 (7.11) 下, 方差分析的主要任务是系统分析因素 A 和因素 B 对试验指标影响的大小, 因此, 在给定显著性水平 α 下, 提出如下统计假设.

对于因素 A, "因素 A 对试验指标影响是否显著" 等价于检验

$$H_{01}: \alpha_1 = \alpha_2 = \cdots = \alpha_r = 0, \quad H_{11}: \alpha_1, \alpha_2, \cdots, \alpha_r \text{ 不全为零}$$

对于因素 B, "因素 B 对试验指标影响是否显著" 等价于检验

$$H_{02}: \beta_1 = \beta_2 = \cdots = \beta_s = 0, \quad H_{12}\; \beta_1, \beta_2, \cdots, \beta_s \text{ 不全为零}$$

双因素方差分析与单因素方差分析的统计原理基本相同, 也是基于平方和分解公式

$$S_T = S_E + S_A + S_B$$

其中 S_T 为总离差平方和, S_E 为误差平方和, S_A 是由因素 A 的不同水平所引起的离差平方和 (称为因素 A 的平方和), S_B 是由因素 A 的不同水平所引起的离差平方和 (称为因素 B 的平方和).

可以证明当 H_{01} 成立时,

$$F_A = \frac{S_A/(r-1)}{S_E/[(r-1)(s-1)]} \sim F(r-1, (r-1)(s-1))$$

当 H_{02} 成立时,

$$F_B = \frac{S_B/(s-1)}{S_E/[(r-1)(s-1)]} \sim F(s-1, (r-1)(s-1))$$

分别以 F_A、F_B 作为 H_{01}, H_{02} 的检验统计量, 将计算结果列成方差分析表, 如表 7.8 所示.

表 7.8　双因素方差分析表

方差来源	平方和	自由度	均方	F 比	P 值
因素 A	S_A	$r-1$	$MS_A = \dfrac{S_A}{r-1}$	$F_A = \dfrac{MS_A}{MS_E}$	p_A
因素 B	S_B	$s-1$	$MS_B = \dfrac{S_B}{s-1}$	$F_B = \dfrac{MS_B}{MS_E}$	p_B
误差	S_E	$(r-1)(s-1)$	$MS_E = \dfrac{S_E}{(r-1)(s-1)}$		
总和	S_T	$rs-1$			

双因素方差分析的计算与单因素相同, 仍然用到 aov() 函数与 summary() 函数.

例 7.6　在一个农业试验中, 考虑 4 种不同的种子品种 A_1、A_2、A_3 和 A_4, 3 种不同的施肥方法 B_1、B_2 和 B_3, 得到产量数据如表 7.9 所示 (数据存放在 agriculture.data 文件中). 试分析种子与施肥对产量有无显著影响.

表 7.9 农业试验数据 (单位: kg)

	B_1	B_2	B_3
A_1	325	292	316
A_2	317	310	318
A_3	310	320	318
A_4	330	370	365

解: 这是一个双因素试验, 因素 A (种子) 有 4 个水平, 因素 B (施肥) 有 3 个水平. 由于每组条件下只取一个样本, 因而不考虑交互效应. 程序 (程序名: exa_0706.R) 如下:

```
agriculture <- data.frame(
    Y = scan("agriculture.data"),
    A = gl(4, 3),
    B = gl(3, 1, 12)
)
agriculture.aov <- aov(Y ~ A + B, data = agriculture)
summary(agriculture.aov)
```

在程序中, gl() 生成因子, 因素 A 为 4 水平, 每个水平重复 3 次, 因素 B 为 3 水平, 每个水平只有 1 次, 需要对应 12 个变量, 所以长度为 12. Y ~ A + B 表示考虑双因素. 计算得到:

```
            Df Sum Sq Mean Sq F value Pr(>F)
A            3   3824  1274.8   5.226 0.0413 *
B            2    163    81.3   0.333 0.7291
Residuals    6   1463   243.9
```

根据 P 值说明不同品种 (因素 A) 对产量有显著影响, 而没有充分理由说明施肥方法 (因素 B) 对产量有显著的影响.

事实上, 在应用模型 (7.11) 时, 遵循一种假定, 即因素 A 和因素 B 对指标的效应是可以叠加的, 而且认为因素 A 的各水平效应的比较与因素 B 在什么水平无关. 这里并没有考虑因素 A 和因素 B 的各种水平组合 (A_i, B_j) 的不同给产量带来的影响, 而这种影响在许多实际工作中是应该给予足够的重视的, 这种影响被称为交互效应. 这就导出下面所要讨论的问题.

§7.6.2 考虑交互效应

在考虑交互效应的情况下, 每组条件下要取多个样本. 假定
$$x_{ijk} \sim N(\mu_{ij}, \sigma^2), \quad i=1,2,\cdots,r; \ j=1,2,\cdots,s; \ k=1,2,\cdots,t$$
各 x_{ijk} 相互独立, 所以数据可以分解为
$$\begin{cases} x_{ijk} = \mu + \alpha_i + \beta_j + \delta_{ij} + \varepsilon_{ijk} \\ \varepsilon_{ijk} \sim N(0,\sigma^2), \text{且各 } \varepsilon_{ijk} \text{ 相互独立} \\ i=1,2,\cdots,r, \ j=1,2,\cdots,s, \ k=1,2,\cdots,t \end{cases} \tag{7.12}$$
其中 $\mu = \dfrac{1}{rs}\sum_{i=1}^{r}\sum_{j=1}^{s}\mu_{ij}$, α_i 为因素 A 的第 i 个水平的效应, β_j 为因素 B 的第 j 个水平的效应, δ_{ij} 表示 A_i 和 B_j 的交互效应. 此时判断因素 A、因素 B 以及交互效应的影响是否显著

等价于检验下列假设:

$$H_{01}: \quad \alpha_1 = \alpha_2 = \cdots = \alpha_r = 0, \quad H_{11}: \alpha_1, \alpha_2, \cdots, \alpha_r \text{ 不全为零}$$

$$H_{02}: \quad \beta_1 = \beta_2 = \cdots = \beta_s = 0, \quad H_{12}: \beta_1, \beta_2, \cdots, \beta_s \text{ 不全为零}$$

$$H_{03}: \quad \delta_{ij} = 0, \quad H_{13}: \delta_{ij} \text{不全为零}, \quad i = 1, 2, \cdots, r, \quad j = 1, 2, \cdots, s$$

在这种情况下, 方差分析法与前面类似, 有下列计算公式:

$$S_T = S_E + S_A + S_B + S_{A \times B}$$

其中 S_T 为总离差平方和, S_E 为误差平方和, S_A 为因素 A 的平方和, S_B 为因素 B 的平方和, $S_{A \times B}$ 为交互效应平方和.

可以证明: 当原假设成立时

$$F_A = \frac{S_A/(r-1)}{S_E/[rs(t-1)]} \quad \sim \quad F(r-1, rs(t-1))$$

$$F_B = \frac{S_B/(s-1)}{S_E/[rs(t-1)]} \quad \sim \quad F(s-1, rs(t-1))$$

$$F_{A \times B} = \frac{S_{A \times B}/[(r-1)(s-1)]}{S_E/[rs(t-1)]} \quad \sim \quad F((r-1)(s-1), rs(t-1))$$

将 F_A、F_B、$F_{A \times B}$ 作为检验统计量, 构造方差分析表 (见表 7.10).

表 7.10 有交互效应的双因素方差分析表

方差来源	平方和	自由度	均方	F比	P值
因素 A	S_A	$r-1$	$MS_A = \dfrac{S_A}{r-1}$	$F_A = \dfrac{MS_A}{MS_E}$	p_A
因素 B	S_B	$s-1$	$MS_B = \dfrac{S_B}{s-1}$	$F_B = \dfrac{MS_B}{MS_E}$	p_B
交互效应 $A \times B$	$S_{A \times B}$	$(r-1)(s-1)$	$MS_{A \times B} = \dfrac{S_{A \times B}}{(r-1)(s-1)}$	$F_{A \times B} = \dfrac{MS_{A \times B}}{MS_E}$	$p_{A \times B}$
误差	S_E	$rs(t-1)$	$MS_E = \dfrac{S_E}{rs(t-1)}$		
总和	S_T	$rst-1$			

例 7.7 研究树种与地理位置对松树生长的影响, 对 4 个地区的三种同龄松树的直径进行测量得到数据如表 7.11 所示 (数据保存在 tree.data 文件中). A_1、A_2、A_3 表示 3 个不同树种, B_1、B_2、B_3、B_4 表示 4 个不同地区. 对每一种水平组合, 进行了 5 次测量, 对此试验结果进行方差分析.

解: 这是一个双因素问题, 并且每组条件下取 5 组数据, 因此需要考虑两因素间的交互效应. 程序 (程序名: exa_0707.R) 如下:

```
Y <- scan("tree.data")
A <- gl(3, 20, 60, labels = paste("A", 1:3, sep = ""))
B <- gl(4, 1, 60, labels = paste("B", 1:4, sep = ""))
tree.aov <- aov(Y ~ A + B + A:B)
summary(tree.aov)
```

在程序中, paste() 为粘连函数, 表示因子为 A1、A2、A3 和 B1、B2、B3、B4. A:B 表示交互效应. 使用 Y ~ A*B 与 Y ~ A + B + A:B 的意义是等价的. 计算结果为:

```
          Df Sum Sq Mean Sq F value   Pr(>F)
A          2  352.5  176.27   8.959 0.000494 ***
B          3   87.5   29.17   1.483 0.231077
A:B        6   71.7   11.96   0.608 0.722890
Residuals 48  944.4   19.68
```

可见在显著性水平 $\alpha = 0.05$ 下, 树种 (因素 A) 效应是高度显著的, 而地区 (因素 B) 效应和交互效应并不显著.

表 7.11   三种同龄松树的直径测量数据 (单位: cm)

		因素 B (地区)			
		B_1	B_2	B_3	B_4
		23	20	16	20
		25	17	19	21
	A_1	21	11	13	18
		14	26	16	27
		15	21	24	24
因		28	26	19	26
素		30	24	18	26
A	A_2	19	21	19	28
(树		17	25	20	29
种)		22	26	25	23
		18	21	19	22
		15	25	23	13
	A_3	23	12	22	12
		18	12	14	22
		10	22	13	19

得到结果后, 如何使用它呢? 一种简单的方法是计算各因素的均值. 树种 (因素 A) 效应是高度显著的, 也就是说, 选什么树种对树的生长很重要, 因此, 要选那些生长粗壮的树种. 计算因素 A 的均值:

```
> tapply(Y, A, mean)
```
得到:
```
   A1    A2    A3
19.55 23.55 17.75
```
所以选择第 2 种树对生长有利. 下面计算因素 B(位置) 的均值,
```
> tapply(Y, B, mean)
```
得到:
```
      B1       B2       B3       B4
19.86667 20.60000 18.66667 22.00000
```
是否选择位置 4 最有利呢? 不必了. 因为计算结果表明: 关于位置效应并不显著, 也就是说, 所受到的影响是随机的. 因此, 选择成本较低的位置种树就可以了.

本题关于交互效应更不显著, 因此, 没有必要计算交互效应的均值. 如果需要计算其均

值, 可用命令

```
matrix(tapply(Y, A:B, mean), nr = 3, nc = 4, byrow = T,
       dimnames = list(levels(A), levels(B)))
```

得到:

```
    B1   B2   B3   B4
A1 19.6 19.0 17.6 22.0
A2 23.2 24.4 20.2 26.4
A3 16.8 18.4 18.2 17.6
```

如果交互效应是显著的, 则可根据上述结果选择最优的方案.

§7.6.3   交互效应图

除了用 P 值来判断两因素是否有交互效应外, 还可以通过图形来判断. 在图中画出每一行 (因素 A) 观测值的均值, 也可以画出每一列 (因素 B) 观测值的均值, 将每一行 (或列) 的均值连成一条线, 构成折线图. 如果折线相互之间是平行的, 则没有交互效应. 反之, 当折线是相互交叉的, 则表明存在着交互效应.

在 R 中, interaction.plot() 函数就是为这种需求设计的, 其使用格式为:

```
interaction.plot(x.factor, trace.factor,
    response, fun = mean,
    type = c("l", "p", "b", "o", "c"), legend = TRUE,
    trace.label = deparse(substitute(trace.factor)),
    fixed = FALSE,
    xlab = deparse(substitute(x.factor)),
    ylab = ylabel,
    ylim = range(cells, na.rm = TRUE),
    lty = nc:1, col = 1, pch = c(1:9, 0, letters),
    xpd = NULL, leg.bg = par("bg"), leg.bty = "n",
    xtick = FALSE, xaxt = par("xaxt"), axes = TRUE, ...)
```

部分参数的名称、取值及意义如表 7.12 所示.

表 7.12   interaction.plot( ) 函数中部分参数的名称、取值及意义

名称	取值及意义
x.factor	因子, 标记在 X 轴上因子 (因素 A 或因素 B)
trace.factor	因子, 构成水平迹的因子 (因素 B 或因素 A)
response	向量, 表示影响变量

绘出例 7.7 的交互效应图, 命令为:

```
> interaction.plot(A, B, Y, lwd = 2, col = 2:5)
```

其图形如图 7.1 所示. 从图中的结果可以得到, 图中折线接近平行, 则说明因素 A 和因素 B 的交互效应不显著, 这与方差分析的结果是相同的.

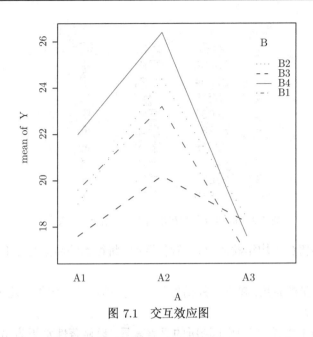

图 7.1 交互效应图

§7.7 案 例 分 析

本节选取两个实际案例进行分析, 并借用 R 软件完成相关的计算.

§7.7.1 工业产品销售员的报酬

本例摘自 David R. Anderson, Dennis J. Sweeney & Thomas A.Willaims 所著的《商务与经济统计 (第 8 版)》(王峰, 等, 译. 北京: 中信出版社, 2003.9).

1. 背景介绍

在过去的 10 年里,《工业产品销售》(Industrial Distribution) 一直在跟踪调查工业产品销售员的报酬. 在 1997 年的报酬调查中, 有 358 名回答者的结果表明, 有 27% 的回答者在销售额大于 4 000 万美元的销售公司工作, 其中一般的工业销售员在 1 200 万美元的销售公司工作. 在中小型公司 (销售额在 600 万 ~2 000 万美元之间) 工作的销售额的收入比在大公司工作高. 报酬最低的销售员在销售额小于 100 万美元公司工作. 1996 年一般的户外销售员报酬为 50 000 美元, 而一般的户内销售员报酬为 30 000 美元 (Industrial Distribution, November, 1997). 假定在较大的旧金山地区工业产品销售员的一个分会, 进行关于会员资格的一次调查, 以研究雇员资历在户外或室内场所销售的年薪之间是否有关系. 在调查中, 被调查者分为三个资历水平: 低 (1~10 年)、中 (11~20 年) 和高 (21 年以上). 所采用的资料存放在文件 IDSalary.csv 中, 其形式如图 7.2 所示 (仅列出表中的前 10 项).

2. 问题讨论

(1) 用描述性统计汇总数据.

(2) 不考虑销售员的资历, 建立所有销售员平均年薪的 95% 置信区间.

(3) 建立户外销售员平均年薪的 95% 置信区间, 将得到的结果与《工业产品销售》报告的全国值比较.

	A	B	C
1	年薪	场所	资历
2	28938	室内	中
3	27694	室内	中
4	45515	户外	低
5	27031	室内	中
6	37283	户外	低
7	32718	室内	低
8	54081	户外	高
9	23621	室内	低
10	47835	户外	高

图 7.2 被调查者的基本情况 (年薪单位: 美元)

(4) 建立室内销售员平均年薪的 95% 置信区间, 将得到的结果与《工业产品销售》报告的全国值比较.

(5) 不考虑销售员的资历, 建立户外销售员与室内销售员平均年薪均值差的 95% 置信区间, 将得到什么结论?

(6) 用方差分析的方法检验属于场所的显著差异, 设显著性水平为 0.05, 不考虑销售员的资历.

(7) 用方差分析的方法检验属于资历的显著差异, 设显著性水平为 0.05, 不考虑场所的影响.

(8) 在显著性水平为 0.05 下, 检验场所、资历和两者交互效应的显著差异, 并计算某个处理的均值, 说明其合理性.

3. 问题求解及结果分析 [①]

(1) 做描述性统计分析. 数据文件 IDSalary.csv 中共有 120 销售员的信息, 其中户外销售员 60 名, 室内销售员 60 名. 工作资历为低、中、高的销售人员各 40 名 (室内和户外) 各 20 名.

将年薪分组, 每 5 千美元为一组, 从 20 千美元开始, 至 65 千美元结束. 分别列出年薪与场所、年薪与资历的交叉列表.

```
       分组
场所   (20,25] (25,30] (30,35] (35,40] (40,45] (45,50]
 户外      0       0       0      12       9       6
 室内      2      24      28       6       0       0
       分组
场所   (50,55] (55,60] (60,65]
 户外     20      10       3
 室内      0       0       0
       分组
资历   (20,25] (25,30] (30,35] (35,40] (40,45] (45,50]
 低        2       8       9      13       6       2
```

---

① 求解过程保存在 IDSalary.R 程序文件中.

高	0	5	12	3	3	4
中	0	11	7	2	0	0

分组			
资历	(50,55]	(55,60]	(60,65]
低	0	0	0
高	13	0	0
中	7	10	3

从交叉列表中可以看出, 工资位于低或中等水平的销售人员一般在室内工作, 工资位于高或中等水平的销售人员一般在户外工作. 工作资历低的销售人员, 其年薪也相对较低, 而工作资历中等的销售人员, 其年薪相对较高.

(2) 建立所有销售员平均年薪的 95% 置信区间, 这里不考虑资历和工作场所, 其中假设检验的 $\mu_0 = (50+30)/2 = 40$(千美元) (《工业产品销售》报告中户外与室内销售员平均年薪的平均值). 使用 t.test() 函数计算, 列出计算结果.

```
        One Sample t-test

data:  rc$年薪

t = -0.075321, df = 119, p-value = 0.9401

alternative hypothesis: true mean is not equal to 40

95 percent confidence interval:

 37.96630 41.88465

sample estimates:

mean of x

 39.92547
```

销售员平均年薪的 95% 置信区间为 [37.97, 41.88] 千美元, 可以认为所有销售员的平均年薪为 40 千美元.

(3) 建立户外销售员平均年薪的 95% 置信区间. 计算方法同上, 取 $\mu_0 = 50$(千美元) (《工业产品销售》报告中户外销售员平均年薪). 列出计算结果.

```
        One Sample t-test

data:  rc$年薪[rc$场所 == "户外"]

t = -1.1434, df = 59, p-value = 0.2575

alternative hypothesis: true mean is not equal to 50

95 percent confidence interval:

 46.78372 50.87715

sample estimates:

mean of x

 48.83043
```

户外销售员平均年薪的 95% 置信区间为 [46.78, 50.88] 千美元, P 值 $= 0.2575$, 这两点说明被调查人员的平均年薪与《工业产品销售》报告的全国平均值是相符的.

(4) 建立室内销售员平均年薪的 95% 置信区间, 取 $\mu_0 = 30$ (千美元)(《工业产品销售》报告中室内销售员平均年薪). 列出计算结果.

```
        One Sample t-test
data:  rc$年薪[rc$场所 == "室内"]
t = 2.202, df = 59, p-value = 0.03158
alternative hypothesis: true mean is not equal to 30
95 percent confidence interval:
 30.09317 31.94787
sample estimates:
mean of x
 31.02052
```

室内销售员平均年薪的 95% 置信区间为 [30.09, 31.95] 千美元, P 值 = 0.031 58, 这两点说明被调查人员的平均年薪与《工业产品销售》报告的全国平均值不相符, 实际上高于全国的平均值.

(5) 建立户外销售员与室内销售员平均年薪均值差的 95% 置信区间, 这里不考虑销售员的资历. 在计算前先考虑使用哪一种模型, 是总体方差相同, 还是总体方差不同. 为此, 做方差比的 F 检验.

```
        F test to compare two variances
data:  rc$年薪[rc$场所=="室内 "] and rc$年薪[rc$场所=="户外"]
F = 0.20529, num df = 59, denom df = 59, p-value = 7.551e-09
alternative hypothesis: true ratio of variances is not equal to 1
95 percent confidence interval:
 0.1226259 0.3436858
sample estimates:
ratio of variances
        0.2052919
```

P 值小于 0.05, 拒绝原假设, 说明两总体的方差不相同, 因此使用方差不同模型.

```
        Welch Two Sample t-test
data:  rc$年薪[rc$场所=="室内 "] and rc$年薪[rc$场所=="户外"]
t = -15.86, df = 82.245, p-value < 2.2e-16
alternative hypothesis: true difference in means is not equal to 0
95 percent confidence interval:
 -20.04371 -15.57612
sample estimates:
mean of x mean of y
 31.02052  48.83043
```

从计算结果可以看出, 两者的平均年薪有显著差异, 室内销售员的平均年薪明显小于户外销售员.

(6) 做单因素方差分析, 其自变量为场所.

```
        Df Sum Sq Mean Sq F value Pr(>F)
场所     1   9516    9516   251.5 <2e-16 ***
```

```
Residuals   118   4464      38
```
从计算结果来看, 两者是有显著差异的, 这与均值差检验的结论是相同的.

(7) 做单因素方差分析, 其自变量为资历.

```
          Df Sum Sq Mean Sq F value   Pr(>F)
资历        2   1668   834.1   7.926 0.000591 ***
Residuals 117  12312   105.2
```

仍然是拒绝原假设, 说明 3 种工作资历的年薪有显著差异. 下面做多重 T 检验.

```
     Pairwise comparisons using t tests with pooled SD
data:  年薪 and 资历
    低       高
高 0.01058 -
中 0.00061 0.32239

P value adjustment method: holm
```

(8) 做双因素 (场所与资历) 方差分析, 并考虑两者间是否存在交互效应. 计算结果如下.

```
          Df Sum Sq Mean Sq F value Pr(>F)
场所        1   9516    9516  751.36 <2e-16 ***
资历        2   1668     834   65.86 <2e-16 ***
场所:资历   2   1352     676   53.38 <2e-16 ***
Residuals 114   1444      13
```

从计算结果来看, 场所与资历都存在显著差异 (这点与单因素方差分析的结果相同), 且存在着交互效应. 计算场所和资历条件下销售员的平均年薪.

```
       低        高        中
户外 39.60790  50.25490  56.62850
室内 30.03135  32.42245  30.60775
```

从计算结果来看, 从事户外工作且中等资历的销售员的年薪最高, 样本均值达 56.63 千美元. 从事室内工作且资历为低的销售员的年薪最低, 样本均值只有 30.03 千美元.

§7.7.2 博润德: 由坎坷到光明

本例摘自 Ken Black, David L. Eldredge 所著的《以 Excel 为决策工具的商务与经济统计》(张久琴, 等, 译. 北京: 机械工业出版社, 2003.9).

1. 背景介绍

1983 年, 博伊德·博润德在密西根州的霍兰市创建了现代技术照明公司. 博润德的主要目标是研制并开拓小型荧光灯市场, 用以代替白炽灯泡, 节省能源. 他认为该市场前途光明, 然而通向成功的路却崎岖不平.

博润德按照他的设想设计了灯泡. 然而, 博润德认为会给他的灯泡生产镇流器的制造商拒绝了他. 如果博润德支付工具的费用, 该制造商同意出售镇流器给他并做一些工作. 博润德接受这个挑战, 为了融资, 他和他的妻子再度以他们的房子做了抵押货款.

开始时, 博润德和其他几家公司生产了 10 000 个灯泡准备出售. 但是由于疏忽, 所有 10 000 个灯泡最后被证明都有缺陷. 而抵押贷款的钱已经花完, 但没有产品可以出售. 博润德又进行了信贷, 生产得以继续. 然而这时候, 博润德又与一制造商卷入了法律纠纷, 最终在庭外解决.

这时, 组装灯泡的制造商却拒绝继续合作. 结果, 博润德不得不从该制造商处买下了设备、半成品及原材料存货, 总成本大约为 70 000 美元, 博润德的财务资金受到严重损害. 尽管如此, 还是有一家贷方为其提供了补充资金.

这样博润德就成了制造者和销售者. 产品和原材料存货继续增加, 产品供大于求. 这时出现了现金危机. 供应商被说服延期支付. 此时, 博润德以公司股票做激励高薪聘请一位经理加入公司.

在公司成立 2 年, 一切稍有起色后, 一家生产相似产品的竞争者又出现了. 竞争者资金雄厚, 咄咄逼人, 而博润德的销售业绩平平.

博润德以新设计的荧光灯反击, 销路很好. 该公司努力削减成本, 大力改进组装方法, 结果在密歇根组装的灯泡比在工资低廉的乡村还要便宜. 公司仅对自己不能生产的零件才外购.

6 年来, 博润德的销售额每年成倍增长, 利润一直在稳步增长, 而几年前出现的竞争者已处于破产的境地. 目前, 博润德的产品各类繁多, 既包括工业用小型荧光灯, 又包括节能型发光二极管照明产品.

2. 问题讨论

生产荧光灯时既使用汞蒸汽, 又使用氩气体. 涂在灯管表面的荧光粉可以发生化学作用生成可见光. 该涂层由几种物质组成, 包括锌硅酸盐、硼酸钡和硅酸钡, 可以把紫外线转换成可见光. 荧光灯泡在底部有个管脚, 电流可以从此通过. 光线的颜色取决于荧光粉的组成, 因此可以生产超过两打的不同颜色的白光.

(1) 假设你在博润德的研发部门工作. 你想研究某些变量对功率、寿命或灯泡成本的影响, 你打算使用哪些变量作为自变量? 选择一个自变量, 并说出该自变量可能出现的水平. 指出一个因变量.

(2) 假设博润德的荧光灯泡以包出售, 每包 4 只灯泡. 再假设博润德的经理们认为在美国不同区域的批发商对他们的灯泡定价不同. 博润德的研究者设计了一个实验设计以确定批发商出售的每包灯泡的平均价格是否因地而异. 从 3 个地区 (东北部、西部及南部) 随机选取批发商样本, 得到每包 4 只灯泡的价格如表 7.13 所示. 分析这些数据, 并对你的发现写一个简要的报告, 讨论这些结果对博润德制定管理及市场决策的意义.

表 7.13　3 个地区批发商的价格 (单位: 美元)

东北部	西部	南部
5.62	5.93	5.78
5.71	5.98	5.83
5.57	6.03	5.80
5.62	5.84	5.83
5.56	5.91	5.87
	5.96	5.84
		5.86

(3) 博润德生产不同深浅的白色灯泡. 生产这些不同深浅灯泡的成本有差别吗? 生产成

本取决于使用 3 个供应商中哪一个所提供的元件? 为了检验该猜想, 假设建立双因素方差分析, 以白色深浅和主要供应商作为两个自变量, 使用 4 种白色和 3 个供应商分别作为两个变量的水平. 在每一种颜色及每一个供应商的条件下, 以 3 个灯泡为一组, 分析每一种灯泡的生产成本. 试验得到的观测数据如表 7.14 所示. 请根据观测数据完成双因素方差分析, 并根据计算结果撰写一个简单的报告.

表 7.14　各种灯泡的生产成本 (单位: 美元)

| | | 因素 (供应商) | | |
		供应商 1	供应商 2	供应商 3
因素 (颜色)	颜色 A	1.12	1.08	1.11
		1.10	1.03	1.10
		1.15	1.07	1.13
	颜色 B	1.06	1.00	1.10
		1.05	0.98	1.06
		1.08	1.02	1.07
	颜色 C	1.11	1.08	1.12
		1.13	1.06	1.09
		1.12	1.06	1.10
	颜色 D	1.15	1.11	1.14
		1.18	1.12	1.17
		1.17	1.10	1.15

(4) 假设博润德极力鼓励员工对改善生产工艺、产品及工作环境提建议. 假设质量视察人员对提交建议的人员及建议都留有记录. 以 3 年为一个期限, 对建议数量的一个可能分类是根据雇员的性别及他们的职业. 表 7.15 所列的数据是近 3 年来提供的建议数, 请根据表中建议的数量, 试分析雇员职位与他们的性别是否有关.

表 7.15　员工所提建议的数量

| 职业 | 性别 | |
	男性	女性
工程师	209	32
制造工人	483	508
装运工人	386	185

3. 问题求解及结果分析 [①]

(1) 设计方差分析中的自变量和因变量. 生产荧光灯时既使用汞蒸汽, 又使用氩气体. 涂在灯管表面的荧光粉也由锌硅酸盐、硼酸钡和硅酸钡等多种物质组成.

因此, 可以设计单因素方差分析, 自变量为荧光灯中不同气体的比例, 或者是荧光灯涂层不同物质的比例, 也可以是双因素方差分析, 荧光灯中气体的比例和涂层中不同物质比例.

因变量也有多种考虑, 如荧光灯的生产成本、使用寿命等. 例如, 可以选择使用寿命作为因变量, 分析出在什么组合下, 荧光灯经久耐用. 当然也考虑生产成本作为因变量, 分析出在什么组合下, 生产成本最低.

(2) 利用表 7.13 中的数据, 考查荧光灯泡销售价在各区是否有显著差异. 考虑单因素方

---

① 求解过程保存在 Enter.R 程序文件中.

差分析, 其中自变量为地区, 共有 3 个水平, 分别是东北部、西部和南部. 因变量为每包灯泡的价格. 计算结果如下 (其中因素 A 为地区):

```
           Df Sum Sq Mean Sq F value   Pr(>F)
A           2 0.2949 0.14745   53.68 1.46e-07 ***
Residuals  15 0.0412 0.00275
```

P 值 ≪ 0.05, 说明 3 个地区的价格存在着显著差异. 进一步, 做多重 T 检验.

```
     Pairwise comparisons using t tests with pooled SD

  data:  X and A

        东北部     西部
  西部  1.1e-07  -
  南部  9.0e-06  0.0016
```

说明 3 个地区相互之间都存在显著差异. 再计算 3 个地区每包灯泡的平均价格.

```
   东北部        西部        南部
  5.616000   5.941667   5.830000
```

其中东北部的价格最低.

(3) 利用表 7.14 中的数据做双因素方差分析, 自变量是白色深浅 (有 4 个水平) 和供应商 (有 3 个水平). 计算结果如下:

```
           Df  Sum Sq  Mean Sq F value   Pr(>F)
颜色        3 0.04214 0.014047  45.973 4.21e-10 ***
供应商      2 0.02521 0.012603  41.245 1.72e-08 ***
颜色:供应商 6 0.00155 0.000258   0.845    0.548
Residuals  24 0.00733 0.000306
```

关于颜色有显著性差异, 关于供应商有显著差异, 但交互效应不显著.

计算不同颜色和不同供应商样本的平均生产成本.

```
     A        B        C        D
1.098889 1.046667 1.096667 1.143333
     1        2        3
1.118333 1.059167 1.111667
```

颜色 B 的生产成本最低, 由供应商 2 提供原料的生产成本最低. 实际上, 不用考虑每种组合情况下的生产成本, 因为它们的交互效应是不显著的.

(4) 根据表 7.15 中的数据, 做列联表独立性检验. 考查在改善生产工艺、产品及工作环境提建议数量方面, 雇员职位与性别是否有关. 做 Pearson χ^2 检验.

```
     Pearson's Chi-squared test

  data:  X
  X-squared = 137.54, df = 2, p-value < 2.2e-16
```

P 值 ≪ 0.05, 说明在提建议数量方面, 雇员职位与性别是有关的.

本章小结

- 方差分析: 单因素与双因素方差分析 —— aov() 函数和 summary() 函数; 交互效应图

—— interaction.plot() 函数.

- 多重均值检验: 多重 T 检验 —— pairwise.t.test() 函数; P 值的调整 —— p.adjust() 函数.
- 方差齐性检验: Bartlett 方差齐性检验 —— bartlett.test() 函数; 非齐方差条件下的单因素方差分析 —— oneway.test() 函数.
- 秩检验: Kruskal-Wallis 秩和检验 —— kruskal.test() 函数; 多重 Wilcoxon 秩和检验 —— pairwise.wilcox.test() 函数.

习　题

1. 进行一次试验, 当缓慢旋转的布面轮子受到磨损时, 比较 3 种布上涂料的磨损量. 对每种涂料类型试验 10 个涂料样品, 记录每个样品直到出现可见磨损时的小时数, 数据由表 7.16 给出 (数据存放在 paint.data 文件中). 试用单因素方差分析方法分析: 这 3 种涂料直至磨损明显可见的平均时间是否存在显著差异? 如果存在, 请做多重 T 检验, 分析哪种涂料之间存在显著差异.

表 7.16　三种涂料的磨损数据

涂料	磨损小时数									
A	148	76	393	520	236	134	55	166	415	153
B	513	264	433	94	535	327	214	135	280	304
C	335	643	216	536	128	723	258	380	594	465

2. 用于清洁金属部件有 3 种有机溶剂: 芬芳剂、氯烷和酯类, 表 7.17 (数据存放在 solvent.data 文件中) 给出了这 3 种溶剂吸附比的测试结果, 能否根据这组数据分析出这 3 种溶剂的吸附比是否存在显著差异? 如果存在, 请做多重 T 检验, 分析哪种有机溶剂之间存在显著差异.

表 7.17　三种溶剂吸附比数据 (单位: 摩尔分数)

溶剂	摩尔分数								
芬芳剂	1.06	0.79	0.82	0.89	1.05	0.95	0.65	1.15	1.12
氯烷	1.58	1.45	0.57	1.16	1.12	0.91	0.83	0.43	
酯类	0.29	0.06	0.44	0.61	0.55	0.43	0.51	0.10	0.34
	0.53	0.06	0.09	0.17	0.60	0.17			

3. 对习题 2 的数据正态性检验和方差齐性检验, 试分析: 使用方差不同模型 (如 oneway.test() 函数) 和方差相同模型 (如 aov() 函数) 哪个更合理?

4. 使用方差不同模型 (oneway.test() 函数) 和秩检验方法 (kruskal.test() 函数) 对习题 1 中的数据进行分析, 是否得到与习题 1 相同的结果? 如果得到的结论不同, 哪个结论更合理? 试对数据做正态性检验 (如 shapiro.test() 函数) 和方差齐性检验 (如 bartlett.test() 函数) 来说明这一问题.

5. 在多纳圈业务怎么样的案例中 (第 6 章的第 2 个案例), 使用方差分析的方法研究该案例的第 (1) 个问题, 4 台机器生产的多纳圈的直径是否一致? 如果 4 台机器生产出的多纳圈存在着显著差异, 那么哪些机器生产出的多纳圈的直径有显著差异? 在选择模型时, 是使用正态分布模型, 还是使用秩检验模型? 即使在正态分布模型, 是使用方差相同模型, 还是使用方差不同模型? 通过对观测数据的分析, 选择最合理的方法, 并给出相应的结论.

6. 考查不同职业人群对心理疾病原因的认识, 现找到 A、B、C 3 种职业的人员各 10 名, 这 30 个人用笔试的方式回答心理疾病原因的知识问卷, 测试分数如表 7.18 所示 (数据存放在 staff.data 文件中). (1) 使用 Kruskal-Wallis 秩和检验, 分析这 3 种职业人员平均测试分数是否有显著差异; (2) 使用正态性检验和方差齐性检验的方法来分析 Kruskal-Wallis 秩和检验的合理性.

表 7.18　3 种职业人员心理疾病知识的测试分析

职业	测试分数									
A	62	60	60	25	24	23	20	13	12	6
B	62	62	24	24	22	20	19	10	8	8
C	37	31	15	15	14	14	14	5	3	2

7. 生物学家认为, 河流中的富营养水注入海湾后, 会导致浮游生物赖以生存的藻类快速生长, 细菌则以浮游生物的排泄物和死藻类为主, 消耗了水中的氧. 为验证是否有这种情况发生, 现测试某河流入海口开始的 4 个海洋区域中的平均溶解氧含量 (见表 7.19, 数据存放在 sea.data 文件中). (1) 对数据做正态性检验和方差齐性检验; (2) 4 个海洋区域溶解氧含量是否有显著差异? (3) 如果有差异, 哪些区域之间有差异? (注: 请根据 (1) 的结果合理选择检验的方法.)

表 7.19　离入海口处 4 个距离的平均溶解氧含量 (单位: mg/L)

距入海口距离	溶解氧含量									
1 km	1	5	2	1	2	2	4	3	0	2
5 km	4	8	2	3	8	5	6	4	3	3
10 km	20	26	24	11	28	20	19	19	21	24
20 km	37	30	26	24	41	25	36	31	31	33

8. 在递交建筑任务书之前, 成本工程师应准备一份为完成任务所需的评估报告, 如果估计过高, 将减少公司中标的机会, 而估计过低又会减少公司的利润. 现雇用了 3 位任务成本工程师对 4 个项目进行评估, 其数据如表 7.20 所示 (数据存放在 engineer.data 文件中). 对数据进行方差分析. (1) 各工程师给出的评估均值是否存在显著差异? (2) 各项目的评估值是否存在显著差异?

表 7.20　任务成本工程师的评估数据 (单位: 百万元)

工程师	项目			
	1	2	3	4
A	4.6	6.2	5.0	6.6
B	4.9	6.3	5.4	6.8
C	4.4	5.9	5.4	6.3

9. 某制造商用某种原料生产两种不同的产品, 并且可以调整这两种产品的生产比例. 生产一种产品时, 所获得的利润依赖于生产该种产品的持续时间, 从而依赖于指定生产这种产品原材料的数量. 其他因素也影响单位原材料的利润, 但它们对于利润的影响是随机的、不可控的. 制造商已进行了一个试验, 用来考察指定两种产品原材料的分配比例和原材料的供应

量对于单位原材料利润的影响. 在试验中, 指定两种产品原材料的分配比例分别取 1:2、1:1 和 2:1, 原材料的供应量分别取每天 15 吨、18 吨和 21 吨. 响应值是一天之中单位原材料的利润. 每种组合按随机次序重复 3 次, 共有 27 天的数据列在表 7.21 中 (数据存放在 profit.data 文件中). 对数据做双因素方差分析. (1) 两种产品原材料的分配比例对单位原材料的利润有无显著影响? (2) 原材料的供应量对单位原材料的利润有无显著影响? (3) 两种产品原材料的分配比例与原材料的供应量之间是否存在着交互效应? 画出两因素的交互效应图. (4) 根据 (1)~(3) 的计算结果, 选择最优的生产方案.

表 7.21　生产利润 (单位: 万元)

指定两种产品原材料的分配比例	原材料的供应量		
	15 吨	18 吨	21 吨
1:2	23	22	19
	20	19	18
	21	20	21
1:1	22	24	20
	20	25	19
	19	22	22
2:1	18	21	20
	18	23	22
	16	20	24

10. 将锑加到锡 – 铅焊料中替代较昂贵的锡, 从而降低焊接成本. 表 7.22(数据存放在 strength.data 文件中) 给出了锑的 4 种添加比例 (0%、3%、5% 和 10%), 以及 4 种冷却方法 (水冷、油冷、气吹和炉内冷却) 的试验结果, 每种组合进行 3 次试验. 对数据进行方差分析. (1) 每种添加比例之间是否存在显著差异? (2) 每种冷却方法之间是否存在显著差异? (3) 添加比例与冷却方法是否存在交互效应? 并画出两因素的交互效应图. (4) 根据 (1)~(3) 的计算结果, 选择锑的最优添加方案.

表 7.22　抗剪强度 (单位: MPa)

锑的添加比例	冷却方法			
	水冷	油冷	气吹	炉内冷却
0%	17.6	20.0	18.3	19.4
	19.5	24.3	19.8	19.8
	18.3	21.9	22.9	20.3
3%	18.6	20.0	21.7	19.0
	19.5	20.9	22.9	20.9
	19.0	20.4	22.1	19.9
5%	22.3	20.9	22.9	19.6
	19.5	22.9	19.7	16.4
	20.5	20.6	21.6	20.5
10%	15.2	16.4	15.8	16.4
	17.1	19.0	17.3	17.6
	16.6	18.1	17.1	17.6

第8章 回归分析

最优价格确定

一家公司在 22 个近似相等大小的城市尝试销售一种新的软饮料, 销售价格以及在这些城市中每周的销量如表 8.1 所示 (数据存放在 price.data 文件中). 公司想要找出 "理想的销售价格曲线", 即在每一种可能的价格下, 每周的销量是多少.

表 8.1　销售价格 (单位: 元) 及每周的销量 (单位: 千件)

城市	销售价格	销量／周	城市	销售价格	销量／周
1	3.54	3.98	12	2.94	6.00
2	4.80	2.20	13	6.54	1.19
3	5.70	1.85	14	5.70	1.96
4	2.70	6.10	15	4.74	2.76
5	4.74	2.10	16	3.90	4.33
6	5.94	1.70	17	2.70	6.96
7	5.40	2.00	18	3.60	4.16
8	3.90	4.20	19	5.34	1.99
9	4.74	2.44	20	4.74	2.86
10	4.14	3.30	21	5.94	1.92
11	4.74	2.30	22	5.10	2.16

在研究了试销结果后, 公司将设置一个全国统一的销售价, 已知每件产品的成本是 1.38 元, 公司定价是多少时, 能使公司获得的利润达到最大?

本章要点

- 线性回归模型: 回归系数的估计与回归方程的显著性检验.
- 回归诊断: 残差的正态性与独立性检验、异常值与强影响点检测.
- 回归分析建模: 变量选择与逐步回归.

回归分析是统计学上一种分析数据的方法, 目的在于了解两个或多个变量间是否相关、相关方向与强度, 并建立数学模型以便观察特定变量来预测研究者感兴趣的变量.

§8.1　简单线性回归模型

所谓简单回归模型, 就是考虑两个变量的回归模型, 它是最基本的回归模型. 简单回归模型只考虑两个变量, 可以根据一个变量来预测另一个变量, 被预测的变量称为因变量, 记为 Y, 用来预测的变量称为自变量或解释变量, 记作 X. 仅对两个变量的线性关系进行研究的模型称为简单线性回归模型.

例如, 在导入案例中, 各城市每周的销售量是因变量 Y, 而各城市饮料的销售价格是自变量 X, 该问题是研究 Y 与 X 之间的关系.

§8.1.1 回归模型

下面建立简单线性回归模型. 仍以导入案例为例, 以销售价格为横坐标 (X), 每周的销售量为纵坐标 (Y), 画出数据的散点图, 可以看到, 这些点大致在一条直线上, 但又不完全在一条直线上 (见图 8.1). 从而可以认为 Y 与 X 的关系基本上是线性的, 而这些点与直线的偏离是由其他一切不确定因素的影响造成的. 因此, 简单线性回归模型定义如下:

$$Y = \beta_0 + \beta_1 X + \varepsilon \tag{8.1}$$

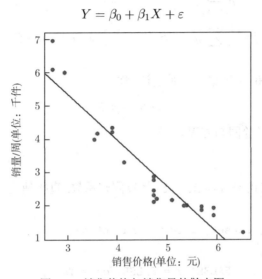

图 8.1 销售价格与销售量的散点图

其中 $\beta_0 + \beta_1 X$ 表示 Y 随 X 的变化而线性变化的部分. ε 是随机误差, 它是其他一切不确定因素影响的总和, 其值不可观测, 通常假定 $\varepsilon \sim N(0, \sigma^2)$. 因此, 有:

$$E(Y) = \beta_0 + \beta_1 X \tag{8.2}$$

称式 (8.2) 为简单线性回归方程. 称 $\beta_0 + \beta_1 X$ 为一元线性回归函数, β_0 为回归常数 (回归直线的截距), β_1 为回归系数 (回归直线的斜率), 统称回归参数. 称 X 为回归自变量（或回归因子）, 称 Y 为回归因变量（或响应变量）.

§8.1.2 最小二乘与回归系数的计算

若 $(x_1, y_1), (x_2, y_2), \cdots, (x_n, y_n)$ 是 (X, Y) 的一组观测值, 则简单线性回归模型可表示为:

$$y_i = \beta_0 + \beta_1 x_i + \varepsilon_i, \quad i = 1, 2, \cdots, n \tag{8.3}$$

其中 $E(\varepsilon_i) = 0$, $\mathrm{var}(\varepsilon_i) = \sigma^2$, $i = 1, 2, \cdots, n$.

1. 公式推导

求出未知参数 β_0 和 β_1 的估计 $\widehat{\beta_0}$ 和 $\widehat{\beta_1}$ 的一种直观想法是要求点 (x_i, y_i) 与回归直线的偏差越小越好, 令

$$Q(\beta_0, \beta_1) = \sum_{i=1}^{n} (y_i - \beta_0 - \beta_1 x_i)^2 \tag{8.4}$$

则 β_0 和 β_1 的最小二乘估计是指使

$$Q(\widehat{\beta}_0, \widehat{\beta}_1) = \min_{\beta_0, \beta_1} Q(\beta_0, \beta_1)$$

成立的 $\widehat{\beta}_0$ 和 $\widehat{\beta}_1$. 经计算可得:

$$\widehat{\beta}_1 = \frac{S_{xy}}{S_{xx}}, \quad \widehat{\beta}_0 = \overline{y} - \widehat{\beta}_1 \overline{x} \tag{8.5}$$

其中:

$$\overline{x} = \frac{1}{n} \sum_{i=1}^{n} x_i, \quad S_{xx} = \sum_{i=1}^{n} (x_i - \overline{x})^2 \tag{8.6}$$

$$\overline{y} = \frac{1}{n} \sum_{i=1}^{n} y_i, \quad S_{xy} = \sum_{i=1}^{n} (x_i - \overline{x})(y_i - \overline{y}) \tag{8.7}$$

称 $\widehat{\beta}_0$ 和 $\widehat{\beta}_1$ 分别为 β_0 和 β_1 的最小二乘估计, 称

$$\widehat{Y} = \widehat{\beta}_0 + \widehat{\beta}_1 X$$

为简单回归方程（或称经验回归方程）.

2. R 计算

使用 R 软件不必按式 (8.5)~ 式 (8.8) 计算回归系数, 直接使用 R 中的 lm() 函数即可, 其使用格式为:

```
lm(formula, data, subset, weights, na.action,
    method = "qr",
    model = TRUE, x = FALSE, y = FALSE, qr = TRUE,
    singular.ok = TRUE, contrasts = NULL, offset, ...)
```

部分参数的名称、取值及意义如表 8.2 所示.

表 8.2　lm( ) 函数中部分参数的名称、取值及意义

名称	取值及意义
formula	字符串, 表示形如 y ~ 1 + x 的形式的回归公式, 其中 1 表示常数项 (默认项). 如果回归方程为齐次线性模型, 其公式改为 y ~ 0 + x 或 y ~ -1 + x
data	数据框, 由样本数据构成
subset	可选项, 表示所使用样本的子集
weights	可选向量, 表示对应样本的权重

例 8.1　计算导入案例中回归方程的回归系数.

解: 读取数据、计算, 并显示计算结果.

```
> rt <- read.table("price.data")
> (lm.sol <- lm(Y ~ 1 + X, data = rt))

Call:
lm(formula = Y ~ 1 + X, data = rt)

Coefficients:
```

```
(Intercept)              X
   9.510           -1.386
```

这里只给出简单的结果 —— 模型和回归系数.

3. σ^2 的估计

通常取

$$\widehat{\sigma}^2 = \frac{\sum\limits_{i=1}^{n}\left(y_i - \widehat{\beta}_0 - \widehat{\beta}_1 x_i\right)^2}{n-2} \tag{8.8}$$

为参数 σ^2 的估计量, 也称为 σ^2 的最小二乘估计. 可以证明 $\widehat{\sigma}^2$ 是 σ^2 的无偏估计, 即 $E\widehat{\sigma}^2 = \sigma^2$. 关于它的计算在下一小节讨论.

§8.1.3 回归方程的显著性检验

在得到简单线性模型的参数估计值后, 这些估计值还不能被使用, 需要对回归系数、回归方程做检验, 只有在检验通过后才能使用.

从统计意义上讲, β_1 是 $E(Y)$ 随 X 线性变化的变化率, 若 $\beta_1 = 0$, 则 $E(Y)$ 实际上并不随 X 做线性变化, 仅当 $\beta_1 \neq 0$ 时, $E(Y)$ 才随 X 做线性变化, 也仅在这时一元线性回归方程才有意义. 因此, 假设检验为

$$H_0 : \beta_1 = 0, \quad H_1 : \beta_1 \neq 0$$

关于回归方程的显著性检验有以下 3 种方法.

1. T 检验法

当 H_0 成立时, 统计量

$$T = \frac{\widehat{\beta}_1 \sqrt{S_{xx}}}{\widehat{\sigma}} \sim t(n-2) \tag{8.9}$$

对于给定的显著性水平 α, 当 $|T| \geqslant t_{\alpha/2}(n-2)$ 时, 拒绝原假设. 它等价于当 P 值 $< \alpha$ 时, 拒绝原假设.

2. F 检验法

当 H_0 成立时, 统计量

$$F = \frac{\widehat{\beta}_1^2 S_{xx}}{\widehat{\sigma}^2} \sim F(1, n-2) \tag{8.10}$$

对于给定的显著性水平 α, 当 $F \geqslant F_{\alpha}(1, n-2)$ 时, 拒绝原假设. 它等价于当 P 值 $< \alpha$ 时, 拒绝原假设.

3. 相关系数检验法

记

$$R^2 = \frac{S_{xy}^2}{S_{xx}S_{yy}} \tag{8.11}$$

其中 $S_{yy} = \sum\limits_{i=1}^{n}(y_i - \bar{y})^2$. 称 R 为样本相关系数, 对于给定的显著性水平 α, 查相关系数临界值表可得 $r_{\alpha}(n-2)$, 检验的拒绝域为:

$$|R| > r_{\alpha}(n-2) \tag{8.12}$$

对于上述 3 种方法, 如果拒绝原假设, 则认为线性回归方程是显著的.

4. R 计算

实际上, lm() 函数在完成回归系数计算的同时, 也完成回归方程的检验, 只是没有显示出来罢了. 为了获得更多的信息, 需要使用 summary() 函数提取 lm() 对象的信息, 其使用格式为:

```
summary(object, correlation = FALSE,
        symbolic.cor = FALSE, ...)
```

参数 object 为 lm() 函数生成的对象.

例 8.2（续例 8.1） 使用 summary() 函数显示回归检验的结果.

解: 列出计算结果.

```
> summary(lm.sol)

Call:
lm(formula = Y ~ 1 + X, data = rt)

Residuals:
     Min       1Q   Median       3Q      Max
-0.84175 -0.44526 -0.05446  0.34425  1.19136

Coefficients:
            Estimate Std. Error t value Pr(>|t|)
(Intercept)   9.5101     0.5188   18.33 5.66e-14 ***
X            -1.3857     0.1095  -12.65 5.31e-11 ***
---
Signif. codes:  0 '***' 0.001 '**' 0.01 '*' 0.05 '.' 0.1 ' ' 1

Residual standard error: 0.5436 on 20 degrees of freedom
Multiple R-squared:  0.8889,    Adjusted R-squared:  0.8834
F-statistic: 160.1 on 1 and 20 DF,  p-value: 5.306e-11
```

下面对显示的结果做一下解释.

第一部分 (call) 列出使用的回归模型.

第二部分 (Residuals) 为残差, 这里列出了残差的 5 位数, 即最小值、1/4 分位数、中位数、3/4 分位数和最大值.

第三部分 (Coefficients) 为系数, 其中 Estimate 表示系数的估计值, 即 $\widehat{\beta}_i$. Std. Error 表示估计值的标准差, 即 $sd(\widehat{\beta}_i)$. t value 表示 t 统计量, Pr(>|t|) 表示对应 t 统计量的 P 值. 还有显著性标记, 其中 *** 说明极为显著, ** 说明高度显著, * 说明显著, · 说明不太显著, 没有记号表示不显著.

在第四部分中, Residual standard error 表示残差的标准差, 也就是式 (8.8) 中的 $\widehat{\sigma}$. 注意: 不是 $\widehat{\sigma}^2$.

degrees of freedom 表示 t 分布的自由度, 这里是 20.

Multiple R-Squared 表示相关系数的平方, 即 R^2. Adjusted R-squared 表示修正相关系数的平方, 这个值会小于 R^2, 其目的是不要轻易做出自变量与因变量相关的判断.

F-statistic 表示 F 统计量, DF 表示 F 统计量的两个自由度, 这里是 1 和 20. p-value 表示 F 统计量对应的 P 值.

这里计算出的 P 值 $\ll 0.05$, 通过系数的检验和方程的检验 (软件通常只计算相关系数和修正相关系数的平方, 不做相关性检验). 得到简单线性回归方程:

$$\widehat{Y} = 9.510\,1 - 1.385\,7X$$

这里 $\beta_1 = -1.385\,7$, 负相关, 即价格每提高 1 元, 每周的销售量会下降 1.385 7 千件.

§8.1.4 参数 β_0 和 β_1 的区间估计

在第 5 章中提到, 假设检验是判断系数是否有显著差异的一个方面, 而区间估计是问题的另一个方面. 因此, 还需要对系数 (β_i) 做区间估计, 计算它们的置信区间.

1. 计算公式

关于 β_0 和 β_1 估计的方差为:

$$\operatorname{var}(\beta_0) = \sigma^2 \left(\frac{1}{n} + \frac{\bar{x}^2}{S_{xx}} \right), \quad \operatorname{var}(\beta_1) = \frac{\sigma^2}{S_{xx}} \tag{8.13}$$

如果 σ^2 未知, 则用 $\widehat{\sigma}$ 替换 σ, 得到:

$$\operatorname{sd}(\widehat{\beta}_0) = \widehat{\sigma}\sqrt{\frac{1}{n} + \frac{\bar{x}^2}{S_{xx}}}, \quad \operatorname{sd}(\widehat{\beta}_1) = \frac{\widehat{\sigma}}{\sqrt{S_{xx}}} \tag{8.14}$$

称 $\operatorname{sd}(\widehat{\beta}_0)$ 和 $\operatorname{sd}(\widehat{\beta}_1)$ 分别为 β_0 和 β_1 的标准差.

由 β_0 与 β_1 的统计性质可知,

$$T_i = \frac{\widehat{\beta}_i - \beta_i}{\operatorname{sd}(\widehat{\beta}_i)} \sim t(n-2), \quad i = 0, 1 \tag{8.15}$$

对给定的置信水平 $1 - \alpha$, 则有:

$$P\left\{ \left| \frac{\widehat{\beta}_i - \beta_i}{\operatorname{sd}(\widehat{\beta}_i)} \right| \leqslant t_{\alpha/2(n-2)} \right\} = 1 - \alpha, \quad i = 0, 1 \tag{8.16}$$

因此, $\beta_i \ (i = 0, 1)$ 的置信区间为:

$$\left[\widehat{\beta}_i - \operatorname{sd}(\widehat{\beta}_i)\, t_{\alpha/2}(n-2), \quad \widehat{\beta}_i + \operatorname{sd}(\widehat{\beta}_i)\, t_{\alpha/2}(n-2) \right] \tag{8.17}$$

2. R 计算

在 R 中, 可以用 confint() 函数列出回归系数的置信区间, 其使用格式为:

confint(object, parm, level = 0.95, ...)

参数的名称、取值及意义如表 8.3 所示.

表 8.3 confint( ) 函数中参数的名称、取值及意义

名称	取值及意义
object	对象, 由 lm 生成
parm	字符串, 表示需要做区间估计的参数, 默认值为全部参数
level	0~1 之间的数值, 默认值为 0.95, 表示置信水平

例 8.3（续例 8.1） 计算例 8.1 中回归系数 95% 的置信区间.

解: 列出计算结果.

```
> confint(lm.sol)
                2.5 %      97.5 %
(Intercept)  8.427875   10.592324
X           -1.614191   -1.157264
```

这两个区间均不包含零, 从另一方面也说明 $\beta_i \neq 0, i = 0, 1$.

§8.1.5 预测

经过检验, 如果回归效果显著, 就可以利用回归方程进行预测. 所谓预测, 就是对给定的回归自变量的值, 预测对应的回归因变量所有可能的取值范围, 因此, 这是一个区间估计问题.

1. 计算公式

给定 X 的值 $X = x_0$, 记回归值

$$\widehat{y}_0 = \widehat{\beta}_0 + \widehat{\beta}_1 x_0 \tag{8.18}$$

则 $\widehat{y}_0$ 是因变量 Y 在 $X = x_0$ 处的观测值

$$y_0 = \beta_0 + \beta_1 x_0 + \varepsilon_0 \tag{8.19}$$

的估计. 现在考虑在置信水平 $1 - \alpha$ 下 y_0 的预测区间和 $E(y_0)$ 的置信区间.

由统计知识可知, 置信水平 $1 - \alpha$ 下 y_0 的预测区间为:

$$\left[\widehat{y}_0 \mp t_{\alpha/2}(n-2)\widehat{\sigma}\sqrt{1 + \frac{1}{n} + \frac{(\bar{x} - x_0)^2}{S_{xx}}} \right] \tag{8.20}$$

其中 $\bar{x} = \frac{1}{n}\sum\limits_{i=1}^{n} x_i$ 为样本均值. 置信水平 $1 - \alpha$ 下 $E(y_0)$ 的置信区间为:

$$\left[\widehat{y}_0 \mp t_{\alpha/2}(n-2)\widehat{\sigma}\sqrt{\frac{1}{n} + \frac{(\bar{x} - x_0)^2}{S_{xx}}} \right] \tag{8.21}$$

2. R 计算

在 R 中, 可用 predict.lm() (简写形式为 predict()) 函数计算 y_0 的估计值、预测区间和 $E(y_0)$ 的置信区间, 其使用格式为:

```
predict(object, newdata, se.fit = FALSE,
        scale = NULL, df = Inf,
        interval = c("none", "confidence", "prediction"),
        level = 0.95, type = c("response", "terms"),
        terms = NULL, na.action = na.pass,
        pred.var = res.var/weights, weights = 1, ...)
```

部分参数的名称、取值及意义如表 8.4 所示.

表 8.4 predict( ) 函数中部分参数的名称、取值及意义

名称	取值及意义
object	对象, 由 lm() 函数生成
newdata	数据框, 由预测点的自变量构成, 如果该值默认, 计算已知数据点的回归值
interval	字符串, 表示计算的区间类型. 取 "none"(默认值) 为不计算, 取 "confidence" 为计算置信区间,
	取 "prediction" 表示计算预测区间

例 8.4（续例 8.1） 当饮料的定价为 5 元时, 预测每周的市场销售量, 并计算 95% 的预测区间和置信区间.

解: 列出计算结果.

```
> newdata <- data.frame(X = 5)
> predict(lm.sol, newdata, interval = "prediction")
       fit      lwr      upr
1 2.581463 1.418747 3.744178
> predict(lm.sol, newdata, interval = "confidence")
       fit      lwr      upr
1 2.581463 2.324379 2.838546
```

市场的预测销售量是每周 2.58 千件, 95% 的预测区间为 [1.42, 3.74] 千件, 置信区间为 [2.32, 2.84] 千件.

§8.2 多元线性回归模型

在许多实际问题中影响因变量 Y 的自变量往往不止一个, 设有 p 个自变量 $X_1, X_2, \cdots, X_p$. 由于无法借助于图形的帮助来确定模型, 因而仅讨论一种最简单但又普遍的模型 —— 多元线性回归模型.

§8.2.1 多元线性回归模型

设变量 Y 与变量 $X_1, X_2, \cdots, X_p$ 间有线性关系

$$Y = \beta_0 + \beta_1 X_1 + \cdots + \beta_p X_p + \varepsilon \tag{8.22}$$

其中 $\varepsilon \sim N(0, \sigma^2)$, $\beta_0, \beta_1, \cdots, \beta_p$ 和 σ^2 是未知参数, $p \geqslant 2$, 称模型 (8.22) 为多元线性回归模型.

设 $(x_{i1}, x_{i2}, \cdots, x_{ip}, y_i)$, $i = 1, 2, \cdots, n$ 是 $(X_1, X_2, \cdots, X_p, Y)$ 的 n 次独立观测值, 则多元线性模型 (8.22) 可表示为:

$$y_i = \beta_0 + \beta_1 x_{i1} + \cdots + \beta_{p-1} x_{ip} + \varepsilon_i, \quad i = 1, 2, \cdots, n \tag{8.23}$$

其中 $\varepsilon_i \sim N(0, \sigma^2)$, 且独立同分布.

为书写方便, 常采用矩阵形式, 令:

$$Y = \begin{bmatrix} y_1 \\ y_2 \\ \vdots \\ y_n \end{bmatrix}, \ \beta = \begin{bmatrix} \beta_0 \\ \beta_1 \\ \vdots \\ \beta_p \end{bmatrix}, \ X = \begin{bmatrix} 1 & x_{11} & \cdots & x_{1p} \\ 1 & x_{21} & \cdots & x_{2p} \\ \vdots & \vdots & & \vdots \\ 1 & x_{n1} & \cdots & x_{np} \end{bmatrix}, \ \varepsilon = \begin{bmatrix} \varepsilon_1 \\ \varepsilon_2 \\ \vdots \\ \varepsilon_n \end{bmatrix}$$

则多元线性模型 (8.23) 可表示为：

$$Y = X\beta + \varepsilon \tag{8.24}$$

其中 Y 为由响应变量构成的 n 维向量, X 为 $n \times (p+1)$ 阶设计矩阵, β 为 $p+1$ 维向量, ε 是 n 维误差向量, 并且满足：

$$E(\varepsilon) = 0, \quad \text{var}(\varepsilon) = \sigma^2 I_n \tag{8.25}$$

§8.2.2 回归系数的估计

类似于一元线性回归, 求参数 β 的估计值 $\widehat{\beta}$, 就是求最小二乘函数

$$Q(\beta) = (Y - X\beta)^{\mathrm{T}}(Y - X\beta) \tag{8.26}$$

达到最小的 β 值.

可以证明, β 的最小二乘估计是：

$$\widehat{\beta} = \left(X^{\mathrm{T}}X\right)^{-1} X^{\mathrm{T}}Y \tag{8.27}$$

从而可得经验回归方程为：

$$\widehat{Y} = \widehat{\beta}_0 + \widehat{\beta}_1 X_1 + \cdots + \widehat{\beta}_p X_p = X\widehat{\beta} \tag{8.28}$$

称 $\widehat{\varepsilon} = Y - \widehat{Y}$ 为残差向量. 通常取

$$\widehat{\sigma}^2 = \widehat{\varepsilon}^{\mathrm{T}}\widehat{\varepsilon}/(n-p-1) \tag{8.29}$$

为 σ^2 的估计, 也称为 σ^2 的最小二乘估计. 可以证明：$E\widehat{\sigma}^2 = \sigma^2$.

§8.2.3 显著性检验

由于在多元线性回归中无法用图形帮助判断 $E(Y)$ 是否随 $X_1, X_2, \cdots, X_p$ 做线性变化, 因而显著性检验就显然得尤其重要. 检验有两种：一种是回归系数的显著性检验, 粗略地说, 就是检验某个变量 X_j 的系数是否为 0; 另一种检验是回归方程的显著性检验, 简单地说, 就是检验该组数据是否适用于线性方程做回归.

1. 回归系数的显著性检验

回归系数的显著性检验是检验变量 X_j 的系数是否为 0, 即假设检验为

$$H_{j0}: \ \beta_j = 0, \quad H_{j1}: \ \beta_j \neq 0, \quad j = 0, 1, \cdots, p^{①}$$

当 H_{j0} 成立时, 统计量

$$T_j = \frac{\widehat{\beta}_j}{\widehat{\sigma}\sqrt{c_{jj}}} \ \sim \ t(n-p-1), \quad j = 0, 1, \cdots, p$$

其中 c_{jj} 是 $C = (X^{\mathrm{T}}X)^{-1}$ 的对角线上第 j 个元素.

对于给定的显著性水平 α, 当 $|T_j| \geqslant t_{\alpha/2}(n-2)$ 时, 拒绝 $\beta_j = 0$. 它等价于当 P 值 $< \alpha$ 时, 拒绝 $\beta_j = 0$.

---

① 由于软件可以提供 β_0 的检验情况, 因而这里 j 从 0 开始, 下同.

2. 回归方程的显著性检验

回归方程的显著性检验是检验是否可用线性方程来处理数据, 也就是说, 方程的系数是否全为 0, 即假设检验为

$$H_0: \beta_1 = \beta_2 = \cdots = \beta_p = 0, \quad H_1: \text{至少有 } 1 \text{ 个 } \beta_j \neq 0$$

当 H_0 成立时, 统计量:

$$F = \frac{\text{SSR}/p}{\text{SSE}/(n-p-1)} \quad \sim \quad F(p, n-p-1)$$

其中:

$$\text{SSR} = \sum_{i=1}^{n} (\widehat{y}_i - \bar{y})^2, \quad \text{SSE} = \sum_{i=1}^{n} (y_i - \widehat{y}_i)^2$$

$$\bar{y} = \frac{1}{n}\sum_{i=1}^{n} y_i, \qquad \widehat{y}_i = \widehat{\beta}_0 + \widehat{\beta}_1 x_{i1} + \cdots + \widehat{\beta}_p x_{ip-1}$$

通常称 SSR 为回归平方和, 称 SSE 为残差平方和.

对于给定的显著性水平 α, 当 $F > F_\alpha(p, n-p-1)$ 时, 拒绝原假设, 认为至少有一个 $\beta_j \neq 0$. 它等价于当 P 值 $< \alpha$ 时, 拒绝原假设.

3. 相关性检验

相关系数的平方定义为:

$$R^2 = \frac{\text{SSR}}{\text{SST}}$$

用它来衡量 Y 与 $X_1, X_2, \cdots, X_p$ 之间相关的密切程度, 其中 SST 为总体离差平方和, 即 $\text{SST} = \sum_{i=1}^{n} (y_i - \bar{y})^2$. 并且满足:

$$\text{SST} = \text{SSE} + \text{SSR}$$

当 R^2 接近于 0 时, 可以认为 Y 与 $X_1, X_2, \cdots, X_p$ 之间不相关, 接近于 1 表示相关. 因此, 可以用 R^2 作为自变量与因变量是否相关的重要指标.

在统计软件中常给出修正相关系数的平方 R_a^2, 其计算公式为:

$$R_a^2 = R^2 - (1 - R^2)\frac{n-1}{n-p-1} \tag{8.30}$$

R_a^2 值小于 R^2, 其目的是不要轻易做出自变量与因变量相关的判断.

§8.2.4 参数 β 的区间估计

可以证明回归系数 β 的协方差矩阵为:

$$\text{var}(\beta) = \sigma^2 \left(X^{\mathrm{T}} X\right)^{-1}$$

相应的标准差为:

$$\text{sd}(\widehat{\beta}_i) = \widehat{\sigma}\sqrt{c_{ii}}, \quad i = 0, 1, \cdots, p \tag{8.31}$$

其中 c_{ii} 是 $C = \left(X^{\mathrm{T}} X\right)^{-1}$ 对角线上第 i 个元素.

由 β 的统计性质可知,

$$T_i = \frac{\widehat{\beta}_i - \beta_i}{\text{sd}(\widehat{\beta}_i)} \quad \sim \quad t(n-p-1), \quad i = 0, 1, \cdots, p \tag{8.32}$$

因此, $\beta_i \ (i = 0, 1, \cdots, p)$ 的区间估计为:

$$\left[\widehat{\beta}_i - \text{sd}(\widehat{\beta}_i)\, t_{\alpha/2}(n-p-1), \quad \widehat{\beta}_i + \text{sd}(\widehat{\beta}_i)\, t_{\alpha/2}(n-p-1)\right] \tag{8.33}$$

§8.2.5　预测

当多元线性回归方程经过检验是显著的, 并且其中每一个系数均显著时, 可用此方程做预测.

给定 $X = x_0 = (x_{01}, x_{02}, \cdots, x_{0p})^{\mathrm{T}}$, 将其代入回归方程得到

$$y_0 = \beta_0 + \beta_1 x_{01} + \cdots + \beta_p x_{0p} + \varepsilon_0$$

的估计值

$$\widehat{y_0} = \widehat{\beta}_0 + \widehat{\beta}_1 x_{01} + \cdots + \widehat{\beta}_p x_{0p} \tag{8.34}$$

设置信水平为 $1 - \alpha$, 则 y_0 的预测区间为:

$$\left[\widehat{y}_0 \mp t_{\alpha/2}(n-p-1)\widehat{\sigma}\sqrt{1 + \widetilde{x}_0^{\mathrm{T}} \left(X^{\mathrm{T}}X\right)^{-1} \widetilde{x}_0} \right] \tag{8.35}$$

其中 X 为设计矩阵, $\widetilde{x}_0 = (1, x_{01}, x_{02}, \cdots, x_{0p})^{\mathrm{T}}$.

$\mathrm{E}(y_0)$ 的置信区间为:

$$\left[\widehat{y}_0 \mp t_{\alpha/2}(n-p-1)\widehat{\sigma}\sqrt{\widetilde{x}_0^{\mathrm{T}} \left(X^{\mathrm{T}}X\right)^{-1} \widetilde{x}_0} \right] \tag{8.36}$$

§8.2.6　R 计算

实际上, 多元线性回归模型的计算, 系数 (包括检验) 、系数置信区间、预测 (包括置信区间与预测区间), 与简单线性回归的方法是相同的, 分别需要用到 lm() 函数、summary() 函数、confint() 函数和 predict() 函数, 其中 lm() 函数是主函数, 其余的函数均要用到 lm() 函数生成的对象.

例 8.5　某运输公司经理希望了解汽车的行驶时间与车辆的行驶里程、运送次数之间的关系, 他记录了 10 次的运输数据, 如表 8.5 所示 (数据存放在 butler.data 文件中). (1) 建立回归方程, 将车辆的行驶里程、运送次数作为自变量. (2) 做参数的检验并计算回归系数 95% 的置信区间. (3) 对于所有行驶里程为 100km 和运送货物为 3 次的卡车, 估计这些车辆的平均行驶时间和 95% 的置信区间. (4) 对于某个给定的运输汽车, 如果行驶里程为 100km 和运送货物为 3 次, 估计该汽车的行驶时间和 95% 的预测区间.

表 8.5　某运输公司 10 次运输的数据

	行驶里程/km	运送次数	行驶时间/h
1	160	4	9.3
2	80	3	4.8
3	160	4	8.9
4	160	2	6.5
5	80	2	4.2
6	128	2	6.2
7	120	3	7.4
8	104	4	6.0
9	144	3	7.6
10	144	2	6.1

解: 读取数据, 使用 lm() 函数做计算, summary() 函数提取信息. 使用 confint() 函数计算系数的置信区间, 使用 predict() 函数预测车辆的平均行驶时间, 并计算预测值的 95% 的预测区间及期望值的 95% 的置信区间. 程序 (程序名: exa_0805.R) 及计算结果如下.

(1) 列出估计与检验部分.

```
> lm.sol <- lm(y ~ 1 + x1 + x2, data = rt); summary(lm.sol)

Coefficients:
            Estimate Std. Error t value Pr(>|t|)
(Intercept) -0.86870    0.95155  -0.913 0.391634
x1           0.03821    0.00618   6.182 0.000453 ***
x2           0.92343    0.22111   4.176 0.004157 **

Residual standard error: 0.5731 on 7 degrees of freedom
Multiple R-squared:  0.9038,    Adjusted R-squared:  0.8763
F-statistic: 32.88 on 2 and 7 DF,  p-value: 0.0002762
```

在上述结果中, 系数 β_0 没有通过检验, 其 P 值 > 0.05. 其他系数通过检验, 也通过方程的检验.

(2) 列出回归系数 95% 的置信区间.

```
> confint(lm.sol)
                  2.5 %       97.5 %
(Intercept) -3.11875429 1.38135136
x1           0.02359502 0.05282323
x2           0.40057512 1.44627562
```

注意: β_0 的置信区间包含零, 这说明 β_0 有可能为 0, 这个结论与前面的检验结果是相同的.

(3) 输入数据, 计算预测值及置信区间.

```
> newdata <- data.frame(x1 = 100, x2 = 3)
> predict(lm.sol, newdata, interval = "confidence")
       fit      lwr      upr
1 5.722487 5.121836 6.323139
```

(4) 计算预测区间.

```
> predict(lm.sol, newdata, interval = "prediction")
       fit      lwr      upr
1 5.722487 4.240081 7.204893
```

从上述计算结果可以看到, 如果行驶里程为 $100\,\mathrm{km}$ 且运送货物为 3 次, 行驶时间的估计值为 $5.7\,\mathrm{h}$. 对于给定的 x_1 和 x_2, y 的某个特定值的预测区间要比 y 的期望值的置信区间的范围更宽. 这个区别仅仅反映了这样一个事实: 给定 x_1 和 x_2 值, 对于所有运输汽车的平均行驶时间的预测, 它的精度比预测某一辆特定运输汽车的行驶时间的精度更高.

§8.3 回 归 诊 断

所谓回归诊断的问题, 其主要内容有以下几个方面.

(1) 关于误差项是否满足独立性、等方差性和正态性.

(2) 选择线性模型是否合适.

(3) 是否存在异常样本.

(4) 回归分析的结果是否对某些样本的依赖过重, 也就是说, 回归模型是否具备稳定性.

(5) 自变量之间是否存在高度相关, 即是否有多重共线性问题存在.

§8.3.1 残差检验

不论是简单回归, 还是多元回归, 都要求误差 ε_i 满足

$$\varepsilon_i \sim N(0, \sigma^2), \quad i = 1, 2, \cdots, n \tag{8.37}$$

且 ε_i 相互独立. 这 3 个条件分别被称为误差的正态性条件、方差齐性条件和独立性条件. 残差检验的目的就是检验这 3 个条件是否成立.

1. 残差

残差定义为 $\hat{\varepsilon} = Y - \widehat{Y}$, 由式 (8.28) 和式 (8.27) 得到:

$$\hat{\varepsilon} = Y - \widehat{Y} = Y - X\widehat{\beta} = Y - X\left(X^{\mathrm{T}}X\right)X^{\mathrm{T}}Y$$

$$= (I - H)Y \tag{8.38}$$

其中 $H = X\left(X^{\mathrm{T}}X\right)X^{\mathrm{T}}$, 通常被称为帽子矩阵, 因为 $\widehat{Y} = HY$, 即 Y 乘上 H 就戴上帽子.

由残差向量 ε 的性质 (见式 (8.25)) 得到:

$$E(\hat{\varepsilon}) = 0, \quad \mathrm{var}(\hat{\varepsilon}) = \sigma^2(I - H) \tag{8.39}$$

因此, 对每个 $\hat{\varepsilon}_i$, 有

$$\frac{\hat{\varepsilon}_i}{\sigma\sqrt{1 - h_{ii}}} \sim N(0, 1) \tag{8.40}$$

其中 h_{ii} 是矩阵 H 对角线上的元素, 称 h_{ii} 为第 i 次观测值的杠杆率.

由于 σ 未知, 式 (8.40) 中的 σ 由 $\hat{\sigma}$ 替代. 称

$$r_i = \frac{\hat{\varepsilon}_i}{\hat{\sigma}\sqrt{1 - h_{ii}}} \tag{8.41}$$

为标准化残差, 也称为内学生化残差, 这是因为 σ^2 的估计中用了包括第 i 个样本在内的全部数据. 由式 (8.40) 可知, 标准化残差 r_i 近似服从标准正态分布.

若记删除第 i 个样本数据后, 由余下的 $n - 1$ 个样本数据求得的回归系数为 $\widehat{\beta}_{(i)}$, 做 σ^2 的估计值, 有:

$$\widehat{\sigma}_{(i)}^2 = \frac{1}{n - p - 2}\sum_{j \neq i}\left(Y_i - \widetilde{X}_j\widehat{\beta}_{(i)}\right)^2 \tag{8.42}$$

其中 $\widetilde{X}_j$ 为设计矩阵 X 的第 j 行. 称

$$\hat{\varepsilon}_i(\widehat{\sigma}_{(i)}) = \frac{\hat{\varepsilon}_i}{\widehat{\sigma}_{(i)}\sqrt{1 - h_{ii}}} \tag{8.43}$$

为学生化残差, 也称为外学生化残差, 这是因为估计值 $\widehat{\sigma}_{(i)}$ 中不包括第 i 个样本.

2. 残差图

残差检验中最简单且直观的方法是画出模型的残差图. 以残差 $\hat{\varepsilon}_i$ 为纵坐标, 以拟合值 $\hat{y}_i$、对应的数据观测序号 i, 或者是数据观测时间为横坐标做散点图, 这类图形统称为残差图.

为检验建立的多元线性回归模型是否合适, 可以通过回归值 $\widehat{Y}$ 与残差的散点图来检验. 其方法是画出回归值 $\widehat{Y}$ 与普通残差的散点图 $((\widehat{Y}_i, \hat{\varepsilon}_i),\ i = 1, 2, \cdots, n)$, 或者画出回归值 $\widehat{Y}$ 与标准残差的散点图 $((\widehat{Y}_i, r_i),\ i = 1, 2, \cdots, n)$, 其图形可能会出现下面 3 种情况 (见图 8.2).

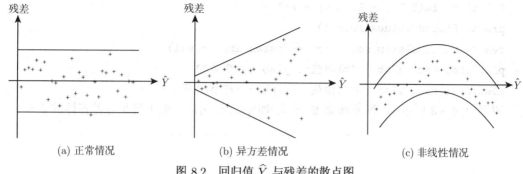

图 8.2 回归值 $\hat{Y}$ 与残差的散点图

对于图 8.2(a) 的情况, 不论回归值 $\hat{Y}$ 的大小, 残差 $\hat{\varepsilon}_i$ (或 r_i) 都具有相同的分布, 并满足模型的各假设条件; 图 8.2(b) 所示的情况表示回归值 $\hat{Y}$ 的大小与残差的波动大小有关系, 即齐方差的假设有问题; 图 8.2(c) 表示线性模型不合适, 应考虑非线性模型.

3. 残差的计算

在 R 中, residuals() 函数 (或者 resid() 函数) 计算回归模型的残差, rstandard() 函数计算标准化残差, rstudent() 函数计算外学生化残差, 这些函数的使用格式为:

```
residuals(object, ...)
resid(object, ...)
rstandard(model, infl = lm.influence(model, do.coef = FALSE),
        sd = sqrt(deviance(model)/df.residual(model)), ...)
rstudent(model, infl = lm.influence(model, do.coef = FALSE),
        res = infl$wt.res, ...)
```

参数 object 或 model 为 lm() 函数生成的对象.

例 8.6 现测得 20~60 岁成年女性的血压 (见表 8.6, 数据存放在 blood.dat 文件中), 分析血压与年龄之间的回归关系, 并画出残差图.

表 8.6 血压数据

	年龄	血压		年龄	血压		年龄	血压		年龄	血压
1	27	73	15	32	76	29	40	70	43	54	71
2	21	66	16	33	69	30	42	72	44	57	99
3	22	63	17	31	66	31	43	80	45	52	86
4	24	75	18	34	73	32	46	83	46	53	79
5	25	71	19	37	78	33	43	75	47	56	92
6	23	70	20	38	87	34	44	71	48	56	85
7	20	65	21	33	76	35	46	80	49	50	71
8	20	70	22	35	79	36	47	96	50	59	90
9	29	79	23	30	73	37	45	92	51	50	91
10	24	72	24	31	80	38	49	80	52	52	100
11	25	68	25	37	68	39	48	70	53	58	80
12	28	67	26	39	75	40	40	90	54	57	109
13	26	79	27	46	89	41	42	85			
14	38	91	28	49	101	42	55	76			

解: 读取数据, 做回归分析, 并绘出残差图 (程序名: exa_0806.R).

```
rt <- read.table("blood.dat", header = TRUE)
```

```
lm.sol <- lm(Y ~ 1 + X, data = rt)
pre <- fitted.values(lm.sol)
res <- residuals(lm.sol); rst <- rstandard(lm.sol)
plot(pre, res, xlab = "回归值", ylab = "残差")
plot(pre, rst, xlab = "回归值", ylab = "标准化残差")
```

所绘图形如图 8.3 所示. 从残差图来看, 它有喇叭口, 说明该误差不满足方差齐性的要求.

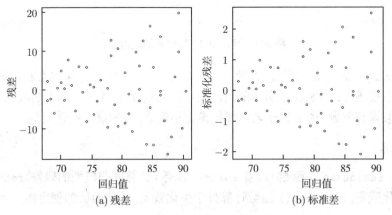

(a) 残差　　　　　　　　　　　(b) 标准差

图 8.3　残差与拟合值的散点图

§8.3.2　Box-Cox 变换

在做回归分析时, 通常假设回归方程的残差 ε_i 具有齐性, 即等方差, 也就是图 8.2(a) 所示的正常情况. 如果残差不满足齐性条件, 则其计算结果可能会出现问题. 这里介绍处理残差不满足齐性的方法 ——Box-Cox 变换.

在出现异方差 (图 8.2(b)) 的情况下, Box-Cox 变换可以使回归方程的残差满足齐性要求, 它对 Y 做如下变换.

$$Y^{(\lambda)} = \begin{cases} \dfrac{Y^\lambda - 1}{\lambda}, & \lambda \neq 0 \\ \ln Y, & \lambda = 0 \end{cases} \tag{8.44}$$

其中 λ 为待定参数.

Box-Cox 变换主要有两项工作. 第一项是做变换, 这一点很容易由式 (8.44) 得到. 第二项是确定参数 λ 的值, 这项工作较为复杂, 需要用极大似然估计的方法才能确定出 λ 的值.

在 R 软件中, boxcox() 函数可以绘出不同参数下对数似然函数的目标值, 可以通过图形来选择参数 λ 的值, 其使用格式为:

```
boxcox(object, lambda = seq(-2, 2, 1/10), plotit = TRUE,
       interp, eps = 1/50, xlab = expression(lambda),
       ylab = "log-Likelihood", ...)
```

部分参数的名称、取值及意义如表 8.7 所示. 注意: 在调用函数 boxcox() 之前, 需要先加载 MASS 程序包, 或使用命令 library(MASS).

表 8.7 boxcox( ) 函数中部分参数的名称、取值及意义

名称	取值及意义
object	对象, 由 lm( ) 函数生成
lambda	参数, 即公式 (8.44) 中的 λ, 默认值为 $-2 \sim 2$, 间隔值是 0.1
plotit	逻辑变量, 表示是否画出图形, 默认值为 TRUE

例 8.7 (续例 8.6) 对例 8.6 的数据 (见表 8.6) 做 Box-Cox 变换.

解: 在例 8.6 所得的结论中, 其残差不满足齐性要求 (见图 8.3). 因此, 需要做 Box-Cox 变换. 先用 boxcox( ) 函数画出对数似然函数的图形 (见图 8.4, 极大值在 -2 附近), 确定 λ 的值 (这里取 $\lambda = -2$), 然后再做 Box-Cox 变换, 画出变换后的残差图 (见图 8.5). 其程序如下 (程序名: exa_0807.R):

```
library(MASS)
boxcox(lm.sol, lambda = seq(-4, 0, 1/10))
lambda <- -2; rt$Ylam<-(rt$Y^lambda-1)/lambda
lm.lam <- lm(Ylam ~ X, data = rt)
plot(fitted(lm.lam), resid(lm.lam), pch = 19, col = "red",
     xlab="变换后的回归值", ylab="变换后的残差")
```

从图 8.5 可以看出, 变换后数据的残差已经满足方差齐性要求.

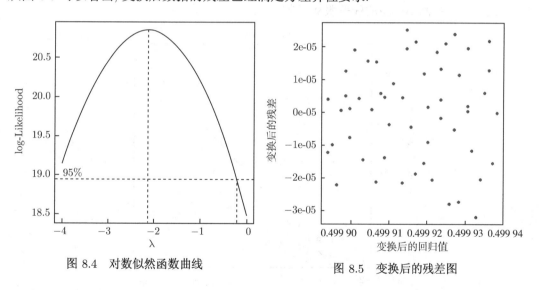

图 8.4 对数似然函数曲线   图 8.5 变换后的残差图

§8.3.3 误差的正态性与独立性检验

上一小节介绍了用残差对误差的齐性做检验, 这里介绍如何利用残差做误差的正态性和独立性检验.

1. 正态性检验

残差正态性检验较为简单的方法是画出残差的 Q-Q 图. Q-Q 图是一种散点图, 对应于正态分布的散点 Q-Q 图, 就是由标准正态分布的分位数为横坐标, 样本值为纵坐标的散点图.

　　当残差 Q-Q 散点图中的点位于一条直线上时, 说明残差服从正态分布; 否则, 不服从正态分布.

　　在 R 中, qqnorm() 函数的功能是绘出数据的正态 Q-Q 图, qqline() 函数是在 Q-Q 图上增加一条理论直线, 其使用格式为:

```
qqnorm(y, ylim, main = "Normal Q-Q Plot",
       xlab = "Theoretical Quantiles",
       ylab = "Sample Quantiles",
       plot.it = TRUE, datax = FALSE, ...)

qqline(y, datax = FALSE, distribution = qnorm,
       probs = c(0.25, 0.75), qtype = 7, ...)
```

参数 y 是由样本构成的数据向量.

例 8.8（续例 8.1）　检验线性回归模型的残差是否服从正态分布.

　　解: 计算残差, 画出 Q-Q 散点图.

```
res <- residuals(lm.sol)
qqnorm(res); qqline(res)
```

所绘图形如图 8.6 所示. 除少数点外, 大部的点基本上都在正态分布的理论直线上, 因此, 可以认定, 例 8.1 中, 回归模型的残差服从正态分布.

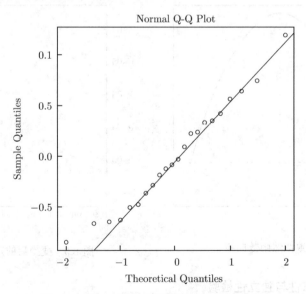

图 8.6　例 8.1 回归模型残差的 Q-Q 散点图

对残差也可以做 Shapiro-Wilk 正态性检验, 来判断残差是否服从正态分布. 如:

```
> shapiro.test(res)

        Shapiro-Wilk normality test
data:  res
W = 0.9731, p-value = 0.7812
```

也同样说明残差是服从正态分布的.

2. 独立性检验

残差的独立性检验等价于残差的自相关检验, 通常使用 Durbin-Watson 自相关检验, 它是由 J. Durbin 和 G. S. Watson 于 1951 年提出的.

假设误差项 ε 的值并不是独立的, 而以下面的形式相互作用.

$$\varepsilon_i = \rho\varepsilon_{i-1} + z_i \tag{8.45}$$

其中 ρ 是绝对值小于 1 的参数, $z_i \sim N(0, \sigma^2)$. 当 $\rho = 0$ 时, 则误差之间互不相关, 每一个误差项均值为 0, 方差为 σ^2. 在这种情况下, 误差的独立性假设得到满足. 如果 $\rho > 0$, 则误差之间存在正的自相关; 如果 $\rho < 0$, 则自相关为负. 对于这两种情形的任意一种, 误差的独立性假设均无法满足.

用 $\hat{\varepsilon}_i$ 表示第 i 个残差, Durbin-Watson 检验是通过构造统计量

$$d = \frac{\sum_{i=2}^{n} (\hat{\varepsilon}_i - \hat{\varepsilon}_{i-1})^2}{\sum_{i=1}^{n} \hat{\varepsilon}_i^2} \tag{8.46}$$

来建立 d 与 ρ 的近似关系, 从而判断误差项 ε 的自相关性.

如果残差的相邻值之间差距不大 (正自相关), 则 Durbin-Watson 检验统计量的数值将会比较小. 如果残差的相邻值之间差距较大 (负自相关), 则 Durbin-Watson 检验统计量的数值将会比较大.

Durbin-Watson 检验统计量的数值位于 0 到 4 之间, 并且有两个数值表明了不存在自相关性的范围. 对于双侧检验

$$H_0: \rho = 0, \quad H_1: \rho \neq 0$$

存在数值 d_l 和 d_u. 如果 $d < d_l$, 或者 $d > 4 - d_l$, 则拒绝原假设, 表明存在自相关性. 如果 $d_l \leqslant d \leqslant d_u$, 或者 $4 - d_u \leqslant d \leqslant 4 - d_l$, 则认为检验失效. 如果 $d_u < d \leqslant 4 - d_u$, 则认为不存在自相关性. 这里的数值 d_l 和 d_u 与样本容量、显著性水平 α 等因素有关, 需要查自相关 Durbin-Watson 检验的临界值表才能确定 d_l 和 d_u 的值.

从定性的角度来看, 当 $\rho \to 1$ 时, $d \to 0$; 当 $\rho \to -1$ 时, $d \to 4$; 当 $\rho \to 0$ 时, $d \to 2$. 也就是说, 当 Durbin-Watson 检验统计量接近于 2 时, 表明残差是相互独立的.

在 R 的基本函数中, 没有提供 Durbin-Watson 检验的计算函数, 可以按式 (8.46) 编写计算 Durbin - Watson 检验统计量的函数.

```
dw.test <- function(r)
    sum(diff(r)^2)/sum(r^2)
```

这里的 diff() 函数是计算向量的差分.

另外一种方法是下载 lmtest 程序包[1], 调用程序包中 dbtest() 函数做自相关性检验, 其使用格式为:

```
dwtest(formula, order.by = NULL,
        alternative = c("greater", "two.sided", "less"),
```

[1] 在 R 的 CRAN 社区的Task View/Econometrics/lmtest 窗口下载.

```
      iterations = 15, exact = NULL, tol = 1e-10,
      data = list())
```

部分参数的名称、取值及意义如表 8.8 所示.

表 8.8　dwtest( ) 函数部分参数的名称、取值及意义

名称	取值及意义
formula	字符串, 表示形如 y ~ x 的形式的回归公式
alternative	字符串, 表示备择假设选项. 取 "greater"(默认值) 表示正自相关单侧检验, 取 "two.sided" 表示自相关双侧检验, 取 "less" 表示负自相关单侧检验
exact	逻辑变量, 表示是否精确计算 P 值
data	列表或数据框, 由样本数据构成

例 8.9（续例 8.1）　检验线性回归模型的残差是否满足独立性条件.

解: 先使用自编函数计算.

```
> source("dw.test.R"); dw.test(res)
[1] 1.904431
```

DW 统计量基本接近于 2, 应该满足独立性条件. 为确认这一点, 调用 lmtest 程序包中的 dwtest() 函数计算.

```
> library(zoo); library(lmtest)
> dwtest(Y ~ X, alternative = "two.sided", data = rt)


        Durbin-Watson test
data:  Y ~ X
DW = 1.9044, p-value = 0.812
alternative hypothesis: true autocorrelation is not 0
```

P 值 > 0.05, 无法拒绝原假设, 说明误差是满足独立性条件的. 注意到, 这里计算的 DW 统计量与自编函数是相同的.

§8.3.4　异常值的检测

异常值与其他数据相比较而言是一个特殊的观测值, 换句话说, 异常值与根据其他观测所做的散点图所显示的趋势不符. 例如, 在图 8.7 中, 第 4 号样本点就属于异常值.

如何判断哪些是异常的呢? 通常的方法是画出标准化残差图. 由 3σ 原则可知, 在残差中, 大约会有 95% 的点落在 2σ 的范围内. 如果某个点的残差落在 2σ 范围之外 (标准化残差数值小于 -2 或者大于 $+2$), 则有理由认为这个观测点有可能是一个异常值.

如果在数据集中存在一个或多个异常值, 则会使 σ 增大, 从而会使 ε_i 的标准化残差增加. 但由式 (8.41) 知, $\hat{\sigma}$ 位于式中的分母, 所以标准化残差会随着 $\hat{\sigma}$ 的增加而减少. 其结果是虽然残差有可能很大, 但式 (8.41) 中存在一个大的分母, 因此, 有可能导致识别某个异常值的标准化残差的规则无法应用. 克服标准化残差缺点的方法是使用外学生化残差.

例 8.10 （续例 8.5） 计算例 8.5 中模型的标准化残差和学生化残差.

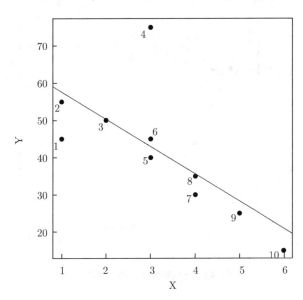

图 8.7 含有异常值点的数据集

解: 计算模型的标准化残差和外学生化残差, 然后将计算结果列在表 8.9 内. 所有样本的标准化残差均在 $[-2,2]$ 之间, 说明数据中没有异常值. 但注意到, 第 7 号和第 8 号样本点, 外学生化残差却超出了这个范围, 这两个样本点有可能是异常值.

表 8.9 某运输公司运输数据和模型对应的残差

	里程/km	次数	时间/h	标准化残差	外学生化残差
1	160	4	9.3	0.783 443 17	0.759 383 74
2	80	3	4.8	−0.349 615 82	−0.326 544 91
3	160	4	8.9	−0.083 341 04	−0.077 197 12
4	160	2	6.5	−1.309 287 23	−1.394 943 28
5	80	2	4.2	0.381 668 07	0.357 091 05
6	128	2	6.2	0.654 307 64	0.625 191 06
7	120	3	7.4	1.689 167 40	2.031 871 80
8	104	4	6.0	−1.773 719 06	−2.213 140 94
9	144	3	7.6	0.367 027 65	0.343 119 14
10	144	2	6.1	−0.776 394 06	−0.751 904 09

§8.3.5 强影响点的检测

有时一个或几个观测值对回归结果有重要影响, 这类样本点称为强影响点.

当模型只有一个自变量时, 可从散点图识别强影响点. 一个强影响点可能是一个异常值点, 也可能对应着远离平均值的 x 的观测值等, 或者可能是由在某种程度上偏离 y 值的趋势同时在某种程度又趋于 x 的极端组合引起的样本点.

图 8.8 就是含有强影响点的典型例子, 从图中散点 (7 号点除外) 的趋势来看, 回归方程应是图中实线, 但由于 7 号点的影响, 实际的回归方程变成图中的虚线, 因此, 第 7 号样本点有可能是强影响点.

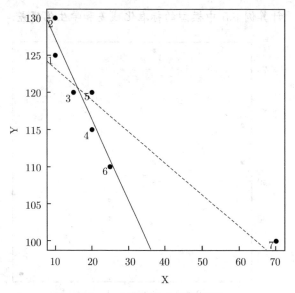

图 8.8   含强影响点的数据集

1. 杠杆率点与强影响点

由帽子矩阵 H 的性质 $(\widehat{Y} = HY)$, 得到 $\frac{\partial \widehat{Y_i}}{\partial Y_i} = h_{ii}$, 所以 h_{ii} 的大小可以表示第 i 个样本点对 $\widehat{Y_i}$ 影响的大小. 因此, 称 h_{ii} 为第 i 个样本点的杠杆率.

高杠杆率点可能会是强影响点, 它通常表现为自变量的值是极端值的情况, 图 8.8 中的 7 号点是一个具有高杠杆率的点.

由矩阵 H 的性质得到, h_{ii} 在 $0 \sim 1$ 之间, 且 $\sum\limits_{i=1}^{n} h_{ii} = p + 1$. Hoaglin 和 Welsch(1978) 给出经验法则是: 如果

$$h_{ii} \geqslant \frac{2(p+1)}{n} \tag{8.47}$$

则可认为第 i 个样本点是高杠杆率点.

2. Cook 距离与强影响点

利用杠杆率识别强影响点时有可能出现一个问题: 某个样本点被认为是高杠杆率点, 但是根据所得估计方程, 这个样本点不一定是强影响点.

强影响点检测的另一种方法是计算 Cook 距离 (Cook 于 1977 年提出), Cook 距离可定义为:

$$D_i = \frac{r_i^2}{p+1} \left(\frac{h_{ii}}{1 - h_{ii}} \right), \quad i = 1, 2, \cdots, n \tag{8.48}$$

其中 r_i 是由式 (8.41) 定义的标准化残差.

如果 Cook 距离随着样本点的残差或杠杆率的增大而增大, 则表明这个样本点是一个强影响点. 作为经验法则, 如果 $D_i > 1$, 则表明第 i 个样本点有可能是一个强影响点, 需要对这个样本点做一步的考察.

3. R 计算

在 R 中, hatvalues() 函数计算样本的杠杆率, cooks.distance() 函数计算样本的 Cook 距离, 其使用格式为:

```
hatvalues(model, ...)
cooks.distance(model, ...)
```

参数 model 是由 lm() 函数生成的对象.

例 8.11（续例 8.5） 计算例 8.5 回归模型的杠杆率和 Cook 距离.

解: 计算杠杆率和 Cook 距离.

```
> hatvalues(lm.sol)
        1         2         3         4         5         6
0.3517041 0.3758628 0.3517041 0.3784513 0.4302200 0.2205565
        7         8         9        10
0.1100086 0.3826575 0.1290984 0.2697368


> cooks.distance(lm.sol)
          1           2           3           4           5
0.110993567 0.024536364 0.001256032 0.347923173 0.036663491
          6           7           8           9          10
0.040381085 0.117561490 0.650028500 0.006656224 0.074217109
```

在本例中, $p = 2, n = 10, 2(p+1)/n = 0.6$, 没有一个样本点的杠杆率大于此值. 另外, 也没有一个样本点的 Cook 距离大于 1. 因此, 可以认为在数据集中不存在强影响点.

在 R 中, 可以用函数 plot.lm()（简写形式为 plot()）绘出残差分析的各种图形, 如残差散点图、正态 Q-Q 图和 Cook 距离图等, 其使用格式为:

```
plot(x, which = c(1:3, 5),
    caption = list("Residuals vs Fitted", "Normal Q-Q",
      "Scale-Location", "Cook's distance",
      "Residuals vs Leverage",
      expression("Cook's dist vs Leverage"*h[ii]/(1-h[ii]))),
    panel = if(add.smooth) panel.smooth else points,
    sub.caption = NULL, main = "",
    ask = prod(par("mfcol")) < length(which) && dev.interactive(),
    ...,
    id.n = 3, labels.id = names(residuals(x)), cex.id = 0.75,
    qqline = TRUE, cook.levels = c(0.5, 1.0),
    add.smooth = getOption("add.smooth"), label.pos = c(4,2),
    cex.caption = 1, cex.oma.main = 1.25)
```

部分参数的名称、取值及意义如表 8.10 所示. 该函数共画出 6 张诊断图, 其中, 第 1 张是残差与预测值的残点图, 第 2 张是残差的正态 Q-Q 图, 第 3 张是标准差的平方根与预测值的散点图, 第 4 张是 Cook 距离图, 第 5 张是残差与杠杆率的散点图, 第 6 张是 Cook 距离与杠杆率的散点图.

表 8.10 plot( ) 函数中部分参数的名称、取值及意义

名称	取值及意义
x	对象, 由 lm() 函数生成
which	开关变量, 其值为 1~6, 默认值为子集 {1, 2, 3, 5}, 即绘出第 1、2、3 和 5 号散点图.

例 8.12 (续例 8.5) 使用 plot() 函数对例 8.5 的线性回归模型做诊断.

解: 使用 plot() 函数, 绘出 6 张回归诊断图.

```
plot(lm.sol, which = 1:6)
```

所绘图形如图 8.9 所示.

1 号图 (图 (a)) 是残差散点图, 可以观察残差是否满足误差齐次性条件; 2 号图 (图 (b)) 是正态 Q-Q 散点图, 可以考查残差是否满足正态性要求; 3 号图 (图 (c)) 是标准差绝对值开方的散点图, 可以观察哪些样本点是异常值点; 4 号图 (图 (d)) 是 Cook 距离图, 可以检查哪些样本点是强影响点; 5 号图 (图 (e)) 是标准化残差与杠杆率的散点图, 图中的虚线是 Cook 距离的等值线, 可以检查哪些样本点是异常值点或者是强影响点; 6 号图 (图 (e)) 是 Cook 距离与杠杆率的散点图, 图中的虚线以 $r_i^2/(p+1)$ 为斜率, 也是用于检查哪些样本点是异常值点或者是强影响点.

从 6 张图的结果可以看到, 误差满足齐性与正态性要求, 没有异常值点和强影响点.

§8.3.6 多重共线性

在多元线性回归模型中, 自变量之间在统计意义上并不是独立的, 而有时恰好相反, 自变量之间在一定程度上彼此相关. 例如, 例 8.5 中的两个自变量, 行驶里程和运输次数就存在一定的相关性. 当几个变量相关时, 则称为存在多重共线性.

在实践中, 自变量之间相关是一件很平常的事, 但如果回归模型中存在严重的多重共线性, 则回归模型可能非常令人糊涂, 估计的效应会由于模型中的其他自变量而改变数值, 甚至产生符号的改变. 故在分析时, 了解和检测多重共线性的影响是非常重要的.

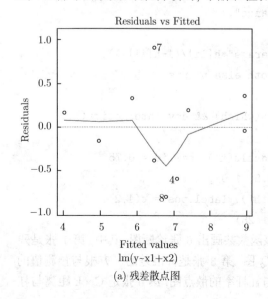

(a) 残差散点图

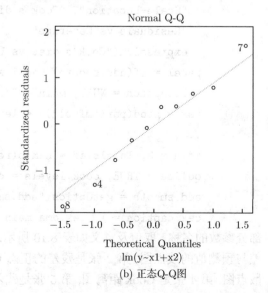

(b) 正态Q-Q图

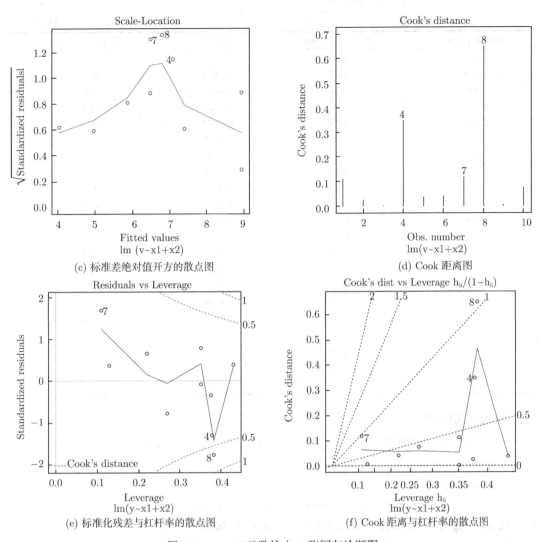

图 8.9 plot()函数绘出 6 张回归诊断图

检测多重共线性的方法有多种, 其中最简单的一种方法是计算模型中各对自变量之间的相关系数, 并对各相关系数进行显著性检验. 如果有一个或多个相关系数是显著的, 则表示模型中所使用的自变量之间相关, 因而存在着多重共线性问题.

例 8.13 一项研究表明, 香烟中的焦油、尼古丁含量, 以及香烟的重量可能影响到一氧化碳的含量, 表 8.11 (数据存放在 cigarette.data 文件中) 列出了研究者在最近一年中检验的 25 个品牌香烟中的焦油、尼古丁、重量和一氧化碳的数据, 研究者希望建立一氧化碳与焦油含量、尼古丁含量和重量的线性模型, 试通过表中的数据进行分析.

表 8.11　25 个品牌香烟的数据

焦油含量/mg	尼古丁含量/mg	重量/g	一氧化碳含量/mg
14.1	0.86	0.9853	13.6
16.0	1.06	1.0938	16.6
29.8	2.03	1.1650	23.5
8.0	0.67	0.9280	10.2

续表

焦油含量/mg	尼古丁含量/mg	重量/g	一氧化碳含量/mg
4.1	0.40	0.9462	5.4
15.0	1.04	0.8885	15.0
8.8	0.76	1.0267	9.0
12.4	0.95	0.9225	12.3
16.6	1.12	0.9372	16.3
14.9	1.02	0.8858	15.4
13.7	1.01	0.9643	13.0
15.1	0.90	0.9316	14.4
7.8	0.57	0.9705	10.0
11.4	0.78	1.1240	10.2
9.0	0.74	0.8517	9.5
1.0	0.13	0.7851	1.5
17.0	1.26	0.9186	18.5
12.8	1.08	1.0395	12.6
15.8	0.96	0.9573	17.5
4.5	0.42	0.9106	4.9
14.5	1.01	1.0070	15.9
7.3	0.61	0.9806	8.5
8.6	0.69	0.9693	10.6
15.2	1.02	0.9496	13.9
12.0	0.82	1.1184	14.9

解: 做回归分析.

```
> lm.sol <- lm(CO ~ TAR + NICOTINE + WEIGHT, data = rt)
> summary(lm.sol)
Coefficients:
            Estimate Std. Error t value Pr(>|t|)
(Intercept)  3.2022     3.4618    0.925 0.365464
TAR          0.9626     0.2422    3.974 0.000692 ***
NICOTINE    -2.6317     3.9006   -0.675 0.507234
WEIGHT      -0.1305     3.8853   -0.034 0.973527

Residual standard error: 1.446 on 21 degrees of freedom
Multiple R-squared:  0.9186,    Adjusted R-squared:  0.907
F-statistic: 78.98 on 3 and 21 DF,  p-value: 1.329e-11
```

从计算结果中看到, 模型通过方程的检验 (F 检验)、相关性检验. 但除焦油 (TAR) 外, 其他系数均没有通过 T 检验. 从回归系数来看, 一氧化碳关于尼古丁含量和重量的系数前的符号为负, 也就是说, 尼古丁含量和重量越高, 一氧化碳的含量就越低, 这与我们的常识是相反的, 其原因是可能存在多重共线性问题.

计算相关系数, 并做检验.

```
> attach(rt); cor.test(TAR, NICOTINE)
    Pearson's product-moment correlation
```

```
data:  TAR and NICOTINE
t = 21.781, df = 23, p-value < 2.2e-16
alternative hypothesis: true correlation is not equal to 0
95 percent confidence interval:
 0.9468576 0.9897904
sample estimates:
      cor
0.9766076


> cor.test(TAR, WEIGHT)
    Pearson's product-moment correlation
data:  TAR and WEIGHT
t = 2.7013, df = 23, p-value = 0.01274
alternative hypothesis: true correlation is not equal to 0
95 percent confidence interval:
 0.1186410 0.7420085
sample estimates:
      cor
0.4907654


> cor.test(NICOTINE, WEIGHT)
    Pearson's product-moment correlation
data:  NICOTINE and WEIGHT
t = 2.7702, df = 23, p-value = 0.01089
alternative hypothesis: true correlation is not equal to 0
95 percent confidence interval:
 0.1309282 0.7475664
sample estimates:
      cor
0.5001827
```

检验结果表明, 焦油含量、尼古丁含量和重量三者之间均有相关性, 因此, 存在多重共线性.

§8.4　回归分析: 建立模型

建模是一个建立估计回归方程的过程, 经过这一过程, 可以得到描述一个因变量和一个或多个自变量之间的关系估计回归方程. 建模的主要目标是找到合适的函数形式来描述变量之间的关系, 并且选择该模型所应包含的自变量.

§8.4.1　一般线性模型

假设已收集了针对因变量 Y 的 k 个自变量 $X_1, X_2, \cdots, X_k$ 的数据, 其目标是利用这些数据建立一个线性回归方程, 用它来给出因变量和自变量之间的最佳关系. 引入包含 p 个自变量的一般线性模型.

$$Y = \beta_0 + \beta_1 Z_1 + \cdots + \beta_p Z_p + \varepsilon \tag{8.49}$$

其中 $\varepsilon \sim N(0, \sigma^2)$.

1. 多项式回归

对于例 8.1, 如果令 $Z_1 = X$, 则模型 (8.49) 就是简单线性回归模型. 绘出例 8.1 回归模型的散点图, 从图形来看, 选择一个二次模型可能更合适. 令 $Z_1 = X$, $Z_2 = X^2$, 得到一个关于自变量 X 的二次模型.

$$Y = \beta_0 + \beta_1 X + \beta_2 X^2 + \varepsilon \tag{8.50}$$

例 8.14（续例 8.1）　计算二次模型的系数, 并做相应的检验.

解: 使用 lm() 计算, 使用 summary() 函数提取信息, 以下是程序的计算结果 (部分).

```
> lm.sol <- lm(Y ~ 1 + X + I(X^2), data = rt)
> summary(lm.sol)


Coefficients:
            Estimate Std. Error t value Pr(>|t|)
(Intercept) 16.20666    1.11621  14.519 9.75e-12 ***
X           -4.55405    0.51208  -8.893 3.36e-08 ***
I(X^2)       0.35351    0.05668   6.237 5.45e-06 ***


Residual standard error: 0.3195 on 19 degrees of freedom
Multiple R-squared:  0.9636,    Adjusted R-squared:  0.9597
F-statistic: 251.1 on 2 and 19 DF,  p-value: 2.167e-14
```

程序和计算结果中的 I(X^2) 表示 X^2. 因此, 得到二次回归方程:

$$\hat{Y} = 16.20666 - 4.55405X + 0.35351X^2$$

2. 交互作用

对于多元变量, 除考虑变量的平方项之外, 还可以考虑两个变量的乘积项, 如 $X_1 X_2$, 这种影响称为交互作用.

例 8.15　某大型牙膏制造企业为了更好地拓展产品市场, 有效地管理库存, 公司董事会要求销售部门根据市场调查, 找出公司生产的牙膏销售量与销售价格、广告投入等之间的关系, 从而预测出在不同价格和广告费用下的销售量. 为此, 销售部门的研究人员收集了过去 30 个销售周期 (每个销售周期为 4 周) 公司生产的牙膏的销售量、销售价格、投入的广告费用, 以及周期内其他厂家生产同类牙膏的市场平均销售价格, 如表 8.12 所示 (数据保存在 toothpaste.data 文件中). 试根据这些数据建立一个数学模型, 分析牙膏销售量与其他因素的关系, 为制定价格策略和广告投入策略提供数量依据.

表 8.12 牙膏销售量与销售价格、广告费用等数据

销售周期	公司销售价格 (元)	其他厂家平均价格 (元)	价格差 (元)	广告费用 (百万元)	销售量 (百万支)
1	3.85	3.80	−0.05	5.50	7.38
2	3.75	4.00	0.25	6.75	8.51
3	3.70	4.30	0.60	7.25	9.52
4	3.70	3.70	0.00	5.50	7.50
5	3.60	3.85	0.25	7.00	9.33
6	3.60	3.80	0.20	6.50	8.28
7	3.60	3.75	0.15	6.75	8.75
8	3.80	3.85	0.05	5.25	7.87
9	3.80	3.65	−0.15	5.25	7.10
10	3.85	4.00	0.15	6.00	8.00
11	3.90	4.10	0.20	6.50	7.89
12	3.90	4.00	0.10	6.25	8.15
13	3.70	4.10	0.40	7.00	9.10
14	3.75	4.20	0.45	6.90	8.86
15	3.75	4.10	0.35	6.80	8.90
16	3.80	4.10	0.30	6.80	8.87
17	3.70	4.20	0.50	7.10	9.26
18	3.80	4.30	0.50	7.00	9.00
19	3.70	4.10	0.40	6.80	8.75
20	3.80	3.75	−0.05	6.50	7.95
21	3.80	3.75	−0.05	6.25	7.65
22	3.75	3.65	−0.10	6.00	7.27
23	3.70	3.90	0.20	6.50	8.00
24	3.55	3.65	0.10	7.00	8.50
25	3.60	4.10	0.50	6.80	8.75
26	3.65	4.25	0.60	6.80	9.21
27	3.70	3.65	−0.05	6.50	8.27
28	3.75	3.75	0.00	5.75	7.67
29	3.80	3.85	0.05	5.80	7.93
30	3.70	4.25	0.55	6.80	9.26

【分析】

由于牙膏是生活必需品, 对于大多数顾客来说, 在购买同类产品的牙膏时, 更多地会关心不同品牌之间的价格差, 而不是它们的价格本身. 因此, 在研究各个因素对销售量的影响时, 用价格差代替公司销售价格和其他厂家平均价格更为合适.

(1) 模型的建立与求解. 记牙膏销售量为 Y, 价格差为 X_1, 公司的广告费为 X_2, 假设基本模型为线性模型.

$$Y = \beta_0 + \beta_1 X_1 + \beta_2 X_2 + \varepsilon$$

输入数据, 调用 lm() 函数和 summary() 函数做计算 (程序名: exa_0813.R).

```
rt <- read.table("toothpaste.data")
lm.sol <- lm(Y ~ 1 + X1 + X2, data = rt); summary(lm.sol)
```

其计算结果 (部分) 为:

```
Coefficients:
```

```
         Estimate Std. Error t value Pr(>|t|)
(Intercept)  4.4075     0.7223    6.102 1.62e-06 ***
X1           1.5883     0.2994    5.304 1.35e-05 ***
X2           0.5635     0.1191    4.733 6.25e-05 ***


Residual standard error: 0.2383 on 27 degrees of freedom
Multiple R-squared:  0.886,    Adjusted R-squared:  0.8776
F-statistic:   105 on 2 and 27 DF,  p-value: 1.845e-13
```

计算结果通过回归系数检验和回归方程检验, 由此得到销售量与价格差与广告费之间的回归方程为:

$$\widehat{Y} = 4.4075 + 1.5883X_1 + 0.5635X_2$$

(2) 模型的进一步分析. 为进一步分析回归模型, 画出 Y 与 X_1 和 Y 与 X_2 散点图. 从散点图上可以看出, 对于 Y 与 X_1, 用直线拟合较好. 而对于 Y 与 X_2, 则用二次曲线拟合较好, 如图 8.10 所示.

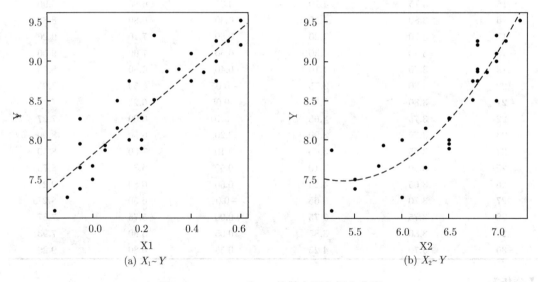

图 8.10 X_1, X_2 和 Y 的散点图和拟合曲线

从图 8.10 看出, 将销售量模型改为:

$$y = \beta_0 + \beta_1 X_1 + \beta_2 X_2 + \beta_3 X_2^2 + \varepsilon$$

似乎更合理.

```
> lm.sol <- lm(Y ~ 1 + X1 + X2 + I(X2^2), data = rt)
> summary(lm.sol)


Coefficients:
         Estimate Std. Error t value Pr(>|t|)
(Intercept) 17.3244    5.6415    3.071  0.00495 **
X1           1.3070    0.3036    4.305  0.00021 ***
```

```
X2              -3.6956    1.8503  -1.997  0.05635 .
I(X2^2)          0.3486    0.1512   2.306  0.02934 *


Residual standard error: 0.2213 on 26 degrees of freedom
Multiple R-squared:  0.9054,    Adjusted R-squared:  0.8945
F-statistic: 82.94 on 3 and 26 DF,  p-value: 1.944e-13
```

由计算结果会发现, 模型残差的标准差 $\hat{\sigma}$ 有所下降, 相关系数的平方 R^2 有所上升, 这说明模型修正是合理的. 但这也出现一个问题, 就是对应于变量 X_2 的 P 值 > 0.05.

去掉 X_2 的一次项, 再进行分析.

```
> lm.sol <- lm(Y ~ 1 + X1 + I(X2^2), data = rt)
> summary(lm.sol)


Coefficients:
            Estimate Std. Error t value Pr(>|t|)
(Intercept)  6.07667    0.35531  17.102 5.17e-16 ***
X1           1.52498    0.29859   5.107 2.28e-05 ***
I(X2^2)      0.04720    0.00952   4.958 3.41e-05 ***


Residual standard error: 0.2332 on 27 degrees of freedom
Multiple R-squared:  0.8909,    Adjusted R-squared:  0.8828
F-statistic: 110.2 on 2 and 27 DF,  p-value: 1.028e-13
```

此模型虽然通过了 F 检验和 T 检验, 但与上一模型对比来看, $\hat{\sigma}$ 上升, R^2 下降. 这又是此模型的不足之处.

再做进一步的修正, 考虑 X_1 与 X_2 的交互作用, 即回归方程为:

$$\widehat{Y} = \beta_0 + \beta_1 X_1 + \beta_2 X_2 + \beta_3 X_2^2 + \beta_4 X_1 X_2$$

```
> lm.sol <- lm(Y ~ 1 + X1 + X2 + I(X2^2) + X1*X2, data = rt)
> summary(lm.sol)


Coefficients:
            Estimate Std. Error t value Pr(>|t|)
(Intercept) 29.1133     7.4832   3.890 0.000656 ***
X1          11.1342     4.4459   2.504 0.019153 *
X2          -7.6080     2.4691  -3.081 0.004963 **
I(X2^2)      0.6712     0.2027   3.312 0.002824 **
X1:X2       -1.4777     0.6672  -2.215 0.036105 *


Residual standard error: 0.2063 on 25 degrees of freedom
Multiple R-squared:  0.9209,    Adjusted R-squared:  0.9083
F-statistic: 72.78 on 4 and 25 DF,  p-value: 2.107e-13
```

模型通过 T 检验和 F 检验, 并且 $\hat{\sigma}$ 减少, R^2 增加. 因此, 最终的回归方程为:

$$\hat{Y} = 29.1133 + 11.1342X_1 - 7.6080X_2 + 0.6712X_2^2 - 1.4777X_1X_2$$

§8.4.2   变量选择与逐步回归

根据多个自变量建立回归模型时, 若试图将所有的自变量都引进回归模型, 带来的问题往往是无所适从, 或者是所建的模型不能进行有效的解释. 例如, 例 8.12 中关于一氧化碳含量与焦油、尼古丁含量和重量的模型中, 3 个变量全部选择, 导致多重共线性发生, 所得回归方程无法解释.

一般来说, 如果在一个回归方程中忽略了对 Y 有显著影响的自变量, 那么所建立的方程必与实际有较大的偏离, 但变量选得过多, 使用就不方便, 特别地, 当方程中含有对 Y 影响不大的变量时, 可能因为误差平方和的自由度的减小而使 σ^2 的估计增大, 从而影响使用回归方程做预测的精度. 因此, 适当地选择变量以建立一个"最优"的回归方程是十分重要的.

1. 变量选择的过程

在建立回归模型时, 总希望尽可能用最少的变量来建立模型. 但究竟哪些自变量应该引入模型? 哪些自变量不应该引入模型? 这就需要对自变量进行一定的筛选. 在进行回归时, 如果打算增加一个变量, 需要计算增加该变量后的统计量, 如果增加后的统计量优于原统计量, 则增加该变量. 如果打算删除某一个变量, 也是要先计算删除该变量后的统计量, 如果删除优于不删除, 则删除该变量.

变量选择的方法有: 向前选择、向后删除、最优子集法和逐步回归等. 其中逐步回归是最常用的一种方法.

2. 逐步回归

逐步回归实际上是将向前选择与向后删除两种方法结合起来的方法, 它通过某种准则增加或删除变量.

在 R 中, 使用 step() 函数完成逐步回归的计算, 它以 AIC[①] 信息统计量为准则, 通过选择最小的 AIC 信息统计量, 来达到删除或增加变量的目的. 函数的使用格式为:

```
step(object, scope, scale = 0,
     direction = c("both", "backward", "forward"),
     trace = 1, keep = NULL, steps = 1000, k = 2, ...)
```

部分参数的名称、取值及意义如表 8.13 所示.

表 8.13   step( ) 函数中部分参数的名称、取值及意义

名称	取值及意义
object	对象, 由 lm() 函数生成
scope	形如 ~ x1 + x2 的公式, 表示逐步回归需要搜索区域
direction	字符串, 表示逐步回归的搜索方向, 取 "both"(默认值) 表示"一切子集回归法"(增加或删除变量), 取 "backward" 表示"向后法"(删除变量), 取 "forward" 表示"向前法"(增加变量)
k	正数, 只有当 k 取 2 时 (默认值), 才计算真正 AIC 统计量

① AIC 是 Akaike Information Criterion 的缩写, 是由日本统计学家赤池弘次提出的.

例 8.16(Hald 水泥问题) 某种水泥在凝固时放出的热量 Y（卡/克）与水泥中四种化学成分 X_1（$3CaO \cdot Al_2O_3$ 含量的百分比）、X_2（$3CaO \cdot SiO_2$ 含量的百分比）、X_3（$4CaO \cdot Al_2 O_3 \cdot Fe_2O_3$ 含量的百分比）和 X_4（$2CaO \cdot SiO_2$ 含量的百分比）有关, 现测得 13 组数据（见表 8.14, 数据存放在 Hald.data 文件中）. 希望从中选出主要的变量, 建立 Y 关于它们的线性回归方程.

表 8.14 Hald 水泥问题数据

	X_1	X_2	X_3	X_4	Y		X_1	X_2	X_3	X_4	Y
1	7	26	6	60	78.5	8	1	31	22	44	72.5
2	1	29	15	52	74.3	9	2	54	18	22	93.1
3	11	56	8	20	104.3	10	21	47	4	26	115.9
4	11	31	8	47	87.6	11	1	40	23	34	83.8
5	7	52	6	33	95.9	12	11	66	9	12	113.3
6	11	55	9	22	109.2	13	10	68	8	12	109.4
7	3	71	17	6	102.7						

解: 读取数据, 做线性回归, 并检验.

```
> rt <- read.table("Hald.data")
> lm.sol <- lm(y ~ x1 + x2 + x3 + x4, data = rt)
> summary(lm.sol)

Coefficients:
            Estimate Std. Error t value Pr(>|t|)
(Intercept) 62.4054    70.0710   0.891   0.3991
x1           1.5511     0.7448   2.083   0.0708 .
x2           0.5102     0.7238   0.705   0.5009
x3           0.1019     0.7547   0.135   0.8959
x4          -0.1441     0.7091  -0.203   0.8441

Residual standard error: 2.446 on 8 degrees of freedom
Multiple R-squared: 0.9824,    Adjusted R-squared:  0.9736
F-statistic: 111.5 on 4 and 8 DF,  p-value: 4.756e-07
```

从计算结果来看, 模型通过方程的检验、相关性检验, 但没有通过系数的 T 检验.

下面使用 step() 函数做逐步回归.

```
> lm.ste <- step(lm.sol)
Start:  AIC=26.94
y ~ x1 + x2 + x3 + x4

       Df Sum of Sq   RSS    AIC
- x3    1    0.1091 47.973 24.974
- x4    1    0.2470 48.111 25.011
```

```
- x2     1    2.9725 50.836 25.728
  <none>                47.864 26.944
- x1     1   25.9509 73.815 30.576


Step:  AIC=24.97
y ~ x1 + x2 + x4


        Df Sum of Sq   RSS    AIC
  <none>               47.97 24.974
- x4     1     9.93   57.90 25.420
- x2     1    26.79   74.76 28.742
- x1     1   820.91  868.88 60.629
```

在不做任何选择的情况下, AIC = 26.94, 如果去掉 x3, AIC = 24.97, 如果去掉 x4, AIC = 25.01, · · · . 因此, 选择去掉变量 x3.

在去掉变量 x3 后, 去掉任何一个变量, 其 AIC 的值均会上升, 因此, step() 函数停止计算. 列出最终的详细情况.

```
> summary(lm.ste)


Coefficients:
            Estimate Std. Error t value Pr(>|t|)
(Intercept)  71.6483   14.1424   5.066 0.000675 ***
x1            1.4519    0.1170  12.410 5.78e-07 ***
x2            0.4161    0.1856   2.242 0.051687 .
x4           -0.2365    0.1733  -1.365 0.205395


Residual standard error: 2.309 on 9 degrees of freedom
Multiple R-squared:  0.9823,    Adjusted R-squared:  0.9764
F-statistic: 166.8 on 3 and 9 DF,  p-value: 3.323e-08
```

系数的检验大有改进, 但 x4 还是没有通过检验. 这里使用的方法实际上是向后删除法, 仅考虑减少变量, 没有考虑增加变量.

下面讨论从零个变量做起, 可以增加和删除变量, 其程序与计算结果如下:

```
> lm.1 <- lm(y ~ 1, data = rt)
> lm.ste <- step(lm.1, scope = ~ x1 + x2 + x3 + x4)
Start:  AIC=71.44
y ~ 1


        Df Sum of Sq    RSS    AIC
+ x4     1   1831.90  883.87 58.852
+ x2     1   1809.43  906.34 59.178
```

```
+ x1      1    1450.08 1265.69 63.519
+ x3      1     776.36 1939.40 69.067
<none>                2715.76 71.444
```

```
Step:  AIC=58.85
y ~ x4
```

```
        Df Sum of Sq      RSS     AIC
+ x1      1     809.10   74.76 28.742
+ x3      1     708.13  175.74 39.853
<none>                  883.87 58.852
+ x2      1      14.99  868.88 60.629
- x4      1    1831.90 2715.76 71.444
```

```
Step:  AIC=28.74
y ~ x4 + x1
```

```
        Df Sum of Sq      RSS     AIC
+ x2      1      26.79   47.97 24.974
+ x3      1      23.93   50.84 25.728
<none>                   74.76 28.742
- x1      1     809.10  883.87 58.852
- x4      1    1190.92 1265.69 63.519
```

```
Step:  AIC=24.97
y ~ x4 + x1 + x2
```

```
        Df Sum of Sq      RSS     AIC
<none>                   47.97 24.974
- x4      1       9.93   57.90 25.420
+ x3      1       0.11   47.86 26.944
- x2      1      26.79   74.76 28.742
- x1      1     820.91  868.88 60.629
```

首先增加变量 x1, 再增加变量 x1, 然后增加变量 x2, 此时, AIC 值不再下降, 与刚才选择的变量是相同的.

选择不同的 k 值, 可能产生不同的计算结果. 例如, 取 k = 4.

```
> lm.ste <- step(lm.sol, k = 4)
Start:  AIC=36.94
y ~ x1 + x2 + x3 + x4
```

```
        Df Sum of Sq    RSS    AIC
- x3     1    0.1091 47.973 32.974
- x4     1    0.2470 48.111 33.011
- x2     1    2.9725 50.836 33.728
<none>               47.864 36.944
- x1     1   25.9509 73.815 38.576

Step:  AIC=32.97
y ~ x1 + x2 + x4

        Df Sum of Sq    RSS    AIC
- x4     1     9.93  57.90  31.420
<none>               47.97  32.974
- x2     1    26.79  74.76  34.742
- x1     1   820.91 868.88  66.629

Step:  AIC=31.42
y ~ x1 + x2

        Df Sum of Sq     RSS    AIC
<none>                57.90  31.420
- x1     1   848.43  906.34  63.178
- x2     1  1207.78 1265.69  67.519
```

只剩下两个变量, 显示各种检验结果.

```
> summary(lm.ste)

Coefficients:
            Estimate Std. Error t value Pr(>|t|)
(Intercept) 52.57735    2.28617   23.00 5.46e-10 ***
x1           1.46831    0.12130   12.11 2.69e-07 ***
x2           0.66225    0.04585   14.44 5.03e-08 ***

Residual standard error: 2.406 on 10 degrees of freedom
Multiple R-squared:  0.9787,    Adjusted R-squared:  0.9744
F-statistic: 229.5 on 2 and 10 DF,  p-value: 4.407e-09
```

系数、方程和相关性均通过检验, 这是回归模型中最好的结果.

3. 应用统计量的 P 值删除或添加变量

R 中的 step() 函数是使用 AIC 的值来判定删除或添加变量的. 另一种方法是通过计算回归系数对应 t 统计量或 F 统计量来判定是否删除或添加变量.

删除变量的方法比较简单, 当回归系数对应 t 值满足 $|t_i| > t_\alpha$, 就可以删除该变量.

添加变量的方法稍微复杂一些, 需要计算待添加变量的 F 统计量.

假设模型已包含 q 个变量 $X_1, X_2, \cdots, X_q$ $(q < p)$, 为了检验添加变量 $X_{q+1}, \cdots, X_p$ 是否显著, 可提出如下原假设和备择假设.

$$H_0: \beta_{q+1} = \cdots = \beta_p = 0, \quad H_1: \text{至少一个参数不等于零}$$

计算 F 统计量.

$$F = \frac{\dfrac{\text{SSE}(X_1, X_2, \cdots, X_q) - \text{SSE}(X_1, X_2, \cdots, X_q, X_{q+1}, \cdots, X_p)}{p - q}}{\dfrac{\text{SSE}(X_1, X_2, \cdots, X_q, X_{q+1}, \cdots, X_p)}{n - p - 1}} \tag{8.51}$$

其中 $\text{SSE}(X_1, X_2, \cdots, X_q)$ 是已选变量 $X_1, X_2, \cdots, X_q$ 的残差平方和, $\text{SSE}(X_1, X_2, \cdots, X_q, X_{q+1}, \cdots, X_p)$ 是选择全部变量的残差平方和.

当 $F > F_\alpha$ 时, 拒绝原假设, 认为添加 $X_{q+1}, \cdots, X_p$ 是显著的.

在实际计算中, 通常采用逐个变量添加的方法添加变量, 因此将式 (8.51) 改为:

$$F_i = \frac{\text{SSE}(X_1, X_2, \cdots, X_q) - \text{SSE}(X_1, X_2, \cdots, X_q, X_i)}{\text{SSE}(X_1, X_2, \cdots, X_q, X_i)/(n - q - 2)}, \quad i = q + 1, \cdots, p. \tag{8.52}$$

当 $F_i > F_\alpha$ 时, 可以添加变量 X_i.

在使用软件计算时, 会用 P 值来替代 t 值或 F 值. 如果随机变量 T 服从 t 分布, 如 $T \sim t(n)$, 令 $F = T^2$, 则 $F \sim F(1, n)$, 即 F 服从 F 分布. 因此, R 中的函数 (无论是添加, 还是删除变量) 均使用 F 统计量.

为了提高效率, 删除的变量是 P 值大于某个固定值 (如 0.10) 最大值对应的变量. 添加的变量是 P 值小于某个固定值 (如 0.05) 最小值对应的变量.

在 R 中, add1() 函数用于添加变量, drop1() 函数用于删除变量, 其使用格式为:

```
add1(object, scope, scale = 0,
    test = c("none", "Chisq", "F"), x = NULL, k = 2, ...)
drop1(object, scope, scale = 0, all.cols = TRUE,
    test = c("none", "Chisq", "F"), k = 2, ...)
```

部分参数的名称、取值及意义如表 8.15 所示.

表 8.15 add1( ) 和 drop1( ) 函数中部分参数的名称、取值及意义

名称	取值及意义
object	对象, 由 lm 函数生成
scope	公式, 表示增加或减少变量的搜索区域
test	字符串, 表示检验的方法, 默认值为 "none"(不做检验), 对于线性模型, 只能取 "Chisq" 或 "F"
k	常数, 表示 AIC / Cp 中的惩罚常数

例 8.17（续例 8.16） 使用 add1() 函数和 drop1() 函数对例 8.16 做逐步回归.

解: 添加变量的准则是 P 值低于 5% 且取最小值的变量、删除变量的准则是 P 值大于 10% 且取最大值的变量. 手工完成上述工作.

```
> lm.sol <- lm(y ~ x1 + x2 + x3 + x4, data = rt)
> drop1(lm.sol, test = "F")
Single term deletions

Model:
y ~ x1 + x2 + x3 + x4
```

	Df	Sum of Sq	RSS	AIC	F value	Pr(>F)	
<none>			47.864	26.944			
x1	1	25.9509	73.815	30.576	4.3375	0.07082	.
x2	1	2.9725	50.836	25.728	0.4968	0.50090	
x3	1	0.1091	47.973	24.974	0.0182	0.89592	
x4	1	0.2470	48.111	25.011	0.0413	0.84407	

P 值最大的变量是 x3, 去掉变量 x3, 再做计算.

```
> lm.sol <- lm(y ~ x1 + x2 + x4, data = rt)
> drop1(lm.sol, test = "F")
Single term deletions

Model:
y ~ x1 + x2 + x4
```

	Df	Sum of Sq	RSS	AIC	F value	Pr(>F)	
<none>			47.97	24.974			
x1	1	820.91	868.88	60.629	154.0076	5.781e-07	***
x2	1	26.79	74.76	28.742	5.0259	0.05169	.
x4	1	9.93	57.90	25.420	1.8633	0.20540	

P 值最大的变量是 x4, 去掉变量 x4, 继续计算.

```
> lm.sol <- lm(y ~ x1 + x2, data = rt)
> drop1(lm.sol, test = "F")
Single term deletions

Model:
y ~ x1 + x2
```

	Df	Sum of Sq	RSS	AIC	F value	Pr(>F)	
<none>			57.90	25.420			
x1	1	848.43	906.34	59.178	146.52	2.692e-07	***
x2	1	1207.78	1265.69	63.519	208.58	5.029e-08	***

余下两个变量的 P 值均小于 10%, 删除结束. 再看一下是否有可增加的变量.

```
> add1(lm.sol, scope = ~ x1 + x2 + x3 + x4, test = "F")
Single term additions


Model:
y ~ x1 + x2
        Df Sum of Sq     RSS     AIC F value Pr(>F)
<none>                57.904 25.420
x3       1    9.7939 48.111 25.011  1.8321 0.2089
x4       1    9.9318 47.973 24.974  1.8633 0.2054
```

这两个变量的 P 值 (如果增加的话) 均大于 5%, 计算到此结束. 计算结果是选取 2 个变量 X_1 和 X_2.

从另一个角度考虑问题, 其计算过程如下:

```
> lm.sol <- lm(y ~ 1, data = rt)
> add1(lm.sol, scope = ~ x1 + x2 + x3 + x4, test = "F")
Single term additions


Model:
y ~ 1
        Df Sum of Sq      RSS     AIC F value     Pr(>F)
<none>                2715.76 71.444
x1       1    1450.08 1265.69 63.519 12.6025 0.0045520 **
x2       1    1809.43  906.34 59.178 21.9606 0.0006648 ***
x3       1     776.36 1939.40 69.067  4.4034 0.0597623 .
x4       1    1831.90  883.87 58.852 22.7985 0.0005762 ***


> lm.sol <- lm(y ~ 1 + x2, data = rt)
> add1(lm.sol, scope = ~ x1 + x2 + x3 + x4, test = "F")
Single term additions


Model:
y ~ 1 + x2
        Df Sum of Sq    RSS     AIC  F value    Pr(>F)
<none>                906.34 59.178
x1       1    848.43  57.90 25.420 146.5227 2.692e-07 ***
x3       1    490.89 415.44 51.037  11.8162  0.006358 **
x4       1     37.46 868.88 60.629   0.4311  0.526276


> lm.sol <- lm(y ~ 1 + x1 + x2, data = rt)
> add1(lm.sol, scope = ~ x1 + x2 + x3 + x4, test = "F")
```

```
Single term additions

Model:
y ~ 1 + x1 + x2
        Df Sum of Sq     RSS      AIC F value Pr(>F)
<none>                57.904 25.420
x3       1     9.7939 48.111 25.011   1.8321 0.2089
x4       1     9.9318 47.973 24.974   1.8633 0.2054


> drop1(lm.sol, test = "F")
Single term deletions

Model:
y ~ 1 + x1 + x2
        Df Sum of Sq      RSS      AIC F value     Pr(>F)
<none>                 57.90 25.420
x1       1    848.43  906.34 59.178   146.52 2.692e-07 ***
x2       1   1207.78 1265.69 63.519   208.58 5.029e-08 ***
```

计算结果仍是选取变量 X_1 和 X_2.

§8.5   案 例 分 析

本节选取 2 个实际案例进行分析, 并借用 R 软件完成相关的计算.

§8.5.1   教育支出与学生成绩

本例摘自 David R. Anderson, Dennis J. Sweeney & Thomas A.Willaims 所著的《商务与经济统计 (第 8 版)》(王峰, 等, 译. 北京: 中信出版社, 2003.9).

1. 背景介绍

学习成绩与各州对教育的支出之间有多大的关系? 在许多州, 纳税人经常被州立学校要求提高在教育上的税收支出. 因此, 需要通过分析支出和学生成绩的数据来判断在州立学校的学生成绩和教育支出之间是否有任何关系.

美国联邦政府的 "国家教育进展评估" (National Assessment of Educational Progress, NAEP) 方案经常对学生成绩进行评估. 表 8.16 给出了对于参加 NAEP 方案的 35 个州, 其每年在每个学生身上总的费用和 NAEP 测试综合分数的统计数据 (数据存放在 NAEP_1.data 文件中). 综合分数是指数学、自然科学和阅读 1996 年 (阅读是 1994 年) 的 NAEP 考试的总和. 对 8 年级的学生进行测试, 对 4 年级学生进行阅读测试, 满分为 1300. 表 8.17 列出了未参加 NAEP 调查的 14 个州对每名学生每年的经常性教育支出 (数据存放在 NAEP_2.data 文件中). 这些数据登载在《福布斯》(Forbes, November 3, 1997) 的一篇关于教育支出和学生成绩水平的论文中.

表 8.16 参加 NAEP 方案的每名学生的教育经费和综合分数

州名	教育经费支出/美元	综合分数	州名	教育经费支出/美元	综合分数
路易斯安那	4 049	581	北卡罗来纳	4 521	629
密西西比	3 423	582	罗德岛	6 554	638
加利福尼亚	4 917	580	华盛顿	5 338	639
夏威夷	5 532	580	密苏里	4 483	641
南卡罗来纳	4 304	603	科罗拉多	4 772	644
阿拉巴马	3 777	604	印地安纳	5 128	649
佐治亚	4 663	611	犹他	3 280	650
弗罗里达	4 934	611	怀俄明	5 515	657
新墨西哥	4 097	614	康涅狄格	7 629	657
阿肯色	4 060	615	马萨诸塞	6 413	658
特拉华	6 208	615	内布拉斯加	5 410	660
田纳西	3 800	618	明尼苏达	5 477	661
亚利桑那	4 041	618	衣阿华	5 060	665
西弗吉尼亚	5 247	625	蒙大拿	4 985	667
马里兰	6 100	625	威斯康星	6 055	667
肯塔基	5 020	626	北达科他	4 374	671
得克萨斯	4 520	627	缅因	5 561	675
纽约	8 162	628			

表 8.17 未参加 NAEP 方案的州每名学生的教育支出

州名	教育经费支出/美元	州名	教育经费支出/美元
爱达荷	3 602	俄亥俄	5 438
南达科他	4 067	俄勒冈	5 588
俄克拉何马	4 265	佛蒙特	6 269
内华达	4 658	密歇根	6 391
堪萨斯	5 164	宾夕法尼亚	6 579
伊利诺伊	5 297	阿拉斯加	7 890
新罕布什尔	5 387		

2. 问题讨论

(1) 对这些数据做出数值和图形的概述.

(2) 利用回归分析来判断每个学生的教育经费支出和 NAEP 测试综合分数之间的关系, 讨论你的结论.

(3) 根据这些数据求出估计回归方程, 试问能用该方程来估计未参加 NAEP 方案的州的学生分数吗?

(4) 假定只考虑每名学生的教育经费支出在 4 000 美元至 6 000 美元之间的州. 对于这些州, 两变量之间的关系与根据 35 个州的全部数据所得出的结论显现出任何不同吗? 讨论你的结论. 如果将教育经费支出少于 4 000 美元或者多于 6 000 美元的州删除, 你认为这种删除是否合理?

(5) 对未参加 NAEP 方案的州, 估计其学生综合分数.

(6) 根据上面分析, 你认为学生的教育水平与州教育经费支出之间有多少关系?

3. 问题求解及结果分析[①]

(1) 对这些数据做出数值和图形的概述. 由表 8.16 可以看出, 教育经费支出和综合分数均是连续型数据. 在做描述性分析时, 先将数据分组. 教育经费支出从 3 千美元开始, 到 9 千美元结束, 每 1 千美元为一组. 综合分数从 580 分开始, 至 680 分结束, 每 20 分为一组. 下面列出分组的交叉列表.

```
           Score
Spending (580,600] (600,620] (620,640] (640,660] (660,680]
   (3,4]       1        2         0         1         0
   (4,5]       1        6         2         2         2
   (5,6]       0        0         3         3         3
   (6,7]       0        1         2         1         1
   (7,8]       0        0         0         1         0
   (8,9]       0        0         1         0         0
```

画出教育经费支出和综合分数的直方图, 分别如图 8.11 和图 8.12 所示.

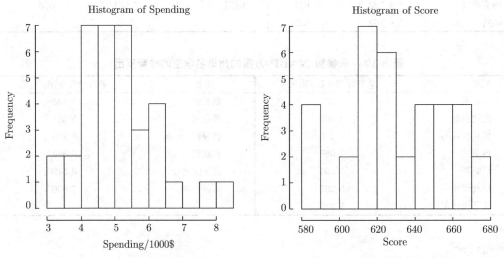

图 8.11 教育经费支出的直方图   图 8.12 综合分数的直方图

(2) 对数据做利用回归分析, 其中自变量为教育经费支出 (Spending, 单位: 千美元), 综合分数 (Score) 为因变量. 计算结果 (部分) 如下:

```
Coefficients:
            Estimate Std. Error t value Pr(>|t|)
(Intercept)  587.320    21.535   27.273   <2e-16 ***
Spending       8.651     4.157    2.081   0.0453 *

Residual standard error: 26.32 on 33 degrees of freedom
```

---

① 求解过程保存在NAEP.R的程序文件中.

```
Multiple R-squared:  0.116,      Adjusted R-squared:  0.08923
F-statistic: 4.331 on 1 and 33 DF,  p-value: 0.04526
```
方程通过系数的检验、方程的检验, 相关系数的平方值较低.

(3) 如果用该回归方程估计未参加 NAEP 方案的州的学生分数, 还需要做回归诊断.

4 号点残差的标准差为 −2.133, 其绝对值大于 2, 因此, 可以将 4 号点看成是异常值点. 计算各点的杠杆率, 发现 18 号和 27 号样本点是高杠杆率点, 有可能是强影响点. 计算 Cooks 距离, 没有任何点的 Cooks 距离大于 1.

去掉 4 号、18 号和 27 号这 3 个点, 再做回归分析 (结果略). 方程仍然通过系数的检验、方程的检验, 相关系数的平方值有所提高.

再做回归诊断. 异常值点是 3 号, 强影响点是 2、20、25、28 号点. 去掉这些点, 再做回归分析和回归诊断, 11 号和 34 号点是异常值点, 11 号点还可能是强影响点, 另一个强影响点是 15 号点. 继续上述过程, 没有找到异常值点, 33 号点是强影响点. 继续上述过程, 剩下的所有点均通过诊断.

图 8.13 给出了散点图, 全部点的回归方程和去掉异常值点和强影响点的回归方程. 最终的计算结果 (部分) 如下:
```
Coefficients:
            Estimate Std. Error t value Pr(>|t|)
(Intercept)   478.52      28.43  16.830 1.15e-13 ***
Spending       32.49       5.97   5.442 2.12e-05 ***

Residual standard error: 16.15 on 21 degrees of freedom
Multiple R-squared:  0.5851,    Adjusted R-squared:  0.5654
F-statistic: 29.62 on 1 and 21 DF,  p-value: 2.125e-05
```
系数和方程均通过检验, 相关系数的平方有很大的提高.

(4) 现在考虑去掉教育经费支出在 4 000 美元至 6 000 美元之间的州. 做回归分析, 所得结果如下:
```
Coefficients:
            Estimate Std. Error t value Pr(>|t|)
(Intercept)   524.29      53.36   9.826 1.66e-09 ***
Spending       22.12      10.98   2.015   0.0563 .

Residual standard error: 27.1 on 22 degrees of freedom
Multiple R-squared:  0.1558,    Adjusted R-squared:  0.1174
F-statistic: 4.059 on 1 and 22 DF,  p-value: 0.05632
```
它与根据 35 个州的全部数据所得出的结论是不同的, 但与去掉异常值点和强影响点的结果基本相同. 从图 8.13 可以看出, 去掉的点, 其教育经费支出基本上是在 4 000 美元以下, 或者是在 6 000 美元以上. 因此, 这种删除是合理的.

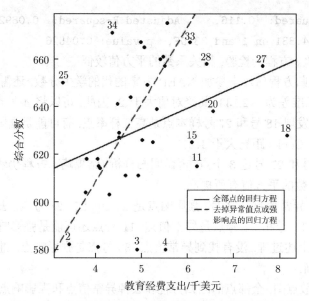

图 8.13 教育经费支出与综合分数的散点图与回归方程

在这种模型下, 3 号和 4 号样本点是异常值点, 再去掉这两个点, 所得结果基本与问题 (3) 中去掉异常值点和强影响点的结论相同 (留给读者完成).

(5) 对未参加 NAEP 方案的州, 使用问题 (3) 中去掉异常值点和强影响点程序的回归方程来估计其学生综合分数, 其结果如下:

预测值及 95% 的预测区间:

	fit	lwr	upr
1	595.5614	558.5054	632.6174
2	610.6706	575.3869	645.9544
3	617.1042	582.3108	651.8977
4	629.8740	595.5490	664.1989
5	646.3154	611.5789	681.0520
6	650.6370	615.6056	685.6684
7	653.5613	618.2879	688.8348
8	655.2185	619.7930	690.6440
9	660.0924	624.1587	696.0262
10	682.2201	642.9376	721.5027
11	686.1843	646.1425	726.2261
12	692.2930	650.9996	733.5863
13	734.8912	682.7576	787.0249

预测值及 95% 的置信区间:

	fit	lwr	upr
1	595.5614	579.9161	611.2068
2	610.6706	599.8738	621.4675
3	617.1042	608.0369	626.1716

4	629.8740	622.8148	636.9331
5	646.3154	637.4691	655.1618
6	650.6370	640.6956	660.5783
7	653.5613	642.7982	664.3245
8	655.2185	643.9670	666.4700
9	660.0924	647.3307	672.8542
10	682.2201	661.8547	702.5855
11	686.1843	664.3903	707.9782
12	692.2930	668.2770	716.3090
13	734.8912	695.0221	774.7603

(6) 根据上面分析, 最终得到的回归方程为:

$$\widehat{综合分数} = 478.52 + 32.49 \times 教育经费支出 \ (单位: 千美元)$$

§8.5.2 弗吉尼亚半导体

本例摘自 Ken Black, David L. Eldredge 所著的《以 Excel 为决策工具的商务与经济统计》(张久琴, 等, 译. 北京: 机械工业出版社, 2003.9).

1. 背景介绍

弗吉尼亚半导体公司是微电子产品晶片的生产商. 公司于 1978 年成立于弗吉尼亚的弗雷德里克斯伯格, 创立人是托马斯和罗伯特·迪格斯亲兄弟俩. 在 20 世纪 80 年代初, 弗吉尼亚半导体通过大量销售低利润率的晶片逐渐壮大兴盛起来. 可是, 1995 年, 在没有任何先兆的情况下, 公司失去了两个主要客户, 而与这两个客户的交易额占公司总交易额的 65%. 这时的弗吉尼亚半导体销售量只有以前的 35%, 公司急需找到新的客户.

弗吉尼亚半导体的 CEO 罗伯特·迪格斯决定开发这样一个市场: 公司的市场份额不大, 但利润率高, 因为公司很有专业的技术. 后来的事实证明, 对于小而灵巧的公司来说, 这是一个明智之举.

弗吉尼亚半导体研制出了一种直径 2 英寸、厚度为 75 微米、双面磨光的晶片, 这种晶片以前从来没有生产过, 但有些客户对它有需求. 公司生产了一些这样的晶片并以 10 倍于常规芯片的价格将它出售.

很快, 公司开始生产厚度为 2~4 微米的超薄晶片, 表面有纹理可以用于红外线的晶片以及有显微机械加工孔或形状的晶片, 这些晶片都在专业的市场出售, 而且送货比竞争者标准晶片的送货还要迅速.

尽管失去市场的损失已开始得到弥补, 弗吉尼亚半导体还得简化操作流程, 控制库存及相关费用. 公司没有裁员, 但每周工作时间减少到 32 小时, 总裁的薪水一度减少了 80%, 只要有可能, 公司就尽量降低费用.

弗吉尼亚半导体没有长期债务, 因此, 很幸运地, 公司没有借多少外债就渡过了这一困难时期. 因为不用每月都背上沉重的债务包袱, 公司对新的产品需求就能有快速的反应.

弗吉尼亚半导体通过对员工的交叉培训来提高产品质量. 同时, 公司和弗吉尼亚州共同努力开发欧洲、日本、韩国和以色列市场. 在 1985 年, 出口只占公司业务的 1%, 而目前出口占到了公司总额的 40%.

公司一直坚持开发新产品, 发掘新客户, 公司开发的一种新晶片成为了汽车安全气囊的关键组件. 目前, 公司的客户超过 300 个, 而在 1985 年它只有不到 50 个.

2. 问题讨论

(1) 对公司的决策者而言, 知道哪些因素影响顾客的购买量是非常有用的, 假定弗吉尼亚半导体公司的决策者希望从历史数据中找出哪些变量能用来对采购量进行预测, 他们可以从不同的客户那里收集到数据. 假设表 8.18 表示的是 16 家公司关于 5 个变量的数据 (数据存放在 Virginia_1.data 文件中), 这 5 个变量分别是: 年购买总量 (采购量)、客户公司的规模 (总销售量)、客户公司购买总量中进口的比例、客户公司到弗吉尼亚半导体公司的距离和客户公司是否有一个单独的集中采购部门. 用这些数据建立一个多元回归模型, 通过其他变量来预测采购量, 并对模型的说服力、显著的解释变量以及处理出的新变量进行讨论.

表 8.18　弗吉尼亚半导体公司客户的数据

采购量 /千美元	公司总销售额 /百万美元	进口占购买总 量的百分比	到弗吉尼亚半导体 公司的距离/km	集中采 购部门
27.9	25.6	41	18	1
89.6	109.8	16	75	0
12.8	39.4	29	14	0
34.9	16.7	31	117	0
408.6	278.4	14	209	1
173.5	98.4	8	114	1
105.2	101.6	20	75	0
510.6	139.3	17	50	1
382.7	207.4	53	35	1
84.6	26.8	27	15	1
101.4	13.9	31	19	0
27.6	6.8	22	7	0
234.8	84.7	5	89	1
464.3	180.3	27	306	1
309.8	132.6	18	73	1
294.6	118.9	16	11	1

(2) 假定接下来的是弗吉尼亚半导体公司过去 11 年中的销售数据以及对应的全职员工每周工作时数和每一种晶片的客户数量, 如表 8.19 所示 (数据存放在 Virginia_2.data 文件中). 请讨论: 每周平均工作时数或/和客户数量如何与总销售数据相关? 分别画出销售与

表 8.19　公司的销售数据、每种工作时数和晶片的客户数量

销售额 /百万美元	每周平均 工作时数	客户 数量	销售额 /百万美元	每周平均 工作时数	客户 数量
15.6	44	54	9.6	40	37
15.7	43	52	10.2	38	58
15.4	41	55	11.3	38	67
14.3	41	55	14.3	32	186
11.8	40	39	14.8	37	226
9.7	40	28			

每周工作时数, 以及销售与客户数的散点图, 并找出它们之间可能的关系. 根据这些关系对原始数据进行处理, 然后用所有可能的回归分析对它们之间的关系进行探讨. 因变量为 "销售", 解释变量为 "每周的平均工作时间" 和 "客户数目", 以及其他处理出来的新变量. 讨论它们之间可能存在的二次关系、交叉关系及其他关系. 根据模型的说服力以及显著的解释变量对模型进行小结.

(3) 虽然弗吉尼亚半导体公司的持续发展繁荣, 但是公司常常有滑入无效率困境的危险, 假定若干年后的销售开始滑坡, 但公司还是不停地招聘新人, 这种情况在某个 10 年中的数据会与表 8.20 给出的数据相似 (数据存放在 Virginia_3.data 文件中). 根据表 8.20 的数据, 以销售额为自变量, 员工数为解释变量, 画出散点图, 对散点图进行观察, 并利用图中给出的信息建立一个回归模型, 通过员工的数量来预测销售额. 根据分析结果回答: 如果这个趋势持续下去, 你对公司管理有什么建议? 根据这些数据, 你认为管理层应该关注什么?

表 8.20 某 10 年公司的销售额与员工数的数据

销售额/百万美元	员工数	销售额/百万美元	员工数
20.2	120	35.9	156
24.3	122	36.3	155
28.6	127	36.2	167
33.7	135	36.5	183
35.2	142	36.6	210

3. 问题求解及结果分析[①]

(1) 将年购买总量作为因变量 (y), 客户公司的规模 (x_1)、客户公司购买总量中进口的比例 (x_2)、客户公司到弗吉尼亚半导体公司的距离 (x_3) 和客户公司是否有一个单独的集中采购部门 (x_4) 作为自变量, 做多元线性回归分析. 计算结果如下:

```
Coefficients:
            Estimate Std. Error t value Pr(>|t|)
(Intercept) -1.7788    69.2161   -0.026  0.97996
x1           1.3735     0.4412    3.113  0.00987 **
x2          -0.3206     2.0647   -0.155  0.87943
x3           0.1110     0.3789    0.293  0.77499
x4         110.4337    57.4537    1.922  0.08086 .
Residual standard error: 94.43 on 11 degrees of freedom
Multiple R-squared: 0.7728,    Adjusted R-squared: 0.6902
F-statistic: 9.353 on 4 and 11 DF,  p-value: 0.001515
```

除 β_1 外, 其他系数均没有通过检验. 用 step() 函数做逐步回归, 去掉变量 x_2 和 x_3, 余下两个变量 x_1 和 x_4. 给出计算结果.

```
Coefficients:
            Estimate Std. Error t value Pr(>|t|)
(Intercept) -7.7711    39.2451   -0.198 0.846097
```

[①] 求解过程保存在Virginia.R程序文件中.

```
x1              1.4508      0.3403    4.263 0.000924 ***
x4            109.4070     52.9192    2.067 0.059204 .
```

```
Residual standard error: 87.4 on 13 degrees of freedom
Multiple R-squared:   0.77,      Adjusted R-squared: 0.7346
F-statistic: 21.76 on 2 and 13 DF,  p-value: 7.096e-05
```

但常数项系数没有通过检验. 去掉常数项, 考虑齐次方程, 得到:

```
Coefficients:
    Estimate Std. Error t value Pr(>|t|)
x1    1.4228     0.2986    4.765 0.000302 ***
x4 105.2630     46.9076    2.244 0.041517 *
```

```
Residual standard error: 84.34 on 14 degrees of freedom
Multiple R-squared: 0.9092,    Adjusted R-squared:  0.8963
F-statistic: 70.11 on 2 and 14 DF,  p-value: 5.079e-08
```

最终的回归方程为:

$$\widehat{\text{年购买总量}} = 1.422\,8 \times \text{总销售量} + 105.263\,0 \times \text{是否集中采购}$$

画出年购买总量与总销售量的回归直线, 将是否集中采购作为虚拟变量, 其图形如图 8.14 所示.

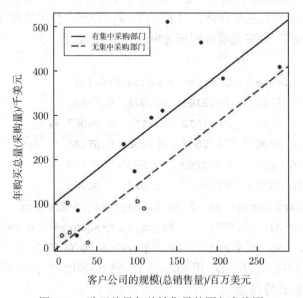

图 8.14　购买总量与总销售量的回归直线图

(2) 分别画出总销售额与每周工作时数, 以及总销售额与与客户数的散点图 (见图 8.15 和图 8.16). 从散点图中无法看出销售与每周平均工作时数或销售与客户数之间呈现线性 (或其他形式) 的关系. 因此, 考虑二元变量的线性回归模型.

```
Coefficients:
             Estimate Std. Error t value Pr(>|t|)
(Intercept) -16.98299   10.61603  -1.600   0.1483
x1            0.68339    0.25087   2.724   0.0261 *
x2            0.03841    0.01251   3.070   0.0153 *


Residual standard error: 1.837 on 8 degrees of freedom
Multiple R-squared: 0.5576,    Adjusted R-squared:  0.447
F-statistic: 5.041 on 2 and 8 DF,  p-value: 0.03832
```

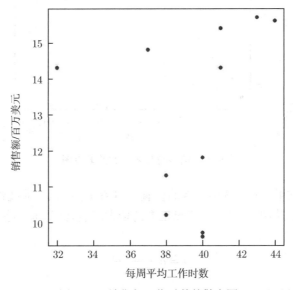

图 8.15　销售与工作时数的散点图

系数 (常数项除外) 和方程均通过检验, 但 R^2 较低. 再考虑每个变量的平方项和交互作用项.

```
Coefficients:
             Estimate Std. Error t value Pr(>|t|)
(Intercept) -5.035e+02  1.615e+02  -3.118   0.0263 *
x1           2.237e+01  7.450e+00   3.003   0.0300 *
x2           1.294e+00  3.366e-01   3.844   0.0121 *
I(x1^2)     -2.424e-01  8.586e-02  -2.823   0.0370 *
I(x2^2)     -9.403e-04  1.979e-04  -4.751   0.0051 **
x1:x2       -2.655e-02  7.755e-03  -3.424   0.0188 *


Residual standard error: 0.751 on 5 degrees of freedom
Multiple R-squared: 0.9538,    Adjusted R-squared:  0.9076
F-statistic: 20.65 on 5 and 5 DF,  p-value: 0.00237
```

系数 (包括常数项) 和方程均通过检验, 但 $R^2 = 0.9538$, 通过检验, 这个方程

$$\hat{y} = -503.5 + 22.37x_1 + 1.294x_2 - 0.02655x_1x_2 - 0.2424x_1^2 - 0.0009403x_2^2$$

也许是最合理的.

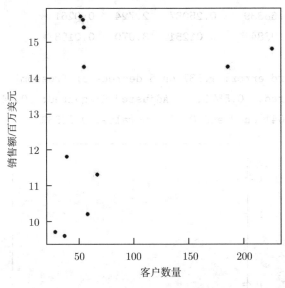

图 8.16　销售与与客户数的散点图

　　(3) 先画出数据的散点图, 从图中点的位置可以看出, 应该用非线性函数做拟合. 那么, 应该使用什么函数呢? 从图形看出, 随机员工数的增大, 销售额基本上趋于一个常数值, 因此, 这里选择双曲函数.

$$y = a + \frac{b}{x - c}$$

式中的 a、b、c 是待定常数.

　　按照通常的处理方法, 应当使用非线性回归方法来确定系数 a、b、c, 但这种处理方法超出本书的内容. 因此, 这里选择简单的处理方法, 先确定常数 c, 经试探, 取 $c = 115$ 较为合适. 再用线性回归的方法, 求解常数项 a 和 b.

```
Coefficients:
              Estimate Std. Error t value Pr(>|t|)
(Intercept)    37.9618     0.3432  110.62 4.98e-14 ***
I(1/(x - c))  -92.4397     4.0127  -23.04 1.34e-08 ***

Residual standard error: 0.7644 on 8 degrees of freedom
Multiple R-squared: 0.9851,    Adjusted R-squared:  0.9833
F-statistic: 530.7 on 1 and 8 DF,  p-value: 1.338e-08
```

得到回归曲线:

$$y = 37.9618 - \frac{92.4397}{x - 115}$$

画出散点图和非线性回归曲线 (见图 8.17).

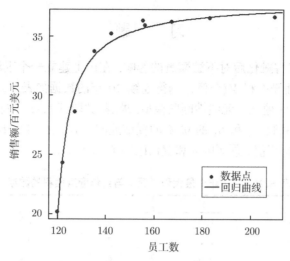

图 8.17 销售额与员工数的散点图和回归曲线

如果每名员工的年工资额为 d(百万美元), 则公司的盈利函数为:

$$f(x) = a + \frac{b}{x - c} - dx$$

求极值, 极大值点为:

$$x^* = c + \sqrt{-b/d}$$

例如, 如果员工的平均工资为 10 万美元/年 $(d = 0.1)$, 则最优员工数为 145 人.

本章小结

- 线性回归模型的计算与检验 —— lm() 函数和 summsry() 函数.
- 回归系数的区间估计 ——confint() 函数.
- 回归预测及预测与置信区间 —— predict() 函数.
- 残差、 标准化残差和外学生化残差 ——residuals() 函数、 rstandard() 函数和 rstudent() 函数.
- 残差图、残差的齐性条件与 Box-Cox 变换 —— boxcox() 函数.
- 残差的正态性检验、Q-Q 图 —— shapiro.test() 函数、qqnorm() 函数和 qqline() 函数.
- 残差的独立性检验、Durbin-Watson 自相关检验 —— dwtest() 函数.
- 影响点检验 (杠杆率点和 Cook 距离) —— hatvalues() 和 cook.distance() 函数.
- 回归模型的诊断 —— plot() 函数.
- 多重共线性与相关性分析.
- 回归分析建模与多项式回归.
- 变量选择与逐步回归 —— step() 函数、add1() 函数和 drop1() 函数.

习 题

1. 为估计山上积雪融化后对下游灌溉的影响, 在山上建立一个观测站, 测量最大积雪深度 X (米) 与当年灌溉面积 Y(公顷), 测得连续 10 年的数据如表 8.21 所示 (数据存放在 `snow.data` 文件中). (1) 建立一元线性回归模型, 求解, 并验证系数、方程或相关系数是否通过检验; (2) 计算回归系数 β_0 和 β_1 的 95% 的置信区间; (3) 现测得今年的数据是 $X = 7$ 米, 给出今年灌溉面积的预测值、预测区间和置信区间 ($\alpha = 0.05$).

表 8.21　10 年中最大积雪深度与当年灌溉面积的数据

	X	Y		X	Y
1	5.1	1 907	6	7.8	3 000
2	3.5	1 287	7	4.5	1 947
3	7.1	2 700	8	5.6	2 273
4	6.2	2 373	9	8.0	3 113
5	8.8	3 260	10	6.4	2 493

2. 由例 8.1 和例 8.2 得到了导入案例的简单线性回归方程, 以该方程为基准, 计算公司的最优定价.

3. 某公司经理希望估计每周的营业收入与广告费之间的关系, 他记录了 8 周的收入与相应的广告费, 如表 8.22 所示 (数据存放在 `advert.data` 文件中). (1) 建立回归方程, 将电视广告和报纸广告作为自变量; (2) 做参数的检验, 并计算回归系数 β_0, β_1 和 β_2 的 95% 的置信区间; (3) 当电视广告费用是 3.5 万元, 报纸广告是 1.8 万元时, 每周的营业收入预计是多少万元? 并计算预测值的 95% 的预测区间和期望值的 95% 的置信区间.

表 8.22　营业收入与广告费用 (单位: 万元)

	营业收入/周	电视广告费用/周	报纸广告费用/周
1	96	5.0	1.5
2	90	2.0	2.0
3	95	4.0	1.5
4	92	2.5	2.5
5	95	3.0	3.3
6	94	3.5	2.3
7	94	2.5	4.2
8	94	3.0	2.5

4. 已知数据如表 8.23 所示 (数据存放在 `tab823.data` 文件中). (1) 做一元回归分析; (2) 画出残差与预测值的残差图, 分析误差是否是满足齐方差的条件; (3) 修正模型, 对响应变量 Y 做开方, 再完成 (1) 和 (2) 的工作; (4) 对响应变量 Y 做 Box-Cox 变换, 选择最优的 λ 值, 试分析变换后残差的齐性是否有改善.

表 8.23　数据表

	X	Y		X	Y		X	Y		X	Y
1	1	0.6	8	3	2.2	15	6	3.4	22	8	13.4
2	1	1.6	9	3	2.4	16	6	9.7	23	8	4.5
3	1	0.5	10	3	1.2	17	6	8.6	24	9	30.4
4	1	1.2	11	4	3.5	18	7	4.0	25	11	12.4
5	2	2.0	12	4	4.1	19	7	5.5	26	12	13.4
6	2	1.3	13	4	5.1	20	7	10.5	27	12	26.2
7	2	2.5	14	5	5.7	21	8	17.5	28	12	7.4

5. 对习题 1 得到的回归模型做回归诊断. (1) 残差是否满足齐性、正态性的条件; (2) 对残差做 Durbin-Watson 自相关检验, 分析残差是否满足独立性条件; (3) 检验哪些点可能是异常值点, 哪些点可能是强影响点; (4) 去掉异常值点和强影响点, 再做回归分析.

6. 用 plot() 函数对习题 1 得到的回归模型做回归诊断. (1) 判断残差是否满足齐性、正态性的条件; (2) 检验哪些点可能是异常值点, 哪些点可能是强影响点; (3) 将得到的结果与习题 5 的结果做比较, 分析两种方法得到的结论是否相同.

7. 表 8.24 所示为教育学家测试的 21 个儿童的记录, 其中 X 为儿童的年龄（以月为单位）, Y 表示某种智力指标（数据存放在 mental.data 文件中）. (1) 建立简单线性回归模型, 确定智力随年龄变化的关系; (2) 检验哪些点可能是异常值点, 哪些点可能是强影响点.

表 8.24　儿童智力测试数据

	X	Y		X	Y		X	Y
1	15	95	8	11	100	15	11	102
2	26	71	9	8	104	16	10	100
3	10	83	10	20	94	17	12	105
4	9	91	11	7	113	18	42	57
5	15	102	12	9	96	19	17	121
6	20	87	13	10	83	20	11	86
7	18	93	14	11	84	21	10	100

8. 研究表明, 人体脂肪 (Y) 含量可以与三头肌皮下脂肪厚度 (X_1)、大腿围 (X_2) 和中臂围 (X_3) 有关. 现测得 20 名 25 至 34 岁女性的数据 (见表 8.25, 数据存放在 fat.data 文件中), 做脂肪与 3 个因素之间的回归分析, 各因素是否通过检验? 分析 3 个因素之间是否存在共线性.

表 8.25　人体脂肪数据

	X_1	X_2	X_3	Y		X_1	X_2	X_3	Y
1	19.5	43.1	29.1	11.9	11	31.1	56.6	30.0	25.4
2	24.7	49.8	28.2	22.8	12	30.4	56.7	28.3	27.2
3	30.7	51.9	37.0	18.7	13	18.7	46.5	23.0	11.7
4	29.8	54.3	31.1	20.1	14	19.7	44.2	28.6	17.8
5	19.1	42.2	30.9	12.9	15	14.6	42.7	21.3	12.8
6	25.6	53.9	23.7	21.7	16	29.5	54.4	30.1	23.9
7	31.4	58.5	27.6	27.1	17	27.7	55.3	25.7	22.6
8	27.9	52.1	30.6	25.4	18	30.2	58.6	24.6	25.4
9	22.1	49.9	23.2	21.3	19	22.7	48.2	27.1	14.8
10	25.5	53.5	24.8	19.3	20	25.2	51.0	27.5	21.1

9. 对例 8.1 和例 8.2 得到的简单线性回归方程做残差齐性检验, 试分析是否满足残差的齐性性要求? 做多项式回归是否有可能改善残差的齐性条件?

10. 一位饮食公司的分析人员想调查自助餐馆中的自动咖啡售货机数量与咖啡销售量之间的关系, 她选择了 14 家餐馆来进行实验. 这 14 家餐馆在营业额、顾客类型和地理位置方面都是相近的. 放在试验餐馆的自动售货机数量从 0(这里咖啡由服务员端来) 到 6 不等, 并且是随机分配到每个餐馆的. 表 8.26 所示的是关于试验结果的数据（数据存放在 coffee.data 文件中）. (1) 做线性回归模型, (2) 做多项式回归模型, (3) 画出数据的散点图和拟合曲线.

表 8.26　自动咖啡售货机数量与咖啡销售量数据 (单位: 杯)

餐馆	售货机数量	咖啡销售量	餐馆	售货机数量	咖啡销售量
1	0	508.1	8	3	697.5
2	0	498.4	9	4	755.3
3	1	568.2	10	4	758.9
4	1	577.3	11	5	787.6
5	2	651.7	12	5	792.1
6	2	657.0	13	6	841.4
7	3	713.4	14	6	831.8

11. 头围是反映婴幼儿脑和颅骨发育程度的重要指标之一. 某研究者欲研究婴幼儿头围和身长之间的回归关系, 于 1985 年调查了中国 9 个城市 2 岁以内婴幼儿体格的发育情况、不同月龄婴幼儿平均头围和平均身长, 如表 8.27 所示（数据存放在 baby.data 文件中）. 画出平均身长与平均头围的散点图, 选择适合的多项式回归曲线.

表 8.27　1985 年中国 9 个城市 2 岁以内婴幼儿的平均头围和平均身长

月龄	身长/cm	头围/cm	月龄	身长/cm	头围/cm
初生	49.90	33.73	12	69.85	44.15
1	56.60	37.45	14	72.30	44.70
2	59.25	39.10	16	74.98	45.45
4	61.40	40.25	18	77.63	46.05
6	63.38	41.33	20	80.03	46.55
8	65.10	42.18	22	82.50	46.98
10	67.28	43.20	24	85.93	47.45

12. 逐步回归是克服多重共线性的一种方法. 对例 8.13 做逐步回归. (1) 选择 step() 函数; (2) 选择 add1() 函数和 drop1() 函数, 选择变量的原则是 P 值低于 5% 且取最小值的变量, 删除变量的原则是 P 值大于 10% 且取最大值的变量.

13. 对习题 8 做逐步回归. (1) 选择 step() 函数; (2) 选择 add1() 函数和 drop1() 函数, 添加变量的准则是 P 值低于 5% 且取最小值的变量, 删除变量的准则是 P 值大于 10% 且取最大值的变量.

第9章　时间序列分析与预测

"7·21" 北京特大暴雨还会再次降临吗?

2012 年 7 月 21 日至 22 日 8 时左右, 中国大部分地区遭遇暴雨, 其中北京及其周边地区遭遇 61 年来最强暴雨及洪涝灾害. 截至 8 月 6 日, 北京已有 79 人因此次暴雨死亡. 根据北京市政府举行的灾情通报会的数据显示, 此次暴雨造成房屋倒塌 10660 间, 160.2 万人受灾, 经济损失 116.4 亿元[1].

时隔 4 年之后, 2016 年 7 月 19 日至 20 日, 北京再次遭遇暴雨来袭. 根据北京市气象台发布 19 日 1 时至 20 日 22 时降水量显示, 全市雨量监测站平均 199.9 毫米, 城区平均 260.7 毫米. 全市、城区平均雨量已经超过 "7·21" 暴雨的平均降雨量[2]. 由于事先已做好了充分的防范准备工作, 本次降雨并没有出现人员死亡的报道.

那么, 某一地区的降雨会呈现周期变化吗? 它可以预测吗?

本章要点

- 时间序列的基本概念、成分、平滑与回归方法.
- 时间序列的平稳性、差分与延迟算子和平稳性检验.
- 时间序列 ARMA 模型和 ARIMA 模型.
- 时间序列的建模与预测.

时间序列分析是统计学的分支之一, 主要研究随机数据序列的统计规律, 特别侧重于研究序列前后的相互依赖关系. 时间序列分析在许多领域, 如经济、金融、天文、气象、水文、生物、医学、化工、冶金等, 有着广泛的应用.

§9.1　时 间 序 列

按照时间的顺序将随机事件变化发展的过程记录下来的数据就构成时间序列. 对于时间序列进行观察、研究, 找寻它的变化和发展的规律, 预测它将来的趋势就是时间序列分析.

§9.1.1　时间序列的基本概念

1. 时间序列的定义

在统计研究中, 常用按时间顺序排列的一组随机变量

$$\cdots, X_1, X_2, \cdots, X_t, \cdots \tag{9.1}$$

---

[1] 360 百科, http://http://baike.so.com/doc/6752994-6967563.html/.
[2] 中华网, http://news.china.com/focus/nfhl/11179308/20160721/23109793.html.

来表示一个随机事件的时间序列, 简记为 $\{X_t, t \in T\}$ 或 $\{X_t\}$. 用

$$x_1,\ x_2,\ \cdots,\ x_n \tag{9.2}$$

或 $\{x_t, t = 1, 2, \cdots, n\}$ 表示该随机序列的 n 个有序观察值, 称之为序列长度为 n 的观察值序列值, 有时也称序列 (9.2) 为序列 (9.1) 的一个实现.

在实际数据中, $(x_1, x_2, \cdots, x_n)$ 仅是普通的向量, 在处理时需要增加某些与时间有关的属性, 如年份、季节或月份等, 这样便于后期的处理.

在 R 中, ts() 函数将向量或矩阵生成时间序列的对象, 其使用格式为:

```
ts(data = NA, start = 1, end = numeric(), frequency = 1,
    deltat = 1, ts.eps = getOption("ts.eps"),
    class = , names = )
```

部分参数的名称、取值及意义如表 9.1 所示.

表 9.1　ts( ) 函数中部分参数的名称、取值及意义

名称	取值及意义
data	向量或矩阵, 用于生成一维或多维时间序列的数据
start	数值或二维向量, 表示第 1 个观察值开始的时间, 如 2010 表示 2010 年. 当 frequency=12 时, c(2010,3) 表示 2010 年 3 月; 当 frequency=4 时, c(2010,3) 表示 2010 年第 3 季度
frequency	正整数, 表示季节数. 4 为 4 个季节, 12 为 12 个月

例如:

```
> ts(1:20, frequency = 12, start = c(2010, 3))
     Jan Feb Mar Apr May Jun Jul Aug Sep Oct Nov Dec
2010          1   2   3   4   5   6   7   8   9  10
2011  11  12  13  14  15  16  17  18  19  20
> ts(1:10, frequency = 4, start = c(2010, 3))
     Qtr1 Qtr2 Qtr3 Qtr4
2010            1    2
2011   3    4    5    6
2012   7    8    9   10
```

2. 时间序列图

以时间序列值为纵轴, 以时间为横轴作图, 便可对时间序列过去和现在的数值得出一个概貌性理解, 此类图形称为时间序列图, 简称为时序图.

在 R 中, 用 plot.ts() (简写成 plot()) 函数绘制时序图, 其使用格式为:

```
plot(x, y = NULL, plot.type = c("multiple", "single"),
      xy.labels, xy.lines, panel = lines, nc, yax.flip = FALSE,
      mar.multi = c(0, 5.1, 0, if(yax.flip) 5.1 else 2.1),
      oma.multi = c(6, 0, 5, 0), axes = TRUE, ...)
```

部分参数的名称、取值及意义如表 9.2 所示.

例 9.1　表 9.3 中的数据是美国各家银行 1975 年至 1994 年间的年平均优惠利率 (利率部分存放在 bank.data 文件中), 试识别时间序列变量, 并画出时间序列图.

表 9.2 plot( ) 函数中部分参数的名称、取值及意义

名称	取值及意义
x, y	对象, 由 ts() 函数生成
plot.type	字符串, 描述所绘时间序列的类型. 取 "multiple" 表示分别绘制多维时间序列的图形, 取 "single" 表示将多维时间序列绘制在一张图上. 对于一维时间序列, 此参数不起作用

表 9.3 银行优惠利率

年份	优惠利率/%	年份	优惠利率/%	年份	优惠利率/%
1975	7.86	1982	14.86	1989	10.87
1976	6.84	1983	10.79	1990	10.01
1977	6.82	1984	12.04	1991	8.46
1978	9.06	1985	9.93	1992	6.25
1979	12.67	1986	8.83	1993	6.00
1980	15.27	1987	8.21	1994	6.99
1981	18.87	1988	9.32		

解: 读取数据, 使用 ts() 函数将数据转换成时间序列, 开始时间为 1975 年. 最后用 plot() 函数绘出时序图 (程序名: exa_0901.R), 所绘图形如图 9.1 所示.

```
x <- scan("bank.data"); x <- ts(x, start = 1975)
plot(x, type='o', xlab='年', ylab='优惠利率 / %')
```

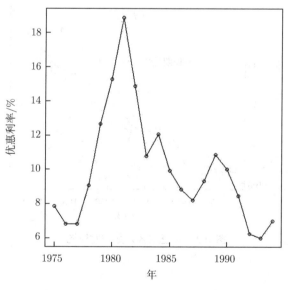

图 9.1 1975~1994 年的优惠利率图

§9.1.2 时间序列的成分

时间序列的变化可能受一个或多个因素的影响, 导致它在不同时间取值有差异, 这些影响因素就是时间序列的组成要素, 通常由 4 种要素组成, 分别是长期趋势、季节变动、循环波动和不规则波动.

1. 长期趋势

长期趋势是时间序列在一段较长时期内呈现出来的变化趋势. 观察长期趋势, 可以看出一个时间序列是否有向上或向下的趋势, 还是根本没有趋势. 另外, 还可以看出趋势是线性的, 还是非线性的. 通常将长期趋势记为 T_t.

2. 季节变动

季节变动是指时间序列在一年中呈现的以年为周期的上升或下降, 并且每年如此. 例如, 居民的用电量在冬季增大, 春季下降, 夏天又增大, 秋季又下降. 这里所考虑的季, 并非一定是春、夏、秋、冬的自然季, 而且季节的数量也可以是变化的. 例如, 如果考虑居民用电量, 这里的季就是自然季, 季的数量为 4. 如果考虑汽油的消耗量, 季节的数量可以为 4, 但或许考虑一个月内的汽油消耗量更有意义, 季节的数量就变成了 12. 对于某些旅游地, 只有 3 个月的旺季, 其余 9 个月是淡季, 因此, 只需要考虑 2 个季节. 通常将季节变动记为 S_t.

例 9.2 在 R 的 AirPassengers 的数据集中, 给出了 1949—1960 年每月的航空乘客人数 (单位: 千人), 画出航空乘客人数的时序图, 分析是否存在长期趋势和季节变动.

解: 画出航空乘客人数的时序图, 如图 9.2 所示, 图中的虚线是长期趋势, 时序图的峰值与低谷是由季节变动引起的. 因此, 该时间序列既存在长期趋势, 也存在季节变动.

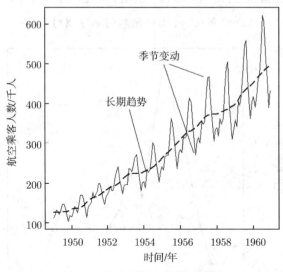

图 9.2 航空乘客人数的时序图

3. 循环波动

循环波动也称为周期波动, 它是时间序列呈现出的非固定长度的周期性变动. 例如, 人们经常听到的景气周期、加息周期这类术语就是所谓的循环波动. 循环波动的周期可能会持续一段时间, 但与趋势不同, 它不是朝着单一方向的持续变动, 而是涨落相间的交替波动. 例如, 经济从低谷到高峰, 又从高峰慢慢滑入低谷, 尔后又慢慢回升. 它与季节变动不同, 季节变动有比较固定的规律, 且变动周期为一年, 而循环波动则无固定规律, 变动周期多在一年以上, 而且周期长短不一. 通常将循环波动记为 C_t.

例 9.3 在 R 的 `sunspot.year` 的数据集中记录了 1700—1988 年太阳黑子的年平均数, 画出太阳黑子的时序图, 分析是否存在长期趋势和循环波动.

解: 画出太阳黑子数的时序图, 如图 9.3 所示, 从图中可以看出, 应该不存在长期趋势, 但或许存在循环波动.

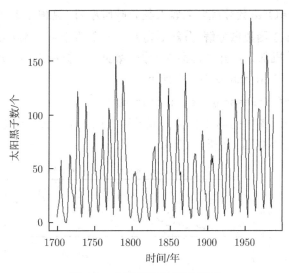

图 9.3 太阳黑子数的时序图

4. 不规则波动

不规则波动也称为随机波动, 它是时间序列中除去趋势、季节变动和周期波动之后剩余的波动. 随机波动是由一些偶然因素引起的, 它是不可预测的, 而且往往可以掩盖其他成分. 为了消除它, 大多数预测方法都试图把它的影响平均或平滑掉. 通常将不规则波动记为 I_t.

5. 时间序列模型

对于时间序列的分析通常假设是由上述 4 种因素通过两种方式结合起来的, 一种方法假设时间序列变量 X 在时间 t 时等于这 4 种因素之和, 即

$$X_t = T_t + S_t + C_t + I_t$$

X_t 是相关变量在时间 t 的观测值, T_t, S_t, C_t 和 I_t 分别是长期趋势、季节变动、循环波动和不规则波动 4 个因素的值, 该类模型称为加法模型.

另一种模型是乘法模型, 正如名称显示的那样, 该模型认为随机变量 X_t 是由 4 个因素相乘得到的, 即

$$X_t = T_t \cdot S_t \cdot C_t \cdot I_t$$

在 R 中, 有两个函数可以做时间序列的分解, 将一个时间序列分解成长期趋势、季节变动和不规则波动 3 个因素.

第一个函数是 `decompose()` 函数, 其使用格式为:

```
decompose(x, type = c("additive", "multiplicative"),
          filter = NULL)
```

部分参数的名称、取值及意义如表 9.4 所示.

表 9.4 decompose( ) 函数中部分参数的名称、取值及意义

名称	取值及意义
x	时间序列, 由 ts() 函数生成, 参数 frequency 的值应 $\geqslant 2$
type	字符串, 取 "additive" 表示加法模型, 取 "multiplicative" 表示乘法模型

例 9.4 用 decompose() 函数对航空乘客人数的时间序列 (见例 9.2) 做分解.

解: 用 decompose() 函数做分解, 分解后得到的三个部分 —— \$seasonal(季节)、\$trend (趋势) 和 \$random (随机部分), 并且包括 \$x(原始数据), 计算结果略. 使用 plot() 函数绘出这 4 条曲线. 程序 (程序名: exa_0904.R) 如下:

```
(m <- decompose(AirPassengers)); plot(m)
```

所绘图形如图 9.4 所示. 图中的第 1 部分是原始数据图, 第 2 部分是趋势图, 第 3 部分是季节变动图, 第 4 部分是不规则 (随机) 波动图.

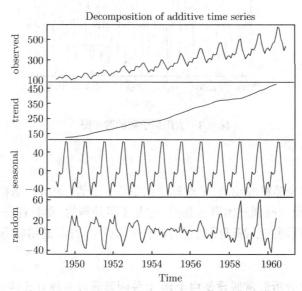

图 9.4 航空乘客人数的时序分解图 (加法准则)

第二个函数是 stl() 函数, STL 是 Seasonal Decomposition of Time Series by Loess 的缩写, 意思是借助于 Loess 做时间序列的季节性分解, Loess 的意思是局部多项式回归, 是回归的一种方法. 因此, STL 的意思是借助于局部多项式回归做时间序列的季节性分解.

stl() 函数的使用格式为:

```
stl(x, s.window, s.degree = 0,
    t.window = NULL, t.degree = 1,
    l.window = nextodd(period), l.degree = t.degree,
    s.jump = ceiling(s.window/10),
    t.jump = ceiling(t.window/10),
    l.jump = ceiling(l.window/10),
    robust = FALSE,
    inner = if(robust)  1 else 2,
```

```
        outer = if(robust) 15 else 0,
        na.action = na.fail)
```
部分参数的名称、取值及意义如表 9.5 所示.

表 9.5   stl( ) 函数中部分参数的名称、取值及意义

名称	取值及意义
x	时间序列, 由 ts() 函数生成, 参数 frequency 的值应 $\geqslant 2$
s.window	字符串或正整数. 字符串为 "periodic", 整数至少是 7

例 9.5   用 stl() 函数对航空乘客人数的时间序列 (见例 9.2) 做分解.

解: 程序如下, 计算结果绘出分解曲线图.

```
(s <- stl(AirPassengers, s.window = "periodic"))
plot(s, main = "Seasonal Decomposition of Time Series by Loess")
```
所绘图形如图 9.5 所示. 图中的第 1 部分是原始数据图, 第 2 部分是季节变动图, 第 3 部分是趋势图, 第 4 部分是不规则波动图. 图 9.2 中的长期趋势就是由 stl() 函数生成的.

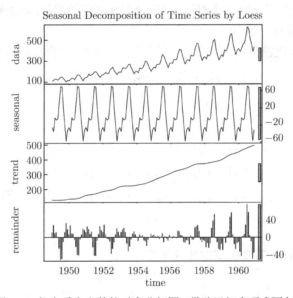

图 9.5   航空乘客人数的时序分解图 (借助局部多项式回归)

§9.1.3   时间序列预测的平滑方法

这里介绍 3 种预测方法, 分别是移动平均法、加权移动平均法和指数平滑法. 每一种方法的目的都是消除不规则波动所产生的随机影响, 因此, 它们都被称为平滑方法.

1. 移动平均法

设 $\{x_t, t=1,2,\cdots,n\}$ 是时间序列的 n 个观测值, 移动平均法使用 t 时刻处最近 k 个观测值的平均值作为 $t+1$ 时刻的预测值, 其计算公式为:

$$f_{t+1} = \frac{x_t + x_{t-1} + \cdots + x_{t-k+1}}{n}, \quad t=k, k+1, \cdots, n \tag{9.3}$$

"移动" 这个词的含义在于: 每次计算出时间序列的一个新观测值, 就用它代替式 (9.3) 中最旧的观测值, 并计算出最新的平均值. 因此, 当新的观测值可以代入计算公式时, 平均值将会变化或者移动.

2. 加权移动平均法

在移动平均法中计算移动平均值时, 每个观测值的权重是相同的, 但通常会认为距预测点近的数据应该有更高的权重, 而距预测点远的数据, 应该纷呈它较小的权重. 因此, 提出了加权移动平均法的概念.

如果取 k 个点计算平均值, 将最近点处的权重设计成最远点权重的 k 倍, 中间各点的权重由大到小平均分配. 例如, 如果 $k = 3$, 则 x_t, x_{t-1} 和 x_{t-2} 三点的权重分别是 3/6、2/6 和 1/6. 因此, 加权平均法的计算公式为:

$$f_{t+1} = \frac{kx_t + (k-1)x_{t-1} + \cdots + x_{t-k+1}}{1 + 2 + \cdots + k}, \quad t = k, k+1, \cdots, n \tag{9.4}$$

3. 指数平滑法

指数平滑法将历史事件序列的加权平均值作为对将来的预测, 它是加权移动平均的一个特例. 在指数平滑法中, 只选择一个权值, 即距最近观测值的权值, 其他数据的权值由方法自动计算, 且随时间的推移将越变越小.

设 x_t 为第 t 个点观测值, f_t 为第 t 个点预测值, 第 $t+1$ 个点预测值定义为:

$$f_{t+1} = \alpha x_t + (1-\alpha)f_t, \quad t = 1, 2, \cdots, n \tag{9.5}$$

其中 $f_1 = x_1$.

由式 (9.5) 得到:

$$f_2 = \alpha x_1 + (1-\alpha)f_1 = \alpha x_1 + (1-\alpha)x_1 = x_1$$
$$f_3 = \alpha x_2 + (1-\alpha)f_2 = \alpha x_2 + (1-\alpha)x_1$$
$$f_4 = \alpha x_3 + (1-\alpha)f_3 = \alpha x_3 + (1-\alpha)\alpha x_2 + (1-\alpha)^2 x_1$$
$$\vdots$$

每一个预测值均是前面所有观测值的加权平均.

4. 预测精度

选择预测方法的一个重要考虑因素是预测精度. 人们在预测时, 总是希望预测误差尽可能小. 评估预测精度的方法有多种, 这里介绍均方误差法.

设 x_t $(t = 1, 2, \cdots, n)$ 是时间序列第 t 个点的观测值, f_t 为预测值, $x_t - f_t$ 为预测误差. 均方误差 (记为 MSE) 是计算预测误差平方的平均值, 其计算公式为:

$$\text{MSE} = \frac{\sum\limits_{t=1}^{n}(x_t - f_t)^2}{n} \tag{9.6}$$

5. 示例

例 9.6 某电力公司在 2001—2004 年间每季度的电力负荷如表 9.6 所示 (电力负荷数据存在 power.data 文件中). (1) 用移动平均法和加权移动平均法 ($k = 4$) 做预测, 并计算预测值的均方误差; (2) 用指数 ($\alpha = 0.7$) 平滑法做预测, 并计算预测值的均方误差; (3) 绘出时间序列图, 并将 3 种预测值也同时画在一张图上.

表 9.6 2001—2004 年间电力公司季度电力负荷

年份	季度	电力负荷/兆瓦	年份	季度	电力负荷/兆瓦
2001	I	103.5	2003	I	144.5
	II	94.7		II	137.1
	III	118.6		III	159.0
	IV	109.3		IV	149.5
2002	I	126.1	2004	I	166.1
	II	116.0		II	152.5
	III	141.2		III	178.2
	IV	131.6		IV	169.0

解: 为便于后面的计算, 先编写两个函数, 一个计算 (加权) 移动平均值, 另一个计算指数平滑值, 并同时计算出预测值的均方误差.

计算 (加权) 移动平均值函数 (函数名: moving.R):

```
moving <- function(x, k = 1, weighted = FALSE){
    n <- length(x); f <- numeric(0)
    if (weighted == TRUE | weighted == T){
        w <- k:1
    } else{
        w <- rep(1, k)
    }
    for (t in k:n){
        f[t+1] <-  weighted.mean(x[t:(t-k+1)], w)
    }
    mse <- sum((x[(k+1):n] - f[(k+1):n])^2)/(n-k)
    list(average = f, MSE = mse)
}
```

参数 x 为向量, 由时间序列的观测值构成. k 为正整数, 表示计算平均值的点数. weighted 为逻辑变量, 表示是否使用加权计算, 默认值为 FALSE.

函数的返回值是列表, 成员 average (加权) 移动平均值, 成员 MSE 为预测的均方误差.

计算指数平滑值函数 (函数名: smooth.R):

```
smooth <- function(x, alpha = 0.5){
    n <- length(x); f <- x[1]
    for (t in 1:n){
        f[t+1] <-  alpha*x[t] + (1-alpha)*f[t]
    }
    mse <- sum((x - f[1:n])^2)/(n-1)
    list(average = f, MSE = mse)
}
```

参数 x 为向量, 由时间序列的观测值构成. alpha 为 0 至 1 之间的数值, 表示权重 α, 默认值为 0.5.

函数的返回值是列表, 成员 average 为指数平滑值, 成员 MSE 为预测的均方误差.

接下来计算 (加权) 移动平均值和指数平滑值, 然后将观测值、(加权) 移动平均值和指数平滑值, 及相应的曲线画在一张图上, 其程序 (程序名: exa_0902.R) 如下:

```
source("moving.R"); source("smooth.R")
x <- scan("power.data")
y <- ts(x, start = 2001, frequency = 4)
plot(y, type = 'o', xlab = '时间/ 年', ylab = '电力负荷/兆瓦',
    xlim = c(2001, 2005))
M <- moving(y, k = 4)
points(M$average, pch = 22, col = 2)
lines(M$average, lwd = 2, lty = 4, col = 2)

M <- moving(y, k = 4, weighted = T)
points(M$average, pch = 24, col = 4)
lines(M$average, lwd = 2, lty = 2, col = 4)
S <- smooth(y, alpha = 0.7)
points(S$average, pch = 25, col = 6)
lines(S$average, lwd = 2, lty = 5, col = 6)

legend(2001.2, 175,
    col = c(1, 2, 4, 6), lty = c(1, 4, 2, 5),
    lwd = c(1, 2, 2, 2), pch = c(21, 22, 24, 25),
    legend=c("观测值", "移动平均值", "加权移动平均值",
             "指数平滑值"))
```

移动平均值的预测均方误差为 217.60, 加权移动平均值的预测均方误差为 187.71, 指数平滑的预测均方误差为 189.73. 程序所绘图形如图 9.6 所示.

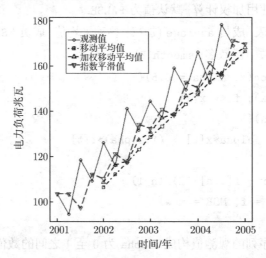

图 9.6　电力公司的时序图及 (加权) 移动平均和指数平滑预测曲线

§9.1.4 用回归方法做预测

本小节介绍如何用回归分析的方法做预测.

1. 趋势推测法

当时间序列中包含有趋势成分时, 可以采用回归分析的方法对趋势做推测. 如果样本数据对时间坐标绘图显现某种线性趋势时, 则可以假定时间序列中长期成分用简单线性回归

$$E(X_t) = \beta_0 + \beta_1 t \tag{9.7}$$

来解释, 其中 X_t 为第 t 时刻的时间序列.

例 9.7(续例 9.6) 找出例 9.6 中电力负荷的长期趋势, 并画出时间序列图和相应的长期趋势.

解: 做简单线性回归分析. 以下是程序和计算结果 (部分).

```
> x <- scan("power.data"); t <- 1:16
> lm.sol <- lm(x ~ 1 + t); summary(lm.sol)


Coefficients:
            Estimate Std. Error t value Pr(>|t|)
(Intercept)  95.6625     4.3573   21.95 3.03e-12 ***
t             4.8993     0.4506   10.87 3.28e-08 ***


Residual standard error: 8.309 on 14 degrees of freedom
Multiple R-squared:  0.8941,    Adjusted R-squared:  0.8865
F-statistic: 118.2 on 1 and 14 DF,  p-value: 3.284e-08
```

画出时间序列图和相应的长期趋势, 如图 9.7 所示, 图中的 1 表示 2001 年第 1 季度, 5 表示 2002 年第 1 季度等.

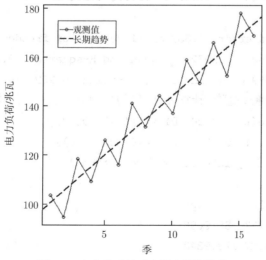

图 9.7 电力公司的时序图和长期趋势

2. 趋势和季节变动建模

除了考虑时间序列的长期趋势外, 还可以同时考虑季节变动或周期波动产生的影响. 例如, 在例 9.3 中, 考虑季节的影响, 将模型 (9.7) 改为:

$$E(X_t) = \beta_0 + \beta_1 t + \beta_2 Q_1 + \beta_3 Q_2 + \beta_4 Q_3 \tag{9.8}$$

在模型 (9.8) 中, $\beta_1 t$ 为长期趋势, $\beta_2 Q_1 + \beta_3 Q_2 + \beta_4 Q_3$ 为季节成分, 其中 Q_i 表示第 i 季度, 其取值为:

$$Q_i = \begin{cases} 1, & \text{第 } i \text{ 季度} \\ 0, & \text{其他季度} \end{cases}, \quad i = 1, 2, 3 \tag{9.9}$$

第 4 季度为基础水平.

例 9.8（续例 9.6）　建立长期趋势和季节变动模型, 并预测 2005 年 4 个季度的电力负荷.

解: 输入数据、计算, 并列出计算结果 (部分).

```
x <- scan("power.data"); t <- 1:16
Q1 <- rep(c(1, 0, 0, 0), 4)
Q2 <- rep(c(0, 1, 0, 0), 4)
Q3 <- rep(c(0, 0, 1, 0), 4)
lm.sol <- lm(x ~ 1 + t + Q1 + Q2 + Q3)
summary(lm.sol)


Coefficients:
            Estimate Std. Error t value Pr(>|t|)
(Intercept) 90.20625    1.14931  78.487  < 2e-16 ***
t            4.96437    0.08566  57.951 4.99e-15 ***
Q1          10.09312    1.11364   9.063 1.96e-06 ***
Q2          -4.84625    1.09704  -4.418  0.00103 **
Q3          14.36437    1.08696  13.215 4.29e-08 ***


Residual standard error: 1.532 on 11 degrees of freedom
Multiple R-squared:  0.9972,    Adjusted R-squared:  0.9961
F-statistic:   969 on 4 and 11 DF,  p-value: 6.262e-14
```

系数、方程和相关性均通过检验. 计算 2005 年的预测值, 及 95% 的预测区间.

```
new <- data.frame(t = 17:20, Q1 = c(1, 0, 0, 0),
      Q2 = c(0, 1, 0, 0), Q3 = c(0, 0, 1, 0))
predict(lm.sol, new, interval = "prediction")


       fit      lwr      upr
1 184.6937 180.4777 188.9098
2 174.7187 170.5027 178.9348
3 198.8937 194.6777 203.1098
4 189.4937 185.2777 193.7098
```

这里的 1,2,3,4 分别表示 2005 年的 4 个季度.

§9.1.5 Holt - Winters 指数平滑方法

Holt (霍特, 1957) 和 Winters (温特, 1960) 扩展了简单指数平滑方法, 使之适应具有趋势和季节周期的数据, 称为 Holt - Winters 模型.

设 p 为季节周期数, Holt - Winters 加法模型的预测公式为:

$$\widehat{x}_{t+h} = a_t + h \cdot b_t + s_{t+h-p}, \quad h = 1, 2, \cdots, p \tag{9.10}$$

其中 a_t 为常数项, b_t 为趋势项, s_t 为季节项, 它们的迭代公式如下:

$$a_t = \alpha(x_t - s_{t-p}) + (1-\alpha)(a_{t-1} + b_{t-1}) \tag{9.11}$$

$$b_t = \beta(a_t - a_{t-1}) + (1-\beta)b_{t-1} \tag{9.12}$$

$$s_t = \gamma(x_t - a_t) + (1-\gamma)s_{t-p} \tag{9.13}$$

式中的 α 为水平平滑参数, β 为趋势平滑参数, γ 为季节平滑参数, 且取值均在 $0 \sim 1$ 之间.

Holt-Winters 乘法模型的预测公式仍为式 (9.10), a_t、b_t 和 s_t 的迭代公式为:

$$a_t = \alpha(x_t/s_{t-p}) + (1-\alpha)(a_{t-1} + b_{t-1}) \tag{9.14}$$

$$b_t = \beta(a_t - a_{t-1}) + (1-\beta)b_{t-1} \tag{9.15}$$

$$s_t = \gamma(x_t/a_t) + (1-\gamma)s_{t-p} \tag{9.16}$$

在 R 中, HoltWinters() 函数完成 Holt - Winters 指数平滑, 其使用格式为:

```
HoltWinters(x, alpha = NULL, beta = NULL, gamma = NULL,
    seasonal = c("additive", "multiplicative"),
    start.periods = 2, l.start = NULL, b.start = NULL,
    s.start = NULL,
    optim.start = c(alpha = 0.3, beta = 0.1, gamma = 0.1),
    optim.control = list())
```

部分参数的名称、取值及意义如表 9.7 所示.

表 9.7 HoltWinters( ) 函数中部分参数的名称、取值及意义

名称	取值及意义
x	时间序列, 由 ts() 函数生成
alpha	水平参数 α, 默认值为 NULL (函数将计算最优的 α 值)
beta	趋势参数 β, 默认值为 NULL (函数将计算最优的 β 值); 当取 FALSE 时, 不计算趋势项
gamma	季节参数 γ, 默认值为 NULL (函数将计算最优的 γ 值, 当季节数 $\geqslant 2$ 才有效); 当取 FALSE 时, 不计算季节项
seasonal	字符串, 取 "additive" (默认值) 表示使用加法模型, 取 "multiplicative" 表示使用乘法模型

在得到 Holt - Winters 模型后, 可以使用 predict.HoltWinters() 函数 (简写形式为 predict() 函数) 做预测, 其使用格式为:

```
predict(object, n.ahead = 1, prediction.interval = FALSE,
        level = 0.95, ...)
```

参数的名称、取值及意义如表 9.8 所示.

表 9.8　predict.HoltWinters( ) 函数中参数的名称、取值及意义

名称	取值及意义
object	对象, 由 HoltWinters() 函数生成
n.ahead	正整数, 表示需要预测的步数
prediction.interval	逻辑变量, 表示是否计算置信区间, 默认值为 FALSE
level	(0, 1) 之间的值, 表示置信水平, 默认值为 0.95

例 9.9（续例 9.6）　使用 HoltWinters() 函数计算例 9.6 中数据的 Holt - Winters 模型, 并预测 2005 年 4 个季度的电力负荷.

解: 读取数据, 使用 HoltWinters() 函数确定模型, 使用 predict() 函数做预测, 程序 (程序名: exa_0909.R) 和计算结果如下.

```
> x <- scan("power.data")
> x <- ts(x, start = 2001, frequency = 4)
> m <- HoltWinters(x); m


Holt-Winters exponential smoothing with trend and
additive seasonal component.

Call:
HoltWinters(x = x)

Smoothing parameters:
 alpha: 0.9025595
 beta : 0
 gamma: 0

Coefficients:
      [,1]
a  174.4127
b    5.5250
s1   5.8875
s2  -9.8250
s3   9.3625
s4  -5.4250

> predict(m, n.ahead = 4, prediction.interval = TRUE)

           fit      upr      lwr
2005 Q1 185.8252 193.2797 178.3708
2005 Q2 175.6377 185.6794 165.5960
2005 Q3 200.3502 212.4375 188.2629
```

2005 Q4 191.0877 204.9214 177.2540

对于 Holt - Winters 模型和它的预测值, plot.HoltWinters() 函数 (简写形式为 plot() 函数) 可画出观测值和预测值, 以及预测置信区间的曲线, 其使用格式为:

```
plot(x, predicted.values = NA, intervals = TRUE,
     separator = TRUE, col = 1, col.predicted = 2,
     col.intervals = 4, col.separator = 1, lty = 1,
     lty.predicted = 1, lty.intervals = 1, lty.separator = 3,
     ylab = "Observed / Fitted",
     main = "Holt-Winters filtering",
     ylim = NULL, ...)
```

部分参数的名称、取值及意义如表 9.9 所示.

表 9.9 plot.HoltWinters( ) 函数中部分参数的名称、取值及意义

名称	取值及意义
x	对象, 由 HoltWinters() 函数生成
predicted.values	预测序列, 由 predict.HoltWinters() 函数生成
intervals	逻辑变量, 表示是否画出置信区间, 默认值为 TRUE
separator	逻辑变量, 表示是否画出预测值与观测值的分割线, 默认值为 TRUE

例 9.10 数据集 AirPassengers 给出了 1949—1960 年每月的航空乘客人数 (单位: 千人), 使用乘法 Holt - Winters 模型预测 1961 年全年的月乘客人数, 画出航空乘客人数的时序图、拟合曲线及预测曲线.

解: 使用 HoltWinters() 函数确定模型, predict() 函数做拟合与预测, plot() 函数画图, 其程序 (程序名: exa_0910.R) 如下:

```
m <- HoltWinters(AirPassengers, seasonal = "multiplicative")
p <- predict(m, n.ahead = 12, prediction.interval = TRUE)
plot(m, p, lty.predicted = 4, lty.intervals = 5)
```

所绘图形如图 9.8 所示.

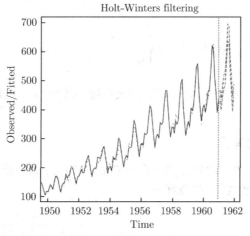

图 9.8 航空乘客人数的时序图、拟合曲线和预测曲线

§9.2 平 稳 性

在时间序列的分析中, 会经常用到平稳性, 本节先简单介绍平稳性的概念.

§9.2.1 时间序列的平稳性

如果时间序列 $\{X_t\}$ 满足

$$E(X_t)=\mu, \quad \forall\, t \tag{9.17}$$

$$E[(X_t-\mu)(X_s-\mu)]=\gamma_{t-s}, \quad \forall\, t,\, s \tag{9.18}$$

则称 $\{X_t\}$ 为平稳时间序列, 简称为平稳序列. 实序列 $\{\gamma_t\}$ 称为 $\{X_t\}$ 的自协方差函数.

由定义可以看出, 在平稳序列中, 随机变量 X_t 的均值 $E(X_t)=\mu$ 和方差 $\mathrm{var}(X_t)=E[(X_t-\mu)^2]=\gamma_0$ 都是与 t 无关的. 协方差

$$E[(X_t-\mu)(X_s-\mu)]=E[(X_{t+k}-\mu)(X_{s+k}-\mu)]=\gamma_{t-s}, \quad \forall\, t,\, s \tag{9.19}$$

与 k 无关, 即平稳序列具有协方差结构的平移不变性.

从平稳性的定义及上述性质可以得到: 具有长期趋势的时间序列一定不是平稳序列. 例如, 由例 9.2 和例 9.3 解的过程可以看出, 例 9.2 中的数据一定不是平稳的, 因为它的均值在随时间增长.

对于平稳时间序列, 定义

$$\rho_k=\frac{\mathrm{cov}(X_{t+k},X_t)}{\sqrt{\mathrm{var}(X_{t+k})\mathrm{var}(X_k)}}=\frac{\gamma_k}{\gamma_0}, \quad \forall\, k \tag{9.20}$$

称序列 $\{\rho_k\}$ 为 $\{X_t\}$ 的自相关函数.

由式 (9.19) 和式 (9.20) 得到 $\rho_0=1$ 和

$$\rho_k=\rho_{-k}, \quad |\rho_k|\leqslant 1, \quad \forall\, k \tag{9.21}$$

设 $\{\varepsilon_t\}$ 为一个平稳序列, 且满足

$$\mathrm{E}(\varepsilon_t)=\mu, \quad \forall\, t \tag{9.22}$$

$$\mathrm{cov}(\varepsilon_t,\varepsilon_s)=\begin{cases} \sigma^2, & t=s \\ 0, & t\neq s \end{cases}, \quad \forall\, t,\, s \tag{9.23}$$

则称 $\{\varepsilon_t\}$ 为一个白噪声, 记为 $\mathrm{WN}(\mu,\sigma^2)$. 如果白噪声均值 $\mu=0$ 且服从正态分布, 则称其为 Gauss 白噪声.

§9.2.2 差分算子与延迟算子

称 $\nabla X_t=X_t-X_{t-1}$ 为一阶差分, $\nabla^2 X_t=\nabla X_t-\nabla X_{t-1}$ 为二阶差分, $\nabla^p X_t=\nabla^{p-1}X_t-\nabla^{p-1}X_{t-1}$ 为 p 阶差分. 称 ∇ 为差分算子.

记 B 为延迟算子, 即

$$X_{t-1} = BX_t$$

$$X_{t-2} = BX_{t-1} = B^2 X_t$$

$$\vdots$$

$$X_{t-p} = BX_{t-p+1} = B^2 X_{t-p+2} = \cdots = B^p X_t$$

可将差分算子定义为 $\nabla = 1 - B$, 由此得到差分运算的通项表达式:

$$\nabla^p X_t = (1-B)^p X_t = \sum_{i=0}^{p} (-1)^i \binom{p}{i} B^i X_t = \sum_{i=0}^{p} (-1)^i \binom{p}{i} X_{t-i} \tag{9.24}$$

其中 $B^0 = 1$.

差分运算的一个重要性质是获得平稳的时间序列. 例如, 假设时间序列具有长期趋势, 设

$$X_t = \beta_0 + \beta_1 t + \varepsilon_t$$

其中 ε_t 为零均值的白噪声. 因此, 有 $\mathrm{E}(X_t) = \beta_0 + \beta_1 t$, 其均值随时间变化, 不是平稳的. 但做差分运算后

$$\nabla X_t = X_t - X_{t-1} = \beta_1 + \varepsilon_t - \varepsilon_{t-1}$$

满足平稳时间序列的条件.

在 R 中, 使用 diff() 函数完成差分运算, 其使用格式为:

```
diff(x, lag = 1, differences = 1, ...)
```

参数的名称、取值及意义如表 9.10 所示.

表 9.10　ts( ) 函数中参数的名称、取值及意义

名称	取值及意义
x	数值向量或矩阵, 用于计算差分
lag	正整数, 表示差分之间的延迟数, 默认值为 1
differences	正整数, 表示差分的阶数, 默认值为 1

例如:

```
> diff(1:10, lag = 2)
[1] 2 2 2 2 2 2 2 2
> diff(1:10, lag = 2, differences = 2)
[1] 0 0 0 0 0 0
```

§9.2.3　线性差分方程及其平稳性

本小节讨论线性差分方程和它的平稳性条件, 为后面的 ARMA 模型做准备.

1. 差分方程与解的形式

称

$$z_t + a_1 z_{t-1} + a_2 z_{t-2} + \cdots + a_p z_{t-p} = h_t \tag{9.25}$$

为线性差分方程. 若 $h_t = 0$, 则称

$$z_t + a_1 z_{t-1} + a_2 z_{t-2} + \cdots + a_p z_{t-p} = 0 \tag{9.26}$$

为齐次线性差分方程.

若 $z_t^{(1)}$ 和 $z_t^{(2)}$ 是线性差分方程 (9.25) 的解, 则 $z_t^{(1)} - z_t^{(2)}$ 是齐性线性差分方程 (9.26) 的解. 因此, 线性差分方程 (9.25) 的通解可分解为:

$$z_t = z_t' + z_t'' \tag{9.27}$$

其中 z_t' 齐性线性差分方程 (9.26) 的通解, z_t'' 是线性差分方程 (9.25) 的特解.

下面讨论齐性线性差分方程 (9.26) 的通解形式. 令 $z_t = \lambda^t$, 将其代入齐性线性差分方程 (9.26), 得到:

$$\lambda^p + a_1\lambda^{p-1} + a_2\lambda^{p-2} + \cdots + a_p = 0 \tag{9.28}$$

称其为齐性线性差分方程 (9.26) 的特征方程.

(1) 若 λ 为特征方程 (9.28) 的单根, 则

$$z_t = c\lambda^t$$

是差分方程 (9.26) 的解.

(2) 若 $\lambda_1 = \lambda_2 = \cdots = \lambda_k = \lambda$ 是特征方程 (9.28) 的 k 重根, 则

$$z_t = (c_1 + c_2 t + \cdots + c_k t^{k-1})\lambda^t$$

是差分方程 (9.26) 的解.

(3) 若 $\lambda_1 = \alpha + i\beta$, $\lambda_2 = \alpha - i\beta$ 是特征方程 (9.28) 的一对复根, 则

$$z_t = (c_1\cos\omega t + c_2\sin\omega t)\rho^t$$

是差分方程 (9.26) 的解, 其中 $\rho = \sqrt{\alpha^2 + \beta^2}$, $\omega = \arccos\frac{\alpha}{\rho}$.

因此, 齐性线性差分方程 (9.26) 的通解是上述 3 种形式之和.

2. 线性差分方程解的平稳性

若齐性线性差分方程 (9.26) 的解 z_t 满足:

$$\lim_{t\to\infty} z_t = 0 \tag{9.29}$$

则称 z_t 是平稳的. 由解的 3 种表达式得到式 (9.29) 成立的充分必要条件是:

$$|\lambda_i| < 1, \quad i = 1, 2, \cdots, p \tag{9.30}$$

其中 λ_i 为特征方程 (9.28) 的复根.

§9.2.4　时间序列平稳性的检验

平稳时间序列的检验大体有两种方法: 一种是图形法, 即画出时序图或其他函数图形; 另一种是使用统计量来判别. 图形法的优点是较为简单, 但缺点是主观猜测的因素较大. 使用统计量判别的优点是结论明确, 其缺点是统计量的计算较为复杂.

本小节介绍使用图形法来判断平稳性.

1. 时序图

例 9.11　在 R 的 airmiles 的数据集中记录了 1937—1960 年美国商业飞行的年乘客英里数, 画出数据的时序图, 分析是否是平稳的.

解: 画出乘客英里数的时序图, 其程序 (程序名: exa_0911.R) 如下.

```
plot(airmiles, type='o', main = "airmiles data",
    ylab = "Passenger-Miles Flown by U.S. Commercial Airlines",
    col = 4)
```

所绘图形如图 9.9 所示, 从图形来看, 乘客英里数具有长期增长趋势, 因此, 不是平稳的.

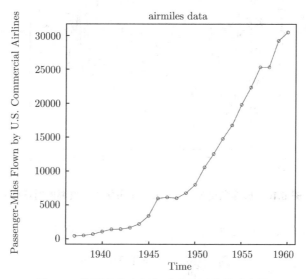

图 9.9　美国商业飞行年乘客英里数的时序图

例 9.12（续例 9.2）　AirPassengers 的数据集中的每月航空乘客人数是否是平稳的?

解: 例 9.2 中已分析过, 航空乘客人数的时序图中既包含长期趋势, 又包含有季节变动 (见图 9.2), 因此, 不是平稳的.

例 9.13　在 R 的 nhtemp 的数据集中记录了 1912—1971 年美国康涅狄格州 New Haven 市的年平均气温 (单位: 华氏), 画出数据的时序图, 分析是否是平稳的.

解: 画出年平均气温的时序图, 其程序 (程序名: exa_0913.R) 如下.

```
plot(nhtemp, main = "nhtemp data",
    ylab = "Mean annual temperature in New Haven, CT (deg. F)")
```

所绘图形如图 9.10 所示, 从图形中看不出长期趋势和季节或周期变动, 这组时间序列应该是平稳的. 为了稳妥起见, 还需要做其他的检验.

2. 样本自相关系数

设 $\{X_t\}$ 为时间序列, $\{x_t, t = 1, 2, \cdots, n\}$ 为它的一组观察值. 样本均值的计算公式为:

$$\widehat{\mu} = \frac{1}{n} \sum_{t=1}^{n} x_t \tag{9.31}$$

样本协方差的计算公式为:

$$\widehat{\gamma}_k = \frac{1}{n-k} \sum_{t=1}^{n-k} (x_t - \widehat{\mu})(x_{t+k} - \widehat{\mu}) \tag{9.32}$$

以及

$$\widehat{\gamma}_0 = \frac{1}{n-1} \sum_{t=1}^{n} (x_t - \widehat{\mu})^2 \tag{9.33}$$

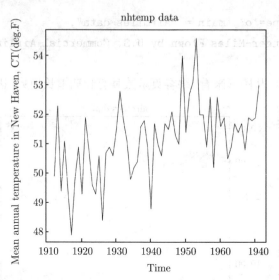

图 9.10　康涅狄格州 New Haven 市年平均气温的时序图

样本自相关系数的计算公式为:

$$\widehat{\rho}_0 = \frac{\widehat{\gamma}_k}{\widehat{\gamma}_0}, \quad k = 1, 2, \cdots, n \tag{9.34}$$

当延迟的阶数 k 远远小于样本容量 n 时, 样本自相关系数的计算公式可以简化为:

$$\widehat{\rho}_k = \frac{\displaystyle\sum_{t=1}^{n-k} (x_t - \widehat{\mu})\,(x_{t+k} - \widehat{\mu})}{\displaystyle\sum_{t=1}^{n} (x_t - \widehat{\mu})^2}, \quad 1 \leqslant k \ll n \tag{9.35}$$

3. 自相关图检验

可以证明, 平稳时间序列通常具有短期相关性. 该性质用自相关系数来描述就是随着延迟期数 k 的增加, 平稳时间序列的自相关系数 $\widehat{\rho}_k$ 会很快地衰减向零. 反之, 非平稳时间序列的自相关系数 $\widehat{\rho}_k$ 衰减向零的速度通常比较慢. 这就是用自相关图来检验时间序列是否平稳的标准.

在 R 中, acf() 函数计算样本协方差、样本自相关系数, 或者绘出自相关图, 其使用格式为:

```
acf(x, lag.max = NULL,
    type = c("correlation", "covariance", "partial"),
    plot = TRUE, na.action = na.fail, demean = TRUE, ...)
```

部分参数的名称、取值及意义如表 9.11 所示.

例 9.14 (续例 9.11)　画出美国商业飞行的年乘客英里数的自相关图, 分析序列是否是平稳的?

解: 画出乘客英里数的自相关图, 其程序如下.

```
acf(airmiles)
```

表 9.11　acf( ) 函数中部分参数的名称、取值及意义

名称	取值及意义
x	时间序列, 由 ts() 函数生成
lag.max	正整数, 表示最大延迟数, 默认值为 NULL
type	字符串, 取 "correlation"(默认值) 表示自相关系数, 取 "covariance" 表示协方差, 取 "partial" 表示偏自相关系数
plot	逻辑变量, 表示是否画出自相关图, 默认值为 TRUE. 当取 FALSE 时, 函数返回样本的自相关 (或自协方差) 系数

其图形如图 9.11 所示. 从图形可以看出, 序列的自相关系数递减到零的速度相当缓慢, 在很长的延迟期里, 自相关系数一直为正, 而后, 又一直为负, 在自相关的图上显示出明显的三角对称性, 这是具有单调的非平稳序列的一种典型自相关图的形式.

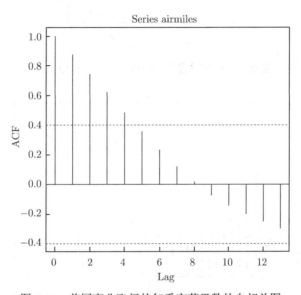

图 9.11　美国商业飞行的年乘客英里数的自相关图

例 9.15（续例 9.2）　画出航空乘客人数的自相关图, 分析序列是否是平稳的?

解: 航空乘客人数的自相关图, 其程序如下.

```
acf(AirPassengers, lag = 5*12)
```

其图形如图 9.12 所示. 从图形可以看出, 自相关系数长期位于零轴的一侧, 这是具有单调趋势序列的典型特征, 同时, 自相关图呈现出明显的正弦波动规律, 这是周期变化规律的非平稳序列的典型特征. 这个结论与例 9.2 的分析是相同的.

例 9.16（续例 9.13）　画出 New Haven 市的年平均气温的自相关图, 分析序列是否是平稳的.

解: 画出 New Haven 市的年平均气温的自相关图, 其程序如下.

```
acf(nhtemp, lag = 30)
```

其图形如图 9.13 所示. 从图形可以看出, 自相关系数一直比较小, 大部分系数均在两条虚线以内, 可以认为该序列在零轴附近波动, 这是随机性较强的平稳时间序列具有的自相关图性质.

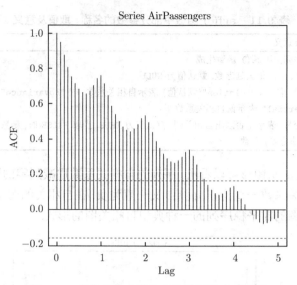

图 9.12   航空乘客人数的自相关图的自相关图

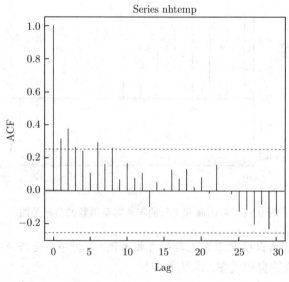

图 9.13   New Haven 市的年平均气温的自相关图

§9.3   ARMA 模型

ARMA 是 Auto-Regression Moving Average 的缩写, 即自动回归移动平均, 也就是说, ARMA 模型表示自动回归移动平均模型, 共有 3 种模型 ——AR (自回归) 模型、MA (移动平均) 模型和 ARMA 模型. ARMA 模型是由 Box (博克斯) 和 Jenkins (詹金斯) 创立的, 也称为 B - J 方法, 它是一种精度较高的时间序列短期预测方法.

§9.3.1   AR 模型

AR 是 Auto-Regression 的缩写, AR 模型就是自回归模型.

1. AR 模型

如果时间序列 $\{X_t\}$ 是它的前期值和随机项的线性函数, 则可表示为:

$$X_t = \phi_0 + \phi_1 X_{t-1} + \phi_2 X_{t-2} + \cdots + \phi_p X_{t-p} + \varepsilon_t \tag{9.36}$$

其中 $\phi_p \neq 0$, 则称该时间序列 X_t 为自回归序列, 称方程 (9.36) 为 p 阶自回归模型, 记为 AR(p), 因此, 也称 $\{X_t\}$ 为 AR(p) 过程. 参数 ϕ_1, ϕ_2, $\cdots$, ϕ_p 称为自回归系数, 是模型的待估参数. 随机项 ε_t 是相互独立的白噪声, 且服从均值为 0、方差为 σ_ε^2 的正态分布, 即 Gauss 白噪声. 随机项 ε_t 与延迟变量 X_{t-1}, X_{t-2}, $\cdots$, X_{t-p} 不相关.

当 $\phi_0 = 0$ 时, 称自回归模型 (9.36) 为中心化 AR(p) 模型. 对于非中心化 AR(p) 模型, 令

$$\mu = \frac{\phi_0}{1 - \phi_1 - \phi_2 - \cdots - \phi_p}, \quad Y_t = X_t - \mu$$

则 $\{Y_t\}$ 满足中心化 AR(p) 模型. 因此, 今后假设 $\phi_0 = 0$.

引进延迟算子 B, 令

$$\phi(B) = 1 - \phi_1 B - \phi_2 B^2 - \cdots - \phi_p B^p \tag{9.37}$$

则 AR(p) 模型可简记为:

$$\phi(B) X_t = \varepsilon_t \tag{9.38}$$

称式 (9.37) 为 p 阶自回归系数多项式.

2. AR 模型的平稳性条件

由线性差分方程的性质得到, X_t 是平稳的的充分必要条件是特征方程

$$\lambda^p - \phi_1 \lambda^{p-1} - \phi_2 \lambda^{p-2} - \cdots - \phi_p = 0$$

的 p 个复根满足 $|\lambda_i| < 1$ $(i = 1, 2, \cdots, p)$. 令 $u = \frac{1}{\lambda}$, X_t 是平稳的的充分必要条件改为:

$$\phi(u) = 1 - \phi_1 u - \phi_2 u^2 - \cdots - \phi_p u^p = 0 \tag{9.39}$$

的 p 个复根满足 $|u_i| > 1$ $(i = 1, 2, \cdots, p)$. 换句话说,

$$\phi(u) = 1 - \phi_1 u - \phi_2 u^2 - \cdots - \phi_p u^p \neq 0, \quad \forall\, |u| \leqslant 1 \tag{9.40}$$

即所有的根均在单位圆之外.

对于简单的 AR(p) 模型, 可以直接用系数判断 X_t 是否是平稳的. 对于 AR(1) 模型

$$X_t = \phi X_{t-1} + \varepsilon_t$$

$u = \phi^{-1}$ 是方程 $\phi(u) = 1 - \phi u = 0$ 的根, $|u| > 1$ 的充要条件是: $|\phi| < 1$.

例 9.17 考查如下 AR(1) 模型的平稳性.

(1) $X_t = 0.8 X_{t-1} + \varepsilon_t$; (2) $X_t = -1.1 X_{t-1} + \varepsilon_t$.

解: 对于 (1), $|\phi| = 0.8 < 1$, 是平稳的. 对于 (2), $|\phi| = 1.1 > 1$, 是非平稳的.

对于 AR(2) 模型

$$X_t = \phi_1 X_{t-1} + \phi_2 X_{t-2} + \varepsilon_t$$

令 $\phi(u) = 1 - \phi_1 u - \phi_2 u^2 = (1 - \lambda_1 u)(1 - \lambda_2 u)$, 因此, $u_i = \lambda_i^{-1}$ $(i = 1, 2)$ 是方程 $\phi(u) = 0$ 的根, 且满足

$$\begin{cases} \lambda_1 + \lambda_2 = \phi_1 \\ \lambda_1 \cdot \lambda_2 = -\phi_2 \end{cases}$$

$|u_i| > 1$ 的充要条件是: $|\lambda_i| < 1$, $i = 1, 2$, 等价为

$$|\phi_2| < 1 \tag{9.41}$$

$$\phi_2 + \phi_1 = -\lambda_1 \cdot \lambda_2 + \lambda_1 + \lambda_2 = 1 - (1 - \lambda_1)(1 - \lambda_2) < 1 \tag{9.42}$$

$$\phi_2 - \phi_1 = -\lambda_1 \cdot \lambda_2 - \lambda_1 - \lambda_2 = 1 - (1 + \lambda_1)(1 + \lambda_2) < 1 \tag{9.43}$$

图 9.14 绘出 AR(2) 模型平稳性区域, 其中二次曲线上方为实根区域, 二次曲线下方为复根区域.

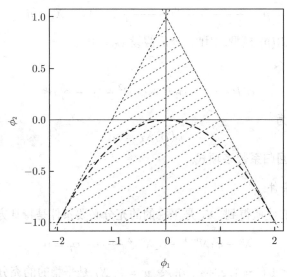

图 9.14　AR(2) 模型平稳性区域

例 9.18　考查如下 AR(2) 模型的平稳性.

(1) $X_t = X_{t-1} - 0.5X_{t-2} + \varepsilon_t$; (2) $X_t = X_{t-1} + 0.5X_{t-2} + \varepsilon_t$.

解: 对于 (1), $|\phi_2| = 0.5 < 1$, $\phi_2 + \phi_1 = -0.5 + 1 = 0.5 < 1$, $\phi_2 + \phi_1 = -0.5 - 1 = -1.5 < 1$, 是平稳的.

对于 (2), $\phi_2 + \phi_1 = 0.5 + 1 = 1.5 > 1$, 是非平稳的.

对于一般的 AR(p) 模型, 可以用 R 中的 polyroot() 函数求出多项式方程 (9.39) 的 p 个复根, 其使用格式为:

```
polyroot(z)
```

参数 z 是多项式的系数, 按阶数由低到高排序.

例 9.19　考查如下 AR(3) 模型 $X_t = -X_{t-1} + X_{t-3} + \varepsilon_t$ 的平稳性.

解: $\phi(u) = 1 + u - u^3$, 使用 polyroot() 函数.

```
> polyroot(c(1, 1, 0, -1))
[1] -0.662359+0.5622795i -0.662359-0.5622795i
[3]  1.324718+0.0000000i
```

得到特征方程的 3 个根, 且复根的模 < 1, 是非平稳的.

3. AR 模型的自协方差函数与自相关函数

先考虑 AR(1) 模型.

$$X_t = \phi X_{t-1} + \varepsilon_t \tag{9.44}$$

对式 (9.44) 的等式两边取方差运算, 并注意到: ε_t 与 X_{t-1} 独立, 得到:

$$\gamma_0 = \phi^2 \gamma_0 + \sigma_\varepsilon^2$$

所以

$$\gamma_0 = \frac{\sigma_\varepsilon^2}{1 - \phi^2} \tag{9.45}$$

式 (9.45) 中蕴含着 $\phi^2 < 1$, 即 $|\phi| < 1$ 的条件, 也就是 $\{X_t\}$ 是平稳时间序列的条件.

对式 (9.44) 的等式两边与 X_{t-k} 做协方差运算.

$$\mathrm{cov}(X_{t-k}, X_t) = \phi \mathrm{cov}(X_{t-k}, X_{t-1}) + \mathrm{cov}(X_{t-k}, \varepsilon_t)$$

得到:

$$\gamma_k = \phi \gamma_{k-1}, \quad k = 1, 2, \cdots \tag{9.46}$$

因此,

$$\rho_k = \phi \rho_{k-1} = \cdots = \phi^k \rho_0 = \phi^k, \quad k = 1, 2, \cdots \tag{9.47}$$

再考虑 AR(2) 模型

$$X_t = \phi_1 X_{t-1} + \phi_2 X_{t-2} + \varepsilon_t \tag{9.48}$$

等式两边取方差运算, 得到:

$$\gamma_0 = (\phi_1^2 + \phi_2^2)\gamma_0 + 2\phi_1\phi_2\gamma_1 + \sigma_\varepsilon^2 \tag{9.49}$$

再与 X_{t-k} 做协方差运算, 得到:

$$\gamma_k = \phi_1 \gamma_{k-1} + \phi_2 \gamma_{k-2}, \quad k = 1, 2, \cdots \tag{9.50}$$

或者在式 (9.50) 两边同除 γ_0, 得到:

$$\rho_k = \phi_1 \rho_{k-1} + \phi_2 \rho_{k-2}, \quad k = 1, 2, \cdots \tag{9.51}$$

取 $k = 1$, 并由 $\rho_0 = 1$, $\rho_{-1} = \rho_1$, 得到:

$$\rho_1 = \frac{\phi_1}{1 - \phi_2} \tag{9.52}$$

由式 (9.49) 和式 (9.50), 并取 $k = 1$, 得到:

$$\gamma_0 = \frac{(1 - \phi_2)\sigma_\varepsilon^2}{(1 - \phi_1^2 - \phi_2^2)(1 - \phi_2) - 2\phi_1^2\phi_2} \tag{9.53}$$

$$\gamma_1 = \frac{\phi_1 \sigma_\varepsilon^2}{(1 - \phi_1^2 - \phi_2^2)(1 - \phi_2) - 2\phi_1^2\phi_2} \tag{9.54}$$

对于 AR(p) 模型

$$X_t = \phi_1 X_{t-1} + \phi_2 X_{t-2} + \cdots + \phi_p X_{t-p} + \varepsilon_t \tag{9.55}$$

两边与 X_{t-k} 做协方差运算, 再除 γ_0, 得到:

$$\rho_k = \phi_1 \rho_{k-1} + \phi_2 \rho_{k-2} + \cdots + \phi_p \rho_{k-p}, \quad k = 1, 2, \cdots \tag{9.56}$$

将 $k = 1, 2, \cdots, p$ 代入式 (9.56), 并利用 $\rho_0 = 1$, $\rho_{-k} = \rho_k$, 得到:

$$\begin{cases} \rho_1 = \phi_1 + \phi_2\rho_1 + \cdots + \phi_p\rho_{p-1} \\ \rho_2 = \phi_1\rho_1 + \phi_2 + \cdots + \phi_p\rho_{p-2} \\ \quad\vdots \\ \rho_p = \phi_1\rho_{p-1} + \phi_2\rho_{p-2} + \cdots + \phi_p \end{cases} \tag{9.57}$$

称方程组 (9.57) 为 Yule-Walker 方程组. 在给定 $\phi_1, \phi_2, \cdots, \phi_p$ 后, 可由 Yule-Walker 方程组解出 $\rho_1, \rho_2, \cdots, \rho_p$ 的值. 对于 $k > p$ 的 ρ_k, 由递推公式 (9.56) 计算.

在式 (9.55) 的两边与 X_t 做协方差运算, 再除 γ_0, 并注意到:

$$\begin{aligned} \mathrm{cov}(\varepsilon_t, X_t) &= \mathrm{cov}(\varepsilon_t, \phi_1 X_{t-1} + \phi_2 X_{t-2} + \cdots + \phi_p X_{t-p} + \varepsilon_t) \\ &= \mathrm{cov}(\varepsilon_t, \varepsilon_t) = \sigma_\varepsilon^2 \end{aligned}$$

因此, 得到:

$$1 = \phi_1\rho_1 + \phi_2\rho_2 + \cdots + \phi_p\rho_p + \frac{\sigma_\varepsilon^2}{\gamma_0}$$

所以

$$\gamma_0 = \frac{\sigma_\varepsilon^2}{1 - \phi_1\rho_1 - \phi_2\rho_2 - \cdots - \phi_p\rho_p} \tag{9.58}$$

其他的 γ_k 由 $\gamma_k = \rho_k \cdot \gamma_0$ 计算.

先考虑 AR(1) 模型, 自相关函数 $\rho_k = \phi^k$, 当 $|\phi| < 1$ 时, $\rho_k \to 0$. 当 ϕ 为正数时, ρ_k 递减趋于 0; 当 ϕ 为负数时, ρ_k 交替趋于 0.

对于 AR(p) 模型, 自相关函数 ρ_k 也有类似的性质. 如果特征方程 $\phi(u) = 0$ 全部是实根时, ρ_k 按几何级数形式趋于 0; 如果特征方程包含一对复根时, ρ_k 按正弦振荡形式趋于 0. 这种特征称为自相关函数的 "拖尾" 性质.

例 9.20 使用模拟的方法生成下列模型的时间序列.

(1) $X_t = 0.8X_{t-1} + \varepsilon_t$; (2) $X_t = X_{t-1} - 0.5X_{t-2} + \varepsilon_t$.

在模拟中, 模型 (1), 取 $x_0 = 5$, 模型 (2), 取 $x_0 = 1$, $x_1 = 0.5$, 且两模型中的 ε_t 均为标准的 Gauss 白噪声, 共模拟 100 个点. 试画出相应的时序图和自回归函数图.

解: 写出模拟模型 (1) 和绘图程序 (程序名: exa_0920.R).

```
set.seed(12345)
phi <- 0.8; n <- 100; x <- numeric(0); x[1] <- 5
for (i in 2:n)
    x[i] <- phi*x[i-1] + rnorm(1)
x <- ts(x)
plot(x, main="Series x")
acf(x)
```

第 1 句设置产生随机的初始种子数, 这样做的目的是使每次产生相同的随机数. 第 4 句中的 rnorm(1) 产生一个标准正态分布的随机数. 最后两句画出时序图和自回归函数图, 所绘图形如图 9.15 所示.

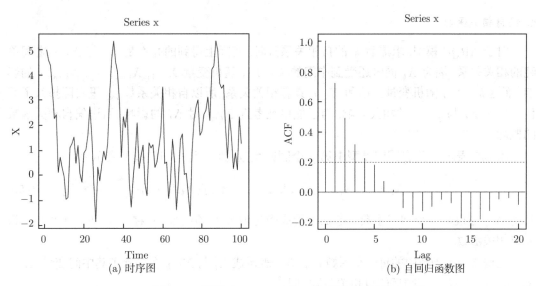

图 9.15　模拟 $X_t = 0.8X_{t-1} + \varepsilon_t$ 模型的图形

写出模拟模型 (2) 和绘图程序 (仍存放在 exa_0920.R 中).

```
phi1 <- 1; phi2 <- -0.5; n <- 100
x <- numeric(n); x[1] <- 1; x[2] <- 0.5
for (i in 3:n)
    x[i] <- phi1*x[i-1] + phi2*x[i-2] + rnorm(1)
x <- ts(x)
```

绘图命令与模型 (1) 相同, 所绘图形如图 9.16 所示.

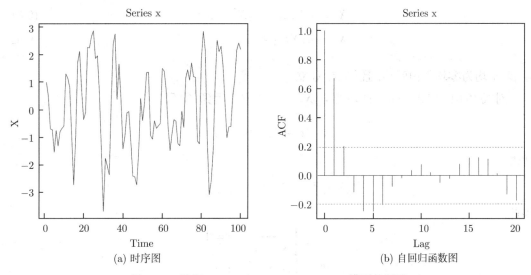

图 9.16　模拟 $X_t = X_{t-1} - 0.5X_{t-2} + \varepsilon_t$ 模型的图形

从图 9.15 和图 9.16 可以看到, 时序图是平稳的, 自回归系数是 "拖尾" 的. 这两个结论与前面的理论分析是相符的.

4. 偏自相关函数

对于 AR(p) 模型, 求滞后 k 的自相关系数时, 实际上得到的并不是 X_t 与 X_{t-k} 之间单纯的相关关系, 因为 X_t 同时还受到中间的 $k-1$ 个随机变量 $X_{t-1}, X_{t-2}, \cdots, X_{t-k+1}$ 的影响, 而这 $k-1$ 个随机变量又都和 X_{t-k} 具有相关关系, 所以自相关系数 ρ_k 里实际掺杂了其他变量对 X_t 与 X_{t-k} 的相关影响. 为了能单纯考查 X_{t-k} 对 X_t 的影响, 引进偏自相关函数的概念.

用 ϕ_{kj} 表示 k 阶自回归模型中第 j 个回归系数, 则 k 阶自回归模型表示为:

$$X_t = \phi_{k1}X_{t-1} + \phi_{k2}X_{t-2} + \cdots + \phi_{kk}X_{t-k} + \varepsilon_t \tag{9.59}$$

其中 ϕ_{kk} 是最后一个回归系数. 将 ϕ_{kk} 看成受延迟数 k 的函数, 则称 $\{\phi_{kk}, k = 1, 2 \cdots\}$ 为偏自相关函数.

因偏自相关函数中的每一个系数 ϕ_{kk} 恰好表示成 X_t 与 X_{t-k} 在排除了其中间变量 X_{t-1}, $X_{t-2}, \cdots, X_{t-k+1}$ 影响后的自相关系数, 即

$$X_t - \phi_{k1}X_{t-1} - \phi_{k2}X_{t-2} - \cdots - \phi_{kk-1}X_{t-k+1} = \phi_{kk}X_{t-k} + \varepsilon_t \tag{9.60}$$

所以偏自相关函数由此得名.

对于 AR(1) 模型, 容易得到:

$$\phi_{kk} = \begin{cases} \phi, & k = 1 \\ 0, & k \geqslant 2 \end{cases}$$

对于 AR(2) 模型, 设:

$$X_t = \phi_1 X_{t-1} + \phi_2 X_{t-2} + \varepsilon_t \tag{9.61}$$
$$X_t = \phi_{11} X_{t-1} + e_t \tag{9.62}$$

ε_t 和 e_t 均为零均值白噪声, 且与 X_t 独立.

对式 (9.61) 和式 (9.62) 两端都对 X_{t-1} 做协方差运算, 得到:

$$\phi_{11}\gamma_0 = \phi_1\gamma_0 + \phi_2\gamma_1$$

或者

$$\phi_{11} = \phi_1 + \phi_2\rho_1 = \frac{\phi_1}{1 - \phi_2}$$

因此,

$$\phi_{kk} = \begin{cases} \dfrac{\phi_1}{1 - \phi_2}, & k = 1 \\ \phi_2, & k = 2 \\ 0, & k \geqslant 3 \end{cases}$$

可以证明: 对于 AR(p) 模型, 当 $k \leqslant p$ 时, $\phi_{kk} \neq 0$; $k > p$ 时, $\phi_{kk} = 0$. 这一性质称为对偏自相关函数的 "截尾" 性质. 可以利用 AR(p) 模型的这一特征, 来确定自回归的阶数 p.

5. 样本的偏自相关系数

由模型 (9.59), 类似于 AR(p) 模型中自相关函数的推导过程, 可以得到相应的 Yule-Walker 方程组. 令 $\widehat{\rho}_1, \widehat{\rho}_2, \cdots, \widehat{\rho}_k$ 为样本的自回归系数, 利用 Yule-Walker 方程的性质, 得到如下方程组.

$$
\begin{cases}
\widehat{\rho}_1 = \phi_{k1} + \widehat{\rho}_1\phi_{k2} + \cdots + \widehat{\rho}_{k-1}\phi_{kk} \\
\widehat{\rho}_2 = \widehat{\rho}_1\phi_{k1} + \phi_{k2} + \cdots + \widehat{\rho}_{k-2}\phi_{kk} \\
\quad\vdots \\
\widehat{\rho}_p = \widehat{\rho}_{k-1}\phi_{k1} + \widehat{\rho}_{k-2}\phi_{k2} + \cdots + \phi_{kk}
\end{cases}
\tag{9.63}
$$

通过求解方程组 (9.63), 得到样本的偏自相关系数 $\widehat{\phi}_{kk}$.

在 R 中, pacf() 函数计算样本偏自相关系数, 或者绘出偏自相关图, 其使用格式为:

pacf(x, lag.max = NULL, plot = TRUE, na.action = na.fail, ...)

参数的名称、取值及意义与 acf() 函数相同 (见表 9.11).

例 9.21(续例 9.20) 画出例 9.20 中两个序列的偏自回归系数图.

解: 对于例 9.20 生成的序列, 直接用 pacf() 函数绘图, 所绘图形如图 9.17 所示. 从图形可以看出, 两个图形都是 "截尾" 的, 这与前面的理论分析相符.

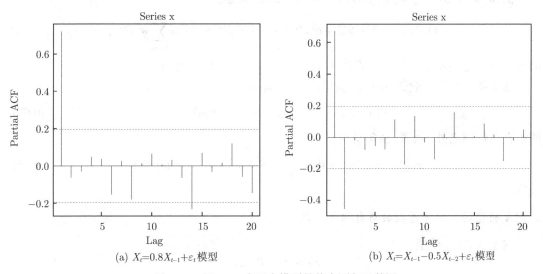

(a) $X_t=0.8X_{t-1}+\varepsilon_t$ 模型　　(b) $X_t=X_{t-1}-0.5X_{t-2}+\varepsilon_t$ 模型

图 9.17 例 9.20 中两个模型的偏自回归函数图

§9.3.2 MA 模型

MA 是 Moving Average 的缩写, MA 模型就是移动平均模型.

1. MA 模型

如果时间序列 $\{X_t\}$ 是它的当前和前期值的随机误差项的线性函数, 则可表示为:

$$
X_t = \mu + \varepsilon_t - \theta_1\varepsilon_{t-1} - \theta_2\varepsilon_{t-2} - \cdots - \theta_q\varepsilon_{t-q}
\tag{9.64}
$$

其中 $\theta_q \neq 0$, 则称该时间序列 X_t 是移动平均序列, 式 (9.64) 为 q 阶移动平均模型, 记为 MA(q). 因此, 也称 $\{X_t\}$ 为 MA(q) 过程. 参数 $\theta_1, \theta_2, \cdots, \theta_q$ 为移动平均系数, 是模型的待估参数. 随机干扰序列 $\{\varepsilon_t\}$ 为零均值的白噪声序列, 即 $\varepsilon_t \sim \mathrm{WN}(0, \sigma_\varepsilon^2)$.

如果 $\mu = 0$, 则称模型 (9.64) 为中心化 MA(q) 模型. 对于非中心化 MA(q) 模型, 只要做一个简单的位移 $Y_t = X_t - \mu$, 就可以将其化为中心化 MA(q) 模型. 这种中心化运算不会影响序列之间的相关关系, 所以今后在分析 MA 模型的相关关系时, 常常简化为对它的中心化模型进行分析.

引进延迟算子 B, 令

$$\theta(B) = 1 - \theta_1 B - \theta_2 B^2 - \cdots - \theta_q B^q \tag{9.65}$$

则 MA(q) 模型可简记为:

$$X_t = \theta(B)\varepsilon_t \tag{9.66}$$

称式 (9.65) 为 q 阶移动平均系数多项式.

2. MA 模型中可逆的条件

所谓可逆, 是指存在 π_1, π_2, $\cdots$, 使得

$$\Theta^{-1}(B) = 1 + \pi_1 B + \pi_2 B^2 + \cdots + \pi_n B^n + \cdots = \sum_{k=0}^{\infty} \pi_k B^k$$

其中 $\pi_0 = 1$, $B^0 = 1$.

例如, 对于 MA(1) 模型, $\theta(B) = 1 - \theta B$. $\theta(B)$ 可逆, 且

$$\Theta^{-1}(B) = 1 + \theta B + \theta^2 B^2 + \cdots + \theta^n B^n + \cdots = \sum_{k=0}^{\infty} \theta^k B^k$$

的充要条件是: $|\theta| < 1$. 等价于方程 $\theta(u) = 1 - \theta u = 0$ 的根满足 $|u| > 1$.

这个结论对于一般的 MA(q) 模型也成立, 即方程

$$\theta(u) = 1 - \theta_1 u - \theta_2 u^2 - \cdots - \theta_q u^q = 0 \tag{9.67}$$

的根在单位圆之外. 或者, 换句话说,

$$\theta(u) = 1 - \theta_1 u - \theta_2 u^2 - \cdots - \theta_q u^q \neq 0, \quad \forall\, |u| \leqslant 1 \tag{9.68}$$

成立.

3. MA 模型的自协方差函数与自相关函数

对于 MA(1) 模型

$$X_t = \varepsilon_t - \theta\varepsilon_{t-1}$$

有

$$
\begin{aligned}
\gamma_0 &= \mathrm{cov}(X_t, X_t) = \mathrm{cov}(\varepsilon_t - \theta\varepsilon_{t-1}, \varepsilon_t - \theta\varepsilon_{t-1}) \\
&= \mathrm{cov}(\varepsilon_t, \varepsilon_t) - 2\theta\mathrm{cov}(\varepsilon_t, \varepsilon_{t-1}) + \theta^2 \mathrm{cov}(\varepsilon_{t-1}, \varepsilon_{t-1}) \\
&= \left(1 + \theta^2\right)\sigma_\varepsilon^2 \\
\gamma_1 &= \mathrm{cov}(X_t, X_{t-1}) = \mathrm{cov}(\varepsilon_t - \theta\varepsilon_{t-1}, \varepsilon_{t-1} - \theta\varepsilon_{t-2}) \\
&= -\theta\mathrm{cov}(\varepsilon_{t-1}, \varepsilon_{t-1}) \\
&= -\theta\sigma_\varepsilon^2 \\
\gamma_k &= \mathrm{cov}(X_t, X_{t-k}) = \mathrm{cov}(\varepsilon_t - \theta\varepsilon_{t-1}, \varepsilon_{t-k} - \theta\varepsilon_{t-k-1}) \\
&= 0, \quad k \geqslant 2
\end{aligned}
$$

且

$$\rho_k = \frac{\gamma_k}{\gamma_0} = \begin{cases} 1, & k = 0 \\ \dfrac{-\theta}{1+\theta^2}, & k = 1 \\ 0, & k \geqslant 2 \end{cases}$$

当 $k \geqslant 2$ 时, $\gamma_k = \rho_k = 0$, 称这种特征为自相关函数的 "截尾" 性质.

对于 MA(2) 模型

$$X_t = \varepsilon_t - \theta_1 \varepsilon_{t-1} - \theta_2 \varepsilon_{t-2}$$

有

$$\begin{aligned} \gamma_0 &= \mathrm{cov}(X_t, X_t) = \mathrm{cov}(\varepsilon_t - \theta_1 \varepsilon_{t-1} - \theta_2 \varepsilon_{t-2}, \varepsilon_t - \theta_1 \varepsilon_{t-1} - \theta_2 \varepsilon_{t-2}) \\ &= \left(1 + \theta_1^2 + \theta_2^2\right) \sigma_\varepsilon^2 \\ \gamma_1 &= \mathrm{cov}(X_t, X_{t-1}) = \mathrm{cov}(\varepsilon_t - \theta_1 \varepsilon_{t-1} - \theta_2 \varepsilon_{t-2}, \varepsilon_{t-1} - \theta_1 \varepsilon_{t-2} - \theta_2 \varepsilon_{t-3}) \\ &= (-\theta_1 + \theta_1 \theta_2) \sigma_\varepsilon^2 \\ \gamma_2 &= \mathrm{cov}(X_t, X_{t-2}) = \mathrm{cov}(\varepsilon_t - \theta_1 \varepsilon_{t-1} - \theta_2 \varepsilon_{t-2}, \varepsilon_{t-2} - \theta_1 \varepsilon_{t-3} - \theta_2 \varepsilon_{t-4}) \\ &= -\theta_2 \sigma_\varepsilon^2 \\ \gamma_k &= 0, \quad k \geqslant 3 \end{aligned}$$

且

$$\rho_k = \frac{\gamma_k}{\gamma_0} = \begin{cases} 1, & k = 0 \\ \dfrac{-\theta_1 + \theta_1 \theta_2}{1 + \theta_1^2 + \theta_2^2}, & k = 1 \\ \dfrac{-\theta_2}{1 + \theta_1^2 + \theta_2^2}, & k = 2 \\ 0, & k \geqslant 3 \end{cases}$$

对于 MA(q) 模型

$$X_t = \varepsilon_t - \theta_1 \varepsilon_{t-1} - \theta_2 \varepsilon_{t-2} - \cdots - \theta_q \varepsilon_{t-q} \tag{9.69}$$

有

$$\gamma_0 = \left(1 + \theta_1^2 + \theta_2^2 + \cdots + \theta_q^2\right) \sigma_\varepsilon^2 \tag{9.70}$$

和

$$\rho_k = \frac{\gamma_k}{\gamma_0} = \begin{cases} 1, & k = 0 \\ \dfrac{-\theta_k + \theta_1 \theta_{k+1} + \theta_2 \theta_{k+2} + \cdots + \theta_{q-k} \theta_q}{1 + \theta_1^2 + \theta_2^2 + \cdots + \theta_q^2}, & k = 1, 2, \cdots, q \\ 0, & k \geqslant q + 1 \end{cases} \tag{9.71}$$

在计算 ρ_q 时, 分子只有一个 $-\theta_q$.

由式 (9.71) 得到, MA(q) 模型的自相关函数在延迟数 q 后是 "截尾" 的, 即自相关系数为零. 可根据这个信息来测试 q 的阶数.

4. MA 模型的偏自相关函数

当 $\theta(B)$ 可逆时, 由式 (9.66) 得到:

$$\theta^{-1}(B)X_t = \varepsilon_t \tag{9.72}$$

即 MA(q) 模型等价于 AR(∞) 模型. 因此, MA(q) 模型的偏自相关函数一般是 "拖尾" 的.

例 9.22 使用模拟的方法生成下列模型的时间序列.

(1) $X_t = \varepsilon_t - 0.8\varepsilon_{t-1}$; (2) $X_t = \varepsilon_t - \varepsilon_{t-1} + 0.5\varepsilon_{t-2}$.

在模拟中, 模型 (1), 取 $x_0 = \varepsilon_0$, 模型 (2), 取 $x_0 = \varepsilon_0$, $x_1 = \varepsilon_1 - \varepsilon_0$, 且两模型中的 ε_t 均为标准的 Gauss 白噪声, 共模拟 100 个点. 试画出相应的自回归函数图和偏自回归函数图.

解: 写出模型 (1) 和模型 (2) 的模拟程序 (程序名: exa_0922.R).

```
set.seed(12345)
theta <- 0.8; n <- 100;
x <- numeric(0); e <- rnorm(100)
x[1] <- e[1]
for (i in 2:n)
    x[i] <- e[i] - theta*e[i-1]
x <- ts(x)


set.seed(12345)
theta1 <- 1; theta2 <- -0.5; n <- 100
e <- rnorm(100); x <- numeric(0)
x[1] <- e[1]; x[2] <- e[2] - theta1*e[i-1]
for (i in 3:n)
    x[i] <- e[i] - theta1*e[i-1] - theta2*e[i-2]
x <- ts(x)
```

分别用 acf() 函数和 pacf() 函数作图, 所绘图形如图 9.18 和图 9.19 所示. 从图形也可以看出, 自回归函数是 "截尾" 的, 偏自回归函数是 "拖尾" 的.

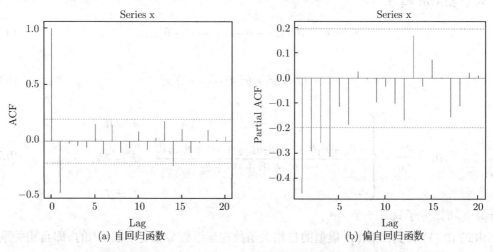

(a) 自回归函数   (b) 偏自回归函数

图 9.18 模型 $X_t = \varepsilon_t - 0.8\varepsilon_{t-1}$ 的自回归和偏自回归函数图

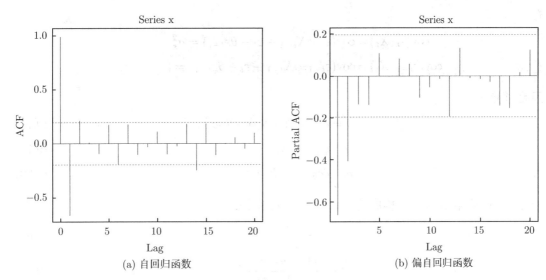

(a) 自回归函数   (b) 偏自回归函数

图 9.19 模型 $X_t = \varepsilon_t - \varepsilon_{t-1} + 0.5\varepsilon_{t-2}$ 的自回归和偏自回归函数图

§9.3.3 ARMA 模型

若时间序列 $\{X_t\}$ 具有如下形式:

$$X_t = \phi_0 + \phi_1 X_{t-1} + \phi_2 X_{t-2} + \cdots + \phi_p X_{t-p} + \varepsilon_t - \theta_1 \varepsilon_{t-1} - \theta_2 \varepsilon_{t-2} - \cdots - \theta_q \varepsilon_{t-q}, \quad (9.73)$$

则称式 (9.73) 为自回归移动平均模型, 记为 ARMA(p,q) 模型, 称 $\{X_t\}$ 为 ARMA(p,q) 过程, 其中 $E(\varepsilon_t) = 0$, $\mathrm{var}(\varepsilon_t) = \sigma_\varepsilon^2$, $\mathrm{cov}(\varepsilon_t, \varepsilon_s) = 0 \ (s \neq t)$, $\mathrm{cov}(X_s, \varepsilon_t) = 0 \ (\forall \ s < t)$.

若 $\phi_0 = 0$, 则称其为中心化 ARMA(p,q) 模型, 记为:

$$X_t = \phi_1 X_{t-1} + \phi_2 X_{t-2} + \cdots + \phi_p X_{t-p} + \varepsilon_t - \theta_1 \varepsilon_{t-1} - \theta_2 \varepsilon_{t-2} - \cdots - \theta_q \varepsilon_{t-q} \quad (9.74)$$

今后, 在不做声明的情况下, 所有讨论的模型均指中心化模型.

若 $q = 0$, ARMA(p,q) 模型退化为 AR(p) 模型; 若 $p = 0$, ARMA(p,q) 模型退化为 MA(q) 模型.

引进延迟算子 B, ARMA(p,q) 模型可简记为:

$$\phi(B)X_t = \theta(B)\varepsilon_t \quad (9.75)$$

其中 $\phi(B)$ 和 $\theta(B)$ 分别由式 (9.37) 和式 (9.65) 定义的.

令

$$Z_t = \theta(B)\varepsilon_t \quad (9.76)$$

则 $\{Z_t\}$ 是零均值, 且方差为 $(1 + \theta + \cdots + \theta^q)\sigma_\varepsilon^2$ 的平稳序列. 所以 ARMA(p,q) 模型简写成:

$$\phi(B)X_t = Z_t \quad (9.77)$$

类似于 AR(p) 模型, ARMA(p,q) 模型平稳的充分必要条件是: 方程 $\phi(u) = 0$ 的根均在单位圆之外. 再由式 (9.76) 得到, ARMA(p,q) 模型可逆的条件与 MA(q) 模型相同, 其充要条件是: 方程 $\theta(u) = 0$ 的根均在单位圆之外.

对于 ARMA$(1,1)$ 模型

$$X_t = \phi X_{t-1} + \varepsilon_t - \theta\varepsilon_{t-1}$$

有：

$$\mathrm{cov}(\varepsilon_t, X_t) = \mathrm{cov}(\varepsilon_t, \phi X_{t-1} + \varepsilon_t - \theta\varepsilon_{t-1}) = \sigma_\varepsilon^2$$

$$\mathrm{cov}(\varepsilon_{t-1}, X_t) = \mathrm{cov}(\varepsilon_{t-1}, \phi X_{t-1} + \varepsilon_t - \theta\varepsilon_{t-1}) = (\phi - \theta)\sigma_\varepsilon^2$$

因此, 得到：

$$\gamma_0 = \phi\gamma_1 + [1 - \theta(\phi - \theta)]\sigma_\varepsilon^2 \tag{9.78}$$

$$\gamma_1 = \phi\gamma_0 - \theta\sigma_\varepsilon^2 \tag{9.79}$$

$$\gamma_k = \phi\gamma_{k-1}, \quad k \geqslant 2 \tag{9.80}$$

利用式 (9.78) 和式 (9.79) 构成的二元一次方程, 得到：

$$\gamma_0 = \frac{1 - 2\theta\phi + \theta^2}{1 - \phi^2}\sigma_\varepsilon^2 \tag{9.81}$$

$$\gamma_1 = \frac{(1 - \theta\phi)(\phi - \theta)}{1 - \phi^2}\sigma_\varepsilon^2 \tag{9.82}$$

再利用式 (9.80) 得到：

$$\rho_k = \phi\rho_{k-1} = \cdots = \phi^{k-1}\rho_1 = \frac{\gamma_1}{\gamma_0}\phi^{k-1}$$

$$= \frac{(1 - \theta\phi)(\phi - \theta)}{1 - 2\theta\phi + \theta^2}\phi^{k-1}, \quad k = 1, 2, \cdots \tag{9.83}$$

因此, 与 AR(1) 模型类似, ARMA(1,1) 模型的自回归系数是 "拖尾" 的.

对于 ARMA(1,1) 模型, 当 $|\theta| < 1$ 时, $\Theta^{-1}(B)$ 存在, 且

$$\Theta^{-1}(B) = 1 + \theta B + \theta^2 B^2 + \cdots + \theta^n B^n + \cdots$$

则 ARMA(1,1) 模型等价于

$$(1 + \theta B + \theta^2 B^2 + \cdots + \theta^n B^n + \cdots)(1 - \phi B)X_t = \varepsilon_t$$

因此, 与 MA(1) 模型类似, ARMA(1,1) 模型的偏自回归系数也是 "拖尾" 的.

对于一般的 ARMA(p, q) 模型, 上述结论仍然成立, 即 ARMA(p, q) 模型的自回归系数和偏自回归系数都是 "拖尾" 的.

例 9.23　使用模拟的方法生成 ARMA(1,1) 模型 $X_t = 0.7X_{t-1} + \varepsilon_t + 0.9\varepsilon_{t-1}$ 的时间序列. 在模拟中, 取 $x_0 = 1$, 模型中的 ε_t 均为标准的 Gauss 白噪声, 共模拟 100 个点. 试画出相应的自回归函数图和偏自回归函数图.

解: 写出模型的模拟程序 (程序名: exa_0923.R).

```
set.seed(12345)
phi <- 0.7; theta <- -0.9; n <- 100
e <- rnorm(100); x<-numeric(0); x[1] <- 1
for (i in 2:n)
  x[i] <- phi*x[i-1] + e[i] - theta*e[i-1]
x <- ts(x)
```

分别用 acf() 函数和 pacf() 函数作图, 所绘图形如图 9.20 所示.

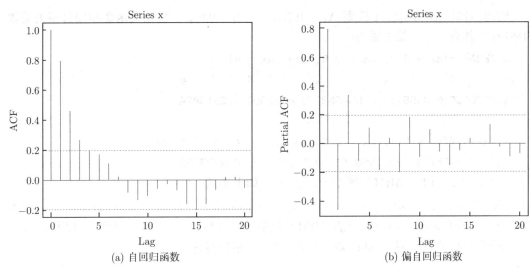

(a) 自回归函数   (b) 偏自回归函数

图 9.20   模型 $X_t = 0.7X_{t-1} + \varepsilon_t + 0.9\varepsilon_{t-1}$ 的自回归和偏自回归函数图

最后将 ARMA(p,q) 模型的特征总结并列表, 如表 9.12 所示.

表 9.12   ARMA(p,q) 模型的特征

模型	自相关函数	偏自相关函数
AR(p)	拖尾	p 阶截尾
MA(q)	q 阶截尾	拖尾
ARMA(p,q)	拖尾	拖尾

使用 acf() 函数 (或 pacf() 函数) 实际上是计算样本的自相关系数 (或偏自相关系数), 由于受随机项的影响, 它的值会与理论值有差别. 如果想计算自相关函数 (或偏自相关函数) 的理论值, 则需要理论推导公式. 例如, 式 (9.83) 给出的就是 ARMA(1,1) 模型自相关函数的公式. 在上述的推导中, 并没有给出 ARMA(1,1) 模型偏自相关函数的公式, 其原因是推导较为复杂.

对于一般的 ARMA(p,q) 模型, 无论是自相关函数, 还是偏自相关函数, 其理论公式的推导都会更加复杂. 为解决这一问题, R 提供了 ARMAacf() 函数来计算 ARMA 模型自相关函数 (或偏自相关函数) 的理论值, 其使用格式为:

```
ARMAacf(ar = numeric(), ma = numeric(),
        lag.max = r, pacf = FALSE)
```

参数的名称、取值及意义如表 9.13 所示.

表 9.13   ARMAacf( ) 函数中参数的名称、取值及意义

名称	取值及意义
ar	向量, 表示系数 ϕ_i
ma	向量, 表示系数 θ_i
lag.max	正整数, 表示最大的延迟阶数
pacf	逻辑表示, 表示是计算偏自相关函数, 默认值为 FALSE

例如, 计算 ARMA$(1,1)$ 模型 $X_t = 0.7X_{t-1} + \varepsilon_t + 0.9\varepsilon_{t-1}$ 自相关函数和偏自相关函数的理论值, 其命令和计算结果为:

```
> ARMAacf(ar = 0.7, ma = 0.9, lag.max = 4)
        0          1          2          3          4
1.0000000 0.8495114 0.5946580 0.4162606 0.2913824
```

```
> ARMAacf(ar = 0.7, ma = 0.9, lag.max = 4, pacf = TRUE)
[1]  0.8495114  -0.4563341  0.3096018  -0.2323192
```

注意: 在 R 中, 使用的 ARMA 模型 (下同) 具有如下形式.

$$X_t = \phi_1 X_{t-1} + \phi_2 X_{t-2} + \cdots + \phi_p X_{t-p} + \varepsilon_t + \theta_1 \varepsilon_{t-1} + \theta_2 \varepsilon_{t-2} + \cdots + \theta_q \varepsilon_{t-q} \tag{9.84}$$

其中的 MA 模型部分与前面介绍的 ARMA 模型 (9.74) 相差一个负号, 因此, 在使用 R 计算时, 无论是参数输入, 还是其他函数的结果输出, 都应注意这一点.

§9.4　ARIMA 模型

ARMA 模型是应用于平稳时间序列的模型, 然而, 在自然界中, 绝大多数的时间序列是非平稳的. 本节将介绍处理非平稳序列的 ARIMA 模型.

§9.4.1　差分运算

差分运算的功能是将序列平稳化, 也就是说, 通过差分运算, 可以将非平稳的时间序列转换成平稳的序列.

1. 序列蕴含着线性趋势

假设时间序列 $\{X_t\}$ 蕴含着线性趋势, 则可以通过一阶差分变成平稳序列. 例如, 若 $\{X_t\}$ 满足 $X_t = \beta_0 + \beta_1 t + \varepsilon_t$, 则一阶差分:

$$\nabla X_t = \beta_1 + \varepsilon_t - \varepsilon_{t-1}$$

是一个平稳序列.

例 9.24　表 9.14 给出 1964—1999 年中国纱的年产量 (纱产量数据存放在 yarn.data 文件中), 画出时序图和相应的趋势, 并画出一阶差分曲线图, 分析一阶差分序列是否具有平稳性.

表 9.14　1964~1999 年中国纱年产量 (单位: 万吨)

年份	纱产量	年份	纱产量	年份	纱产量
1964	97.0	1976	196.0	1988	465.7
1965	130.0	1977	223.0	1989	476.7
1966	156.5	1978	238.2	1990	462.6
1967	135.2	1979	263.5	1991	460.8
1968	137.7	1980	292.6	1992	501.8
1969	180.5	1981	317.0	1993	501.5
1970	205.2	1982	335.4	1994	489.5
1971	190.0	1983	327.0	1995	542.3
1972	188.6	1984	321.9	1996	512.2
1973	196.3	1985	353.5	1997	559.8
1974	180.3	1986	397.8	1998	542.0
1975	210.8	1987	436.8	1999	567.0

解: 画出时序图、线性趋势和一阶差分曲线图 (程序略, 存放在 exa_0924.R 文件中), 所绘图形如图 9.21 所示. 从图 (见图 9.21 (b)) 中可以看出, 一阶差分运算非常成功地从原序列中提取出了线性趋势, 差分后的序列呈现出平稳的随机波动.

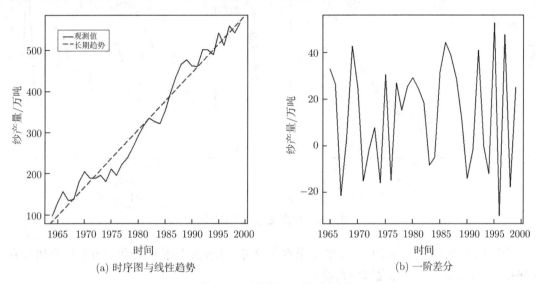

(a) 时序图与线性趋势   (b) 一阶差分

图 9.21 时序图与一阶差分图

2. 序列蕴含着曲线趋势

假设时间序列 $\{X_t\}$ 蕴含着曲线趋势, 则可以通过高阶差分将其变成平稳序列. 例如, 若 $\{X_t\}$ 满足 $X_t = \beta_0 + \beta_1 t + \beta_2 t^2 + \varepsilon_t$, 则二阶差分:

$$\nabla^2 X_t = 2\beta_2 + \varepsilon_t - 2\varepsilon_{t-1} + \varepsilon_{t-2}$$

是一个平稳序列.

例 9.25 在 R 的 airmiles 的数据集中记录了 1937—1960 年美国商业飞行的年乘客英里数, 画出时序图和相应的趋势, 并画出二阶差分曲线图, 分析二阶差分序列是否具有平稳性.

解: 画出时序图、线性趋势和二阶差分曲线图 (程序略, 存放在 exa_0925.R 文件中), 所绘图形如图 9.22 所示. 从图 (见图 9.22(b)) 中可以看出, 二阶差分运算非常成功地从原序列中提取出了二次曲线趋势, 差分后的序列呈现出平稳的随机波动.

3. 序列蕴含着季节变动因素

对于蕴含着固定周期的序列, 进行步长为周期长度的差分运算, 可以较好地提取周期信息.

所谓步长为 k 的差分定义为:

$$\nabla_k X_t = X_t - X_{t-k} \tag{9.85}$$

这里的 k 就是 diff() 函数中的延迟参数 lag.

例 9.26 在 R 的 AirPassengers 的数据集中给出了 1949—1960 年每月的航空乘客人数 (单位: 千人), 画出时序图和差分曲线图, 分析差分后的序列是否具有平稳性.

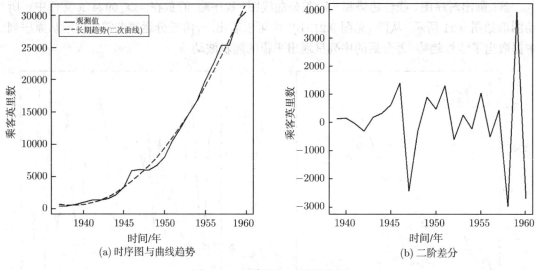

(a) 时序图与曲线趋势　　　　　(b) 二阶差分

图 9.22　时序图与二阶差分图

解: 由例 9.2 得知 (见图 9.2), 航空乘客人数可以看成由增长趋势和季节变动叠加形成的曲线. 因此, 用差分运算提取增长趋势.

$$\nabla X_t = X_t - X_{t-1}$$

得到的序列图如图 9.23(a) 所示. 再用与固定周期长度相同步长的差分提取周期信息.

$$\nabla_{12}\nabla X_t = \nabla X_t - \nabla X_{t-12}$$

得到的序列图如图 9.23(b) 所示.

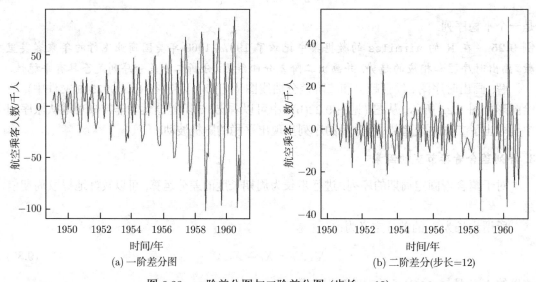

(a) 一阶差分图　　　　　(b) 二阶差分(步长=12)

图 9.23　一阶差分图与二阶差分图 (步长 = 12)

图 9.23 (a) 是一阶差分曲线, 它去掉了增长趋势, 但还保留着季节变动. 图 9.23 (b) 所示是二阶差分曲线, 其中差分的步长 = 12, 与季节周期相同, 得到的序列是平稳序列.

当然, 将上述次序交换, 先计算步长为 12 的差分, 消除季节变动因素, 再做差分运算消除增长趋势, 最终的结果是相同的, 如图 9.23(b) 所示.

§9.4.2 ARIMA 模型

如果一个时间序列 $\{X_t\}$ 的 d 次差分 $W_t = \nabla^d X_t$ 是 ARMA(p,q) 过程, 即

$$W_t = \phi_1 W_{t-1} + \phi_2 W_{t-2} + \cdots + \phi_p W_{t-p} + \varepsilon_t - \theta_1 \varepsilon_{t-1} - \theta_2 \varepsilon_{t-2} - \cdots - \theta_q \varepsilon_{t-q} \tag{9.86}$$

则称式 (9.86) 为自回归滑动平均求和模型, 记为 ARIMA(p,d,q) 模型, 称 $\{X_t\}$ 为 ARIMA (p,d,q) 过程.

特别地, 当 $d = 0$, ARIMA$(p,0,q)$ 模型实际上就是 ARMA(p,q) 模型; 当 $p = 0$, ARIMA $(0,d,q)$ 模型可以简记为 IMA(d,q) 模型; 当 $q = 0$, ARIMA$(p,d,0)$ 模型可以简记为 ARI(p,d) 模型.

考虑 $d = 1$, $p = q = 0$, ARIMA$(0,1,0)$ 模型为:

$$X_t = X_{t-1} + \varepsilon_t$$

该模型称为随机游走模型, 是由 Karl Pearson 于 1905 年提出来的.

随机游走模型可以看成 AR(1) 模型, 但方程 $\phi(u) = 0$ 的根为 1, 不是平稳的.

看一下更一般的情况 ARIMA$(p,1,q)$ 模型:

$$X_t - X_{t-1} = \phi_1(X_{t-1} - X_{t-2}) + \phi_2(X_{t-2} - X_{t-3}) + \cdots + \phi_p(X_{t-p} - X_{t-p-1})$$
$$+ \varepsilon_t - \theta_1 \varepsilon_{t-1} - \theta_2 \varepsilon_{t-2} - \cdots - \theta_q \varepsilon_{t-q}$$

等价为:

$$X_t = (1 + \phi_1)X_{t-1} + (\phi_2 - \phi_1)X_{t-2} + \cdots + (\phi_p - \phi_{p-1})X_{t-p} - \phi_p X_{t-p-1}$$
$$+ \varepsilon_t - \theta_1 \varepsilon_{t-1} - \theta_2 \varepsilon_{t-2} - \cdots - \theta_q \varepsilon_{t-q}$$

等价于 ARMA$(p+1,q)$ 模型, 其中 $u = 1$ 是它的特征方程

$$\phi(u) = 1 - (1 + \phi_1)u - (\phi_2 - \phi_1)u^2 - \cdots - (\phi_p - \phi_{p-1})u^p + \phi_p u^{p+1} = 0$$

的根, 因此, 它也是非平稳的.

引进 $\phi(B)$(见式 (9.37))、$\theta(B)$(见式 (9.65)) 和差分的定义, ARIMA(p,d,q) 模型可简写为:

$$\phi(B)\nabla^d X_t = \theta(B)\varepsilon_t \tag{9.87}$$

或

$$\phi(B)(1 - B)^d X_t = \theta(B)\varepsilon_t \tag{9.88}$$

称 $\phi(u)(1 - u)^d = 0$ 为广义特征方程.

由平稳性知, 特征方程 $\phi(u) = 0$ 的根均在单位圆之外, 因此, 广义特征方程

$$\phi(u)(1 - u)^d = 0$$

有 d 个根在单位圆上.

§9.4.3 季节 ARMA 模型

先讨论平稳的季节模型, 记为 ARMA$(P,Q)^s$ 模型, 其中 s 表示季节周期数, 如月度序列 $s = 12$, 季度序列 $s = 4$.

1. 季节 AR(P)^s 模型

如果时间序列 $\{X_t\}$ 可以表示为:

$$X_t = \Phi_1 X_{t-s} + \Phi_2 X_{t-2s} + \cdots + \Phi_P X_{t-Ps} + \varepsilon_t \tag{9.89}$$

则称式 (9.89) 为周期是 s 的季节 AR(P)^s 模型, 称 $\{X_t\}$ 为周期是 s 的季节 AR(P)^s 过程. 令:

$$\Phi(B) = 1 - \Phi_1 B^s - \Phi_2 B^{2s} - \cdots - \Phi_P B^{Ps} \tag{9.90}$$

则季节 AR(P)^s 模型简化为:

$$\Phi(B)X_t = \varepsilon_t \tag{9.91}$$

称式 (9.91) 为 Ps 阶季节 AR 多项式.

与 AR(p) 模型相同, $\{X_t\}$ 为平稳序列的条件是: 季节特征方程 $\Phi(u) = 0$ 的所有根均在单位圆之外.

考虑周期为 s 的 AR(1)^s 模型

$$X_t = \Phi X_{t-s} + \varepsilon_t$$

自相关函数满足

$$\rho_{ks} = \Phi^k, \quad k = 1, 2, \cdots$$

在其他的延迟阶数处, 自相关函数为 0.

2. 季节 MA(Q)^s 模型

如果时间序列 $\{X_t\}$ 可以表示为:

$$X_t = \varepsilon_t - \Theta_1 \varepsilon_{t-s} - \Theta_2 \varepsilon_{t-2s} - \cdots - \Theta_Q \varepsilon_{t-Qs} \tag{9.92}$$

则称式 (9.92) 为周期是 s 的季节 MA(Q)^s 模型, 称 $\{X_t\}$ 为周期是 s 的季节 MA(Q)^s 过程. 令:

$$\Theta(B) = 1 - \Theta_1 B^s - \Theta_2 B^{2s} - \cdots - \Theta_Q B^{Qs} \tag{9.93}$$

则季节 MA(Q)^s 模型简化为:

$$X_t = \Theta(B)\varepsilon_t \tag{9.94}$$

称式 (9.93) 为 Qs 阶 MA 多项式.

季节 MA(Q)^s 模型可逆的条件是: 季节特征方程 $\Theta(u) = 0$ 的所有根均在单位圆之外.

与 MA(q) 模型的结论类似, 季节 MA(Q)^s 模型的自相关函数满足

$$\rho_{ks} = \frac{-\Theta_k + \Theta_1\Theta_{k+1} + \Theta_2\Theta_{k+2} + \cdots + \Theta_{Q-k}\Theta_Q}{1 + \Theta_1^2 + \Theta_2^2 + \cdots + \Theta_Q^2}, \quad k = 1, 2, \cdots, Q \tag{9.95}$$

其他延迟阶数处它的值为 0.

3. 季节 ARMA(P,Q)^s 模型

如果时间序列 $\{X_t\}$ 可以表示为:

$$X_t = \Phi_1 X_{t-s} + \Phi_2 X_{t-2s} + \cdots + \Phi_p X_{t-Ps} + \varepsilon_t$$
$$- \Theta_1 \varepsilon_{t-s} - \Theta_2 \varepsilon_{t-2s} - \cdots - \Theta_q \varepsilon_{t-Qs} \tag{9.96}$$

则称式 (9.96) 为周期是 s 的季节 ARMA(P,Q)^s 模型, 称 $\{X_t\}$ 为周期是s的季节 ARMA(P,Q)^s 过程. 类似于上面的推导, 季节 ARMA(P,Q)^s 模型可表示为:

$$\Phi(B)X_t = \Theta(B)\varepsilon_t \tag{9.97}$$

$\Phi(B)$ 和 $\Theta(B)$ 分别由式 (9.90) 和式 (9.93) 定义.

例如, 周期为 s 的季节 $\text{ARMA}(1,1)^s$ 模型为:

$$X_t = \Phi X_{t-s} + \varepsilon_t - \Theta \varepsilon_{t-s}$$

§9.4.4 乘法季节 ARMA 模型

所谓乘法季节 ARMA 模型是指时间序列 $\{X_t\}$ 既包含 $\text{ARMA}(p,q)$ 过程, 同时又包含周期是 s 的季节 $\text{ARMA}(P,Q)^s$ 过程, 即时间序列 $\{X_t\}$ 可表示为:

$$\phi(B)\Phi(B)X_t = \theta(B)\Theta(B)\varepsilon_t \tag{9.98}$$

其中 $\phi(B)$ 和 $\theta(B)$ 分别由式 (9.37) 和式 (9.65) 定义. 称式 (9.98) 为周期是 s 的乘法季节 $\text{ARMA}(p,q)(P,Q)^s$ 模型, 称 $\{X_t\}$ 为周期是 s 的乘法季节 $\text{ARMA}(p,q)\,(P,Q)^s$ 过程.

例如, 周期为 12 的乘法季节 $\text{MA}(1)(1)^{12}$ 模型 ($\text{ARMA}(0,1)(0,1)^{12}$ 模型) 为:

$$\begin{aligned}
X_t &= (1-\theta B)(1-\Theta B^{12})\varepsilon_t \\
&= \varepsilon_t - \theta \varepsilon_{t-1} - \Theta \varepsilon_{t-12} + \theta\Theta \varepsilon_{t-13}
\end{aligned}$$

可以证明, 自相关函数在延迟的阶数为 1, 11, 12 和 13 处非零, 并求出:

$$\gamma_0 = (1+\theta^2)(1+\Theta^2)\sigma_\varepsilon^2$$
$$\rho_1 = -\frac{\theta}{1+\theta^2}, \quad \rho_{12} = -\frac{\Theta}{1+\Theta^2}$$
$$\rho_{11} = \rho_{13} = \frac{\theta\Theta}{(1+\theta^2)(1+\Theta^2)}$$

当 $P = q = 1$, $p = Q = 0$, $s = 12$ 时, 也就是周期为 12 的乘法季节 $\text{ARMA}\,(0,1)(1,0)^{12}$ 模型

$$(1-\Phi B^{12})X_t = (1-\theta B)\varepsilon_t$$

即

$$X_t = \Phi X_{t-12} + \varepsilon_t - \theta \varepsilon_{t-1}$$

§9.4.5 非平稳的季节 ARIMA 模型

若时间序列 $\{X_t\}$ 的季节周期为 s, 用 $\nabla_s X_t$ 表示季节一阶差分, 即

$$\nabla_s X_t = X_t - X_{t-s} \tag{9.99}$$

季节二阶差分为:

$$\begin{aligned}
\nabla_s^2 X_t &= \nabla_s X_t - \nabla_s X_{t-s} \\
&= X_t - 2X_{t-s} + X_{t-2s}
\end{aligned} \tag{9.100}$$

类似地, 可以定义季节 D 阶差分 $\nabla_s^D X_t$.

如果时间序列 $\{X_t\}$ 季节 D 阶差分, $W_t = \nabla_s^D X_t$ 为周期是 s 的季节 $\text{ARMA}(P,D)^s$ 过程, 则称 $\{X_t\}$ 为周期是 s 的季节 $\text{ARIMA}(P,D,Q)^s$ 过程, 相应的模型称为周期是 s 的季节 $\text{ARIMA}(P,D,Q)^s$ 模型.

类似地, 定义非平稳的乘法季节 ARIMA 模型. 如果时间序列 $\{X_t\}$ 季节 D 阶差分和 d 阶差分, $W_t = \nabla^d \nabla_s^D X_t$ 为周期是 s 乘法季节 $\text{ARMA}(p,q)(P,Q)^s$ 过程, 则称 $\{X_t\}$ 为周期是 s 的乘法季节 $\text{ARIMA}(p,d,q)(P,D,Q)^s$ 过程, 相应的模型称为周期是 s 的乘法季节 $\text{ARIMA}(p,d,q)(P,D,Q)^s$ 模型.

§9.5 平稳时间序列建模

本节讨论平稳时间序列建模的方法 ——ARMA 模型的建模方法, 在本节中, 假定所使用样本序列 $\{x_t\}$ 是经过处理后的平稳序列.

§9.5.1 确定 ARMA 模型中的阶数

计算样本的自相关系数 (ACF) 和偏自相关系数 (PACF), 利用它们的截尾性质或拖尾性质确定阶数 p 和/或 q.

设 $\widehat{\rho}_k$ 和 $\widehat{\phi}_{kk}$ 分别为样本的自相关系数和偏自相关系数, 表 9.15 绘出 ARMA 模型定阶的基本原则.

表 9.15 ARMA 模型的定阶原则

$\widehat{\rho}_k$	$\widehat{\phi}_{kk}$	模型定阶
拖尾	p 阶截尾	$\mathrm{AR}(p)$ 模型
q 阶截尾	拖尾	$\mathrm{MA}(q)$ 模型
拖尾	拖尾	$\mathrm{ARMA}(p,q)$ 模型

但在实践中, 这个定阶原则在应用时还遇到一定的困难. 由于样本的随机性, 自相关系数或偏自相关系数不会呈现出理论上截尾的完美情况, 本应截尾的 (偏) 自相关系数也会出现小值振荡的情况. 另外, 由于平稳序列通常具有短期相关性的特点, 当延迟阶数 $k \to \infty$ 时, $\widehat{\rho}_k$ 和 $\widehat{\phi}_{kk}$ 都会衰减到零值附近的小值振荡. 因此, 如何判断序列拖尾, 也会遇到困难.

1968 年, Jankins 和 Watts 证明了:

$$E(\widehat{\rho}_k) = \left(1 - \frac{k}{n}\right) \rho_k \tag{9.101}$$

也就是说, $\widehat{\rho}_k$ 是 ρ_k 的有偏估计. 当 k 充分大时, 由平稳序列的性质, 有 $\rho_k \to 0$.

当样本量 n 充分大时, 样本的自相关系数近似服从正态分布, 也就是说

$$\widehat{\rho}_k \sim N\left(0, \frac{1}{n}\right) \tag{9.102}$$

近似成立.

Quenouille 证明了样本的偏自相关系数也有类似的性质, 即

$$\widehat{\phi}_{kk} \sim N\left(0, \frac{1}{n}\right) \tag{9.103}$$

近似成立.

由正态分布的性质, 有

$$P\left\{-\frac{2}{\sqrt{n}} \leqslant \widehat{\rho}_k \leqslant \frac{2}{\sqrt{n}}\right\} = 0.954 \tag{9.104}$$

$$P\left\{-\frac{2}{\sqrt{n}} \leqslant \widehat{\phi}_{kk} \leqslant \frac{2}{\sqrt{n}}\right\} = 0.954 \tag{9.105}$$

如果样本的 (偏) 自相关系数在最初的 d 步明显大于 2 倍的标准差的范围, 而后几乎 95% 的自相关系数都落在两倍的标准差的范围以内, 而且由非零的自相关系数衰减为小值波动的过程非常突然, 则这时可以认为自相关系数是截尾的, 截尾的阶数就是 d.

如果有超过 5% 的样本相关系数在 2 倍的标准差之外, 或者非零的相关系数衰减为小值波动的过程比较缓慢或者是非常连续, 则这时可以认为相关系数不是截尾的.

在 R 中, acf() 函数 (pacf() 函数) 计算样本的自相关系数 (偏自相关系数) 或绘出自相关系数 (偏自相关系数) 的图形, 图中的两条虚线的范围就是两倍标准差的范围①.

例 9.27 在例 9.16 中, 验证了 New Haven 市的年平均气温属于平稳序列, 试确定 ARMA 模型中 p 和/或 q 的阶数.

解: 考虑样本的自相关系数图 (见图 9.13), 图形显示在延迟 3 阶以后, 自相关系数基本在虚线内波动, 而且相关系数是振荡缓慢衰减的, 这表明自相关系数不是截尾的.

再画出偏自相关系数图, 其图形如图 9.24 所示. 图形显示, 除延迟 1 阶和 2 阶的偏自相关系数在虚线之外, 其余的系数均在虚线之内波动, 可以猜测, 偏自相关系数或许是 2 阶截尾的. 综合上述结果, 模型确定为 AR(2) 模型.

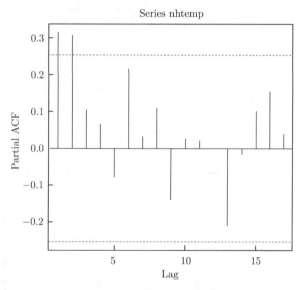

图 9.24 New Haven 市的年平均气温的偏自相关图

例 9.28 表 9.16 (数据保存在 overshort.data 文件中) 给出的是美国罗拉多州的某一加油站连续 57 天的 OVERSHORT 序列, 试确定 ARMA 模型中 p 和/或 q 的阶数.

表 9.16 加油站连续 57 天的 OVERSHORT 序列

78	−58	53	−63	13	−6	−16	−14	3	−74
89	−48	−14	32	56	−86	−66	50	26	59
−47	−83	2	−1	124	−106	113	−76	−47	−32
39	−30	6	−73	18	2	−24	23	−38	91
−56	−58	1	14	−4	77	−127	97	10	−28
−17	23	−2	48	−131	65	−17			

解: 读取数据, 先画出序列的自相关图 (见图 9.25), 图形显示除了延迟 1 阶的自相关系数外, 其余的相关系数均在虚线以内呈现波动, 这说明该序列具有短期相关性, 可以确定序

---
① 严格地说是 1.96 倍标准差的范围.

列是平稳的. 同时可以认为该序列自相关系数是 1 阶截性的.

再画出偏自相关图 (见图 9.26), 图形显示偏自相关系数是非截尾的, 综合考虑, 可以认定该序列适用于 MA(1) 模型.

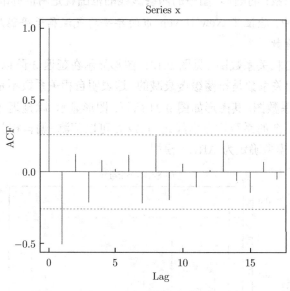

图 9.25　序列的自相关图

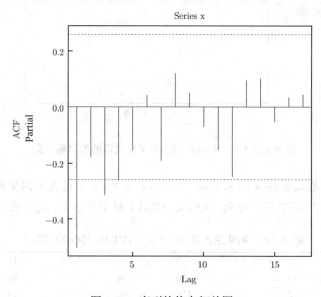

图 9.26　序列的偏自相关图

例 9.29　在 R 的数据集 treering 中, 取前 150 个序列, 验证它是平稳序列, 并确定 ARMA 模型的阶数 p 和 q.

解: 取数据集 treering 的前 150 个序列, 画出时序图、自相关函数图和偏自相关函数图, 程序 (程序名: exa_0929.R) 如下.

```
x <- treering[1:150]; x <- ts(x)
```

```
plot(x, main = 'Series x')
acf(x)
pacf(x)
```

所绘图形如图 9.27 所示. 从时序图可以看出, 序列基本上是平稳的, 但自相关函数和偏自相关函数都是拖尾的, 按照 ARMA 模型的定阶原则, 应该确定为 ARMA(p,q) 模型, 但 p 和 q 的值取多少, 就不清楚了.

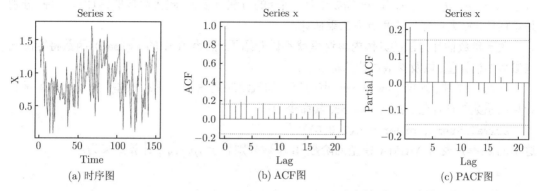

图 9.27   数据集**treering**的前 150 个序列

除了使用截尾的方法定阶外, 在定阶准则中, 最常用的准则是 AIC (Akaike Information Criterion) 准则, 用此准则定阶称为 AIC 估计, 相应的方法称为 AIC 方法.

对于任意的一对 (p,q), 如果已确定出 ARMA(p,q) 模型中参数 ϕ_i $(i = 1, 2 \cdots, p)$ 和 θ_j $(j = 1, 2, \cdots, q)$ 的估计值, 则可以确定出残差的方差的估计值 $\widehat{\sigma}^2(p,q)$. 于是, AIC 统计量定义为:

$$\mathrm{AIC}(p,q) = \log \widehat{\sigma}^2(p,q) + \frac{2(p+q)}{n}, \quad 0 \leqslant p,q \leqslant k \tag{9.106}$$

其中 k 是真正阶的某个已知的上界. 令:

$$\mathrm{AIC}(\hat{p},\hat{q}) = \min_{0 \leqslant p,q \leqslant k} \mathrm{AIC}(p,q) \tag{9.107}$$

则称 $\hat{p}$ 和 $\hat{q}$ 为 p 和 q 的估计值.

这种方法最早是针对 AR 模型定阶问题提出的, 后来被应用到 ARMA 模型的阶数估计中.

在理论上, 已有人证明: 当样本数 n 无限增加时, AIC 准则给出的阶数估计 $\hat{p}$ 和 $\hat{q}$ 比真值小的概率是 0, 而比真值大的概率为正数. 也就是说, AIC 准则给出的阶数有可能大于真实的阶数. 为此, 人们又提出了 BIC (Bayesian Information Criterion) 准则. BIC 准则将 AIC 统计量 (见式 (9.106)) 中的 2 换成 $\log n$, 得到 BIC 统计量, 即

$$\mathrm{BIC}(p,q) = \log \widehat{\sigma}^2(p,q) + \frac{(p+q)\log n}{n}, \quad 0 \leqslant p,q \leqslant k \tag{9.108}$$

那么, 关于 (p,q) 的 BIC 估计就是 $\hat{p}$ 和 $\hat{q}$ 满足

$$\mathrm{BIC}(\hat{p},\hat{q}) = \min_{0 \leqslant p,q \leqslant k} \mathrm{BIC}(p,q) \tag{9.109}$$

如何计算 AIC 统计量或 BIC 统计量呢? 需要先计算出 ARMA 模型中参数的估计值.

§9.5.2 ARMA 模型中的参数估计

对于非中心化 ARMA(p,q) 模型:

$$X_t - \phi_0 = \phi(B)^{-1}\theta(B)\varepsilon_t \tag{9.110}$$

其中 $\varepsilon_t \sim WN(0,\sigma_\varepsilon^2)$, $\phi(B)$ 和 $\theta(B)$ 分别由式 (9.37) 和式 (9.65) 定义.

一旦确定延迟阶数 p 和 q 后, 非中心化 ARMA(p,q) 模型中, 共有 $p+q+2$ 个参数 ϕ_0, $\phi_1, \cdots, \phi_p, \theta_1, \theta_2, \cdots, \theta_q$ 和 σ_ε^2 需要估计, 估计的方法有多种, 较为简单的估计有 3 种, 分别是矩估计、极大似然估计和最小二乘估计.

关于参数估计方法的具体内容这里就不做介绍了, 因为 R 中的 arima() 函数将给出这些参数的估计值, 以及参数估计的标准差.

在例 9.27 中, 确定 New Haven 市的年平均气温序列属于 AR(2) 模型, 由 arima() 函数计算出系数的估计值、标准差和 σ_ε^2, 其命令为:

arima(nhtemp, order = c(2,0,0))

这里的 order 表示 ARIMA 模型的阶数, 3 个数分别表示 (p,d,q), 计算结果为:

```
Call:
arima(x = nhtemp, order = c(2, 0, 0))
Coefficients:
         ar1     ar2   intercept
      0.2191  0.3178    51.1908
s.e.  0.1243  0.1251     0.3054

sigma^2 estimated as 1.27: log likelihood = -92.47, aic = 192.94
```

在计算结果中, ar1 的值表示 ϕ_1 的估计值, ar2 的值表示 ϕ_2 的估计值, intercept 的值并不是表示 "截距" (ϕ_0) 的估计值, 它实际上是均值 μ 的估计值, 它与样本均值稍有不同. "真正" 的截距应该是:

$$\widehat{\phi_0} = \widehat{\mu}(1 - \widehat{\phi_1} - \widehat{\phi_2}) = 51.1908 \times (1 - 0.2191 - 0.3178) = 23.70646$$

s.e. 表示对应的值表示系数估计值的标准差. σ_ε^2 的估计值为 1.27. log like lihood 为对数似然函数的估计值, aic 就是 AIC 统计量.

在例 9.28 中, OVERSHORT 序列模型是 MA(1), 使用 arima() 函数做计算, 计算结果为:

```
Call:
arima(x = x, order = c(0, 0, 1))
Coefficients:
          ma1   intercept
      -0.8477    -4.7945
s.e.   0.1206     1.0252

sigma^2 estimated as 2020: log likelihood = -298.42, aic = 602.84
```

在计算结果中, ma1 的值表示 $-\theta_1$ 的估计值[1]. intercept 的值表示均值 μ 的估计值. s.e. 表示对应的值表示系数估计值的标准差. σ_ε^2 的估计值为 2020.

---

[1] R 中的 ARMA 模型由式 (9.84) 表示, 系数 θ_i 相差一个负号.

例 9.29 已确定了序列属于 ARMA(p,q) 模型, 但不知道 (p,q) 具体的值, 这里尝试 $p = 0, 1, 2$, $q = 0, 1, 2$, 使用 arima() 计算参数的估计和相应的 AIC 统计量, 选择出合适的阶数. 最终, ARMA(1,1) 模型的 AIC 统计量最小.

```
> arima(x, order = c(1,0,1))
Call:
arima(x = x, order = c(1, 0, 1))
Coefficients:
         ar1      ma1   intercept
      0.9106  -0.7708      0.9161
s.e.  0.0665   0.0984      0.0682
sigma^2 estimated as 0.1098: log likelihood = -47.32, aic = 102.63
```

因此, 确定序列属于 ARMA(1,1) 模型, 以及参数估计值 $\widehat{\phi} = 0.9106$, $\widehat{\theta} = 0.7708$.

在 R 中, 还可以使用 AIC() 函数 (BIC() 函数) 计算 AIC 统计量 (BIC 统计量), 其使用格式为:

```
AIC(object, ..., k = 2)
BIC(object, ...)
```

参数的名称、取值及意义如表 9.17 所示.

表 9.17　AIC( )/BIC( ) 函数中参数的名称、取值及意义

名称	取值及意义
object	对象, 由 arima() 函数生成
k	数值, k = 2 (默认值) 是典型的 AIC 统计量. 如果取 k = log(n) 就是 BIC 统计量

例如:

```
> x.arima <- arima(x, order = c(1,0,1))
> AIC(x.arima)
[1] 102.6312
> BIC(x.arima)
[1] 114.6738
> AIC(x.arima, k = log( length(x) ) )
[1] 114.6738
```

在得到参数估计值后, 下面需要完成的工作是模型的检验.

§9.5.3　模型的检验

模型检验包含两方面的工作：一是参数的检验; 二是残差的检验.

1. 参数检验

参数检验是检验

$$H_0 : \phi_i = 0 \, (\theta_j = 0), \qquad H_1 : \phi_i \neq 0 \, (\theta_j \neq 0)$$

在正态分布的假设下, 由最小二乘估计得到参数的估计值也服从正态分布, 因此, 可以使用 T 检验.

arima() 函数中已给出参数估计值的标准差, 因此, 可以使用参数区间估计的方法给出参数的置信区间. 按照 3σ 原则, 参数位于 2σ 区间内的概率为 95%, 所以简单的办法就是计算参数的 2σ 置信区间:

$$[\widehat{\phi}_i - 2\widehat{\sigma}_i, \ \widehat{\phi}_i + 2\widehat{\sigma}_i] \quad \text{或} \quad [\widehat{\theta}_j - 2\widehat{\sigma}_j, \ \widehat{\theta}_j + 2\widehat{\sigma}_j]$$

这里的 $\widehat{\sigma}_i$(或 $\widehat{\sigma}_j$) 是系数 $\widehat{\phi}_i$(或 $\widehat{\theta}_j$) 的标准差.

若参数的置信区间不包含 0, 则说明参数是显著的, 即通过检验, 拒绝原假设.

前面已计算出例 9.29 有系数及标准差, 下面计算系数 2σ 的置信区间.

```
c <- x.arima$coef
sd <-sqrt(diag(x.arima$var.coef))
A <- rbind(c, c - 2*sd, c + 2*sd)
rownames(A) <- c("coef", "lwr", "upr")
```

实际上, arima() 函数的返回值是一个列表, 其中 $coef 为系数的估计值, $var.coef 为系数的协方差阵, 对角元素的开方构成系数的标准差. 将三组向量合并成矩阵, 并对各行命名, 分别是系数 (coef)、下界 (lwr) 和上界 (upr), 列出程序的计算结果:

```
          ar1         ma1 intercept
coef 0.9106413 -0.7707551 0.9160703
lwr  0.7776162 -0.9675263 0.7797518
upr  1.0436665 -0.5739840 1.0523888
```

第 1 行是系数, 第 2 行是置信区间的置信下限, 第 3 行是置信区间的置信上限. 计算结果表明, 置信区间不包含 0, 系数的检验是显著的.

使用上述方法检验例 9.27 (New Haven 市的年平均气温数据) 的 AR(2) 模型 (留给读者完成), 发现系数 ar1 并没有通过模型.

2. 残差检验

残差检验包括两个方面: 一是齐次性检验; 二是独立性检验. 如果选择了适合于平稳序列的 ARMA 模型, 其残差应该是白噪声.

齐次性检验可以用残差图来判断, 这里主要介绍独立性检验, 即检验

$$H_0: \quad \rho_1 = \rho_2 = \cdots = \rho_m = 0, \quad \forall\, m \geqslant 1$$

$$H_1: \quad \text{至少存在某个 } \rho_k \neq 0, \quad \forall\, m \geqslant 1, \ k \leqslant m$$

为了检验这个联合假设, Box 和 Pierce (1970) 提出 Q 统计量:

$$Q = n\left(\hat{\rho}_1^2 + \hat{\rho}_2^2 + \cdots + \hat{\rho}_m^2\right) \tag{9.111}$$

其中 m 是延迟的阶数. 如果正确的估计 ARMA(p,q) 模型, 那么对于大的 n, 统计量 Q 近似服从自由度为 $m - p - q$ 的 χ^2 分布. 这种方法称为 Box-Pierce 检验.

Q 的 χ^2 分布是基于极限理论得到的, 但对于小样本数据, Q 的近似值并不令人满意. 为弥补这一缺陷, Box 和 Ljung (1978) 提出了修正统计量:

$$Q_* = n(n+2)\left(\frac{\hat{\rho}_1^2}{n-1} + \frac{\hat{\rho}_2^2}{n-2} + \cdots + \frac{\hat{\rho}_m^2}{n-m}\right) \tag{9.112}$$

称 Q_* 为 Ljung-Box 统计量, 这种方法称为 Ljung-Box 检验.

在 R 中, Box.test() 函数提供 Box-Pierce 检验或 Ljung-Box 检验, 其使用格式为:

```
Box.test(x, lag = 1,
         type = c("Box-Pierce", "Ljung-Box"), fitdf = 0)
```
参数的名称、取值及意义如表 9.18 所示.

表 9.18 Box.test( ) 函数中参数的名称、取值及意义

名称	取值及意义
x	向量, 或一元时间序列
lag	正整数, 表示延迟的阶数, 即统计量中的 m
type	字符串, 表示检验的类型, 取 "Box-Pierce" 或 "Box" (默认值) 表示 Box-Pierce 检验, 取 "Ljung-Box" 或 "Ljung" 表示 Ljung-Box 检验
fitdf	整数, 表示减去模型中自由度的个数. 若 x 为 ARMA(p,q) 模型的残差时, 则 fitdf = p + q

对于例 9.29 确定的 ARMA(1,1) 模型, 做残差的 Box-Pierce 检验和 Ljung-Box 检验 (这里延迟阶数取 10).

```
> res <- x.arima$residuals
> Box.test(res, lag = 10, fitdf = 2)
        Box-Pierce test
data:  res
X-squared = 8.7606, df = 8, p-value = 0.3629

> Box.test(res, type = "Ljung", lag = 10, fitdf = 2)
        Box-Ljung test
data:  res
X-squared = 9.238, df = 8, p-value = 0.3226
```
计算出的 P 值大于 0.05, 通过检验, 说明残差是独立的.

为便于对模型进行诊断, R 提供了 tsdiag() 函数, 其使用格式为:

```
tsdiag(object, gof.lag, ...)
```
参数的名称、取值及意义如表 9.19 所示.

表 9.19 tsdiag( ) 函数中参数的名称、取值及意义

名称	取值及意义
object	对象, 由时间序列模型构成, 如 arima() 函数生成的对象
gof.lag	正整数, 表示计算 Ljung-Box 统计量时最大延迟的阶数

函数的返回值是图形, 由标准化残差图、残差的自相关函数图和 Ljung-Box 统计量 P 值的散点图构成. 在计算 Ljung-Box 统计量时, 没有减去模型的自由度.

例如, 对于例 9.29, 输出命令

```
tsdiag(x.arima)
```
函数所绘图形如图 9.28 所示. 从图形可以看出, 标准化残差基本上在 $[-2, 2]$ 之间, 残差的自相关函数迅速降到两条虚线内, Ljung-Box 统计量 P 值均大于 0.5, 说明对于例 9.29 的序列, 使用 ARMA(1,1) 模型是合理的.

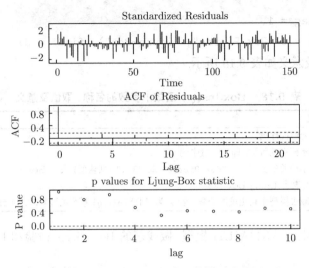

图 9.28 tsdiag() 函数给出的模型诊断图

§9.6 时间序列的建模与预测

本节借助于 R 提供的函数 —— arima() 函数和 predict.Arima() 函数, 给出 ARIMA 模型的建模与预测的方法.

§9.6.1 ARIMA 模型建模

本小节讨论非平稳时间序列的建模方法 —— ARIMA 模型的建模方法, 这里包括 ARIMA (p, d, q) 模型、周期是 s 的季节 ARIMA$(P, D, Q)^s$ 模型和周期是 s 的乘法季节 ARIMA(p, d, q) $(P, D, Q)^s$ 模型.

1. 模型识别

使用 ARIMA 模型来分析时间序列, 第一件事就是模型识别, 也就是说, 判别时间序列 $\{X_t\}$ 属于哪一类模型.

设 $\{x_t\}$ 是随机序列的样本, 首先要判断该序列是平稳序列, 还是非平稳序列. 如果是平稳序列, 则选择 ARMA(p, q) 模型, 然后通过 acf() 函数、pacf() 函数或 AIC (BIC) 准则确定模型的阶数 p 和 q.

在 9.2 节讲过, 检验序列的平稳性可以通过绘制时序图, 或画自相关函数图来做判断. 更复杂的方法是使用统计量进行检验, 通常称为单位根检验, 因为序列在非平稳的情况下, 对应的特征方程会包含单位根.

关于单位根的检验方法有很多, 传统的时间序列教材常常会介绍: DF (Dickey - Fuller) 检验、ADF (Augmented Dickey - Fuller) 检验和 PP (Phillips - Perron) 检验, 以及 KPSS 检验.

在 R 的基本函数中, 提供了 PP 检验的检验函数 —— PP.test() 函数, 如果想使用其他的检验函数 (如 ADF 检验), 则需要加载 tseries 程序包. PP.test() 函数的使用格式为:

```
PP.test(x, lshort = TRUE)
```

参数 x 是数值向量或时间序列.

PP.test() 函数的原假设是序列对应的特征方程有单位根, 备择假设是没有单位根. 例如, 取 $z_t \sim N(0,1)$, $t = 1, 2, \cdots, 100$, 则 z_t 是零均值 Gauss 白噪声序列, 即平稳序列. 模拟序列 z_t, 并使用 PP.test() 函数检测.

```
> z <- rnorm(100); PP.test(z)
        Phillips-Perron Unit Root Test
data:  z
Dickey-Fuller = -8.9516, Truncation lag parameter = 3,
p-value = 0.01
```

P 值 $= 0.01$, 拒绝原假设, 说明没有单位根, 这与序列的性质是一致的. 如果令 $x_t = \sum_{i=1}^{t} z_i$, $t = 1, 2, \cdots, 100$, 则序列 $\{x_t\}$ 相当于 AR(1) 模型

$$X_t = X_{t-1} + \varepsilon_t$$

的样本, 它的特征方程有单位根. 看一下检验的结果:

```
> x <- cumsum(z); PP.test(x)
        Phillips-Perron Unit Root Test
data:  x
Dickey-Fuller = -2.3343, Truncation lag parameter = 3,
p-value = 0.4381
```

从 P 值看, 无法拒绝原假设, 即有单位根.

如果 $\{x_t\}$ 不是平稳序列, 则需要判断它是否具有长期趋势. 如果序列只包含有趋势项, 经过 d 阶差分, 可以将序列转换成平稳序列, 则选择 ARIMA(p, d, q) 模型. 对于差分后的平稳序列, 可以使用 9.5 节介绍的方法, 确定阶数 p 和 q.

如果序列 $\{x_t\}$ 是关于季节平稳的, 并已知季节周期数为 s (通常使用的季节数是季度 $s = 4$, 或月 $s = 12$), 则选择季节 ARMA$(P, Q)^s$ 模型, 再确定阶数 P 和 Q.

如果序列 $\{x_t\}$ 经过 D 阶季节差分是平稳的, 并已知季节周期数为 s, 则选择季节 ARIMA$(P, D, Q)^s$ 模型, 再确定阶数 P 和 Q.

如果序列 $\{x_t\}$ 包含趋势项和季节项, 且经过 d 阶差分和 D 阶季节差分成为平稳序列, 并已知季节周期数为 s, 则选择乘法季节 ARIMA$(p, d, q)(P, D, Q)^s$ 模型, 再确定阶数 p、q、P 和 Q.

2. 参数估计

在确定模型之后, 下面的工作是对参数进行估计, 估计的方法有: 无条件最小二乘估计、条件最小二乘估计和极大似然估计等. 如果采用 AIC 准则确定阶数的话, 阶数的确定和参数估计需要一起完成, 这必然导致复杂的计算. 还好, 计算工作可以由软件来完成, 因此, 这里并不介绍这些估计方法, 而是介绍 R 中参数估计函数的使用.

在 R 中, arima() 函数可以完成 ARIMA 各类模型的计算, 并给出模型所对应的 AIC 值, 其使用格式为:

```
arima(x, order = c(0L, 0L, 0L),
      seasonal = list(order = c(0L, 0L, 0L), period = NA),
```

```
            xreg = NULL, include.mean = TRUE,
            transform.pars = TRUE,
            fixed = NULL, init = NULL,
            method = c("CSS-ML", "ML", "CSS"), n.cond,
            SSinit = c("Gardner1980", "Rossignol2011"),
            optim.method = "BFGS",
            optim.control = list(), kappa = 1e6)
```

部分参数的名称、取值及意义如表 9.20 所示.

表 9.20 arima( ) 函数中部分参数的名称、取值及意义

名称	取值及意义
x	向量, 由时间序列构成
order	三维向量, 表示 ARIMA 模型的阶数 (p,d,q)
seasonal	列表, 成员 order 的三个参数分别表示季节 ARIMA 模型的阶数 (P,D,Q), 成员 period 表示季节周期数 s
include.mean	逻辑变量, 表示是否计算模型的常数项 (只有当差分的阶数 d 和 D 为 0 才有效), 默认值为 TRUE
fixed	可选向量, 表示模型中哪些系数取固定值. 在向量中, 固定系数的位置给出指定值, 其他位置选择 NA

3. 模型的检验与诊断

在确定模型之后, 需要对模型进行检验或诊断, 检验的方法有系数的显著性检验、残差的方差齐性检验和独立性检验, 其检验方法与 9.5.3 小节介绍的方法相同, 这里就不再赘述了.

4. 实例计算

例 9.30 试分析表 9.14 中的数据 (1964—1999 年中国纱的年产量, 见例 9.24) 所适用的 ARIMA 模型, 并确定相应的阶数.

解: 在例 9.24 已确定该数据的一阶差分是平稳的, 所以应选择 ARIMA(p,d,q) 模型, 且 $d = 1$. 再画出一阶差分的 ACF 图和 PACF 图 (图形略), 确定 p 和 q 的阶数大致是 1, 使用 arima() 函数在 $p = q = 1$ 附近计算, 通过计算参数的置信区间和比较 AIC 值, 最终确定为 ARIMA$(1,1,1)$ 模型, 最终的计算及结果如下.

```
> x <- scan("yarn.data"); x <- ts(x, start = 1964)
> arima(x, order = c(1,1,1))
Coefficients:
         ar1      ma1
      0.9998  -0.9892
s.e.  0.0013   0.0368
sigma^2 estimated as 532.9: log likelihood = -160.59, aic = 327.19
```

例 9.31 在 R 的 nottem 的数据集中, 记录了 1920—1939 年英国诺丁汉城堡的月平均气温 (单位: 华氏), 试分析数据所适用的 ARIMA 模型, 并确定相应的阶数.

解: 第一步, 分析数据是否是平稳的, 是否有季节周期. 画出 nottem 数据的自相关函数

图 (见图 9.29), 发现数据具有明显的季节性, 由于数据描述的是月平均气温, 所以选择季节周期数 $s = 12$. 然后画出季节差分的时序图 (见图 9.30), 发现它基本上是时间平稳的, 这说明, 序列只具有季节性, 不具有趋势性, 因此, 选择差分的阶数分别为 $d = 0$ 和 $D = 1$.

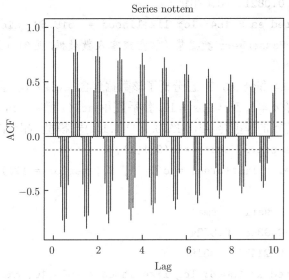

图 9.29　序列的自相关图

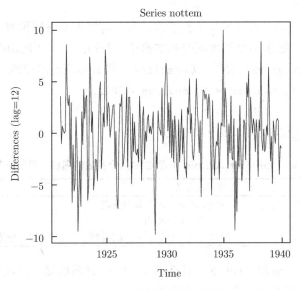

图 9.30　季节差分的时序图

第二步, 确定阶数 p, q, P 和 Q. 与例 9.30 的分析过程一样, 先画出季节差分的 ACF 图和 PACF 图 (图形略), 分析阶数的大致范围, 然后再用 arima() 函数计算系数的估计值和系数的的置信区间, 以及比较模型的 AIC 值, 确定出阶数具体的值. 经计算, 确认 ARIMA$(1,0,0)$ $(1,1,1)^{12}$ 较为合适. 最终的计算及结果如下:

```
arima(nottem, order = c(1,0,0),
        seasonal = list(order = c(1, 1, 1), period = 12))
```

```
Coefficients:
          ar1      sar1      sma1
       0.2710   -0.2965   -0.7283
s.e.   0.0645    0.0821    0.0781
sigma^2 estimated as 5.184: log likelihood = -518.58, aic = 1045.15
```

例 9.32 试分析 AirPassengers 数据集 (航空乘客人数数据, 见例 9.2) 所适用的 ARIMA 模型, 并确定相应的阶数.

解: 在例 9.2、例 9.4 和例 9.5 中, 已分析了该数据包含长期趋势和季节变动, 且长期趋势呈线性增长, 因此选择 $d=1, D=1, s=12$. 然后使用 acf() 函数、pacf() 函数和 arima() 函数确定阶数, 最终选定的模型是 $ARIMA(0,1,1)(1,1,1)^{12}$ 模型. 相应的计算及结果如下.

```
> arima(AirPassengers, order = c(0,1,1),
        seasonal = list(order = c(1, 1, 1), period = 12))
Coefficients:
          ma1      sar1     sma1
       -0.344   -0.9363   0.8524
s.e.    0.088    0.2147   0.3318
sigma^2 estimated as 130.6: log likelihood = -506.16, aic = 1020.33
```

§9.6.2 序列预测

在确定模型之后 (需要通过模型的检验或诊断), 可用模型进行预测. 预测最常见的方法是最小均方误差预测, 这里不介绍预测的基本理论, 只介绍 R 中预测函数的使用.

在 R 中, predict.Arima()(简写成 predict()) 函数做模型的预测, 其使用格式为:

```
 predict(object, n.ahead = 1, newxreg = NULL,
         se.fit = TRUE, ...)
```

部分参数的名称、取值及意义如表 9.21 所示.

表 9.21 predict.Arima( ) 函数中部分参数的名称、取值及意义

名称	取值及意义
object	对象, 由 arima() 函数生成
n.ahead	正整数, 需要预测的步数
se.fit	逻辑变量, 表示是否给出预测值的标准差, 默认值为 TRUE

例 9.33（续例 9.31） 预测 1940 年 1 月至 1944 年 12 月英国诺丁汉城堡的月平均气温, 并画出预测曲线和置信水平为 95% 的置信区间曲线.

解: 在例 9.31 中已建立了 ARIMA 模型, 利用 predict() 函数做预测, 并画出实际数据曲线 (部分) 和预测曲线, 及置信区间曲线. 其程序 (程序名: exa_0931.R) 如下.

```
nottem.pre <- predict(nottem.arima, n.ahead = 5*12)
plot(nottem, xlab='时间/年', ylab='气温/华氏',
     xlim = c(1935, 1945), ylim = c(35, 68),
     main = '诺丁汉城堡的月平均气温和预测月平均气温')
lines(nottem.pre$pred, lty = 4, lwd = 2, col = 2)
```

```
lines(nottem.pre$pred - 2*nottem.pre$se, lty = 5, col = 4)

lines(nottem.pre$pred + 2*nottem.pre$se, lty = 5, col = 4)

legend(1936, 68, c("真实数据", "预测数据", "95% 置信区间"),

    col = c(1, 2, 4), lty = c(1, 4, 5), lwd = c(1, 2, 1))
```

程序的第 1 行是做预测, 由于要预测 5 年的月平均气温, 即预测 60 个点. 第 2–4 行画出诺丁汉城堡的实际月平均气温, 开始于 1935 年. 第 5 行画出 5 年的预测月平均气温, 第 6 ~ 7 行画出预测值的置信区间曲线, 由于要求是 95% 的置信区间, 因而在预测值上 ±2 倍的标准差. 所绘图形如图 9.31 所示. 在图中, 实线是实际值, 虚线 (· – ·–) 是预测值, 虚线 (– –) 是预测值的置信区间.

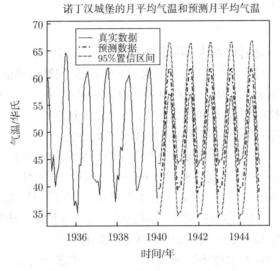

图 9.31　诺丁汉城堡月预测平均气温

例 9.34（续例 9.32）　预测 1961 年 1 月至 1962 年 12 月航空乘客人数, 并画出预测曲线和置信水平为 95% 的置信区间曲线.

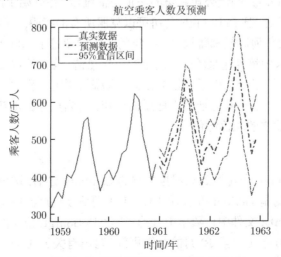

图 9.32　航空乘客月预测平均人数

解: 利用例 9.32 得到的模型, 再用 `predict()` 函数做预测, 绘出相应的图形 (绘图命令略), 所画图形如图 9.32 所示. 在图中, 实线是实际值, 虚线 ($\cdot - \cdot -$) 是预测值, 虚线 ($--$) 是预测值的置信区间.

§9.7　案例分析

本节选取 2 个实际案例进行分析, 并借用 R 软件完成相关的计算.

§9.7.1　DeBourgh 制造公司

本例摘自 Ken Black, David L. Eldredge 所著的《以 Excel 为决策工具的商务与经济统计》(张久琴, 等, 译. 北京: 机械工业出版社, 2003.9).

1. 背景介绍

DeBourgh 制造公司是明尼苏达州的钢铁制造公司, 建于 1909 年. 在 20 世纪 80 年代, 和其他的钢铁制造公司一样, 公司陷入了困境. DeBourgh 制造公司面对的众多问题中包括不断下降的销售量、不断恶化的劳工关系和不断增长的成本, 并且工会拒绝降低成本的措施. 公司 3 个部门中最大的重型生产车间损失巨大. 生产行人铁路桥的部门在 1990 年关闭了, 剩下的生产 "全美" 锁的部门不得不搬到生产成本低的地方去.

在 1990 年, 公司存亡到了关键时刻, 公司做了冒巨大风险的决定, 把工厂从成本较高的明尼苏达州搬到成本较低的克罗拉多州的 La Junta 地区. 这共用了 80 辆带拖车的卡车运送设备和存货, 经历 1 000 多英里, 花费了 120 万美元. 公司的新址在 La Junta 一栋空置了 3 年的大楼里, 只有 10 个明尼苏达州的工人和公司一起迁移到这个地方, 公司迅速雇用和培训了 80 多个工人. 移到 La Junta 后, 公司不再受工会的制约.

DeBourgh 制造公司同时面临着财务危机. 一家 35 年来一直提供贷款的银行终止了货款. 另外, 明尼苏达的工厂主为了保证在搬迁过程中生产不中断, 决定把工厂的所有权分开. 公司经理史蒂文 C.博格和他的 3 个姑妈安排了公司内部的股权买卖协议, 他的 3 个姑妈是除他之外工厂的主要拥有者.

在 La Junta, DeBourgh 制造公司新家的房顶急需维修. 在开始生产的几周里, 这个地区连降大雨, 生产被迫停止. 但 DeBourgh 公司可以克服所有的障碍, 一年之后, 锁的销量每月都达到新水平. 公司比任何时候都赚钱, 1988 年的销售额超过了 800 万美元. 这一切都应归功于在大约 100 个工人中培养起来的乐观向上的工作热情. 公司的重心已经转移到让员工参与决策制定、质量控制, 组成工作组, 让员工参与报酬的制定过程, 并分享利润. 除此之外, DeBourgh 公司成为了一个更具有社会责任感的公司, 为它所在的城镇做了许多实事, 并在工厂中使用令人精神愉快的颜色涂色.

2. 问题讨论

(1) 1990 年 DeBourgh 公司搬到克罗拉多州的 La Junta 之后, 这个公司的销售量节节攀升. 假设表 9.22 列出的是 DeBourgh 公司 1991 年 1 月到 1999 年 12 月的月度销售数据 (数据存放在 `DeBourgh.data` 文件中), 数据中有趋势吗? DeBourgh 公司的销售有季节性吗? 利用这些数据, 预测 2000 年 1 月至 12 月的月销售额. 写出有关 DeBourgh 公司销售量的报告, 要包括对销售量总趋势、季节趋势和其他可能存在的循环趋势的讨论.

表 9.22 DeBourgh 公司 1991.1—1999.12 的月度销售额 (千美元)

月	1991	1992	1993	1994	1995	1996	1997	1998	1999
1	139.7	165.1	177.8	228.6	226.7	431.8	381.0	431.8	495.3
2	114.3	177.8	203.2	254.0	317.5	457.2	406.4	444.5	533.4
3	101.6	177.8	228.6	266.7	368.3	457.2	431.8	495.3	635.0
4	152.4	203.2	279.4	342.9	431.8	482.6	457.2	533.4	673.1
5	215.9	241.3	317.5	355.6	457.2	533.4	495.3	558.8	749.3
6	228.6	279.4	330.2	406.4	571.5	622.3	584.2	647.7	812.8
7	215.9	292.1	368.3	444.5	546.1	660.4	609.6	673.1	800.1
8	190.5	317.5	355.6	431.8	482.6	520.7	558.8	660.4	736.6
9	177.8	203.2	241.3	330.2	431.8	508.0	508.0	609.6	685.8
10	139.7	177.8	215.9	330.2	406.4	482.6	495.3	584.2	635.0
11	139.7	165.1	215.9	304.8	393.7	457.2	444.5	520.7	622.3
12	152.4	177.8	203.2	292.1	406.4	431.8	419.1	482.6	622.3

(2) 假设 DeBourgh 公司的会计人员计算了 1988 年以来锁的单位成本, 如表 9.23 所示 (单位成本数据存放在 DeBourgh_2.data 文件中). 利用本章学习过的方法分析数据, 预测 2000 年的单位成本, 选择合适的方法计算出预测值的误差, 确定误差最小的方法. 研究数据, 解释 1998 年来成本变动的方式, 要考虑到 1998 年后公司的历史情况和目标.

表 9.23 DeBourgh 公司 1988 年以来锁的单位劳动成本 (美元)

年	单位成本	年	单位成本
1988	80.15	1994	60.19
1989	85.29	1995	59.84
1990	85.75	1996	57.29
1991	64.23	1997	58.74
1992	63.70	1998	55.01
1993	62.54	1999	56.20

3. 问题求解及结果分析[①]

(1) 画出 DeBourgh 公司 1991 年 1 月至 1999 年 12 月的月销售额时序图 (图形略), 发现数据既有长期趋势, 也包含季节变动. 而且在每年的 6 月或 7 月, 销售额达到最大.

使用 HoltWinters() 函数构造 Holt - Winters 模型, 计算得到:

```
> c(m$alpha, m$beta, m$gamma)
    alpha      beta     gamma
0.3000110 0.0000000 0.6600246
> m$coefficients
          a          b         s1         s2         s3
693.177258   4.721795 -94.762366 -66.354537  -1.931450
         s4         s5         s6         s7         s8
 23.487696  67.765206 131.954262 131.110766  75.034921
         s9        s10        s11        s12
 19.314060 -23.357770 -59.085364 -80.402532
```

① 求解过程保存在DeBourgh.R的程序文件中.

这组数据说明: DeBourgh 公司的销售总趋势呈线性增长, 每一个月将增长 4.72 千美元. 季节变动情况是: 1 月的销售量最低, 其次是 12 月, 6 月的销售量最高, 其次是 7 月.

再使用 predict.HoltWinters() 函数预测 2000 年 1 月至 12 月的月销售量, 同时计算 1991 年 1 月至 1999 年 12 月的月销售额的拟合值. 将实际销售数据、拟合数据和预测数据 (包括置信区间) 画在图上, 如图 9.33 所示. 在图中, 实线是实际销售数据, 虚线 (·—·—) 为拟合曲线和预测值曲线, 虚线 (——) 为预测值的 95% 置信区间.

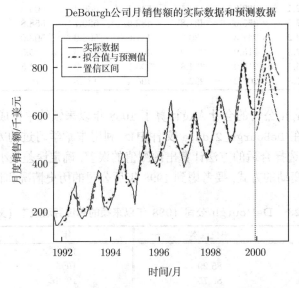

图 9.33　DeBourgh 公司的月销售额数据和预测数据

(2) 使用移动平均法、加权移动平均法和指数平滑法, 预测 2000 年的单位成本, 实际数据曲线及预测曲线如图 9.34 所示. 其中移动平均法和加权移动平均法选择的间隔 $k = 4$, 指

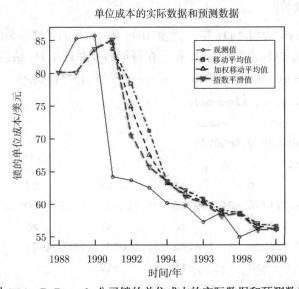

图 9.34　DeBourgh 公司锁的单位成本的实际数据和预测数据

数平滑法中的 $\alpha = 0.7$. 3 种方法的 MSE 分别是 79.47, 66.90 和 50.83, 因此, 选择指数平滑法的预测值 56.16 作为 2000 年锁的单位成本的预测值. 从图 9.34 中可以看出, 预测曲线逐步接近真实数据, 这种方法的预测值还是可取的.

§9.7.2 预测销售量损失

本例摘自 David R. Anderson, Dennis J. Sweeney & Thomas A.Willaims 所著的《商务与经济统计 (第 8 版)》(王峰, 等, 译. 北京: 中信出版社, 2003.9).

1. 背景介绍

Carlson 百货商店在 2000 年 8 月 31 日的台风袭击时, 遭受了巨大损失. 商店关闭了 4 个月 (2000 年 9 月 —2000 年 12 月), 现在, Carlson 和它的保险公司正在就停业期间所遭受的销售额缺失而陷入争执. 必须解决两个关键性问题: (1) 如果没有被台风袭击, Carlson 将会有多少销售额; (2) Carlson 是否会从台风过后明显增加的营业中, 获得额外的销售作为补偿. 该县得到超过 80 亿美元的联邦救灾补偿和保险金, 促使百货商店销售额的增加和其他无数商业活动的繁荣.

表 9.24 给出了 Carlson 在遭受台风袭击之前 48 个月的销售额 (销售额数据存放在 Carlson.data 文件中). 表 9.25 给出了该县所有的杂货商店在遭受台风袭击之前的总销售额, 同时也给出了 Carlson 商店停业期间的总销售额 (全部销售额数据存放在 Carlson_2.data 文件中). Carlson 的管理者已经要求分析这些数据, 并预测 Carlson 商店在 2000 年 9 月 —12 月停业期间所损失的销售额. 他们同时要求你确定在同期是否存在由于台风而产生的额外销售额. 如果存在的话, Carlson 除了得到正常销售额的补偿外, 还将得到额外销售额作为补偿.

表 9.24 1996.9—2000.8 Carlson 商店的月销售额 (百万美元)

月	1996	1997	1998	1999	2000
1		1.45	2.31	2.31	2.56
2		1.80	1.89	1.99	2.28
3		2.03	2.02	2.42	2.69
4		1.99	2.23	2.45	2.48
5		2.32	2.39	2.57	2.73
6		2.20	2.14	2.42	2.37
7		2.13	2.27	2.40	2.31
8		2.43	2.21	2.50	2.23
9	1.71	1.90	1.89	2.09	
10	1.90	2.13	2.29	2.54	
11	2.74	2.56	2.83	2.97	
12	4.20	4.16	4.04	4.35	

2. 问题讨论

请为 Carlson 的管理者准备一份报告, 总结你的发现、预测和建议, 其中包括:

(1) 假如没有台风袭击, 请估计销售额;

(2) 假如没有台风袭击, 请估计全县范围内所有的杂货商店的销售额;

(3) 估计 Carlson 商店在 2000 年 9 月到 12 月之间的实际销售额和 (2) 中的估计, 做出判断, 支持或反对由于台风而产生的额外销售额.

表 9.25　该县所有杂货商店 1996.9—2000.12 的月销售额 (百万美元)

月	1996	1997	1998	1999	2000
1		46.8	46.8	43.8	48.0
2		48.0	48.6	45.6	51.6
3		60.0	59.4	57.6	57.6
4		57.6	58.2	53.4	58.2
5		61.8	60.6	56.4	60.0
6		58.2	55.2	52.8	57.0
7		56.4	51.0	54.0	57.6
8		63.0	58.8	60.6	61.8
9	55.8	57.6	49.8	47.4	69.0
10	56.4	53.4	54.6	54.6	75.0
11	71.4	71.4	65.4	67.8	85.2
12	117.6	114.0	102.0	100.2	121.8

3. 问题求解及结果分析[①]

这里采用 ARIMA 模型分析问题.

(1) 首先利用 Carlson 商店的历史数据, 建立 ARIMA 模型. 画出数据的时序图或自相关函数图 (图形略), 发现数据有明显的季节变动, 季节周期数确定为 $s = 12$. 从时序图可以看出, 数据有小幅的增长趋势, 因此, 对数据做一阶季节差分和一阶差分运算, 消除季节变动和趋势性. 再画出差分后的时序图 (图形略), 发现它基本上是平稳序列, 因此, 选择 $\text{ARIMA}(p, 1, q)(P, 1, Q)^{12}$ 模型分析数据.

使用 acf() 函数、pacf() 函数和 arima() 函数确定阶数 p、q、P 和 Q. 特别是在 arima() 函数的使用中, 应注意两点: 一是系数的 95% 置信区间不应该包含 0, 二是模型的 AIC 值尽可能小. 经过试算, 发现 $p = 0$、$q = 1$、$P = 1$ 和 $Q = 0$, 即 $\text{ARIMA}(0, 1, 1)(1, 1, 0)^{12}$ 模型满足上述要求.

在确定模型之后, 就可以用模型对商店关闭了 4 个月 (2000 年 9 月 — 2000 年 12 月) 的销售额做预测.

```
$pred
          Sep      Oct      Nov      Dec
2000 2.195662 2.624149 3.101476 4.408335
$se
          Sep       Oct       Nov       Dec
2000 0.1906857 0.1906857 0.1906857 0.1906857
```

这些值可以作为 Carlson 商店在 9 月 —12 月的销售额的依据.

(2) 在估计全县范围内所有杂货商店的销售额时, 选择模型及确定阶数的方法与 (1) 相同, 这里确定的模型是 $\text{ARIMA}\,(0, 1, 1)(0, 1, 0)^{12}$. 然后对全县所有商店在 2000 年后 4 个月

---

① 求解过程保存在 Carlson.R 的程序文件中.

的销售额做预测, 同时给出 95% 的置信区间. 将实际销售数据、预测数据及预测值的 95% 置信区间画在图上, 如图 9.35 所示.

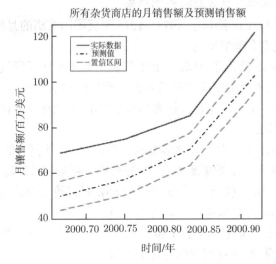

图 9.35　全县所有的杂货商店销售额的实际数据及预测数据

(3) 图 9.35 显示, 全县其他所有杂货商店在 2000 年后 4 个月的实际销售量, 远远大于后 4 个月的预测值, 不仅如此, 还远远大于预测值的 95% 的置信区间, 这说明, 台风过后, 会产生额外的销售额. 因此, Carlson 除了得到正常销售额的补偿外, 还要求得到额外由台风而产生的补偿的要求是合理的.

本章小结

- 时间序列的基本概念、时序图 —— ts() 函数和 plot() 函数.
- 时间序列的成分与分解函数 —— decompose() 函数和 stl() 函数.
- 时间序列预测的平滑方法和使用回归方法预测趋势与季节.
- Holt - Winters 指数平滑方法 —— HoltWinters() 函数、predict.HoltWinters() 函数和 plot.HoltWinters() 函数.
- 时间序列的平稳性、差分算法、延迟算子, 以及时间序列平稳性的判断.
- AR 模型、MA 模型和 ARMA 模型, 以及稳定性和可逆性的条件.
- 自相关函数和偏自相关函数 —— acf() 函数、pacf() 函数和 ARMAacf() 函数.
- 平稳性的判断、ARMA 模型阶数的确定、参数估计, 以及检验与诊断 —— AIC() 函数、BIC() 函数、Box.test() 函数和 tsdiag() 函数.
- 单位根的判断、ARIMA 模型、季节 ARIMA 模型、差分和时间序列建模 —— PP.test() 函数、arima() 函数和 predict.Arima() 函数.

习　　题

1. 已知下列数据是某汽油销售商在过去 12 个星期的汽油销售数据 (单位: 千加仑).

17　21　19　23　18　16　20　18　22　20　15　22

使用 ts() 函数将该数列构造成时间序列, 并画其时序图.

2. R 中的数据集 Nile 给出了 1871—1970 年尼罗河在阿斯旺地区的年流量测量值, 试分析该数据集提供的时间序列是否具有长期趋势.

3. R 中的数据集 ldeaths 给出了 1974—1979 年英国因肺病的月死亡人数, 试分析该数据集提供的时间序列是否有季节变动.

4. R 中的数据集 co2 给出了 1959—1997 年莫纳罗亚山地区空气中二氧化碳浓度的月测量值, 试分析该数据集提供的时间序列是否有长期趋势和季节变动.

5. R 中的数据集 lh 给出了正常女性黄体素水平的 48 个样本, 试分析该数据集提供的时间序列是否有循环波动.

6. 使用 decompose() 函数对 co2 数据集做分解, 分析该数据集的长期趋势和季节变动.

7. 使用 stl() 函数对 co2 数据集做分解, 分析该数据集的长期趋势和季节变动.

8. 使用移动平均法和加权移动平均法 (取 $k = 3$), 对习题 1 中的汽油销售数据做第 4 周至第 13 周销售量的预测, 并计算相应的均方误差值.

9. 使用指数平滑法, 分别取 $\alpha = 0.3$ 和 $\alpha = 0.7$, 对习题 1 中的汽油销售数据做第 2 周至第 13 周销售量的预测, 并计算相应的均方误差值.

10. 考虑某公司过去 10 年的自行车销售量 (单位: 千辆).

21.6   22.9   25.5   21.9   23.9   27.5   31.5   29.7   28.6   31.4

分析该序列是否有线性趋势, 如果有, 请使用线性回归的方法计算出长期趋势, 请画出时序图和趋势线.

11. 表 9.26 中的数据是过去 35 年间加拿大工人平均每周工作的小时数 (数据存放在 WorkHour.data 文件中), 分析该序列是否有长期趋势 (不一定是线性的), 如果有, 请使用回归分析的方法计算出长期趋势, 请画出时序图和趋势线.

表 9.26   过去 35 年间加拿大工人平均每周工作的小时数

37.2	37.0	37.4	37.5	37.7	37.7	37.4	37.2	37.3
37.2	36.9	36.7	36.7	36.5	36.3	35.9	35.8	35.9
36.0	35.7	35.6	35.2	34.8	35.3	35.6	35.6	35.6
35.9	36.0	35.7	35.7	35.5	35.6	36.3	36.5	

12. 以下是达美航空公司 10 年的收入资料 (单位: 百万美元).

2428   2951   3533   3618   3616   4264   4738   4460   5318   6915

建立该时间序列的线性趋势方程. 对达美航空公司过去 10 年的总收入, 这个方程能说明什么问题? 根据方程预测第 11 年和第 12 年的总收入.

13. 使用 Holt - Winters 指数平滑方法计算习题 1 中的汽油销售数据, 并预测第 13 周销售量.

14. 使用 Holt - Winters 指数平滑方法计算达美航空公司 10 年的收入数据, 并预测预测第 11 年和第 12 年的总收入.

15. 使用 Holt - Winters 指数平滑方法计算 co2 数据集, 预测 1998 年 1 月至 12 月莫纳罗亚山地区空气中二氧化碳浓度, 并画出观测曲线、拟合曲线和预测曲线 (包括置信区间).

16. 判断下列 AR 模型的平稳性.

(1) $X_t = -0.65X_{t-1} + \varepsilon_t$; (2) $X_t = -0.5X_{t-1} + 0.3X_{t-2} + \varepsilon_t$.

17. 判断下列 MA 模型的可逆性.

(1) $X_t = \varepsilon_t - 0.5\varepsilon_{t-1}$; (2) $X_t = \varepsilon_t - 0.65\varepsilon_{t-1} - 0.24\varepsilon_{t-2}$.

18. 使用模拟的方法生成习题 16 模型的时间序列, 在模拟中, 模型 (1), 取 $x_0 = 5$, 模型 (2), 取 $x_0 = 1$, $x_1 = 0.5$, 且两模型中的 ε_t 均为标准的 Gauss 白噪声, 共模拟 1 000 个点. 试画出相应的时序图、自回归函数图和偏自回归函数图.

19. 使用模拟的方法生成习题 17 模型的时间序列, 在模拟中, 模型 (1), 取 $x_0 = \varepsilon_0$, 模型 (2), 取 $x_0 = \varepsilon_0$, $x_1 = \varepsilon_1 - 0.65\varepsilon_0$, 且两模型中的 ε_t 均为标准的 Gauss 白噪声, 共模拟 1 000 个点. 试画出相应的时序图、自回归函数图和偏自回归函数图.

20. 使用模拟的方法生成模型 $X_t = 0.8X_{t-1} + \varepsilon_t - 0.4\varepsilon_{t-1}$ 的时间序列. 在模拟中, 取 $x_0 = 1$, 模型中的 ε_t 均为标准的 Gauss 白噪声, 共模拟 1 000 个点. 试画出相应的时序图、自回归函数图和偏自回归函数图.

21. 使用 `ARMAacf()` 函数计算习题 16、习题 17 和习题 20 中 ARMA 模型自相关函数、偏自相关函数的理论值, 并与由 `acf()` 函数和 `pacf()` 函数计算的样本估计值做比较.

22. 选择合适的差分阶数 (包括季节差分), 使数据集 Nile, ldeaths 和 co2 中的数据成为平稳序列.

23. 分析 1871—1970 年尼罗河年流量数据 (见 Nile 数据集), 试用 ARIMA 模型建模, 并预测 1971—1980 年的年河水流量.

24. 分析 1974—1979 年英国因肺病的月死亡人数 (见 ldeaths 数据集), 试用 ARIMA 模型建模, 并预测 1980 年英国因肺病的月死亡人数.

25. 分析 1959—1997 年莫纳罗亚山地区空气中二氧化碳浓度月测量数据 (见 co2 数据集), 试用 ARIMA 模型建模, 并预测 1998 年 1 月至 12 月的月二氧化碳浓度.

26. 某化工生产过程中每 2 小时的浓度读数如表 9.27 所示 (数据存放在 chemic.data 文件中). 对这一生产过程选择 ARIMA 模型建模, 并对这一生产过程进行 10 步预报.

表 9.27　生产过程中的浓度读数

17.0	16.6	16.3	16.1	17.1	16.9	16.8	17.4	17.1	17.0
16.7	17.4	17.2	17.4	17.4	17.0	17.3	17.2	17.4	16.8
17.1	17.4	17.4	17.5	17.4	17.6	17.4	17.3	17.0	17.8
17.5	18.1	17.5	17.4	17.4	17.1	17.6	17.7	17.4	17.8
17.6	17.5	16.5	17.8	17.3	17.3	17.1	17.4	16.9	17.3
17.6	16.9	16.7	16.8	16.8	17.2	16.8	17.6	17.2	16.6
17.1	16.9	16.6	18.0	17.2	17.3	17.0	16.9	17.3	16.8
17.3	17.4	17.7	16.8	16.9	17.0	16.9	17.0	16.6	16.7
16.8	16.7	16.4	16.5	16.4	16.6	16.5	16.7	16.4	16.4
16.2	16.4	16.3	16.4	17.0	16.9	17.1	17.1	16.7	16.9
16.5	17.2	16.4	17.0	17.0	16.7	16.2	16.6	16.9	16.5
16.6	16.6	17.0	17.1	17.1	16.7	16.8	16.3	16.6	16.8
16.9	17.1	16.8	17.0	17.2	17.3	17.2	17.3	17.2	17.2
17.5	16.9	16.9	16.9	17.0	16.5	16.7	16.8	16.7	16.7
16.6	16.5	17.0	16.7	16.7	16.9	17.4	17.1	17.0	16.8

续表

17.2	17.2	17.4	17.2	16.9	16.8	17.0	17.4	17.2	17.2
17.1	17.1	17.1	17.4	17.2	16.9	16.9	17.0	16.7	16.9
17.3	17.8	17.8	17.6	17.5	17.0	16.9	17.1	17.2	17.4
17.5	17.9	17.0	17.0	17.0	17.2	17.3	17.4	17.4	17.0
18.0	18.2	17.6	17.8	17.7	17.2	17.4			

27. 一口井从井口到水面的距离称为埋深. 某水文站对某井口的地下水埋深进行记录, 表 9.28 记录的是过去 7 年中每月平均的测量数据 (数据存放在 well.data 文件中), 对井水埋深数据选择 ARIMA 模型建模, 并预测第 8 年的 1 月至 12 月的井水埋深.

表 9.28　井水埋深数据 (单位: m)

年	1 月	2 月	3 月	4 月	5 月	6 月	7 月	8 月	9 月	10 月	11 月	12 月
1	14.34	14.21	14.32	14.84	15.11	15.43	15.54	15.51	15.19	14.51	14.26	13.91
2	13.61	13.41	13.70	14.60	15.08	14.84	14.31	12.90	12.73	12.73	12.38	12.00
3	11.60	11.39	11.44	11.96	12.68	13.39	13.66	13.80	14.22	13.96	13.24	12.66
4	12.36	12.21	12.21	12.84	13.38	13.83	13.75	14.61	14.42	14.51	14.50	14.03
5	13.66	13.28	13.55	13.67	14.33	14.75	15.38	15.74	15.32	15.36	15.01	14.86
6	14.44	14.12	14.26	15.14	15.88	16.33	16.60	17.22	17.02	17.01	16.88	16.11
7	15.63	15.29	15.36	16.14	16.96	17.26	17.84	17.13	16.15	15.82	15.43	15.09

索 引

C

D

E

F

Q

R

参 考 文 献

[1] 薛毅, 陈立萍. 统计建模与 R 软件. 北京: 清华大学出版社, 2007.4.

[2] 薛毅, 陈立萍. R 语言实用教程. 北京: 清华大学出版社, 2014.10.

[3] David R. Anderson, Dennis J. Sweeney & Thomas A.Willaims. 商务与经济统计 (第 8 版). 王峰, 卿前锋, 袁晓东, 译. 北京: 中信出版社, 2003.9.

[4] Ken Black, David L. Eldredge. 以 Excel 为决策工具的商务与经济统计. 张久琴, 张玉梅, 杨琳, 译. 北京: 机械工业出版社, 2003.9.

[5] Terry Sincich. 例解商务统计学 (第五版). 陈鹤琴, 罗明安, 译. 北京: 清华大学出版社, 2001.9.

[6] Ken Black. 商务统计学 (第 4 版). 李静萍, 等, 译. 北京: 中国人民大学出版社, 2006.8.

[7] C. R. Rao. 统计与真理 —— 怎样运用偶然性. 北京: 科学出版社, 2004.7.

[8] David S. Moore. 统计学的世界. 郑惟厚, 译. 北京: 中信出版社, 2003.9.

[9] Josepb Adler. R 语言核心技术手册. 刘思喆, 李舰, 陈钢, 邓一硕, 译. 北京: 电子工业出版社, 2014.7.

[10] R Lyman Ott, Michael Longnecker. 统计学方法与数据分析引论 (上、下). 张忠占, 王建稳, 王强, 杨中华, 译. 张忠占, 校. 北京: 科学出版社, 2003.6.

[11] William Mendenhall, Terry Sincich. 统计学 (第 5 版). 梁冯珍, 关静, 等, 译. 史道济, 审校. 北京: 机械工业出版社, 2011.8.

[12] 王燕. 应用时间序列分析 (第二版). 北京: 中国人民大学出版社, 2008.12.

[13] http://cran.r-project.org/ (下载 R 软件及扩展程序包).